第五届（2023）中国自贸智库论坛论文集

夏 旭 | 主编

首都经济贸易大学出版社
Capital University of Economics and Business Press
·北京·

图书在版编目（CIP）数据

第五届（2023）中国自贸智库论坛论文集 / 夏旭主编. -- 北京：首都经济贸易大学出版社, 2025.8.
ISBN 978-7-5638-3913-1

Ⅰ. F752-53

中国国家版本馆 CIP 数据核字第 202541SB54 号

第五届（2023）中国自贸智库论坛论文集
DIWUJIE（2023）ZHONGGUO ZIMAO ZHIKU LUNTAN LUNWENJI
夏　旭　主编

责任编辑	王　猛
封面设计	风得信・阿东 FondesyDesign
出版发行	首都经济贸易大学出版社
地　　址	北京市朝阳区红庙（邮编100026）
电　　话	（010）65976483　65065761　65071505（传真）
网　　址	https://sjmcb.cueb.edu.cn
经　　销	全国新华书店
照　　排	北京砚祥志远激光照排技术有限公司
印　　刷	北京九州迅驰传媒文化有限公司
成品尺寸	170 毫米×240 毫米　1/16
字　　数	427 千字
印　　张	24.5
版　　次	2025 年 8 月第 1 版
印　　次	2025 年 8 月第 1 次印刷
书　　号	ISBN 978-7-5638-3913-1
定　　价	88.00 元

图书印装若有质量问题，本社负责调换
版权所有　侵权必究

目　录

第一部分　领导致辞

构建海南新发展格局　实现海南高质量发展 …………… 贾治邦 /3

如何把自贸港打造成新一轮的高水平对外开放的引擎 ………… 郑新立 /6

加快建设自贸试验区、海南自贸港：推进高水平对外开放的
　　战略实践与时代意义 …………………………………… 张来明 /8

海南自贸港建设制度创新的着力点 ……………………… 倪建民 /12

坚决贯彻落实习近平总书记关于自贸区和自贸港建设发展的
　　战略构想 ………………………………………………… 王伟光 /20

站在地球仪旁祝福海南　打造开放新高地 ………………… 马　利 /23

发挥海南比较优势　加快构建新发展格局 ………………… 盛明富 /27

宏观经济形势与自贸区建设：挑战与机遇 ………………… 范恒山 /33

跨境电商、绿色经济与数字化时代：自贸区的新模态 ……… 王忠民 /36

第二部分　学术论文

中国与东盟国家文化服务贸易效率及影响因素研究 ………… 游登贵 /41

自贸港建设推动构建开放型、生态型、服务型经济
　　体系研究 ………………………………………… 孙　鹏　吴艳芳 /53

海南自贸港对接《数字经济伙伴关系协定》路径研究
　　………………………………………………… 熊安静　沈玉良 /85

以自贸港建设推进"中国-东盟"区域合作体系与南海海洋治理现代化
　　……………………………………………………………… 于　航 /92

高质量打造西部陆海新通道南枢纽
　　——海南洋浦港补短织网对策建议
　　……………… 张　锦　杨　静　孙文杰　洪治潮　陈　朗 /99

合力将北部湾港口群打造成国际集装箱航线枢纽节点的
　　对策研究 ………………………………………… 王艳婷　熊安静 /108

北京市和海口市财会人才能力需求研究
　　——基于智联招聘的文本内容分析……… 王　亮　夏冬艳　周显春 /120

RCEP等框架协议全方位开放视角下海南自贸港税收制度探析
　　………………………………………………… 李　娜　全建刚 /134

国家南繁硅谷平台：自贸港种业开放模式
　　案例研究 …………………………… 陈冠铭　杨新泉　张　霞 /145

中俄合作与保险市场的新动向：海南自由贸易港、欧亚经济联盟与全球贸易
　　中的策略性机遇 … Zh. V. Pisarenko　S. I. Dukhno　谢文凯　李　浩 /159

海南自由贸易港与粤港澳大湾区创新人才联动培养
　　路径研究 ………………………………………………… 陈·巴特尔 /167

BBNJ国际协定谈判中海洋遗传资源争议的
　　困境与展望 …………………………………………… 范琴琴　卢　暄 /180

目　录

推动海南自贸港与粤港澳大湾区联动发展的思考…………… 朱淑琴 /194

全球海运视域下海南港口与城市关系发展定位研究………… 陈婉婷 /201

现代化首都都市圈内自由贸易试验区联动发展研究
　　………………………………………………… 叶堂林　吴明桓 /218

自贸港构建特色多螺旋创新生态系统的策略分析
　　——类比新加坡的经验证据 ………………………… 吕文波 /235

海南自贸港城市社区治理困境、形成机理及创新路径
　　………………………………………………… 吴方彦　黎道武 /245

海南自由贸易港仲裁问题审视及机制创新……… 王　琦　黄恒林 /262

文化产业集聚引领广东、海南相向发展：理论逻辑、路径
　　选择与政策措施 …………………………… 黄光于　裴广一 /279

打造"三极一带一区"区域协调发展新格局　推动海南
　　自贸港高质量发展 ………………… 裴广一　林小钰　王　菲 /290

区域协调发展战略下西部陆海新通道建设路径研究
　　………………………………………………… 曲亚囡　刘　静 /303

加大自贸区制度创新力度　打造对外开放新优势
　　………………………………………… 董微微　单　晨　李晓欣 /312

基于自贸区保税区视角的全面推动内外贸一体化研究………… 李泽众 /321

预算管理背景下的企业会计内部控制策略 …………………… 周凤涛 /328

海南自由贸易港体旅产业融合及动态发展关系研究 ………… 吴晓亮 /336

· 3 ·

双循环新发展格局下我国高技术企业联合研发能力
  提升研究……………………………………… 王　欣　庞玉兰 /352

充分发挥海南自贸港优势　高质量建设西部陆海
  新通道重要门户枢纽………………………………………… 尹　响 /363

我国自由贸易试验区金融监管创新研究
  ——以广东自贸区为例………………………… 刘佳宁　黎　超 /370

第一部分

领导致辞

构建海南新发展格局　实现海南高质量发展

贾治邦

党的二十大报告明确提出,加快构建新发展格局、着力推动高质量发展是全面建设社会主义现代化国家的首要任务。海南作为中国特色自由贸易港,在落实这一国家战略中肩负着重要使命。本文结合海南自贸港建设的实践,从历史机遇、实施路径及智力支撑三个维度展开论述,以期为海南高质量发展提供理论参考与实践指引。

一、自贸港建设的历史机遇

海南自贸港建设是新时代国家深化改革开放的重大战略部署,其历史机遇主要体现在以下四个方面:

(一)自贸港建设为海南建设开放型经济新体系提供了历史机遇

海南作为我国改革开放的前沿阵地、连接亚洲和大洋洲的重要海上通道,通过自贸港建设可以进一步释放区位优势,打造面向太平洋、印度洋的重要航空枢纽和中转站,打造辐射东南亚、服务全国、链接全球的开放型经济新体系。

(二)自贸港建设为海南对接国际先进贸易规则提供了历史机遇

自贸港建设以规则、规制、管理、标准等制度型开放为重点,营造市场化、法治化、国际化一流营商环境,推动货物贸易优化升级。这种更高水平的制度型开放,必将推动海南对接国际先进贸易规则,进一步放宽市场准入,加强知识产权保护,加大与国内其他地区的合作,打造联动发展的开放格局,促进区域协调发展。

(三)自贸港建设为海南实现贸易自由便利化提供了历史机遇

通过系统的制度性开放,海南将进一步简化审批程序、优化监管方式、降低贸易成本、提高贸易效率。这样自贸港建设就可以在积极探索"一线放开、二线管住、岛内自由"的监管模式的基础上，实现贸易便利化，同时加强与国内其他地区的通关协作，推动实现全国范围内的通关便利化。

（四）自贸港建设为海南引进高新技术、国际资本、跨国公司、企业总部提供了历史机遇

自贸港建设以合理缩减外资准入负面清单为抓手，进一步放宽外资准入门槛，这样可以充分发挥自身的区位优势和政策优势，积极开展国际招商引资活动，重点引进具有较高技术含量和较大带动作用的跨国公司，鼓励其在海南设立地区总部、研发中心、生产基地和销售中心，提升贸易投资合作质量和水平。同时，积极推动本土企业加强与外资企业的合作，提升本土企业的竞争力。

总之，自贸港建设使海南的区位优势得以凸显，当这种具有背靠国内市场、面向国际市场的区位优势，与高水平对外开放的政策优势相结合时，就在客观上为海南增强国内国际两个市场、两种资源的联动效应创造了有利条件。抓住这一历史机遇，对于构建海南新发展格局、实现海南高质量发展意义十分重大。

二、推动"四个到位"，实现海南高质量发展

（一）推动对中央自贸区有关政策的认识到位

这里既包括对中央有关政策精神的理解到位，也包括对贯彻中央有关政策重要性的认知到位；既包括对中央有关政策精神的准确把握，也包括对提高自身执行力的认知到位。认识从来都是行动的先导，中央对自贸区建设的高度重视和支持是海南发展的重要保障，只有学深悟透落实落细中央有关政策精神，才能推动自贸港建设顺利进行。

（二）推动中央赋予海南自贸港的各项政策、全国人大赋予海南的相关法规细化落实到位

推动中央、全国人大赋予海南的各项政策法规与海南自贸港建设的实践相衔接，真正发挥政策和法规的杠杆驱动作用，真正发挥顶层设计的引领作用，以此作为构建新发展格局的推手。过去的实践表明，政策和法规才是构建新发展格局的根本保证。

（三）推动自贸港人才引进政策落实到位

自贸港建设需要大量高素质人才，通过引进具有国际视野、专业素养和

管理能力的高层次人才，建立完善的人才培养体系和激励机制，打造一支高水平的人才队伍，以此作为构建新发展格局的重要支撑。相较于海南前几次的大规模开放，人才政策是本次政策组合中最大的亮点，有了人才保障，构建新发展格局和推动高质量发展才可能实现；人才优势与政策优势相结合，才能使自贸港的区位优势和资源优势转变为经济优势。

（四）推动自贸港干部作风转变到位

无论省市县哪一级政府，当政策因素明确之后，最大的不确定因素就是干部队伍的作风。我们的干部队伍总体素质是好的，党的优良作风总体上得到了继承和弘扬。但是不可否认，一些不良作风也影响了我们队伍中的一些人，这种情况显然不符合自贸港建设的要求。只有真正做到学思想、强党性、重实践、建新功，牢固树立勤奋、务实、为民、创业的干部作风，才能确保中央有关自贸港建设政策的贯彻落实，从而推动新发展格局的形成。

三、充分发挥智库作用，为构建海南新发展格局、实现海南高质量发展提供智力支撑

中央政策研究会联合全国20多家智库形成的智库联盟齐聚海南，这是理论联系实际的生动体现，为海南自贸港建设提供了多维度的思考，这种形式值得肯定。中国自贸智库论坛具有地方所不具备的优势：横向比较的认识优势；政策制定和参与实际工作者相结合的实践优势；相关部委老领导与地方学者共同研讨所带来的多维度认知优势；等等。希望智库联盟不断探索新的合作模式和机制，关注海南自贸港建设的发展动态和趋势，不断拓展合作领域和范围，以更加开放、包容、创新的姿态，为海南自贸港建设提供更加全面、深入的智力支持和决策咨询。海纳百川，有容乃大。在众多智库的助力之下，构建海南新发展格局、实现海南高质量发展必将水到渠成。

海南自贸港建设是一项具有重大历史意义的改革举措，也是一项长期而艰巨的任务。我们需要以高度的责任感和使命感，充分发挥智库联盟的作用和优势，积极投身于海南自贸港建设的伟大事业中来，共同推动海南构建新发展格局，实现高质量发展。

如何把自贸港打造成新一轮的高水平对外开放的引擎

郑新立

党的二十大报告明确提出，推进高水平对外开放，要稳步扩大规则、规制、管理、标准等制度型开放，并强调加快建设海南自由贸易港，支持自由贸易试验区提升战略。这些重要论述为未来自贸港和自贸区的发展指明了方向，明确了任务。可见，做好自贸港和自贸区建设，是推进高水平对外开放的重大任务。

如何发挥自贸港和自贸区在推进高水平开放中的作用，我认为主要体现在以下三个方面：

一、充分发挥自贸港和自贸区在贸易强国建设中的重要作用

党的二十大报告提出建设贸易强国的目标，目前我国商品贸易已连续多年位居世界第一，但若将服务贸易纳入考量，我们仍落后于美国。服务贸易是我国对外贸易的短板，存在大量逆差，要解决这一问题需从以下方面入手：

（一）提升服务贸易水平

我国远洋货运量虽居世界第一，但发达国家通过提供高附加值服务（如贸易技术服务、金融服务、法律服务、信息服务等）获得了更高的外贸收益。我们应依托商品出口和"一带一路"海外投资，完善和提升服务贸易体系，推动服务出口增长。

（二）扩大知识密集型和技术密集型商品出口

我国机电产品出口已占总出口的60%以上，高技术产品比例也在逐步提升。尽管劳动密集型和资源密集型产品出口向东南亚国家转移是历史趋势，但我们可以通过扩大知识和技术密集型产品出口，弥补这一转移带来的贸易量减少。

(三) 打破美国设置的贸易壁垒

美国对中国进口商品加征关税，阻碍中国商品出口，然而实践证明，中国对美出口不减反增，许多商品通过东盟国家转口进入美国市场。自贸港和自贸区应在打破美国贸易壁垒方面发挥独特作用。

二、充分发挥自贸港和自贸区在实现科技自立自强中的更大作用

自贸港和自贸区实行"境内关外"政策，税收优惠是其最大优势。以海南为例，封关后所得税将降至15%，其他税种大幅减少。这一政策可有效吸引人才、技术和资本，助力攻克"卡脖子"技术，推动芯片、人工智能、生物技术、量子技术等关键领域的发展。

海南已在海口市琼山区建立芯片产业园，一年多时间即实现投产，主要生产电动汽车芯片、存储设备芯片和储能芯片，填补了市场短缺。未来，海南应进一步提升高技术芯片的研发和生产能力，为打破美国芯片封锁作出贡献。

三、充分发挥自贸港和自贸区在推进人民币国际化中的重要作用

党的二十大报告提出有序推进人民币国际化。当前，美国凭借美元的全球储备货币地位，通过货币投放和高利率引发全球金融动荡。为维护国际金融稳定，应推动形成美元、欧元、人民币三足鼎立的国际储备货币体系。

自贸港和自贸区应在人民币国际化中发挥独特作用：

(一) 发展人民币境外结算

海南自由贸易港可成为人民币境外结算的重要枢纽，与上海（境内人民币结算中心）和香港（境外人民币结算中心）形成互补，构建人民币国际化的有力机制。

(二) 推进人民币资本项目可兑换

通过发行人民币债券、推动资产证券化等手段，提升人民币在国际贸易和投资中的使用范围。

(三) 构建稳定的国际货币体系

通过人民币国际化，促进全球货币体系的稳定与竞争，推动各国政府对货币稳定负责。

综上所述，自贸港和自贸区在贸易、科技、金融三个方面发挥独特作用，对构建和推进高水平对外开放具有重要意义。

加快建设自贸试验区、海南自贸港：
推进高水平对外开放的战略实践与时代意义

张来明

2023年是我国改革开放45周年，也是自贸试验区建设10周年、海南自贸港建设3周年。这些历史节点，不仅是对过往成就的回眸，更是对未来发展的展望。党的二十大报告第四部分"加快构建新发展格局，着力推动高质量发展"中专门列出一节"推进高水平对外开放"，在此明确提出"加快建设海南自由贸易港，实施自由贸易试验区提升战略，扩大面向全球的高标准自由贸易区网络"这一重大任务。党的二十大作出的环环相扣的战略谋划，体现的是以习近平同志为核心的党中央统筹国内国际两个大局的战略思维。需要强调的是，习近平总书记提出的共建"一带一路"倡议，是我们在新时代推进高水平对外开放的核心战略，是我们国家新时代对外开放这把牌中的"王牌"。在新时代新征程上，我们的对外开放能不能打开新局面，能不能把共建"一带一路"这件事办好，是一个决定性因素。

在此，我分享关于自贸试验区与海南自贸港建设的几点思考。

一、经济全球化虽遇逆流，自由贸易仍是不可逆转的历史潮流

自由贸易试验区与海南自由贸易港的核心要义在于"自由贸易"。近代以来，自由贸易之所以得以推广流行，是因为它符合经济发展的内在规律，适应人类文明进步的客观需求。马克思指出，生产力的普遍发展与人类的普遍交往是推动世界历史发展的动力，经济全球化作为经济规律，不会因社会制度的转变而消失。自由贸易通过发挥各国比较优势、深化专业分工、优化资源配置效率，促进了市场竞争与技术创新。

然而，当前以自由贸易为核心的经济全球化正面临严峻挑战。新冠疫情与俄乌冲突以来，"全球化终结论"甚嚣尘上，国际经贸格局加速转型。一些

国家鼓吹"本国优先",设置贸易壁垒,组建经贸小圈子,甚至提出"没有自由贸易"(No Trade is Free)的论调。国际货币基金组织的研究显示,自 2019 年以来,各国每年新出台的贸易壁垒政策几乎增加了两倍,2022 年达到近 3 000 项。

但我们必须清醒地认识到,经济全球化与贸易自由化遭遇挑战,并不意味着开放合作的大方向错了。历史与现实都表明,以邻为壑、高筑壁垒只会使国际经济陷入困境,而自由贸易与密切交往才是共同繁荣的必由之路。20 世纪 30 年代的高关税政策引发连锁反应,导致全球贸易大萎缩与经济大萧条;而 80 年代至全球金融危机前,在自由贸易政策的推动下,全球贸易量的年均增速接近 GDP 增速的两倍。

近期,我在东南亚三国的调研中发现,各国普遍期待与中国加强经贸合作,不愿参与"脱钩断链",并希望中美关系能够转圜向好。这表明在国际经贸联系中搞"脱钩断链"是不得人心的倒行逆施。我们虽无法左右他人的行径,但必须始终坚持"一个中心、两个基本点",以自信自强的姿态不断开创新局面。

二、建设自贸试验区与海南自贸港是新时代改革开放的重大创举

(一)对外开放是当代中国的鲜明标识,是国家繁荣发展的必由之路

从我国自身发展看,高水平对外开放的要求与标准已大幅提升,必须服从和服务于高质量发展;从世界范围看,经济全球化遭遇逆流,需要更高的智慧与驾驭能力;从中国与世界的关系看,高水平对外开放不仅是为了我国自身发展,更有利于塑造更加公平合理的国际经济秩序。

从特区的设立到"一带一路"的推进,从商品和要素流动型开放到制度型开放,中国的对外开放稳步向前、渐入佳境。历史不能割断,新中国成立后前 30 年的建设为后来的对外开放奠定了基础。正如习近平总书记所言,我们是一棒接着一棒跑、一茬接着一茬干。

(二)建设自贸试验区是党中央推动全方位高水平对外开放的重要战略举措

通过对标国际高标准经贸规则,深化要素流动型开放,推进规则、规制、管理、标准等制度建设,完善市场准入与监管、产权保护、信用体系等法律制度,中国加快营造市场化、法治化、国际化的营商环境。这充分展现了新时代中国放眼世界、面向未来的通达精神,合作共赢、命运与共的共享精神,

开拓创新、敢闯敢试的攻坚精神，开放包容、兼容并蓄的改革精神。

经过十年探索，自贸试验区与海南自贸港发挥了制度创新的头雁效应，提升了贸易与投资便利化水平，推动了政府服务与营商环境的优化。截至目前，自贸试验区累计部署 3 400 多项改革试点任务，向全国推广 302 项制度创新成果；海南自贸港累计发布 134 项制度创新案例，新增经营主体超过之前 30 年的总和，离岛免税销售额累计超过 1 300 亿元，吸引人才 50.9 万人。2023 年上半年，21 家自贸试验区以不到 0.4% 的国土面积，贡献了全国 18.4% 的外商投资与 18.6% 的进出口贸易。联合国贸发会议高度评价中国自贸试验区的成就，认为这是中国独特的创举，为发展中国家提供了有益参考。事实充分证明，党中央关于自贸区、自贸港的决策是完全正确的，是与时俱进推动中国改革开放的成功战略。

三、以改革开放精神将自贸试验区与海南自贸港打造成高水平对外开放的排头兵

当前，世界百年未有之大变局加速演进。推动更高水平的对外开放、更深度融入全球经济，是实现中国经济高质量发展与推进中国式现代化的内在要求。习近平总书记指出，"新发展格局不是封闭的国内循环，而是开放的国内国际双循环"。面向未来，自贸试验区与海南自贸港肩负着重大使命：要推进以制度型开放为重点的高水平对外开放，努力建设联通国内国际双循环的重要枢纽和实现高质量发展的强大引擎。

在构建新发展格局中，要进一步发挥自贸试验区和自贸港先行先试、引领示范的枢纽作用。未来，实施更深层次、更宽领域、更大力度的全方位高水平开放，要在制度集成创新、攻坚克难上下功夫，在差异化探索、上下联动、协调发力上下功夫，不断闯新路、开新局。

在构建新发展格局中，要进一步发挥自贸试验区与海南自贸港的先行先试与引领示范作用。

第一，对标国际高标准经贸规则，加大压力测试，深化重点领域改革开放，提升贸易与投资自由化便利化水平。2023 年 6 月，中央出台了"在有条件的自贸试验区和自贸港试点对接国际高标准推进制度型开放若干措施"，下一步要围绕构建与制度型开放相衔接的制度体系和监管模式进行大胆探索。

第二，加快建设全国统一大市场与高水平开放联动，聚力打造公平竞争、

更具吸引力的市场环境，促进全球资源高效优化配置，更好服务我国经济高质量发展。

第三，进一步探索适应全球格局深刻变化的经贸合作、产业合作与大通道建设，打造互利共赢合作新路径新模式，服务支撑国家区域发展战略和高质量共建"一带一路"。

第四，抢抓全球"数字化转型"与"绿色发展"新机遇，充分发挥我国数字产业竞争力较强的优势和绿色低碳转型的潜力，为拓展国际合作新空间、参与全球数字经济治理奠定更好的基础。

第五，促进制造与服务融合发展，抢抓服务贸易、数字贸易、离岸贸易等发展机遇，以制度开放创新引领服务贸易创新发展，进一步提升我国在全球价值链中的地位。

第六，更好统筹开放与安全，以科学精准监管探索构建与更高水平开放相匹配的风险防控体系，不断增强维护安全的能力，实现发展与安全有机统一。

40余年铸就的伟大改革开放精神，是我们不断取得胜利的精神财富。建设自贸试验区与海南自贸港是新时代改革开放的伟大创举。面对新形势、迈上新征程，需要准确把握全球化演进的深层次逻辑，把握国际贸易向前发展的大势，继续解放思想，发挥敢闯敢试、勇于创新、互利合作的精神，突破瓶颈、跨越障碍，进一步建设好、发展好、利用好自贸试验区和海南自贸港，为实现高质量发展和推进中国式现代化作出新贡献！

海南自贸港建设制度创新的着力点

倪建民

支持海南逐步探索、稳步推进中国特色自由贸易港建设，分步骤、分阶段建立自由贸易港政策和制度体系，这是习近平总书记亲自谋划、亲自部署、亲自推动的改革开放重大举措，是党中央着眼国内国际两个大局，深入研究、统筹考虑、科学谋划作出的战略决策。中共中央、国务院印发《海南自由贸易港建设总体方案》，全国人大常委会通过《中华人民共和国海南自由贸易港法》，从顶层设计上赋予了海南发展的重大历史机遇。

一、贯彻新发展理念，把握新发展阶段，构建新发展格局

建设海南自由贸易港，要坚持以习近平新时代中国特色社会主义思想为指导，透彻认识社会和经济发展规律，把握新发展阶段，贯彻新发展理念，构建新发展格局。当前，最紧迫的任务是吸引全球优质资源和要素集聚，推动海南经济加速发展。要认真贯彻党中央决策部署，确保政策落地，在政策落地上下大功夫，花大力气。加强与中央和国家有关部门的联动和政策对接，积极推动国家有关部门承担起相应的责任和义务，全过程参与海南自由贸易港建设重大改革创新探索，主动参与关系全局的重大改革，充分调动省内各级地方党委、政府的主观能动性和基层自我创新能力，形成从中央到地方的全社会改革创新合力。

发挥海南自贸港开放高地的作用，建立切实有效的保障机制，为全球资金、技术、知识产权、数据、智力等各类优质资源在琼汇集、整合并获得发展利益创造环境。面向未来产业，切实把握机会，在半导体、人工智能、大数据、区块链、物联网、量子技术、下一代通信技术、超智能社会、传感器、机器人、先进计算技术、数字经济、脑神经信息、人机交互、网络安全、虚拟和增强现实技术、智慧城市等方面发力，建立起与全球发展趋势伴生的产

业发展环境，提高海南资源存量的智能、低碳和健康水平，为经济的高质量加速发展创造更为稳定的基础。

海南自由贸易港建设要实现重大突破，关键在于土地制度的改革。土地制度的深化改革将为海南自由贸易港建设提供基础性支撑。应做好土地制度改革的顶层设计，创新土地使用制度，加快推进城市化建设，适时启动实行全域城市化的进程。自贸港建设发展需要土地和资金，而土地制度的改革，可以有效解决这两方面的问题。政府可以用掌握的土地资源作为资本金，筹集自贸港建设所需要的资金；将发展基金作为一个发展平台，来向国内国际金融机构贷款、融资。

二、对标国际高水平的开放经济体，打造具有海南特色的最高水平开放形态

以国际化视野找准标杆，敢于做集大成者。中国香港、新加坡、迪拜、瑞士苏黎世、爱尔兰都柏林都是开放水平高、经济充满活力、具有国际竞争优势的开放型经济体。这些地区不仅是全球重要的金融、贸易、航运中心，也是著名的旅游、度假和购物天堂。瑞士、新加坡、爱尔兰的研发实力和高端制造业比较发达，瑞士和爱尔兰现代农业和生态建设也很有特色。

对标迪拜在当前有着重要的参考价值，迪拜的发展历程可以作为当前海南建设最高水平开放形态的经验借鉴。迪拜一开始只是个渔港，最终靠开放转型形成自由贸易区的模式，汇聚了全球资本、全球客源、全球消费。我们应利用海南自贸港法的授权，尽快构建和完善符合海南需要的贸易、投资及相关管理活动的法规，为包括货物、人员、资金、技术、数据在内的要素在海南的有效配置提供权利义务保障。积极争取在琼实施更为自由的外商投资管理制度，大幅缩减外商投资和跨境服务贸易负面清单，取消股比限制、放松外汇管制，为涉及海南的贸易投资争端提供更为多元的争端解决机制，在必要时可参考主要发达经济体的技术标准或惯例解决争端，为外国投资者提供更加友好的发展环境。

实际进口关税是衡量自由贸易港开放水平高低的核心指标。开放水平高的经济体实际关税水平均很低，中国香港、新加坡等真正的自由贸易港都实行零关税。迪拜拥有杰贝·阿里自贸区和阿联酋迪拜机场自贸区（DAFZ）等多个自由贸易区。货物可以自由进出港，货物在区内存储、贸易、加工制造

均不征收进口环节关税；进区企业其生产所需的机器、设备、零件和必需品一律免征关税。服务业开放水平是反映一个经济体开放水平和质量高低的综合指标。迪拜的服务业限制很少，使得其进入 21 世纪以后成为全球最有发展活力的经济体，在很多方面成功实现了后发赶超。根据 2023 年国际航运中心发展指数（ISCD），迪拜连续第四年位居全球航运中心前五名。虽然也经历了多次金融危机以及疫情的冲击，但迪拜在开放经济体中韧性强，受影响小，经济恢复快。开放水平高的经济体（自由贸易港）均有全球金融中心和航运中心支撑，通常也是重要的国际旅游中心，中国香港、新加坡、瑞士、迪拜、爱尔兰都拥有重要的国际金融中心，离岸金融服务发展各有特色。

在金融服务领域，海南应创新模式，加快建设国际离岸金融中心。发挥海南在区位、政策、环境、港口等方面的优势，重点以人民币业务为中心，服务"一带一路"倡议，在海南率先实现人民币资本项目下的可自由兑换，为建设离岸金融中心打下基础。围绕建立大宗商品交易中心，以推动人民币国际化为着力点，发展离岸金融业务，提供贸易融资、海事保险、跨境结算等全流程的人民币金融服务；依托国际旅游岛资源，打造国际旅游消费中心，开展私人银行和财富基金管理、共同基金和对冲基金注册等离岸金融业务。试点税收优惠政策，划定某个特定地区，允许境外人士投资和从事各种经济、贸易和服务活动。通过减免直接税、实行低税率或特别税收优惠，吸引外国资本流入。

先行在海南试点清算支付领域外资准入开放。一是按照风险控制与巴塞尔协议相关要求强化风险监管，对在海南提供支付清算服务的公司采取全球最高的风险管理标准；二是推动相关清算支付公司采取合资或重要业务对接的方式，与国内清算公司开展深度合作，尤其注重风险控制等创新技术和服务的合作；三是配合国际旅游岛建设提供支付清算高标准产品，为国际游客入境海南提供便利和增强吸引力；四是推动金融科技（fintech）环境优化，提升整体竞争力；五是促进支付与金融合作的国际人才培养，提升相关人力资本储备。

建议抓住金融科技大规模应用的先机，在三亚建设国际新金融中心或金融城，打造"数字金融之都"。可考虑研究成立数字证券交易所，重点面向新经济和数字经济领域，促进数字资产化，加大对数字产业领域的投资；创建加密数字资产交易中心，推进资产数字化，吸引国际金融机构对内地创投项目特别是中小企业的投资;创建数字货币跨境结算中心,打造人民币离岸市场,开展跨境、跨区金融结算、清算服务;加强覆盖海南全岛的金融基础设施建设,积极推进区块链在数字金融领域的应用;建立健全支付网络体系,大力发展融资租赁、财富管理等特色金融服务。

三、集中优势资源建设开放创新平台,充分激活市场主体活力,做优做强海南核心竞争力

从海南自由贸易港建设的战略和全局的视角看,需要及时发挥和挖掘海南的优势和潜力,加快布局新的金融体系、科创体系、产业体系和服务体系,聚集全球高端资源,打造现代金融、现代产业、现代旅游和现代文化教育中心"四轮驱动"的战略支点。应聚焦海南现有开放创新平台,提升塑造洋浦经济技术开发区、海口国家高新技术产业开发区、海口综合保税区、洋浦保税港区的核心竞争优势,发挥其对海南经济的辐射带动作用。

现代产业对海南发展有着非常重要的基础性作用。建议海南着力打造创新产业集群,特别是聚焦集成电路、生物医药、人工智能三大领域,高水平建设国际新科创中心。以半导体芯片产业为基础,以深刻影响人类未来发展方向的人工智能、生命科学等战略性科学技术为重点,瞄准大数据、云计算、区块链、物联网、量子科学、航空航天、核聚变、新材料、脑科学、基因、干细胞等重大前沿科技,通过产业链投资方式,强化对重点研发项目和创新科技产业项目的定向资助。

大力发展健康医药产业和会展业,建设国际旅游休闲会展中心。进一步加大康养和旅游、会展基础设施建设,发挥旅游中心优势,与大湾区共同打造世界会展、康养和旅游休闲之都。充分发挥海南自由贸易港和背靠内地大市场的优势,举办各种类型的高科技、新金融、生命科学、中国品牌、中医中药、国际品牌展览,规划建设高水平国际会展中心,引入国内外大会展公司入驻,打造全球知名的大型展览活动,争取用5~10年使海南的会展规模和场次达到美国拉斯维加斯的水平。拉斯维加斯是世界最大会展中心之一,每年举办超过2 000场专业性会展,超过500万个厂家参展,创造6万个以上的工作岗位。

海南服务业的特点主要体现在旅游、房地产和航空客运三个领域,国际金融、国际贸易、专业服务基础非常薄弱,生活配套和政府监管能力与建设

自由贸易港要求不相适应。要围绕海口、三亚两大中心，提升国际金融、国际航运、国际贸易、国际旅游和先进制造集聚水平。海口要整合空港经济区、高新区、综保区三大核心平台，对标爱尔兰香农自由贸易区，打造先进制造、研发创新、国际贸易、现代服务融合发展的先行区。三亚要对标夏威夷，聚焦国际旅游、国际航空、海洋经济和文化创意产业，打造国际旅游文化集聚区。洋浦经开区要对标新加坡裕廊工业园，形成石化产业集群，发展精细化工等现代制造业集群。博鳌要集聚发展会展、康养和特殊医疗产业，推动国际医疗旅游和高端医疗服务发展，高标准建设博鳌乐城国际医疗旅游先行区。

科技创新的核心是人才。建议推动国内外知名科研机构、大学和智库在海南设立实体，深入开展重大基础性研究和应用研究，通过产学研有效配合提升智力成果的转化效率。吸引跨国公司在海南设立研发机构，以海南为中心开展创新领域的国际合作，为相关创新成果的商业化推广创造条件。要利用海南独特的冬季气候优势，建设面向全球顶级专家特别是华人专家和"硅农"的"冬宫"，推动海南成为重要的国际科创资源集聚区，科创成果可就近在大湾区和内地孵化和产业化，大力发展智慧制造、高端制造，打造全球科技创新制高点。

在区域协同发展方面，建议抓住北京非首都功能疏解的契机，积极引入央企总部落户海南，发挥大项目的牵引作用。既要重视吸引和服务外资企业，也要重视服务和吸引民营企业，学习借鉴浙江、福建、广东等沿海民营经济大省的经验做法，大力支持民营经济发展。利用自由贸易港的政策优势，所有领域对民营企业开放，吸引国内500强民营企业和"专精特新"中小企业来海南发展，让民营经济成为海南自由贸易港建设的重要力量，促进外资、民企、国企公平竞争，比翼齐飞。

四、把握全域封关契机，提升国内外市场链接强度

海南自由贸易港核心举措在零关税，应着手研究分析海南自由贸易港封关后与全国经济的互动和联系，强化与国内主要消费品市场、与海南产业链联系紧密或具备较强协同发展需求地区的联系。加强与粤港澳大湾区、长三角、京津冀等国内主要区域协同发展机制的对接，建立健全经济协同的机制性和政策性保障。加快区域对接的物流体系建设，通过多式联运和织密商业交通运输班次等方式，为区域间物流、资金流和人员流动提供更大选择空间。

努力探索与美欧日和东盟等主要经贸伙伴省级政府部门的协同，运用"一带一路"机制提升海南的国际影响力，提升与相关国家主要企业的产业链合作，为企业的双向投资贸易活动创造稳定的发展环境，为有效处理贸易摩擦和投资争端提供机制性的新安排，以合作的方式为产业链安全提供预警，并快速采取应对举措。

粤港澳大湾区是国家开放创新的高地，海南自由贸易港建设，既要向粤港澳大湾区学习，也要向粤港澳大湾区借势借力，吸引粤港澳地区优质资源、优质要素在海南集聚，对接粤港澳大市场，努力形成国家两大开放创新区域既联动发展又竞争合作的区域开放新格局。

探索、设立独立关税区，是在中央的充分授权下，探索更加灵活主动加快开放的制度安排。根据 WTO 第 26 条第 2 款的规定，任何国家或拥有贸易政策完全自主权的独立关税区都可以申请加入。WTO 规定原由某缔约国代表接受本协定的任何关税领土，如现在在处理对外贸易关系和本协定规定的其他事务方面享有或取得完全自主权，这一领土经负责的缔约国发表声明证实上述事实后，应视为本协定的一个缔约国。1957 年 GATT 设立了一系列程序来引导单独领土通过这种方式成为缔约方。从 1960 年起，一大批新成员通过这种方式加入 GATT。中国香港和中国澳门就是以这种方式成为 GATT 的缔约方的。自 1995 年 3 月起，中国台澎金马单独关税区申请加入《政府采购协议》，并完成了一系列的谈判。

中央赋予海南独立关税区地位，可为海南乃至我对外开放发挥重要作用：一是海南可以申请加入 WTO，在多边协议谈判或相关议题讨论中增强我话语权，与中国香港、中国澳门等发挥协同作用，促进两岸经贸交往；二是海南可以探索参与区域经贸安排，包括但不限于加入 CPTPP、商签自贸协定等制度性安排；三是海南可以在边境措施上采取更为开放的举措，主动大幅降低商品最惠国进口关税，大幅扩大服务业、投资准入，提升开放水平；四是海南可以在边境后措施上探索与主要经济体的协同，对接主流市场；五是海南可以独立探索创新发展的政策环境和产业环境，试验新议题，提升我国整体开放水平。

五、大力破除要素自由流动的壁垒，促进资源、资本、人才的优化配置

要实现到 2025 年中国特色自由贸易港制度初步建立的目标，必须进一步

提高投资自由化、贸易便利化和金融等现代服务业的开放水平，推动人员、货物和资金的跨境自由流动。要下大力气破除资金、人才、商品和各类无形资产在海南全境流动的壁垒和障碍，创造多渠道的要素流动环境。吸引包括外资在内的设计、承包和运营企业来琼参与各类工程，为各方的协同配合创造公平的竞争环境，保障资金、设备、人员的低成本、自由流入和流出，提高工程建设的质量和环境友好性。积极响应全球数字经济发展的新要求，与相关部委协调，探索基于信用管理基础上的、更为便利的跨境数据流动模式，为参与数字贸易的企业提供定制化的解决方案。以政府购买服务的方式助力海南数字贸易发展环境的改善，减少贸易活动障碍。在海南全岛范围就标准、规范、许可等行政管理事项推动以云服务为基础的归总管理，减少企业在岛内不同地区开展商业活动时面临的待遇差异。

加快户籍制度改革，减少户籍制度对外来（含国外）人员工作和生活的差异化影响。保护和提升海南文化资源，为来琼人员创造更为丰富的文化供给，形成和谐、乐业、友善的社会氛围，为投资者提供更为友好的生活和工作环境。

发挥特殊的地理优势，探索逐步打开国门、便利人员往来的政策措施，加速推动海南自由贸易港建设。出入境政策措施涉及外国人签证、入境出境、停留居留和永久居留等多个层面，建议推动修订出境入境管理法，或由全国人大常委会作出决定调整在海南的实施范围，允许外国人免签证入境海南岛旅游、商务活动，解决制约束缚海南地区吸引聚集外籍人才的政策瓶颈和制度障碍，为海南自由贸易港建设进一步释放外籍人才"红利"。对免签进入海南一定时间后再进入中国其他地区的外国人，实行签证便利化政策，吸引外国人以海南为中转进入中国内地。

探索在海南试点便利海外人才居留和工作政策，吸引高层次人才参与自贸港建设。这类高层次海外留学人员和海外移民熟悉国际文化，掌握现代科学技术和管理知识，是各国竞相争夺的人才。该政策应该简化签证、定居、家庭安排、子女入学、公共服务等手续，从而有利于大量引进海外华裔人才、技术、资金和管理经验，吸引更多海外人才归国投资创业。

六、建设以法治为基础的现代市场经济，全面优化营商环境

营商环境是反映一个区域市场竞争力的重要指标，涉及政务环境、市场

环境、法治环境、人文环境等方方面面。推动自由贸易港建设，必须尊重市场经济规律，加快建设以法治为基础的现代市场经济，既保持经济的强大活力和动力，又更加有秩序、可持续。

根据世界银行相关数据，新加坡、中国香港、迪拜的营商环境位于全球各经济体前列。海南应对标中国香港、新加坡等地，以大规模降低交易成本为着力点，从产业环境、公共服务水平、创新实践、生活环境、工作环境、人才吸引、人才发展、财政能力等方面发力，全面改善营商环境。特别要注意将营商成本和生活成本作为核心指标，使其不高于珠三角主要城市的平均水平，努力使企业综合税负低于珠三角的主要城市。要建立高效、创新、廉洁的政府服务和管理模式，实现政府的管理方式、运行模式现代化，实现最小化监管、最有效监管。

七、坚持以人民为中心的发展理念，探索海南实现共同富裕的有效路径

全面建成小康社会之后，我国已经开启扎实推动共同富裕的历史阶段。海南建设自由贸易港，也应当完整、准确、全面贯彻新发展理念，力争在推动共同富裕方面取得突破性的进展，到2035年人均可支配收入达到或超过全国平均水平。

要积极争取中央财政支持，发挥自身优势，以解决海南岛内地区差距、城乡差距、收入差距问题为主攻方向，推动形成以中等收入群体为主体的橄榄型社会结构，提高居民人均可支配收入，扩大中等收入群体规模，提升人民群众生活品质。基本公共服务、全生命周期公共服务要实现均等化，推进幼有所育、学有所教、劳有所得、病有所医、老有所养、住有所居、弱有所扶，基本建成学前教育、公共卫生、养老照料、体育健身等公共服务圈。

坚决贯彻落实习近平总书记关于
自贸区和自贸港建设发展的战略构想

王伟光

一、自贸区与自贸港的战略定位与历史使命

自党的十七大以来，党中央从统筹国内国际两个大局的高度，将建设自由贸易区上升为国家战略。党的十八大提出加快实施自贸区战略，2018年党中央进一步提出探索建设中国特色自由贸易港。党的二十大报告明确提出实施自贸区提升战略，赋予自贸区和自贸港多重重大使命。

从2013年至2023年的十年间，我国分批建立了20个自贸试验区和海南自由贸易港，形成了统筹沿海、内陆、沿边的全面开放格局。自贸区是指在国家与地区境内、关外设立的，以优惠税收和海关监管政策为主要手段，以贸易自由化便利化为主要目的的多功能经济特区。自贸港则是在国家与地区境内、关外设立的，允许境外货物、资金自由进出的港口区。

自贸区和自贸港作为国家对外开放的特殊功能区域，有效促进了进出口贸易和经济增长。尽管取得了显著成绩，但仍存在一些亟待提升的问题，如过度依赖基础设施建设、忽视制度创新、开放力度不足、服务贸易和跨境投资滞后、法律制度不完善等。这些问题的根源在于对自贸区和自贸港建设的思想和理论认识有待进一步提升。

二、习近平总书记关于自贸区和自贸港建设的战略构想

习近平总书记高度重视自贸区和海南中国特色自贸港建设，提出建设中国特色自贸区和自贸港的战略构想，并亲自谋划、部署和推动。总书记要求深入实施自贸区提升战略，努力建设更高水平的自贸区，强调海南自贸港要坚决贯彻新发展理念，建设现代化经济体制，在推动经济高质量发展方面走

在全国前列。

总书记关于自贸区和自贸港建设的战略构想，是习近平新时代中国特色社会主义思想的重要组成部分。我们必须深刻学习、领会并积极践行这一思想，从自贸区和自贸港的多重重大使命及其与改革开放、新发展格局、高质量发展、中国式现代化等重大关系的角度，深刻理解其战略定位和意义，增强推动自贸区和自贸港建设的积极性和责任感。

三、自贸区和自贸港的历史使命与实践路径

（一）改革开放的试验田

改革开放是决定当代中国命运的关键一招。当前，改革开放进入攻坚期和深水区，全面深化改革和实施高水平对外开放的阻力越来越大。总书记要求牢牢把握国际通行规则，加快形成与国际投资、贸易通行规则相衔接的基本制度体系和监管模式，把实施自贸试验区战略作为推进高水平对外开放的重要内容。自贸区和自贸港要通过先行先试，对接高标准国际经贸规则，持续扩大市场准入水平，形成可复制、可推广的经验，为全国提供样板。

（二）新发展格局的战略支点

党的十九届五中全会提出加快构建以国内大循环为主体、国内国际双循环相互促进的新发展格局。自贸区和自贸港要通过深化改革和复制推广，打通国内循环堵点，提供战略支撑；通过更高水平的国际规格对接和市场准入，为扩大国际国内两个循环提供战略平台。自贸区和自贸港要紧密联系国内国际两个市场、两种资源，推动国内循环的战略支撑和国际循环的战略平台相互叠加、相互强化，成为新发展格局的战略支撑。

（三）高质量发展的示范引擎

习近平总书记在党的二十大对高质量发展进行了重大统筹布局，明确了高质量发展的内涵、外延和特征。高质量发展的基础是发展，关键是质量，要将高质量摆在更为突出的位置，实现质的有效提升和量的合理增长。自贸区和自贸港要通过深化要素市场化配置、政府职能转变、贸易投资自由化便利化、金融开放创新和法治化建设等领域的先行先试，为高质量发展提供新动能，成为推动经济实现质的有效提升和量的合理增长的重要路径。

（四）中国式现代化的重要构成要素

自贸区和自贸港要以先进的制度规则、优越的营商成本、完备的法治环

境和广泛的全球联系，加快吸引高端资源与要素、企业与产业、产品与服务的聚集。自贸区和自贸港不仅要率先成为中国式现代化的孵化器和试验田，而且要发展成为中国式现代化的加强体和开路先锋，成为示范引领经济社会全面发展的增长极和发动机。

四、海南自贸港建设的特殊意义

海南自贸港建设是实施中国式现代化的重大战略举措。海南应从关系国家富强和民族复兴的高度，充分重视自贸港建设，通过建设高水平的中国特色自贸港，全面深化改革，实现更高水平的开放和更高质量的发展。海南要通过构建以内循环为主、内外双循环相互促进的新发展格局，示范和引领全国的高质量发展，成为推动中国式现代化的海南样本。

五、结语

我国自贸区和自贸港建设是新时代改革开放的重大战略举措，承载着推动高质量发展、构建新发展格局、实现中国式现代化的历史使命。我们必须以习近平新时代中国特色社会主义思想为指导，坚决贯彻落实总书记的战略构想，提升对自贸区和自贸港重要性的认识，增强责任感和使命感，推动自贸区和自贸港建设迈向新高度，为实现中华民族伟大复兴的中国梦作出更大贡献。

站在地球仪旁祝福海南　打造开放新高地

马　利

海南，这片承载着百年梦想的土地，自古以来便是中国对外开放的窗口。100多年前的辛亥革命时期，孙中山筹划"建国方略"，除了北方大港、西北铁路、三峡大坝，他还领衔签署了《琼州改设行省理由书》，主张海南建省，全岛开发，为"出入口货辐辏之区"。新中国成立后，王震将军领导全国农垦，力主将华南亚热带作物科学研究所从广州迁于海南；党的十二大后，在广州主持座谈会，讨论加快建设海南岛开发的一系列方针政策和措施，揭开了海南大开发的序幕。

邓小平同志说过：浦东对面是太平洋，是欧美，是全世界！习近平主席，在上海进口博览会开幕式上提到海南建设自由贸易港。从上海到海南，自贸区的建设已经成为中国拥抱太平洋、拥抱全世界的象征。

在此，我愿与诸位分享几点思考，以期为海南自贸港建设提供有益的启示。

一、中国将继续扩大开放，我们绝不会关上国门

早在公元1世纪的《异物志》里就提到海南与外界有着密切的贸易交流与联系。人民日报1994年曾发表王恒杰教授的文章《南沙群岛考古行》。他在烟波浩渺的南海一路考察，8天8夜，检视到大量唐宋及明清时代的遗物。从潜水员在礁砂中取回的一件秦汉时代的压印硬纹陶片就可以反映出2000年前记载的真实性，也说明中国自古以来就有对外开放的文化基因。

今天，我们要以开放纾发展之困，以开放汇合作之力，以开放聚创新之势，以开放谋共享之福，推动经济全球化不断向前，增强各国发展的动能。海南是中国与东南亚对接的桥头堡，位于南海区域，海域辽阔，资源丰富。建设自贸港不仅可以发展海南的经济，还可以将之作为南海开发的推进器和

重心锚。海南岛处在珠江三角经济区附近，还可以推动珠江三角经济带的进一步繁荣。

在海南建设自由贸易港是一项重大战略决策，海南将打造市场化、法治化、国际化营商环境，大大降低市场准入门槛，提高投资贸易便利化、市场化和自由化程度。这表明中国的对外开放已经从市场开放、要素开放，转向和提升到了制度型开放的层面。中国将对接国际高水平经贸规则，稳步扩大规制、规则、管理、标准等制度型开放，中国的国门会越开越大，越来越敞亮。

二、以开放促改革，鼓励地方先行先试

中国经历40多年的发展，已经到了开放促改革的阶段。自贸区的作用远远超出了贸易和投资促进的范畴，还包括政府职能转型、公共服务提升、制造业升级、服务业开放、科技创新和绿色城市等，实际上更多涉及国内政策的调整。用国际经济规则、国际惯例，倒逼国内营商环境的改革、改善，倒逼国内各种机制体制的发展变化。自由贸易港把制度集成创新摆在突出位置，鼓励地方先行先试、解放思想、大胆创新，成熟一项推出一项。希望探索并形成一系列可复制可推广的经验，逐步向全国铺开。

据商务部统计，在制度创新方面，中国先后出台28份自贸试验区建设方案，累计部署3 400多项改革试点任务，形成了较为完善的自贸试验区政策制度框架体系；共向全国复制推广302项制度创新成果，涉及投资贸易便利化、金融开放创新、事中事后监管、知识产权保护等方面，不断促进改革红利的持续释放。

三、做好政策精准解读和有效传导，避免误解误读

有人看到中央全面深化改革委员会审议通过的《关于加快建设全国统一大市场的意见》，误以为是计划经济回归。其实，文件侧重于突破地方行政分割，促进生产要素在全国范围内的自由流动，旨在深化改革的举措，而绝非改革的倒退，它恰恰是一份发展社会主义市场经济的好文件。政府有关部门要求加强"战略和应急物资储备"安全管理，这本是欧美国家习以为常的做法，却被某些自媒体渲染为战争在即的准备。全国人大代表提案《关于促进米糠回归人类食用提升国民营养的建议》，国家卫健委已答复并支持的有

关标准修订，也被某些自媒体解读为政府在为大饥荒作准备。这些不负责任的信口开河、带节奏的渲染，即便不是别有用心的，也会扰乱市场信心和消费者信心。

我们的专家学者应一起研究政策、宣传政策，通过扎实的基层调查研究，提供政策反馈，促进决策优化，为业界做好政策宣导，成为市场与政府之间顺畅沟通的桥梁。

四、维系全球供应链，建设"人类文明共同体"，希望在人民，基础在民间，未来在青年，活力在地方

习近平主席在美国友好团体联合欢迎宴会上讲了四个"在"，不仅符合中美关系，也适用于中国与国际社会的关系。我们中国政府和人民是有胸怀的，全面推动与世界各国人民在外交、经贸、人文、教育、科技、农业、军队、执法、人工智能等领域开展对话合作，把合作的清单拉得更长，把合作的蛋糕做得更大。

海南自贸港建设，特别关注两个受益方：一是企业，二是老百姓。通过发挥自贸区功能，更好地优化和完善产业布局，形成一批各具特色、有序竞争、差异化的先进产业集群。希望资本界、企业界关注研究海南自贸港建设的进展，分享新时代中国对外开放大手笔带来的巨大商业机会。海南居民也能从自贸港建设中，率先享用世界各地的高品质技术、服务和商品，不断满足人民群众对美好生活的需要。令人鼓舞的是，中央支持海南开展国际人才管理改革试点，允许外籍和港澳台地区技术、技能人员按规定在海南就业、永久居留，允许在中国高等院校获得硕士以上学位的优秀外国留学生在海南创业就业。继 20 世纪 80 年代的深圳之后，海南将再一次成为勇敢创业者的乐园、全球化市场经济的热土。

习近平主席在亚太经合组织第三十次领导人非正式会议上说过：APEC 走过 30 年，助力亚太成为世界经济增长中心、全球发展的稳定之锚和合作高地，创造了举世瞩目的"亚太奇迹"。不断塑造亚太发展新动能新优势。

那么，如何打造亚太发展的下一个"黄金三十年"？

亚太发展的经验告诉我们，开放则兴，封闭则衰。亚太发展的经验一再证明，开放是繁荣之源，封闭是衰败之始。站在新的历史起点上，海南自由贸易港的建设，不仅将是"亚太奇迹"的延续，更是中国以开放姿态拥抱世

界的庄严承诺。我们有理由相信,在下一个"黄金三十年"中,海南将以其独特的制度创新与开放实践,在亚太发展的宏伟篇章中留下浓墨重彩的琼州印记。

发挥海南比较优势　加快构建新发展格局

盛明富

加快构建新发展格局，推动海南自贸港高质量发展，必须在发挥海南比较优势上下功夫。

一、发挥海南市场优势，构建服务型新经济形态

发达国家和地区以及一些海岛环境的经济体（比如新加坡等）的发展经验表明，市场或者说特色的市场体系是服务型经济的"助产士"，而服务型经济又是自贸港或自贸区的基本经济形态，无论东方还是西方，在此问题上几乎无一例外（包括中国的香港也是如此）。

海南建省以来的经验和教训也表明，历届省委省政府都把构建服务型经济形态作为战略目标，但因为缺少特色的市场体系作支撑，服务型经济仅仅停留在旅游服务和生活服务层面，立体化、多形态和作为全省国民经济支点的服务型经济还未能形成或者说尚处于襁褓之中。

进入新时代，中央关于自贸港建设一系列政策的出台，尤其是以规则、规制、管理、标准为牵引的高水平对外开放政策的出台，为构建以国内国际双循环为特征的具有海南特色的市场体系创造了条件，一个以政策为杠杆、市场为支点的新型服务型经济呼之欲出。

从海南的实际来看，构建特色的市场体系正是海南的比较优势所在：
（一）构建航运物流市场，推动物流服务，拓展物流保障型经济的发展

这主要体现在两个方面：一方面，海南的区位优势决定了它是中国内地面向东南亚、中东和近东、美洲和大洋洲的物资出口前沿，同时也是这些地区商品物资进口国内的前沿。随着自贸港各类商品和进出口物资税收优惠政策的出台，海南作为商品和物流中转站、中国对外航运中心的地位将得以逐步确立，发展物流服务保障型经济就有了基本支撑。另一方面，随着海洋开

发战略的实施，海南作为中国海洋战略的前沿、作为南海权益维护的阵地，具有强烈军民融合特征的基地后勤保障服务必将进一步强化，由此可以进一步推动物流市场的发展。这两个方面共同推动，以维护、保障、服务为特征的物流服务需求将大大增加，而这类服务需求正是构建特色市场体系和服务型经济形态的重要保证。

（二）构建中高档消费品市场，推动旅游服务，拓展消费型经济形态

中国全面建成小康社会之后，一方面老百姓潜在的社会购买力大大增强，另一方面老百姓基本生活需要满足之后新的需求增长点尚未挖掘。随着海南自贸港的封关运作和免税政策落地，一些大宗、优质、中高档的生活类商品在海南会显示出巨大的价格优势，这种价格优势可以刺激新的需求增长点——既可以带动内地生活用品的更新换代，又可以丰富和拓展文旅型服务经济的发展。鉴于这方面已有很多论述，也有很多实践探索，这里就不再赘述了。

（三）构建文化消费市场，推动中华传统文化的市场化发展，拓展文化消费和文化服务型的经济形态

相较于一般的物质产品消费，文化消费是一种更高层次的消费。中国拥有悠久和灿烂的文化，但是目前这种文化并没有通过市场化的机制得以广泛弘扬。放眼整个国内市场，还没有一个机制健全、规则明确、标准权威的文化产品市场体系。而随着小康社会的建成，人们对文化产品的需求将大幅增加。这就给了海南一个特有的机会：利用税收政策优势，针对国人的文化消费需求和国际上对中华文化了解需求增长的态势，构建以书、画、工、藏和影、视、文、创为主体，以展、鉴、售、藏和各具特色的文化节为主要形式的大文化消费市场。这样不仅可以激活民间数万亿的文化、工艺以及收藏品市场，而且可以使海南这个自贸港月月有文化活动，时时有文化展销，处处有文化消费类的服务，诸如影视节、文创节、收藏展、书画拍卖、工艺品展销等可全时段跟进。这样的自贸港才能体现中国特色，才能展示高水平的对外开放，才能形成海南文化消费和服务型的新经济形态。

（四）构建离岸金融中心，通过金融杠杆，推动金融服务，拓展高端的服务型经济形态

一般来说，自贸港建设是离不开金融和资本市场的，国际经验表明，现代化的自贸港无不是以集离岸商品、国际航运和离岸金融"三位一体"为特

征的。只有货物流、信息流、资金流相伴而生，才能使自贸港进入良性循环的轨道。从长远来看，海南可以构建离岸金融资产交易市场，以推动在海外的国有资产、民营资产及其所持有的债券和资源在这里交易；可以构建离岸人民币交易中心，以推动跨境贸易结算便利化和自贸港与境外资金的自由便利流动；可以构建证券市场的国际板，既可以面向境外机构在中国境内发行人民币计价的股票和债券，也可以介入式培育自贸港内的资本市场主体。无论上述哪种金融类市场，都必将带动金融服务业的发展，推动海南的服务业从商品服务、生活服务、文旅服务向文化服务、资本和产业服务延伸，从而构建完整的服务型新经济形态。

当然，海南作为自贸港，应当通过市场来牵引和推动服务型经济形态的形成和发展，以此来构建以国内大循环为主体、国内国际双循环相互促进的新发展格局。各级政府的着力点应当在培育市场这个服务型经济的"助产士"上多下功夫，而不是依靠政府调节这只"看得见的手"来越俎代庖。

此外，还有休闲娱乐市场的高端化和国际化，也将进一步丰富娱乐消费；外资医院的进入将进一步推动医疗消费、康养消费，所有这些都是构建服务型经济形态的推动因素。

二、发挥海南政策优势，构建"总部经济"和"会展经济"等新经济形态

发展现代的高科技产业几乎是国内所有省市的普遍追求，但能否真正形成高科技产业取决于几个必不可少的条件，如历史传统和基础条件、重大项目带动、当地研发优势、科研人才优势、政策优势等。海南作为海岛经济，没有高科技产业基础和历史上占优势的制造业，也缺少研发和人才优势，因此不宜走传统制造业发展的路子。但是，海南有自贸港的政策优势，可以借助最大化政策优势，吸引全国各地的企业和人才在海南这块土地上聚集，从而形成以研发为主的现代总部经济和会展经济。这就像40多年前深圳借助政策优势吸引海外资本和内地劳动力在深圳的土地上聚集，从而推动深圳现代化的高科技发展那样，最终实现海南在现代化进程中的"弯道超车"。

第一，用好用足自贸港政策，用政府这只"看得见的手"拉动市场投资，再用资本和市场这只"看不见的手"驱动以研发为主要特征的总部经济的形成和发展。

当前，我国经济和社会发展面临两大趋势：一是以数据经济和人工智能为核心的第四次工业革命的大幕正徐徐拉开；二是人口老龄化的大潮也急速到来。这两大趋势相互碰撞，决定了整个国家在走向现代化的进程中，不仅要注重对传统工业（包括制造业）的数据化和智能化改造，而且要注重为老龄社会的到来研发一系列适应人们生活需求的数据化、智能化的供给侧产品。中国的市场经济从来都是围绕着人们的生活方式和生活需要而展开的，正如从 1978 年党的十一届三中全会为起始的持续数十年的市场经济发展都是以广大人民群众的衣食住行拉动开始的那样，新一轮的对传统工业的数字化、智能化改造和围绕老龄社会提供现代化和智能化的产品以及服务，必将推动未来几十年市场的发展，形成下一步经济发展的主旋律。

当前，从国内总体的态势来看，各地投资环境在政策上差距不大，你有我有全都有。而海南作为自贸港，其政策优势是其他一些省份所不能比的：自贸港税收政策杠杆可以通过减免企业所得税、关税、增值税以及简化税制来降低企业税负，提高企业效益，甚至还可以让企业根据情况申请更优的优惠政策。在中国，税收优惠往往是很大的驱动力；自贸港用地政策优惠、财政补贴政策优惠、激励配套政策优惠等政府调节杠杆的综合使用，可以大大降低企业投资成本，提高投入产出的比例；自贸港人才政策尤其是高端人才的落户优惠政策，则可以吸引一大批企业和科创人才的落地。这样就可以从全国各地吸引一大批企业和科创人员在海南的土地上结合，尤其要着重吸引央企把总部研发或区域总部放到海南，从而形成海南的总部经济。换句话说，海南必须注重政策比较优势，抓住经济社会发展的大趋势，孵化满足未来需求的各类数据化、智能化产品的总部研发经济，这或许是海南发展和实现现代化的天赐良机。

第二，以总部研发经济和高水平对外开放为依托，发展会展经济，让海南成为走出去和引进来的首选窗口。一般来说，会展经济多以研发优势为基础、区位优势为要件、政策推动为关键。而海南自贸港有位于中国南端的区位、开放水平最高的优势，一旦与由政策驱动而形成的总部研发经济相结合，客观上就为会展经济的形成创造了条件，倘若再辅之以政策上对会展经济的扶持，那么会展经济的形成也就顺理成章了。

现在我国已经有了广交会、进博会等，海南封关以后，能否拓展类似这样的会展经济，将会是海南自贸港发展上有关键意义的事情。

三、发挥海南区位优势，构建生态型新经济形态

加快构建新发展格局，推动经济高质量发展，是党的二十大确定的未来一段时期的主要任务。对于海南这个中国最大的自贸港来说，无论是加快构建新发展格局还是推动经济高质量发展，都必须立足海南实际，充分发挥海南的区位优势，把构建生态型经济放到特殊位置。

（一）充分利用海南作为我国唯一跨热带和亚热带的区位优势，拓展绿色经济

要把海南打造成"种子革命"的试验基地、热带产品的培育基地、生态农业的孵化基地、全国绿色产品最大的集散基地。通过对以种植业和养殖业为主的生态农业的科研、试验、培育和推广，打造一体化的生态农业产业链，大幅提升农产品的产业链和价值链，在满足人们对种、养产品绿色生态无公害要求的同时，率先在全国消除工农业产品的"剪刀差"，为新时代走向共同富裕进行有益的探索。相较于传统农业，生态农业具有更高的投入产出比、更高的产品产量比、更高的产品收益、更长的农业产业链，可由此实现农产品价值的最大化，从这个意义上说，也就有利于消除工农业产品的"剪刀差"。

（二）充分利用海南濒临南海的区位优势，拓展深海经济

这里所说的深海经济既包括深海养殖，也包括深海产品加工和产业链的延伸；既包括深海旅游探险，也包括深海资源开发利用。相较于一些海洋强国，我国的深海经济仍显落后，这与我们多年来不太重视对深海经济的经营有一定的关系。海洋本来就是人类的"聚宝盆"，若不进行开发，它就仅是供人们观赏的一片汪洋，资源优势也就不能变成经济优势。对我国来说，深海经济的经营和拓展还关系对国家海洋权益和领土主权的维护。历史地看，南海诸岛之所以主权在我，其中一个重要原因就是那里长期都是中国渔民的经营场所。横向来看，各国的经验也表明，拓展深海经济不仅有利于经济发展和满足人们更高生活质量的需要，也是维护国家主权的战略要求。因此，无论是纵向的历史比较，还是横向的国际比较，无论是推动经济发展，还是满足人们高质量的生活需要，利用海南的区位优势、拓展深海经济都是加快构建新发展格局的客观要求。

（三）充分利用海南的自然资源和气候资源，深耕康养经济

海南的自然条件优越，阳光、沙滩、温泉、椰林、碧海、蓝天和高负氧离子的空气，构成绝佳的康养经济基本条件。多年来，这些元素并没有形成一种真正的康养经济，根本原因在于没有把资源优势变成经济优势。

康养经济不同于旅游经济，可以说它是旅游经济的升级版，虽然目前尚未有准确定义，但其基本特点应当包括：游能留得住宿、吃能解得了馋、住得舒适、养得康复、玩得放飞、行得便捷。它是以中产阶层或者中高端收入群体为对象、中高端消费为特征、中高端服务为要件、中高端享受为目的而形成的一种经济形态。以此来衡量，海南过往的作为，喊的是康养经济，实际是旅游经济或者旅居经济。它在消费对象、消费内容、服务内容、服务方式等诸多方面其实都名不符实，与全国其他旅游地方并无实质差别。

把资源优势变成康养经济，最关键的就是要明确康养经济的标准化内涵，并以标准化引导和构建康养市场，以市场化的康养推动康养经济的形成。

正如我在前面所说的，中国已经进入了老龄化社会，这种老龄化社会与生活水平的全面小康相互碰撞、与从多子化到少子化的生育周期相互碰撞，决定了康养市场需求的急速膨胀，谁能把握住这一趋势并有所作为，谁就将在未来的康养经济竞争中胜出。

总之，生态农业、深海经济、康养经济三位一体，构成了海南的生态型经济形态，这种经济形态与党的执政初衷高度一致、与制度特征高度一致、与国家战略高度一致、与市场需求高度一致，因此理所当然地成为海南新发展格局的重要组成部分。

宏观经济形势与自贸区建设：挑战与机遇

范恒山

岁末年初，宏观经济形势成为热门话题。我们既关注 2023 年的经济收成，更关注 2024 年的前景。经济工作会议刚刚召开，对 2024 年和未来一个时期的经济进行了周密部署，既延续了传统的好政策，又提出了一些新提法。借此机会，我谈谈自己的学习体会。

当前，研究和预测经济形势面临诸多挑战。非逻辑、非理性、不合情理的因素太多，经济走势往往偏离预期。2022 年底，我们对 2023 年的经济形势较为乐观，预计经济增长率至少达到 5%，甚至可能达到 5.5% 或 6%。然而，前三季度经济增长率为 5.2%，虽接近预期目标，但与年初的预期仍有差距。

从季度数据看，第一季度经济恢复良好，第二季度出现波动，经济活力有所下降，但第三季度情况有所好转，第四季度延续向好态势。总体而言，2023 年经济表现虽亮眼，但未达预期，令人遗憾。

经济工作会议作出了一系列重要部署，强调推进现代化是最大的政治，要求将非经济因素纳入宏观调控的一致性考量。这些新提法为我们分析 2024 年的经济形势提供了重要指引。

一、国际与国内因素分析

尽管国内因素是当前经济的主要影响因素，但国际环境仍需认真评价和合理应对。

（一）国际环境

近年来，美国主导的对华遏制不断加剧，对中美贸易产生直接影响。尽管贸易摩擦中我国对美进出口贸易未下降，甚至有所增加，但进出口贸易波动明显。欧洲也调整了对华政策，强调"去风险"。总体来看，外部环境的紧张趋势将持续，需保持清醒、理性应对，但我们依然需要高标准的开放。

第一，把自己的产品和服务做强，用我们的高水平、高质量来打开市场。

第二，对接高标准的国际经贸规则（借船出海），或者说以彼之矛攻彼之盾。

第三，开辟多元市场，秉承西方不亮东方亮的观点，因为世界的需求是多层次的。

（二）国内因素

中央政策明确指出，内需是经济增长的主要依靠。2024 年，若能有效激发内需，经济有望持续增长。

二、2024 年经济展望

我认为 2024 年经济将好于 2023 年，主要基于以下五个方面的考虑：

（一）经济恢复加快

前 11 个月的投资、消费和出口数据表明，经济结构持续改善，制造业投资增长迅速，高技术制造业投资表现突出。

（二）宏观调控加力

2023 年，党中央、国务院出台了一系列覆盖广泛、力度超前的政策措施，涉及投资、消费、进出口政策等方面。特别是民营经济政策和国债政策的出台，政策效应将在 2024 年更加显现。

（三）风险隐患降低

通过持续防范化解金融、房地产等领域的风险，经济结构不断优化，市场经济发展加快，新旧动能转换加速。

（四）营商环境优化

"放管服"改革持续推进，市场化、法治化、国际化程度不断提高。各地出台的营商环境政策和国家层面的监督，显著提升了营商环境水平。

（五）经济空间广阔

城乡融合发展、区域中心城市互动、重大功能平台支撑等为经济发展提供了广阔空间，特别是临空经济、海洋经济等立体化经济形态的拓展，潜力巨大。

三、自贸区建设的方向

自贸区建设是推进高水平对外开放的重要抓手，我认为自贸区未来的发展方向应聚焦以下三点：

第一，对接国际高标准经贸规则，推进制度性开放，提升国际竞争力。

第二，开展先行先试，围绕完善市场经济体制，推进深层次改革，解决重点、难点问题。

第三，推进高质量发展，平衡发展与结构、安全、环保、体制的关系，确保自贸区建设成为高质量发展的典范。

海南作为全国第一个封岛运作的自由贸易港，应在这些方面发挥示范作用，带动国家自贸区建设迈向新高度。

2024年经济有望实现更快增长，但基础仍需夯实。政府的有为、社会的能动以及政策的落实是关键。希望海南自贸区能在制度性开放、深层次改革和高质量发展中发挥更大作用，为中国经济高质量发展和现代化建设作出贡献。

跨境电商、绿色经济与数字化时代：自贸区的新模态

王忠民

在三亚学院召开第五届中国自贸智库论坛之际，我愿与大家分享关于跨境电商、绿色经济与数字化时代背景下自贸区发展的思考。本次发言将从三个方面展开，契合中国文化"一生二、二生三、三生万物"的成长逻辑，探讨自贸区在新模态下的实践与社会影响力。

一、跨境电商：从传统贸易到数字化逻辑

跨境电商的发展经历了三个历史阶段：传统贸易、电子商务以及今日的跨境电子商贸。在数字化浪潮下，电子商务已覆盖所有物品和服务贸易，跨境电子商贸应运而生。

以拼多多为例，这家在美国上市的中国公司，通过其跨境电子商贸平台，在全球市场迅速崛起。其成功的关键在于利用低商品价格规避关税，实现免税逻辑下的跨境贸易。这一模式对中美贸易摩擦中的关税壁垒形成了有效突破。

若此类企业在自贸区注册，将带来两方面延展：一是金融服务的本地化，如跨境支付与人民币国际化；二是股权投资与资本回报的优化。通过数字化逻辑，企业节省了广告、库存与管理成本，形成了价格优势，推动产业链上下游的数字化整合。

自贸区应抓住这一新模态，通过政策支持与服务优化，吸引更多跨境电子商贸企业落地，带动跨境金融、服务与产业链发展，为全球消费者提供更优质、更便宜的商品。

二、绿色经济：碳排放交易与产业链升级

特斯拉在上海的超级工厂案例表明，新能源汽车企业不仅通过产品获得

收益，还通过全球碳排放交易市场获取绿色收入。2022 年，特斯拉在全球碳排放交易市场中获得 16 亿美元收入。

相比之下，中国碳排放交易市场每吨碳价为 85 元人民币，而全球市场价格为其 10 倍。自贸区可引入全球碳排放交易机制，通过"影子市场"提升碳减排收益，吸引更多绿色产业聚集。

以苹果产业链的零碳目标为例，中国作为其主要生产国，通过绿色逻辑与全球碳市场接轨，可获得更多绿色收益。自贸区应成为绿色机制的实验场所，通过制度创新与服务引入，推动产业链升级，助力中国实现 3060 碳目标。

三、数字化时代：数据资产与智能逻辑

在数字化时代，数据资产的确权与利用成为关键。以芯片产业为例，全球最优的三家芯片企业均为美籍华人所有，而中国芯片企业在国际市场面临挑战。自贸区应聚焦数据资产的中间产品，推动数据从初始形态向有效应用转化。

微软收购 OpenAI 的案例表明，数字资产的价值在于其在市场中的应用与收入转化。自贸区应成为数据资产交易与创新的平台，通过确权与价值化，推动数字终端产品的日新月异。

未来，手机、汽车等终端产品将依赖于边缘计算与数据逻辑的进步。自贸区应定义为数字化时代的资产与逻辑中心，通过数据中间产品的交易与创新，推动全球数字终端的发展。

四、结语

跨境电商、绿色经济与数字化时代，为自贸区发展提供了新的维度与机遇。通过升维发展，自贸区可在全球跨境电子商务、绿色资产定价与数字化资产交易中发挥关键作用，实现"三生万物"的社会实践结果。

第二部分

学术论文

中国与东盟国家文化服务贸易效率及影响因素研究

游登贵

摘 要：本文基于2017—2021年中国与东盟文化服务贸易面板数据，运用DEA-Malmquist指数及面板Tobit模型对中国与东盟文化服务贸易效率进行测度及影响因素分析。结果表明：在静态分析方面，东盟大部分国家文化服务贸易效率尚未达到最优水平，技术进步成长空间较大；在动态分析方面，规模效率变化显著影响文化服务贸易全要素生产率；在影响因素方面，人均GDP、基础设施发展水平、对外开放程度和城镇化水平正向显著影响文化服务贸易效率，而知识与科技投入强度负向显著影响，产业现代化水平无显著影响。为加快提高中国与东盟文化服务贸易效率，中国亟须激发文化服务贸易政策红利，创建国际文化服务贸易中心，加大对外开放力度。

关键词：中国-东盟；文化服务贸易效率；DEA-Malmquist指数；Tobit模型

一、引言

2023年全国宣传思想文化工作会议传达了习近平总书记关于宣传思想文化工作作出的重要指示，首次提出了习近平文化思想，为新时代文化贸易提供了根本遵循。党的二十大报告明确提出"创新服务贸易发展机制，发展数字贸易，加快建设贸易强国"；"十四五"规划和2035年远景目标纲要中重点强调了"发展对外文化贸易""鼓励数字文化产品'走出去'"。文化产品及服务的对外贸易是培育壮大文化产业国际竞争优势的主要动力，中国文化服务贸易在全球文化经贸中担当更加重要的角色。党的十八大以来，在系列指导性、专门性、建设性政策加持下，政策红利得到快速释放，文化开放水平

作者简介：游登贵，重庆华略数字文化研究院。

不断提高，对外文化贸易空间持续拓展，尤其是 2 022 年初《区域全面经济伙伴关系协定》正式生效，为中国与"一带一路"共建国家和地区文化服务贸易迈入新阶段奠定坚实基础。根据商务部数据，2022 年我国对外文化贸易总额超过 2 200 亿美元，同比增长约 11%，相较于 2018 年，文化产品和文化服务进出口分别增长了 76.1%和 19.5%，文化服务贸易总额 414 亿美元，在对外文化贸易中的比重与 2018 年比较降低了 6.5 个百分点，仅为 18.8%。这说明在我国文化贸易规模日益扩大、结构不断优化的趋势下，文化服务贸易要加快提档升级，适应文化贸易迈向高质量发展阶段的新要求，贴近"一带一路"建设从"大写意"向"工笔画"转型的本质要求。

随着中华文化"走出去"和国家"一带一路"倡议持续推进，以此为视角研究文化贸易的成果日渐丰富，综合来看，主要集中在以下两个方面。

（一）数字文化贸易发展研究

李小牧、李嘉珊等通过梳理 2012—2021 年我国对外文化贸易发展变革历程及重要成就，指出数字文化产品和服务贸易国际化发展的具体路径。李康化、王禹鑫认为政府渠道力和服务力显著增强及企业质效双升是应对贸易指数偏低和数字贸易壁垒限制的有效方式。方英从文化安全观、数据治理能力、文化贸易供给质量等方面提出翔实建议。皇甫涛指出应从数字贸易规则、数字文化贸易类型、数字文化贸易市场及数字文化外贸平台等方面进行加强。

（二）文化贸易影响因素研究

袁洪飞、吴过基于 ETCPS 五维分析框架，运用引力模型对文化贸易影响因素进行实证分析，结果表明，GDP 和出口对象国是否属于 APEC 成员会显著影响文化贸易，互联网普及率和地理距离等变量则无显著影响。赵平、邹鹏运用改进的 Anderson-Wincoop 一般均衡模型对中国与"一带一路"共建国家文化贸易影响因素进行实证分析，结果发现政府治理、文化距离、地理位置等因素显著影响文化贸易，提出缩短距离、加强政策沟通、深化开放合作的改进建议。曾荣平、邓秋凤运用 DEA-M 指数模型测量 2013—2018 年我国与"一带一路"共建国家文化服务贸易效率，并用 Tobit 模型探究其影响因素，结果发现基础设施水平、城市化率、对外开放程度、科技发展水平显著影响文化服务贸易效率，地理距离为负向影响，而文化距离则无显著影响。

以上研究表明，信息技术、大数据技术、数字技术等新技术赋能文化贸易，数字文化贸易研究成果增长态势明显。还有部分研究着手分析文化贸易效率及其影响因素，拓宽了文化贸易研究视角和方式。但也要看到，中国与东盟之间贸易畅通、民心相通关系日益巩固，但相关研究还比较薄弱。本文运用 DEA-Tobit 模型对我国与东盟国家文化服务贸易效率及其影响因素进行实证分析，是对当前研究的有益补充。同时，在实证研究结果基础上提出优化我国文化服务贸易的政策建议，以期为我国文化贸易高质量发展提供参照。

二、中国与东盟国家文化服务贸易效率的测度

（一）测度方法

当前学术界对文化贸易效率进行测度主要采用随机前沿引力模型和数据包络分析（DEA）模型。一般来说，文化贸易实践中双边或多边贸易潜力绝难达到最优状态，贸易量通常受制于贸易非效率因素影响，因此随机前沿引力模型无法充分反映贸易非效率因素影响程度。本文选用 DEA 模型作为测度中国与东盟国家文化服务贸易效率的主要工具。传统 DEA 模型主要包括 C^2R 模型和 BC^2 模型，可对多投入、多产出模式下多个决策单元的效率进行测度。C^2R 模型基于规模报酬不变假设对决策单元的技术效率进行测算，而 BC^2 模型则引入规模报酬可变假设，将 C^2R 模型的综合技术效率（TE）进一步分解为纯技术效率（PTE）和规模技术效率（SE）。本文正是选用 BC^2 模型对中国与东盟国家文化服务贸易效率进行测度。鉴于 $DEA-BC^2$ 模型仅能对中国与东盟国家文化服务贸易静态效率进行分析，无法反映效率动态发展变化，为此可建构 Malmquist 指数模型，将全要素生产率变化指数（TFPCH）分解为技术效率变化指数（EFFCH）和技术进步指数（TECH），反映不同时期文化服务贸易效率的发展变化，实现对中国与东盟国家文化服务效率的全面动态分析。

（二）指标选择与数据来源

东盟（ASEAN）是东南亚国家联盟的简称，成员国包括柬埔寨、老挝、缅甸、新加坡、越南、文莱、印度尼西亚、菲律宾、泰国和马来西亚。东盟与我国文化贸易已有 30 多年，互为最大贸易经济体，双方形成亚太地区最具韧性和活力的合作关系。本文选取东盟十国为研究对象，面板数据的时间跨度为 2017—2021 年，对中国与东盟文化服务贸易效率进行测度，这关乎如何构建更为紧密的中国与东盟命运共同体。

借鉴《国际服务贸易分类表》中界定的文化服务相关内容，参照《国民经济行业分类》（GB/T 4754—2017）行业分类标准，本文将 R-87 和 R-88

中两个大类、16个中类相关的进出口贸易称为文化服务贸易，主要包括广播、电视、电影和录音制作业与文化艺术业两大业态。根据柯布－道格拉斯（Cobb-Douglas）生产函数内涵，运用DEA-BC^{2}模型和Malmquist指数模型对文化服务贸易效率进行测度，必须选择投入、产出两类指标。而文化服务贸易是一个多投入、多产出不断发展变化的动态过程，存在诸多影响因素。本文结合中国与东盟国家文化服务状况并借鉴相关学者的有益研究成果，谨慎地从劳动投入、资本投入角度选取专业技术人员数量（万人）、文化对外直接投资存量（亿美元）两个指标代表文化服务贸易的投入向度，从直接产出和间接产出中选取文化服务贸易总额（亿美元）、文化服务贸易RCA指数两个指标作为文化服务贸易的产出反映（见表1）。

表1 文化服务贸易效率评价指标体系说明及数据来源

一级指标	二级指标	可测度指标	指标释义	数据来源
文化服务贸易投入	劳动	专业技术人员数量（万人）	指的是从事对外文化服务贸易的专业技术工作和专业技术管理工作的人员	中国商务部
	资本	文化对外直接投资存量（亿美元）	反映文化服务贸易直接投入水平	中国服务贸易指南网
文化服务贸易产出	直接产出	文化服务贸易总额（亿美元）	反映文化服务贸易总体发展水平	东盟统计数据库
	间接产出	文化服务贸易RCA指数	反映文化服务贸易显性比较优势	联合国贸易和发展会议数据库

（三）测度结果与分析

1. 中国与东盟文化服务贸易效率静态分析

基于文化服务贸易效率评价相关指标数据，选择投入导向型DEA-BC^{2}模型，运用DEAP 2.1软件测算2017—2021年中国与东盟文化服务贸易效率。由表2可知，综合效率达到有效（TE＝1）的国别数处于中下位次，最高仅4个有效，可见文化服务贸易投入资源配置效率亟待提高。PTE值整体呈下降态势，均值由2017年的0.844下降为2021年的0.644，文化服务贸易纯技术效率逐年下降。SE值呈增加趋势，但规模效率有效数（SE＝1）趋于稳定。

东盟处于规模效益递增和不变的国别数居多，分布在 6 个至 8 个之间，处于规模效益递减的国别数有逐渐减小的趋势，不同国别应根据其所处阶段调整资源投入规模。

表 2 2017—2021 年中国与东盟文化服务贸易效率变化情况

效应类型	均值及国别数	2017 年	2018 年	2019 年	2020 年	2021 年
综合效率	均值	0.597	0.605	0.470	0.538	0.611
	TE = 1 国别数	3	4	3	3	4
纯技术效率	均值	0.844	0.81	0.716	0.677	0.644
	PTE = 1 国别数	8	7	6	5	5
规模效率	均值	0.619	0.642	0.652	0.752	0.909
	SE = 1 国别数	3	4	3	3	4
规模效益	不变的国别数	3	4	3	3	5
	递增的国别数	4	3	3	3	3
	递减的国别数	3	3	4	3	2

资料来源：根据 DEAP 2.1 软件处理结果编制。

2. 中国与东盟文化服务贸易效率动态分析

根据中国与东盟文化服务贸易投入产出数据及 DEAP 2.1 软件运行结果，呈现出 2017—2021 年逐年的 Malmquist 生产率及其分解变化情况。由表 3 可知，全要素生产率变化指数在 2019—2020 年、2020—2021 年大于 1，其均值为 1.001，说明中国与东盟 2017—2021 年技术创新呈向好趋势发展，文化服务贸易效率 5 年来总体呈上升趋势。同时将全要素生产率指数进行分解，发现 TC 值在 2017—2018 年、2018—2019 年、2019—2020 年均小于 1，说明中国与东盟文化服务贸易技术进步差异较大，文化服务贸易科技水平应用和生产活动创新能力相对较弱。而 EC 值则在 2018—2019 年后逐年上升，表明中国与东盟文化服务贸易技术创新追赶效应明显。此外，对 EC 进行分解结果显示中国与东盟历年 PECH 值除 2019—2020 年外均小于 1，说明中国与东盟技术创新的资源配置管理水平亟待加强；而 SECH 值除 2019—2020 年外均大于 1，表明中国与东盟技术创新还处于初级阶段，文化服务贸易主要依靠规模效率提升。中国与东盟文化服务贸易创新发展得益于技术效率改善，而技术效率改善又得益于规模效率改善，但其仍难以显著改善创新资源配置效率水平，纯技术效率进步空间仍然较大。

表 3 2017—2021 年中国与东盟文化服务贸易 Malmquist 指数及其分解

年份	技术效率变化指数（EC）	技术进步指数（TC）	纯技术效率变化指数（PECH）	规模效率变化指数（SECH）	Malmquist 生产率指数
2017—2018	0.980	0.778	0.937	1.046	0.762
2018—2019	0.787	0.782	0.707	1.113	0.615
2019—2020	1.119	0.993	1.138	0.994	1.123
2020—2021	1.164	1.304	0.857	1.334	1.502
均值	1.012	0.964	0.910	1.124	1.001

资料来源：根据 DEAP2.1 软件处理结果编制。

由表 4 可知，中国与东盟十国文化服务贸易全要素生产率处于不断优化改善中，而这种向好趋势是东盟十国技术效率整体提升的结果，主要依靠的是规模效率提升，与前文结论一致。前文提到中国与东盟文化服务贸易技术进步差异较大，这种差异恰恰来自技术创新效率较弱的国家，其产业结构正处于调整优化时期，创新资源配置效率羸弱，创新产出比较单一，技术引进应用更为普遍，技术溢出效应尚未体现。

表 4 2017—2021 年中国与东盟十国文化服务贸易 Malmquist 指数的区域分解

国别	技术效率变化指数（EC）	技术进步指数（TC）	纯技术效率变化指数（PECH）	规模效率变化指数（SECH）	Malmquist 生产率指数
柬埔寨	1.407	0.974	0.855	1.646	1.370
老挝	0.957	1.028	0.685	1.398	0.983
缅甸	1	0.866	0.701	1	0.866
新加坡	1.184	1.079	1	1.184	1.278
越南	0.826	1.248	0.863	0.957	1.032
文莱	1.189	0.566	0.478	1.189	0.673
印度尼西亚	0.532	1.017	0.535	0.994	0.541
菲律宾	1	0.981	1	1	1

续表

国别	技术效率变化指数（EC）	技术进步指数（TC）	纯技术效率变化指数（PECH）	规模效率变化指数（SECH）	Malmquist生产率指数
泰国	1.239	1.226	1	1.239	1.519
马来西亚	0.980	1.085	0.881	1.112	1.064
均值	1.031	1.007	0.800	1.172	1.033

资料来源：根据 DEAP 2.1 软件处理结果编制。

三、中国与东盟文化服务贸易效率的影响因素

（一）测度方法

运用 DEA-BC^2 模型对中国与东盟文化服务贸易效率进行测度时，其效率值是在 0 到 1 之间的截断数据。对于取值受限的被解释变量，一般采用截断回归模型（Tobit）基于极大似然估计进行回归分析，有效应对使用普通最小二乘法回归模型造成参数估值有偏的问题，以更深入解析导致被解释变量变动的主要影响因素。Tobit 模型具体形式如下：

$$\begin{cases} y_i = a_0 + x_i\boldsymbol{\beta} + \varepsilon_i, & 若 c_1 \leq y_i^* \leq c_2 \\ y_i = c_1, & 若 y_i^* < c_1 \\ y_i = c_2, & 若 y_i^* > c_2 \end{cases}$$

式中，x_i 为解释变量，y_i 为被解释变量，y_i^* 为被解释变量向量，$\boldsymbol{\beta}$ 为回归参数向量，a_0 为常数项，ε_i 为随机干扰项。

（二）指标选择与数据来源

本文基于文化服务贸易发展基础和技术创新环境两个维度，参考有关研究成果，兼顾变量指标数据可得性和合理性，本文选取人均 GDP、基础设施发展水平、城镇化水平、知识和科技投入强度、产业现代化水平、对外开放程度等变量，考察中国与东盟文化服务贸易效率的主要影响因素（见表 5）。

表 5 文化服务贸易效率的影响因素指标释义及数据来源

指标名称	指标代码	指标释义	测算公式	数据来源
人均 GDP	RJ	指的是国内生产总值的人均分配	GDP/总人口（亿美元/万人）	新华丝路数据库

续表

指标名称	指标代码	指标释义	测算公式	数据来源
基础设施发展水平	SS	反映基础设施发展水平的影响	基础设施发展指数	"一带一路"国家基础设施发展指数报告（2017—2022）
城镇化水平	CZ	反映城镇化水平的影响	城镇人口/总人口（%）	中国"一带一路"网
知识和科技投入强度	KJ	反映知识和科技投入强度的影响	知识和技术产出	WIPO全球创新指数报告（2017—2021）
产业现代化水平	CY	衡量产业现代化能力	二、三产业比重（%）	新华丝路数据库
对外开放程度	KF	衡量对外开放程度	贸易进出口总额/GDP（%）	中国商务部

（三）测度结果与分析

根据 Stata 15.0 软件运行结果，由表6可知，基础设施发展水平（SS）、对外开放程度（KF）通过了1%水平上的显著性检验，城镇化水平（CZ）通过了5%水平上的显著性检验，人均GDP（RJ）通过了10%水平上的显著性检验，产业现代化水平（CY）没有通过该检验，说明其与文化服务贸易效率无显著性影响。

表6 Tobit模型参数回归结果

变量	系数	标准误差	t 值	p 值
人均GDP（RJ）	0.780*	0.580	1.21	0.027
基础设施发展水平（SS）	1.323***	0.008	2.83	0.005
对外开放程度（KF）	1.105***	0.044	2.24	0.012
城镇化水平（CZ）	0.940**	0.019	2.13	0.033
知识与科技投入强度（KJ）	-0.011*	0.006	-1.75	0.08
产业现代化水平（CY）	0.390	0.544	0.72	0.473

注：*、**、*** 代表10%、5%和1%的水平上显著。

具体来看：

第一，人均GDP（RJ）正向显著影响文化服务贸易效率。国内生产总值总体规模扩大，表明文化贸易运行的经济基础底座牢固，人均 GDP 不断增长，东盟十国文化贸易消费场景提档升级，其与我国文化服务贸易随即得到增强。

第二，基础设施发展水平（SS）正向促进文化服务贸易效率。基础设施是文化贸易行稳致远、有序运行的先决因素，东盟十国通信网络、沉浸式场馆、服务平台、实体基地等城市基础设施加快建设，激发了其与我国文化服务贸易的发展活力。

第三，对外开放程度（KF）正向促进文化服务贸易效率。随着我国"一带一路"倡议纵深推进，"一带一路"国际合作高峰论坛已举办多届，东盟十国对外开放政策、机制、平台和成果进一步丰富，其与我国文化服务贸易表现出强劲韧性和活力。

第四，城镇化水平（CZ）正向显著影响文化服务贸易效率。城镇化水平长期稳定高位能持续集聚高消费水平、强消费能力、新消费场景的城市人口，而高素质人才流动能够促进文化消费需求增长，夯实中国与东盟文化服务贸易发展基础。

第五，知识和科技投入强度（KJ）负向显著影响文化服务贸易效率。其他条件一定时，知识和科技投入强度对中国与东盟文化服务贸易效率的影响差异显著。主要原因在于文化服务贸易环境较优国家对知识与科技投入资源配置管理能力式微，政府重视度尚待加强，其投入不足以支持文化服务贸易技术创新与进步。

第六，产业现代化水平（CY）对文化服务贸易效率无显著影响。第二产业与第三产业比重对文化服务贸易效率的影响在统计方面不显著，表明东盟十国仍需重视产业结构调整优化。

四、研究结论与建议

（一）主要结论

一是运用 DEA-BC^2 模型测算 2017—2021 年中国与东盟文化服务贸易效率的结果表明，东盟大部分国家文化服务贸易效率尚未达到最优水平，技术进步成长空间较大，我国仍需对其文化服务贸易投入资源进行优化配置及宏观规划调整。

二是参照 Malmquist 指数分解结果发现，2017—2021 年中国与东盟文化服务贸易效率的全要素生产率总体呈现增长趋势，规模效率变化显著影响全要素生产率；从国别看，泰国、柬埔寨、新加坡三国的全要素生产率提升较大。

三是根据 Tobit 模型实证分析结果表明，人均 GDP（RJ）、基础设施发展水平（SS）、对外开放程度（KF）和城镇化水平（CZ）与文化服务贸易效率呈正向相关关系，知识和科技投入强度（KJ）与文化服务贸易效率呈负向相关关系，产业现代化水平（CY）与文化服务贸易效率无显著相关关系。

（二）政策建议

1. 激发中国文化服务贸易政策红利

党的十八大以来，文化服务贸易发展在中国加速，系列支持文化贸易政策相继出台，《关于加快发展对外文化贸易的意见》（2014）、《关于推进贸易高质量发展的指导意见》（2019）、《关于推进对外文化贸易高质量发展的意见》（2022）都积极支持低消耗、污染少、潜能大的文化服务贸易发展。数字文化贸易、绿色发展贸易、高质量发展贸易等理念加快融入中国对外文化贸易实践，为东盟十国文化服务贸易发展提供经验借鉴与中国方案。

2. 创建国际文化服务贸易中心

发挥中国国家文化贸易基地集聚效应，通过资源整合形成一批文化贸易出口领军企业和一批文化贸易出口重大项目，推动更高水平的优化配置，优化国际文化贸易分工协作，促进文化服务贸易动能转换。同时，依托该中心大数据分析中国与东盟文化服务贸易规模经济运行状况，积极调整产业政策和优化产业结构，把规模效率变化转变为影响文化服务贸易效率的次要因素。

3. 加大对外开放力度

文化贸易不仅与国家经济发展息息相关，而且与国家文化影响力密不可分。增强中国与东盟十国文化领域创新成果流动，加快文化交流与互通共鉴，促进各梯队文化人才合作交流，关乎文化服务贸易对经济发展的支撑力，关乎文化服务贸易对文化影响力、竞争力的贡献度。鉴于东盟十国文化服务贸易效率存在一定差异，中国要充分结合他国文化资源状况及人们文化需求实际，形成特有的文化服务贸易新模式，推动文化服务贸易高质量发展。

参考文献

［1］习近平文化思想首次提出［EB/OL］.（2023-10-08）［2023-10-08］. 新华网. http://www.news.cn/politics/leaders/2023-10/08/c_1129905812.htm.

［2］习近平．高举中国特色社会主义伟大旗帜 为全面建设社会主义现代化国家而团结奋斗：在中国共产党第二十次全国代表大会上的报告［M］．北京：人民出版社，2022：32-33．

［3］中华人民共和国国民经济和社会发展第十四个五年规划和2035年远景目标纲要［EB/OL］．（2021-03-13）［2023-10-08］．新华网．http：//www.xinhuanet.com/2021-03/13/c_1127205564.htm.

［4］李小牧，李嘉珊，刘霞．我国对外文化贸易的发展变革与成就分析：2012-2021年［J］．国际贸易问题，2023（6）：52-67．

［5］李康化，王禹鑫．数字文化贸易的发展格局与提升路径［J］．艺术百家，2023，39（1）：32-40．

［6］方英．文化强国战略下我国数字文化贸易高质量发展研究［J］．人民论坛，2022（20）：84-89．

［7］皇甫涛．中国文化贸易高质量数字化发展研究［J］．技术经济与管理研究，2021（10）：119-122．

［8］袁洪飞，吴过．中国文化贸易影响因素的五维框架解析：基于引力模型的实证研究［J］．当代经济，2022，39（6）：42-48．

［9］赵平，邬鹏．中国与"一带一路"沿线国家文化贸易影响因素研究：基于出口贸易成本视角的分析［J］．价格理论践，2021（12）：143-146，201．

［10］曾荣平，邓秋凤．我国与"一带一路"沿线国家文化服务贸易效率影响因素实证研究：基于DEA-Tobit模型［J］．文化产业研究，2020（3）：168-184．

［11］CHARNES A, COOPER W W, RHODES E. Measuring the efficiency of decision making units［J］. European of operation research, 1978, 2（6）: 429-444.

［12］BANKER R D, CHARNES A, COOPER W W. Some models for estimating technical and scale inefficiencies in data envelopment a－nalysis［J］. Management Science, 1984, 30（9）: 1078-1092.

［13］邓雨乐．数字服务贸易监管对文化服务出口竞争力的影响研究［D］．杭州：浙江财经大学，2022．

［14］焦勇勤，孙海兰．自由贸易港背景下海南国家对外文化贸易基地建设研究：基于新结构经济学的视角［J］．海南大学学报（人文社会科学版），

2021, 39 (4): 85-92.

[15] 花建, 田野. 国际文化贸易的新趋势与中国对外文化传播的新作为 [J]. 上海交通大学学报（哲学社会科学版）, 2023, 31 (4): 78-92.

[16] 赵雪纯, 段雪松, 郭广伟. 中国文化服务贸易存在问题及发展对策研究 [J]. 价格月刊, 2023 (5): 56-60.

自贸港建设推动构建开放型、生态型、服务型经济体系研究①

孙 鹏 吴艳芳

摘 要：对外开放如何推动国内经济转型一直是学界关注的焦点问题，海南自由贸易港作为最高水平的开放形态推动经济转型的机制路径值得深入探讨。本文基于2010—2021年的省级平衡面板数据，运用合成控制法检验了海南自由贸易港设立的经济转型效应。研究表明：自贸港建设可以推动经济体系向开放型、生态型、服务型方向转型，以自贸港建设为代表的制度型开放将实现与国内经济体系转型协同联动，在经过一系列有效性检验和稳健性检验后，该结论仍然成立。进一步研究发现，自贸港建设可以通过优化营商环境来推动经济转型的实现。因此，应持续稳步推进自贸港建设，优化营商环境，以制度创新和进一步对外开放推动经济转型与新型经济体系建设。

关键词：海南自由贸易港；经济转型；新型经济体系；开放型；生态型；服务型

一、引言

改革开放40多年来，中国积极探索适合中国特色社会主义的对外开放形

---

① 基金项目：国家自然科学基金项目"生态约束与外资驱动下全要素能源效率提升研究：基于能源-经济-环境系统的分析框架"（编号：72164008）；海南省自然科学基金高层次人才项目"拓展的3E系统框架下生态承载力、FDI质量对全要素能源效率影响研究——机理模型与实证检验"[编号：720RC578]；海南省哲学社会科学规划课题一般项目"海洋环境规制、海洋产业结构升级与海南海洋经济增长研究"[编号：HNSK（YB）20-13]。
作者简介：孙鹏，吉林省吉林人，海南大学国际商学院副教授、博士生导师，研究方向为产业经济和国际经济；吴艳芳，福建泉州人，海南大学国际商学院硕士研究生。

式,从经济特区到经济技术开发区再到自由贸易试验区,循序渐进地以改革开放促进经济发展。然而,近年来全球经济持续低迷、贸易保护主义冲击、世界产业格局重构,加之新冠疫情的影响,促使中国推动更高质量的对外开放,以应对日益严峻的国内外新形势新变化。在此背景下,2018年4月13日,习近平总书记在海南建省办经济特区30周年纪念大会的讲话中宣布,党中央决定支持海南全岛建设自由贸易试验区,支持海南逐步探索、稳步推进中国特色自由贸易港建设,分步骤、分阶段建立自由贸易港政策和制度体系,进一步将自由贸易港建设新探索推向深入。建设海南自由贸易港(以下简称"海南自贸港")是新时代中国全面深化对外开放决策的伟大决心,是对标更高水平国际规则打造开放高地的具体实践,有利于中国深度融入并参与全球价值链、构建新发展格局、推动经济高质量发展。

同时,海南自贸港作为对外开放的前沿阵地,其如何推动经济转型与新型经济体系建设也是学界与政府部门关心的中心问题。海南自贸港作为一种新的制度供给,其制度创新和进一步对外开放将对国内经济转型与新型经济体系建设产生深刻影响。一方面,要高质量高标准建设自由贸易港。除了创造性地复制其他自贸试验区的成功经验外,海南自贸港需要在难度大、范围广、风险高的领域进一步探索制度创新,建立更加成熟、稳定和透明的政策制度体系,以政策创新疏通自贸港建设过程中的堵点难点,加快形成国际化、法治化、便利化的营商环境,进而服务于中国经济转型与新型经济体系建设。另一方面,制度型开放是新时期中国实行高水平对外开放的重要体现之一。海南自贸港天然的区位优势使其成为地区乃至世界交通枢纽,通过构建不同的功能平台,主动对标国际高标准经贸规则,力争把海南打造成中国开放层次最高的开放新高地,进而实现资金、人员、数据等高端生产要素的自由流动和优化配置,深度融入和参与构建全球产业链,继而形成面向全球高端生产和服务的发展合力。制度集成创新叠加高水平对外开放将进一步释放发展活力,以制度型开放为引领,推动形成国内经济体系转型升级新的驱动力。

开放型、生态型、服务型经济体系是新阶段经济转型的重要特征,也是自贸港顶层设计中着重强调的方向目标。《中华人民共和国海南自由贸易港法》第六章"产业发展与人才支撑"第三十八条明确提出"国家支持海南自由贸易港建设开放型生态型服务型产业体系,积极发展旅游业、现代服务业、高新技术产业以及热带特色高效农业等重点产业"。《海南自由贸易港建设总体方案》中也着重强调"加快建立开放型经济新体制""聚焦发展现代服务业""创新生态文明体制机制"。可以看出，从自贸港政策制定初始，就已经明确提出了构建自贸港开放型、生态型、服务型新型经济体系。开放型经济体系特征根植于国际分工理论当中的经济结构变动的内在表现，表征了从开放经济视角认识一国的经济转型升级和世界经济之间的联动关系。海南自贸港作为连接国内国际双循环的关键枢纽，积极对标国际高标准经贸规制，通过强化产业链全球化的资源配置效率，运用全球资源利用、业务流程再造、产业链整合等方式，不断提升中国的全球位势和分工地位，从而形成更加开放的经济体系。生态型经济体系特征根植于可持续发展理论当中的经济结构变动的内在要求，可持续发展理念的核心在于追求经济发展的同时，保持人与自然的和谐，共生共存，要求生产方式与生活方式的彻底变革。生态型经济体系表征了人类构筑经济社会与自然界和谐发展、实现良性循环的新型模式，是经济发展的高级形态。海南自贸港建设兼顾经济发展速度和质量，培养经济活动的全球环境治理能力，通过鼓励绿色创新，改善能源结构，降低污染排放，助力"双碳"目标的实现。服务型经济体系特征就是人力资源、信息、技术和知识等服务性资源依赖程度加深，服务业增加值比重在整个经济总量中不断上升的过程。海南自贸港加快提升服务业对外开放水平和服务能力，力求通过发展服务贸易和新型国际离岸贸易，促进产业结构升级和经济结构服务化。

综上所述，一个有趣且重要的问题是，海南自贸港作为新型高水平对外开放的制度安排，其推动经济转型与新型经济体系建设的理论机理是什么？实践中，自贸港建设在推动开放型、生态型、服务型经济转型上的效果如何？营商环境改善作为自贸港建设又一关键目标是否对推动开放型、生态型、服务型经济体系建设有重要影响？对此，本文以2010—2021年为样本观察期，采用合成控制法对海南自贸港建设的政策实施效果进行分析，探讨海南自贸港建设对开放型、生态型、服务型经济体系建设的推动作用，并进一步分析机制路径，以期总结经验、改善不足，为加快推进海南自贸港建设、实现经济转型提供理论支撑。

回顾已有文献，与本文研究主题密切相关的文献有两个方面。

（一）海南自贸港建设的经济效应方面

根据研究领域可以分为五个维度：一是现代产业体系建设，如傅国华等

（2022）提出海南自贸港在建设现代产业体系背景下加快主导产业融合与数字化升级、强化园区和产业集群建设、发展先进制造业、完善现代服务业体系、挖掘乡村产业价值与打造热带农业跨国空间产业链等产业结构优化思路；二是贸易投资发展，张释文和程健（2018）指出自贸港通过发挥其综合全球资源的作用来提升高端要素配置能力，促进贸易转型升级，从而实现中国企业在全球价值链中的地位攀升；三是金融发展，如郭庆宾和黄林峰（2023）采用 Dagum 基尼系数与 Kernel 密度估计方法分析了海南自贸港 2011—2020 年市县级金融服务实体经济效率的时空异质性，研究结果表明，海南自贸港金融服务实体经济效率存在明显的非平衡性特征；四是税收制度，如兰双萱（2020）建议海南自贸港销售税保持与内地其他地区增值税相同的征税范围和税率，以此实现两地间税制的顺利衔接，以及货物的自由流通；五是营商环境建设，蔡宏波和钟超（2021）指出优化海南营商环境需要加强法治建设，完善相关法律法规体系建设。

（二）关于现代经济体系特征的相关研究

近年来，对于经济体系的"现代化"特征趋势研究，学者们作了诸多有益探索，描述了地区应该发展什么样的现代经济体系，从而为经济体系的调整提供参考标准。多数学者聚焦于经济转型的某一个方面特征趋势深入进行探讨。

在开放型方面，裴长洪和郑文（2014）指出，中国开放型经济新体制的主要特征包括释放服务业开放潜力、适应多种形式贸易投资自由化、对标国际经贸新规则等。李磊等（2018）基于微观企业层面研究发现，外商投资不仅能通过水平溢出、前向溢出和后向溢出促进企业对外直接投资的增加，还可以通过提升内资企业生产率水平间接影响其对外直接投资。安礼伟和张二震（2020）探讨了新时代中国发展开放型经济所面临的理论问题，指出中国已进入"开放发展"阶段，开放发展的方向应转为生产开放、规制等制度型开放。

在生态型方面，张建鹏和陈诗一（2021）指出经济绿色转型旨在改变原有的经济发展方式，在生态可承载和不加剧社会分化的条件下实现经济效益和生态效益，并用实证研究发现，通过缓解企业融资约束和降低企业环境投融资成本，金融发展能够发挥环境规制政策效应，推动经济绿色转型。曹东等（2012）指出资源环境压力大、体制机制制约、法律法规与政策工具支撑不足、科技创新能力薄弱、国际竞争中的绿色贸易壁垒及高污染行业转移等问题，制约了中国绿色转型的成效。邵帅等（2022）运用基于 DEA 的新型效率测算模型测算和分解了 1996—2018 年中国省级层面的碳排放绩效，并采用空间杜宾模型考察了经济结构调整和绿色技术进步对碳排放绩效的影响。

在服务型方面，路红艳（2009）指出，要想实现产业转型升级必须充分认识和发挥生产性服务在促进制造业创新和提升制造业在全球价值链分工方面的作用，并分析了生产性服务业引领制造业创新以及提升价值链分工的作用机理和转化途径。干春晖等（2011）提出，信息化推动下的经济结构的服务化是产业结构升级的一种重要特征，并指出相对于产业结构合理化与经济增长间关系的稳定性，产业结构高级化存在较大的不确定性。杨以文等（2012）指出，后工业化时代地区能否保持持续的经济增长，关键在于能否实现从制造业为主的产业体系向以服务业为主的现代产业体系转变。王增文等（2021）从世界典型经济体的服务业人力资本结构出发，研究服务业结构优化与经济高质量发展的关系，为中国构建服务型经济提出建议。

通过梳理相关文献可发现，对于高质量对外开放推动对内经济体系转型的相关研究成果非常丰硕，但也存在着一定的不足：一是对外开放推动对内转型的文献较多，但对当前最高水平对外开放形态，也代表着高质量制度型开放探索的海南自贸港建设研究还比较匮乏；二是少数涉及海南自贸港的研究多集中在理论层面，少有对于自贸港建设开放效应的实证研究，对于自贸港建设如何推动经济体系转型的研究更是少见；三是对于经济转型的研究更多集中于单个维度，少有学者从多维视角来审视经济转型特征与新型经济体系建设，从多维度视角探究自贸港建设的经济转型效应的研究更是鲜有。

基于此，本研究将自贸港建设与多维度的现代经济体系建设纳入统一的分析框架，深入探究自贸港建设推动开放型生态型服务型经济体系建设的机理路径。与现有文献相比，本文可能的边际贡献有以下几点：一是将海南自贸港建设和经济转型纳入同一框架内，将现代经济体系特征分为开放型、生态型和服务型三个维度，分析不同维度下海南自贸港建设推动经济转型的机理路径，为制度型开放推动经济转型研究提供一种思路；二是以 2010—2021 年为样本观察期，首次采用合成控制法对海南自贸港建设推动经济转型的政策效果进行评估，弥补当前海南自贸港政策效果在实证研究方面的不足；三是引入营商环境变量，进一步考察海南自贸港建设推动经济转型的传导机制。

本文余下部分的结构安排如下：第二部分为制度背景与研究假说；第三部分为研究设计；第四部分为实证结果分析；第五部分为机制检验；第六部分为结果与政策建议。

二、制度背景与研究假说

（一）制度背景

在新的历史条件下，为推动海南成为新时代全面深化改革开放的新标杆，形成更高层次改革开放新格局，探索实现更高质量、更有效率、更加公平、更可持续的发展，2018 年 4 月 11 日，中共中央、国务院提出《关于支持海南全面深化改革开放的指导意见》，赋予海南"三区一中心"新的战略定位。4 月 13 日，习近平总书记在庆祝海南建省办经济特区 30 周年大会上宣布党中央支持海南逐步探索、稳步推进中国特色自由贸易港建设，揭开了海南全面深化改革开放新篇章。2020 年 6 月 1 日，中共中央、国务院正式印发《海南自由贸易港建设总体方案》，提出了三个阶段的发展目标，即：到 2025 年，初步建立以贸易自由便利和投资自由便利为重点的自由贸易港政策制度体系；到 2035 年，自由贸易港制度体系和运作模式更加成熟，以自由、公平、法治、高水平过程监管为特征的贸易投资规则基本构建；到 21 世纪中叶，全面建成具有较强国际影响力的高水平自由贸易港。6 月 3 日，海南自贸港 11 个重点园区同步举行挂牌仪式，其产业类型涵盖旅游业、现代服务业和高新技术产业三大领域。2021 年 6 月，第十三届全国人民代表大会常务委员会第二十九次会议通过《中华人民共和国海南自由贸易港法》。6 月 10 日，《中华人民共和国海南自由贸易港法》正式颁布实施，明确提出海南自贸港要建立开放型、生态型、服务型的产业体系，为海南自贸港建设开展制度集成创新、系统协调推进各项改革提供了立法引领和法律保障。2022 年初印发的《海南自由贸易港全岛封关运作准备工作任务清单》标志着全岛封关准备工作已全面启动，海南自贸港建设进入加速期。

当前，海南自贸港政策体系逐步构建，以"零关税、低税率、简税制"和"五自由便利一安全有序流动"为主要特征的 180 多个自贸港政策文件落地生效；全岛封关运作准备工作全面启动，64 项工作任务、31 项建设项目和 27 项压力测试事项有序推进；在制度集成创新、经济高质量发展、现代产业体系构建以及科技创新方面不断取得阶段性成效。加快建设具有世界影响力的中国特色自由贸易港正不断为中国经济高质量发展注入新的活力。表1展示了部分海南自贸港政策。

表1 海南自贸港部分政策

项目	政策
贸易自由便利	1. 2021年4月19日发布《关于推进海南自由贸易港贸易自由化便利化若干措施的通知》，其中，促进货物贸易便利化的措施有13项，促进服务贸易便利化的措施有15项。 2. 推动出台《海南自由贸易港跨境服务贸易特别管理措施（负面清单）（2021年版）》。这是中国在跨境服务贸易领域公布的第一张负面清单，仅包括11类70项特别管理措施，负面清单外的领域在海南自贸港内按照境内外服务及服务提供者待遇一致原则实施管理
投资自由便利	1. 2020年12月31日发布《海南自由贸易港外商投资准入特别管理措施（2020年版）》，全面落实外商投资准入负面清单（共27条）。 2. 2021年4月7日发布《关于支持海南自由贸易港建设 放宽市场准入若干特别措施的意见》，提出五大领域22条具体措施
跨境资金流动自由便利	1. 2020年6月19日印发《关于开展贸易外汇收支便利化试点工作的通知》，持续推动贸易外汇收支便利化试点提质扩面增效。 2. 2020年月4日印发《关于支持海南开展新型离岸国际贸易外汇管理的通知》。 3. 印发《海南省关于开展合格境外有限合伙人（QFLP）境内股权投资暂行办法》和《海南省开展合格境内有限合伙人（QDLP）境外投资试点工作暂行办法》，积极推动QFLP（合格境外有限合伙人）和QDLP（合格境内有限合伙人）试点。 4. 2022年1月27日印发《洋浦经济开发区开展跨境贸易投资高水平开放外汇管理改革试点实施细则》，稳步推进洋浦跨境贸易投资高水平开放试点
人员进出自由便利	1. 对外籍高层次人才投资创业、讲学交流、经贸活动提供出入境便利，放宽外籍专技人员停居留政策。 2. 允许符合条件的境外人员担任海南自贸港内法定机构、事业单位、国有企业的法定代表人。 3. 实行宽松的商务人员临时出入境政策。 4. 建立健全人才服务管理制度，实现工作许可、签证与居留信息共享和联审联检

续表

项目	政 策
交通往来自由便利	1.《海南现代综合交通运输体系规划》指出海南将重点构建以环岛高速铁路、高速公路、航空运输为骨干，省内省道、农村公路为基础，大型机场、港口为枢纽，层次清晰、便捷畅通的综合交通基础设施体系。目前，民航"四小时八小时飞行经济圈"初步构建。 2. 出台《海南自由贸易港国际船舶登记程序规定》，设立便捷、高效的船舶登记程序，推动建设"中国洋浦港"国际船籍港。 3. 2020年6月3日出台《海南自由贸易港试点开放第七航权实施方案》，开放客运和货运第七航权
数据安全有序流动	1. 2021年12月1日印发《海南省信息基础设施建设"十四五"规划》，2023年阶段性目标为全力推进信息基础设施提质升级，2025年规划期目标为打造"全千兆自贸港"。 2. 2021年，全国首个商用海底数据中心项目作为数字科技与海洋科技在海南探索与实践。 3. 2022年，海南在国内首次以省级区域统一申报、覆盖多个园区的海南自贸港国际互联网数据专用通道建成开通。 4. 打造"海易办""海政通"两大数字政府平台，并上线"海南省数据产品超市"
持续优化营商环境	1. 出台公平竞争条例、优化营商环境条例等《海南自由贸易港法》配套法规：《海南自由贸易港优化营商环境条例》《海南省政商交往行为指引清单（试行）》《海南自贸港进一步优化营商环境行动方案（2022—2025年）》《海南自由贸易港营商环境评价工作方案》。 2. 挂牌成立全国首个省级营商环境建设厅。 3. 加快政府数字化转型，政府效能大力提升，推进更多民生和涉企高频事项"一件事一次办""全省通办""跨省通办"

资料来源：根据公开信息整理。

（二）研究假说

海南自贸港被赋予新的时代使命，是推动高质量发展的重大举措，其推动经济转型的方向可以分为三个：开放型、生态型和服务型。

自贸港建设持续推进高水平开放，以建立开放型经济新体制。海南自贸港实行制度型开放，推动中国贸易投资转型升级。一方面，海南自贸港通过实施一系列贸易投资便利化措施，创造良好的制度环境，降低企业外部环境的不确定性，吸引大量外资企业和高质量FDI进入自贸港，通过FDI的溢出效应作用，促进生产要素在外资企业和本土企业之间流动，提高资源配置效率，进而实现贸易创造和贸易转移；另一方面，外商投资所带来的溢出效应赋予本土企业"走出去"的能力，企业"走出去"开拓海外市场，整合国际高级生产要素，在提高自身国际竞争力的同时，通过逆向技术溢出效应倒逼在中国的本土企业和跨国企业进行技术创新能力提升，继而影响流入中国的FDI质量和企业对外投资水平。外资流入和对外投资的良性循环互动，能够推动对外开放水平不断提升。为此，提出本文的假说1。

假说1：自贸港建设可以推动开放型经济转型。

海南自贸港创新生态文明体制机制，加快助力"双碳"目标实现。海南自贸港建设对标国际碳排放标准和碳排放制度国际化，加大环境规制力度，将有效约束企业在生产经营过程中的排污行为，增加企业治污投入，迫使企业为降低成本而进行绿色技术创新，同时本土企业为了巩固其在海外市场的地位，会加大对高质量产品的研发投入，推动企业进行绿色技术创新。企业进行绿色技术创新，一方面能够促进清洁能源的开发利用和绿色产业的发展，另一方面有利于企业改造和淘汰传统落后技术和产能，在降低能耗的同时释放更多的生产要素，进而促进产业和能源结构转型。此外，随着绿色产业发展和能源结构转型的不断推进，海南自贸港将进一步完善绿色金融体系，不断吸引高质量国外资金以满足绿色融资需求，助推经济的绿色生态转型。为此，提出本文的假说2。

假说2：自贸港建设可以推动生态型经济转型。

自贸港建设立足于海南产业发展特点，聚焦发展服务型经济体系。海南自贸港通过放宽服务贸易市场准入，对标国际服务贸易规则和标准，有利于引进国际高端人才、资本、服务、技术等生产要素和先进管理模式，弥补海南产业发展的短板，推动服务贸易发展，以此来提升中国产业链、价值链在全球市场上的地位。另外，海南自贸港实行准境内关外的海关监管模式，有助于打破跨境要素流动壁垒，实现资源的优化配置，从而吸引知识、技术密集型制造业和生产性服务业进入，实现制造业和生产性服务业的良性互动，优化产业结构，缓解"结构性减速"带来的压力；同时，自贸港对知识产权的保护，尤其是对高技术服务业的保护，能够维护企业创新的积极性，促进服务业高质量发展。为此，提出本文的假说3。

假说3：自贸港建设可以推动服务型经济转型。

营商环境是指市场主体在准入、经营和退出等过程中所面临的外部环境的一个综合性的生态系统。海南自贸港建设始终将营商环境作为核心竞争力，《海南自由贸易港建设总体方案》也明确提出要打造法治化、国际化、便利化营商环境。2022年12月13日，全国首个营商环境建设厅在海口揭牌成立，开创了营商环境建设体制机制创新的新格局。良好的营商环境一方面能够为跨国企业提供稳定、公平、透明的营商条件，吸引大量高质量外资流入；另一方面能够推动政府简政放权，发挥市场资源配置作用，促进企业绿色技术创新，进而优化产业结构和降低污染排放。参考张三保、康璧成和张志学（2020）、中国城市营商环境评价研究课题组（2021）的研究，可将营商环境组态分解为市场环境、基础设施环境、法治环境、创新环境、金融环境和政务环境。具体而言，公平竞争的市场环境有利于提升资源配置效率；便利的基础设施环境能够降低交易成本，从而实现区域间、区域内经济的协调发展；稳定的法治环境能够为企业提供公平竞争机会，保护企业的创新成果；良好的创新环境能够激发企业创新的积极性，产生较多的知识溢出；金融环境的优化缓解了企业的融资约束难题，能够为企业拓宽融资渠道；高效的政务环境有利于降低市场中的制度性交易成本。为此，提出本文的假说4。

假说4a：自贸港建设可以通过优化营商环境推动开放型经济转型。

假说4b：自贸港建设可以通过优化营商环境推动生态型经济转型。

假说4c：自贸港建设可以通过优化营商环境推动服务型经济转型。

本文的影响机制，如图1所示。

三、研究设计

政策的实施经常被看作"准自然实验"，分析政策实施效果有利于政策制定者清晰地了解政策目标的实现程度，据此适当调整政策工具。在评估方法的选择上，目前主流的政策评估方法包括但不限于：双重差分法（DID）、合成控制法（SCM）、倾向得分匹配-双重差分法（PSM-DID）等。双重差分法和倾向得分匹配-双重差分法的适用条件比较苛刻，要求处理组和对照组具有相同的特征趋势，容易造成对照组的主观选择偏误，从而得出错误的政策评

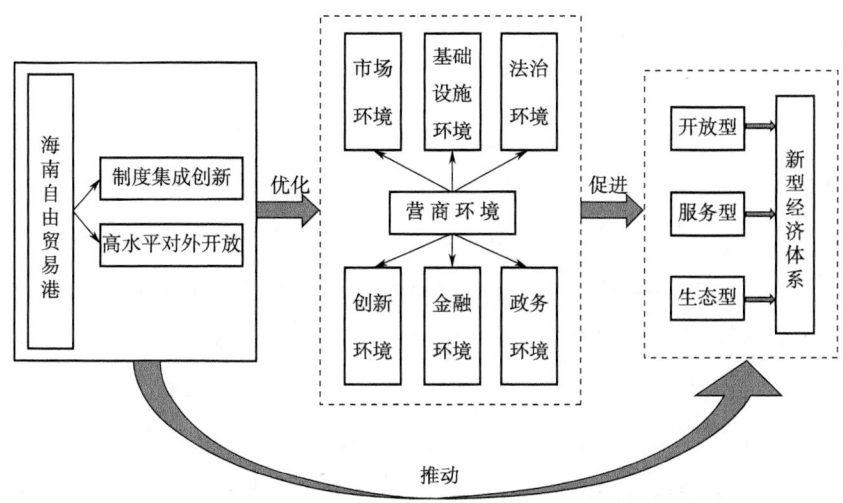

图 1 自贸港建设推动经济转型的影响机制

估结果。而 Abadie 和 Gardeazabal（2003）提出的合成控制法放松了 DID 的假设条件，通过对控制组进行数据处理并赋予权重，来构建一个与政策干预对象特征相似的反事实对象，再将二者进行比较，能够更好地保证评估效果的可靠性；同时，相较于双重差分方法，合成控制法更适用于单一处理组的政策评估。因此，本文将合成控制法作为主要检验方法。

（一）模型设定

合成控制法由 Abadie 和 Gardeazabal（2003）首次提出，以巴斯克地区的恐怖主义冲突为案例，研究考察了冲突带来的经济影响，而后越来越多的国内外学者将该方法广泛应用于政策效果评估。

假设能够观察到的对象为 $J+1$ 个省份，其中第 1 个省份为建设自贸港的海南省，即实验组；其余的 J 个省份（$j=2$，…，$J+1$）未受到该政策的干预，即控制组。本文用 T_0 表示自贸港建设的开始时点，考虑到海南自 2018 年宣布将推进中国特色自由贸易港建设后，开始稳步推进各项相关工作，为保持政策效果的连续性，本文将政策开始时间 T_0 选定为 2018 年。用 Y_{jt}^N 表示省份 j 在 t 时未受到政策干预影响的经济指标观测值，用 Y_{jt}^I 表示省份 j 在 t 时受到政策干预影响的经济指标观测值，其中 $j=1$，…，$J+1$，$t=1$，…，T。$\alpha_{jt}=Y_{jt}^I-Y_{jt}^N$ 表示自贸港建设的政策效应。本文选择的样本区间为 [2010，2021]，在政策干预前（$t<T_0$），观测值不受影响，所有地区满足都有 $Y_{jt}^I=Y_{jt}^N$，而对于 $T_0\leq$

$t < T$ 的年份，有 $Y_{jt}^I = Y_{jt}^N + \alpha_{jt}$。对于建设自贸港的海南省来说，无法观测出其在 T_0 及往后不受政策影响的经济指标，因此，确定政策效应 α_{jt}，要先估计出 Y_{jt}^N。

本文采用 Abadie 和 Gardeazabal（2003）等提出的因子模型来估计 Y_{jt}^N。Y_{jt}^N 可以用以下模型表示：

$$Y_{jt}^N = \beta_t + \boldsymbol{\theta}_t Z_j + \lambda_t \boldsymbol{\mu}_j + \varepsilon_{jt} \tag{1}$$

式中，β_t 表示所有省份具有相同影响的时间固定效应，Z_j 表示一组不受处置影响的、不随时间改变的可观测的控制变量，$\boldsymbol{\theta}_t$ 表示其对应的待估参数构成的向量，λ_t 表示一个不可观测到的公共因子，$\boldsymbol{\mu}_j$ 表示不可观测到的地区固定效应向量，ε_{jt} 是每个省份观测不到的暂时冲击，其均值为 0。

为得到政策效应 $\alpha_{jt} = Y_{jt}^I - Y_{jt}^N$，首先必须估计出海南为进行自贸港建设时的经济指标观测值 Y_{jt}^N，解决方案是通过控制组省份的加权来合成一个与海南省未受政策干预时具有相同特征的合成省份。假设第 1 个省份（本文指海南省）受到了自贸港政策干预，其余的 J 个地区（$j=2$，…，$J+1$）未受到该政策的干预，为此，需要求出一个 $J \times 1$ 维权重向量 $\boldsymbol{W} = (w_2, \cdots, w_{J+1})$，满足对任意的 j 都有 $w_j \geq 0$，$j=2$，…，$J+1$，并且 $w_2 + \cdots + w_{J+1} = 1$。将权重限制为非负，相当于用控制组省份的凸组合来合成控制组，这是为了避免外推造成的可能偏差。向量 $\boldsymbol{W}$ 每确定一个特定值，都代表一个既定的合成控制组，即对于控制组集合中的省份赋予特定的权重。因此，可将合成控制地区的结果变量写成：

$$\sum_{j=2}^{J+1} w_j Y_{jt} = \beta_t + \boldsymbol{\theta}_t \sum_{j=2}^{J+1} w_j Z_j + \gamma_t \sum_{j=2}^{J+1} w_j \boldsymbol{\mu}_j + \sum_{j=2}^{J+1} w_j \varepsilon_{jt} \tag{2}$$

假设存在权重向量 $\boldsymbol{W}^* = (w_2^*, \cdots, w_{J+1}^*)$，对于进行自贸港建设的海南省而言，满足：

$$\sum_{j=2}^{J+1} w_j^* Z_j = Z_1, \ \sum_{j=2}^{J+1} w_j^* Y_{j1} = Y_{11}, \ \sum_{j=2}^{J+1} w_j^* Y_{j2} = Y_{12}, \cdots, \sum_{j=2}^{J+1} w_j^* Y_{jT_0} = Y_{1T_0} \tag{3}$$

如果 $\sum_{t=1}^{T_0} \lambda_t' \lambda_t$ 为非奇异，则下式成立：

$$Y_{jt}^N - \sum_{j=2}^{J+1} w_j^* Y_{jt} = \sum_{j=2}^{J+1} w_j^* \sum_{s=2}^{T_0} \lambda_t \left(\sum_{t=1}^{T_0} \lambda_t' \lambda_t \right)^{-1} \lambda_s' (\varepsilon_{js} - \varepsilon_{j1}) - \sum_{j=2}^{J+1} w_j^* (\varepsilon_{js} - \varepsilon_{j1}) \tag{4}$$

Abadie 等（2010）证明，在一般条件下，如果政策实施前的时间足够长，

对于 $T_0 < t \leq T$，可以用 $\sum_{j=2}^{J+1} w_j^* Y_{jt}$ 作为 Y_{jt}^N 的无偏估计，从而可以得到政策效应的估计值 $\hat{\alpha}_{1t} = Y_{1t}^I - \sum_{j=2}^{J+1} w_j^* Y_{jt}$，$t \in [T_0 + 1, \cdots, T]$。

要想获得政策效应 $\hat{\alpha}_{jt}$，关键是需要先确定最优合成权重 $\boldsymbol{W}^*$，即满足第一个地区的特征向量位于其他地区特征向量组的凸组合之内。但在实际应用中，很难保证根据已有数据得到方程组成立的解，一般是通过近似解来确定合成控制权重 $\boldsymbol{W}^*$，即通过最小化 $\boldsymbol{X}_1$ 和 $\boldsymbol{X}_0\boldsymbol{W}$ 之间的距离函数 $\|\boldsymbol{X}_1 - \boldsymbol{X}_0\boldsymbol{W}\|$ 来确定：$\|\boldsymbol{X}_1 - \boldsymbol{X}_0\boldsymbol{W}\|_V = \sqrt{(\boldsymbol{X}_1 - \boldsymbol{X}_0\boldsymbol{W})'\boldsymbol{V}(\boldsymbol{X}_1 - \boldsymbol{X}_0\boldsymbol{W})}$。其中：$\boldsymbol{X}_1$ 是政策前实验组个体的特征向量；$\boldsymbol{X}_0$ 是第 j 列为控制组个体 j 的政策实施之前的相应特征向量；$\boldsymbol{V}$ 是一个对称半正定矩阵；$\boldsymbol{V}$ 的最优选择是赋予 $\boldsymbol{X}_1$ 和 $\boldsymbol{X}_0$ 一个合理的权重，以确保合成结果的均方预测误差（MSPE）最小化，进而确定 w_j^*，确保在自贸港政策实施前（$t \in [1, T_0]$），使目标省份（$j = 1$）通过加权合成的经济指标观测值能尽量拟合其对应年份实际的经济指标观测值。

（二）变量说明

本文主要考察自贸港建设推动经济转型的效果，从开放型、生态型、服务型三个维度出发，分别选取不同的结果变量和预测变量。考虑到外商投资和对外直接投资在开放型经济中的相互促进作用，为更全面反映贸易和投资的变化，开放型经济转型选取 FDI 质量作为结果变量，FDI 质量指标体系的构建参考借鉴白俊红和吕晓红（2017）、雷淑珍等（2021）的研究。在稳健性检验中采用货物进出口额的自然对数来替换 FDI 质量。基于碳减排目标，为更好地反映海南建设国家生态文明示范区的成效，生态型经济转型选择碳排放强度作为结果变量。在稳健性检验中选择单位 GDP 能耗来替代碳排放强度。由于海南第二产业发展水平较低而第三产业产值和地区生产总值增速不断加快，为更准确地反映经济运行状况，服务型经济转型选取第三产业占地区生产总值比重作为结果变量。在稳健性检验中采用第三产业内部生产性服务业产值与生活性服务业产值之比来替换第三产业占比。各维度变量定义及计量方法见表2。

表 2 变量定义

维度	变量类别	变量名称		计量方法
开放型	结果变量	FDI 质量	出口能力	分地区外商投资企业货物出口总额/地区出口总额（按境内目的地、货源地分）
			管理水平	外商投资企业资产贡献率/规模以上工业企业资产贡献率
			技术溢出	实际利用外资额/全社会固定资产投资
			实际规模	外商投资企业年末登记投资额/外商投资企业年末登记企业数
			盈利能力	外商投资企业成本费用利润率/规模以上工业企业成本费用利润率
	预测变量	经济发展水平		人均 GDP
		基础设施状况		人均公路里程
		人力资本水平		高等学校在校生人数/总人口数
		市场化程度		樊纲市场化指数
		创新水平		发明专利申请受理量的自然对数
生态型	结果变量	碳排放强度		二氧化碳排放总量/地区生产总值
	预测变量	产业结构		第三产业增加值/第二产业增加值
		经济发展水平		人均 GDP
		工业化水平		工业增加值/地区生产总值
		人力资本水平		高等学校在校生人数/总人口数
		对外开放程度		货物贸易总额/地区生产总值
		社会消费水平		社会消费品零售总额/地区生产总值
		环境规制		工业污染治理完成投资额/工业增加值比重
		基础设施状况		人均公路里程数
服务型	结果变量	第三产业占比		第三产业增加值/地区生产总值
	预测变量	经济发展水平		人均 GDP
		对外开放程度		货物贸易总额/地区生产总值
		社会消费水平		社会消费品零售总额/地区生产总值
		市场化程度		樊纲市场化指数
		信息化水平		邮电业务总量/地区生产总值
		就业密度		就业人员数/行政区划面积

（三）中介变量

建设海南自贸港是深化市场化改革，打造法治化、国际化、便利化营商环境的迫切需要。本文以营商环境为中介变量来检验自贸港建设推动经济转型的机理。参考张三保等（2020）、中国城市营商环境评价研究课题组（2021）的研究构建了营商环境指标体系，采用标准归一化处理并使用熵值法测算出营商环境综合指数。具体营商环境各项组态及具体指标见表3。

表3 营商环境指标体系

组态维度	具体指标	属性
市场环境	私营企业和个体就业人数占就业人口比重	正向
基础设施环境	货运周转量取对数	正向
法治环境	三种专利申请授权数/R&D经费支出	正向
创新环境	科学技术支出/地区生产总值	正向
金融环境	金融机构存贷款余额之和/地区生产总值	正向
政务环境	地方性政府的行政性收费和罚没收入/一般预算收入	正向

（四）数据来源及变量描述性统计

囿于数据的可得性，本文选取了2010—2021年中国30个省区市（除西藏外）的面板数据为研究样本，所有数据来源于国内权威的统计年鉴、国家及省级统计公报、国泰安（CSMAR）数据库、EPS全球统计数据库。部分缺失值使用插值法或均值法、查阅统计公报手动计算整理进行补齐。相关描述性统计见表4。

表4 描述性统计

变量	样本量	均值	标准差	最小值	最大值
FDI质量	360	0.078 2	0.064 3	0.004 9	0.667 3
碳排放强度	360	2.322 8	1.759 8	0.308 0	8.790 0
第三产业占比	360	0.469 9	0.098 7	0.286 2	0.838 7
经济发展水平	360	4.732 7	1.414 3	2.118 5	9.912 1
基础设施状况	360	38.654 2	24.138 4	5.129 0	145.037 0

续表

变量	样本量	均值	标准差	最小值	最大值
人力资本水平	360	0.020 2	0.005 6	0.008 0	0.042 5
市场化程度	360	7.959 8	1.926 2	3.359 0	12.390 0
创新水平	360	9.508 3	1.438 5	5.262 7	12.399 0
产业结构	360	1.215 0	0.696 0	0.499 6	5.296 8
工业化水平	360	0.324 9	0.083 2	0.100 8	0.556 3
对外开放程度	360	0.269 9	0.300 8	0.007 6	1.548 2
社会消费水平	360	0.377 5	0.067 3	0.222 0	0.538 4
环境规制	360	0.003 3	0.003 4	0.000 1	0.031 0
信息化水平	360	0.061 7	0.053 6	0.014 3	0.289 6
就业密度	360	0.025 9	0.038 0	0.000 4	0.217 1

四、实证结果分析

本文实证结果的分析思路如下：①采用合成控制法（SCM）检验自贸港建设能否推动开放型、生态型、服务型经济转型；②检验自贸港建设推动开放型、生态型、服务型经济转型的有效性；③进一步验证自贸港建设推动开放型、生态型、服务型经济转型效果的稳健性。

（一）自贸港建设推动开放型、生态型、服务型经济转型的效应分析

表5反映了合成控制法下，开放型、生态型、服务型经济转型三个维度的合成控制组权重，这些控制组省份能够最大限度拟合出与海南自贸港建设开始之前相似的经济状况。

表5　合成海南的省份权重

开放型		生态型		服务型	
控制组	权重	控制组	权重	控制组	权重
北京	0.202	北京	0.241	北京	0.196
天津	0.359	天津	0.377	山西	0.042
河北	0.059	山西	0.311	内蒙古	0.032

续表

开放型		生态型		服务型	
控制组	权重	控制组	权重	控制组	权重
宁夏	0.251	贵州	0.045	黑龙江	0.186
新疆	0.129	甘肃	0.026	甘肃	0.098
				宁夏	0.379
				新疆	0.066

图2表示真实海南与合成海南开放型、生态型、服务型经济转型的经济观测指标的演变路径，其中实线代表真实海南的经济观测指标路径，虚线代表合成海南的经济观测指标路径，垂直虚线代表自贸港建设的起始年份，即2018年。总体来说，在自贸港建设开始之前，真实海南和合成海南的经济观测指标路径比较接近，变动趋势基本一致，说明合成控制法很好地复制了自贸港建设开始之前海南的经济观测指标路径。自贸港建设开始后，真实海南和合成海南经济观测指标的演变路径都发生了分离。

图2（a）显示，真实海南的FDI质量在2019年有所增加，而后出现大幅度提高，表明自贸港建设大幅度提高了FDI质量水平。海南自贸港贸易便利化和投资自由化措施落地实施，一方面，由于大规模高质量外资流入和对外投资增加带来了先进技术和管理经验，企业通过学习消化吸收来改善自身技术水平和管理水平，进而提升出口能力，带来FDI质量的提高；另一方面，多项优惠政策鼓励本土企业对外投资，倒逼企业为适应复杂的国际市场进行技术、管理改善，扩大优质绿色中间品的进口规模，同时，"零关税、低税率、简税制"的税收制度降低了企业经营成本，利润率的提高吸引了更多外资企业和国外资本进入海南自贸港，盈利能力提高使企业更有动力开展创新活动和技术研发，从而表现为FDI质量的大幅提升。因此，假说1成立。

图2（b）显示，2018年以后真实海南和合成海南的碳排放强度（负向指标）变化路径距离较之前差距较大，表明自贸港建设能够降低碳排放强度。海南自贸港坚持绿色低碳循环发展理念，实施严格的环境规制，优化调整产业结构，重新整合、配置资源，推动国家生态文明示范区建设；同时，自贸港为企业绿色经营提供了有利条件，高质量外资的流入和高层次外国管理人员的进入，推动了企业优化绿色生产方式、学习国外绿色经营理念、开发利

用清洁能源，通过绿色技术改善提高资源利用率和产品绿色附加值，进而减少碳排放。除此之外，外国游客的到来进一步促使海南主动对标国际旅游规则和标准，推动绿色旅游发展。海南自贸港为适应绿色低碳发展的更高要求不断作出努力，实现经济生态双收益，进而推动经济绿色转型。因此，假说2成立。

图2（c）显示，2018年后真实海南第三产业占比的变化路径保持稳步高于合成海南，表明自贸港建设促进了第三产业的发展。海南自贸港逐步放宽了服务业市场准入条件，一方面吸引大批高新技术产业和生产性服务业进入，加快破除服务业领域的市场垄断和行政垄断，从而提高了资源的配置效率和利用效率；另一方面打破生产要素跨境自由流动的壁垒，有利于扩大服务贸易的规模和质量，推动中国国际贸易深度参与国际分工与合作，进而提高了中国服务业在全球产业链价值链上的地位。此外，通过实施税收优惠政策吸引了高端制造业企业落户海南，同时不断完善配套软硬件设施和加大对企业的知识产权保护等措施逐步落地实施，进一步推动了高端制造业产业在海南的集聚。高端制造业和现代服务业的均衡发展有助于优化自贸港产业结构，进而推动经济结构转型优化。因此，假说3成立。

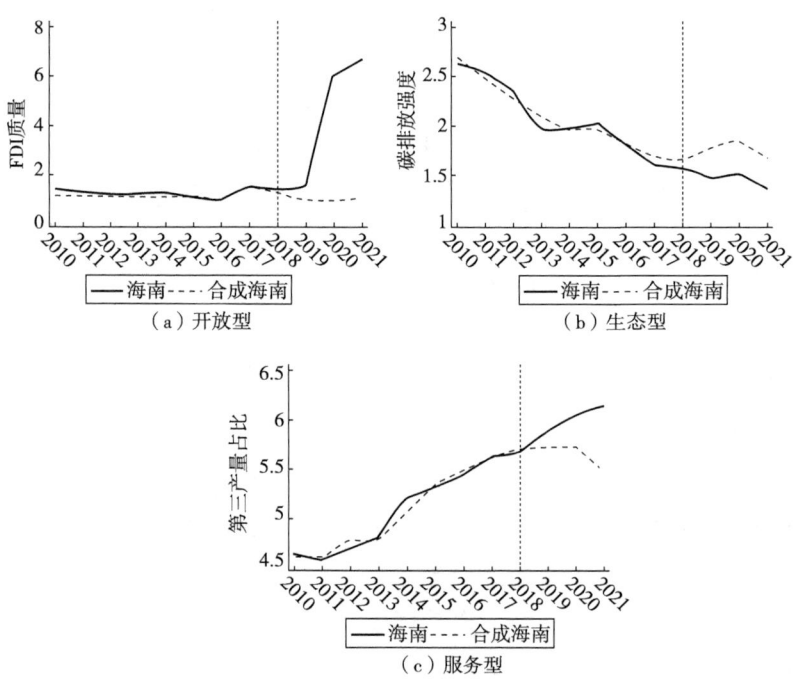

图2　真实海南和合成海南路径对比

（二）有效性检验

为了证实结果的有效性，验证实证分析中经济转型的成效确实来自海南自贸港建设的影响而非其他偶然因素，同时检验估计效果在统计意义上是否显著，本文将采用安慰剂检验法和排序检验法来进行随机化分析。

1. 安慰剂检验法

借鉴刘甲炎和范子英（2013）的方法，对应于三个维度，分别选择一个样本期内没有进行自贸港建设的省份，假设其与海南一样从2018年开启自贸港建设，使用合成控制法进行政策效果评估。若所得到的政策效果远小于海南或者与海南的政策效果相反，则说明经济转型的成效确实来自海南自贸港建设的影响而非其他偶然因素，否则说明前文实证分析结果无效。这里分别选择浙江、天津、宁夏作为开放型、生态型、服务型经济转型的新处理组①，图3为安慰剂检验结果。

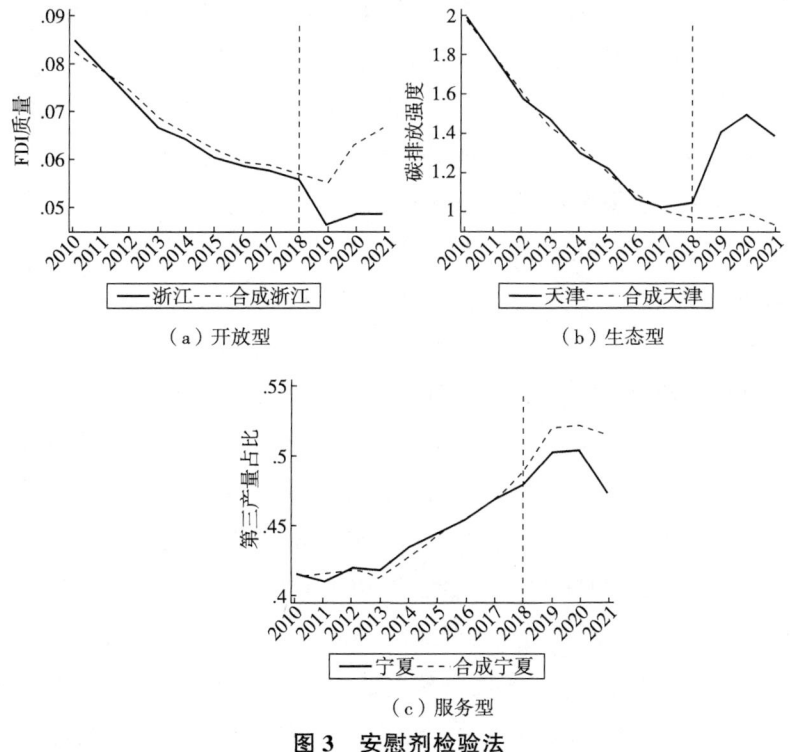

图3 安慰剂检验法

---

① 开放型维度预选取合成控制组中权重最大的天津作为假设对象，但考虑到2015年天津滨海新区港爆炸事故对天津市对外贸易投资的影响，这里参考了刘甲炎和范子英的做法，选取权重为零、各方面与海南差异较大的浙江；生态型和服务型维度分别选取合成控制组中权重最大的天津和宁夏。

图 3（a）表明，在假设进行自贸港建设的情况下，浙江和合成浙江 FDI 质量的真实路径与合成路径在 2018 年以前拟合效果较好，而在 2018 年以后二者差距明显拉大，但真实浙江 FDI 质量路径位于合成浙江下方，这与海南实际 FDI 质量增长趋势相反；图 3（b）中，在 2018 年以前，天津和合成天津的碳排放强度路径基本重合，但在 2018 年以后，真实天津的碳排放强度反而高于合成值，这与碳减排目标相悖；图 3（c）显示，2018 年以前合成控制法较好地拟合了宁夏的第三产业占比路径趋势，2018 年以后真实值与合成值逐渐分离，而合成值也位于真实值上方，这与海南实际第三产业占比增长情况相反。可见，在假设进行自贸港建设的情况下，新处理组的政策效果并不理想。这证明了前文得到的开放型、生态型、服务型经济转型的效果确实来自自贸港建设的影响，而非其他偶然因素。

2. 排序检验法

借鉴 Abadie 等（2010）提出的排序检验法，假设控制组各省份从 2018 年起开始自贸港建设，利用合成控制法构造每一个控制组省份的合成对象，得到每一个省份的"处理效应"（即真实值与合成值的差值），最后比较自贸港建设对海南省实际产生的处理效应和控制组省份所获得的安慰剂效应。若在安慰剂效应分布中，海南的处理效应明显大于控制组省份随机产生的处理效应，则说明自贸港建设推动开放型、生态型、服务型经济转型的效果是可信的。考虑到在控制组中有一些省份在政策实施前的均方预测误差（MSPE）较大时，该省份的经济状况不能很好地由其他省份来合成，那么使用该省份的处理效应进行对比是没有意义的，因此本文剔除了 2018 年以前均方预测误差大于海南 2 倍的省份。具体地，在开放型、生态型、服务型经济转型各组中分别保留了 26 个、21 个、14 个省份（包括海南省在内）。检验结果见图 4，其中黑线表示海南，灰线表示剔除了拟合效果不佳省份后的控制组省份。

图 4（a）表明，海南的 FDI 质量在 2018 年以后整体表现出快速增长的趋势，虽然在自贸港建设前两年处理效应增加不明显，但始终高于其他省份，且 2019 年后差距明显拉大，海南自贸港建设对开放型经济转型的促进作用在 5%（$1/26 \approx 0.038$）的水平下显著。图 4（b）显示在 2018 年以后仅有两个省份的合成路径明显位于海南下方，表明有 14.29%（3/21）的概率出现该差值分布情况。这可能是因为：一方面，海南本身存在一定的环境优势，相对于其他省份碳排放量不高，下降空间较为有限；另一方面，自贸港建设拉动海

南经济与生态环境良性互动效果不断向好,从而导致碳排放强度波动范围不大。从图4(c)可以看出,海南第三产业占比的政策效果正在逐渐放大,2021年的处理效应位于其他省份之上,表明海南自贸港建设对服务型经济转型的促进作用在10%(1/14≈0.071)的水平下显著,可能的原因是存在一定的政策滞后性使得自贸港建设对服务型经济转型的解释力下降。因此,可以认为自贸港建设可以推动开放型、服务型、生态型经济转型的实证结果是有效的。

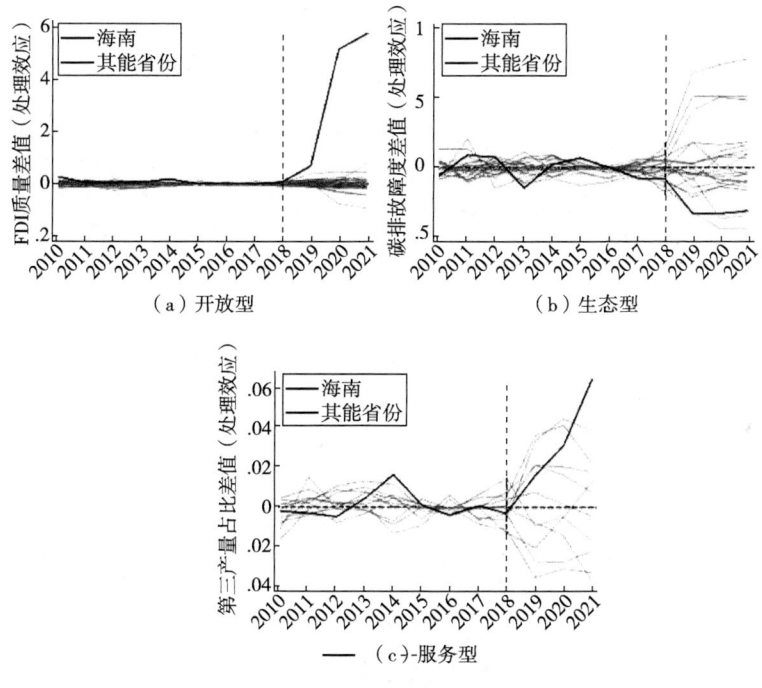

图4 排序检验法

(三)稳健性检验

为检验评估结果的稳健性,本文通过更换结果变量和改变控制组数量来进行稳健性分析。

1. 替换结果变量

对于开放型维度,考虑到已有研究大多从贸易领域来研究自贸区的经济增长效应,同时为增强数据的可比性,采用货物进出口额的自然对数来替换FDI质量;对于生态型维度,考虑到能源消耗是二氧化碳排放的主要来源之一，选择单位 GDP 能耗来替代碳排放强度；对于服务型维度，由于生产性服务业在产业结构中的比重不断提升，基于第三产业内部结构变化的角度，选择生产性服务业产值与生活性服务业产值之比来替换第三产业占比。图 5 为更换结果变量后得到的海南自贸港推动经济转型的路径对比。可以看到，在自贸港建设开始后，三者的路径演变趋势与预期基本一致。检验结果表明，自贸港建设可以推动开放型、生态型、服务型经济转型的结论是稳健的。

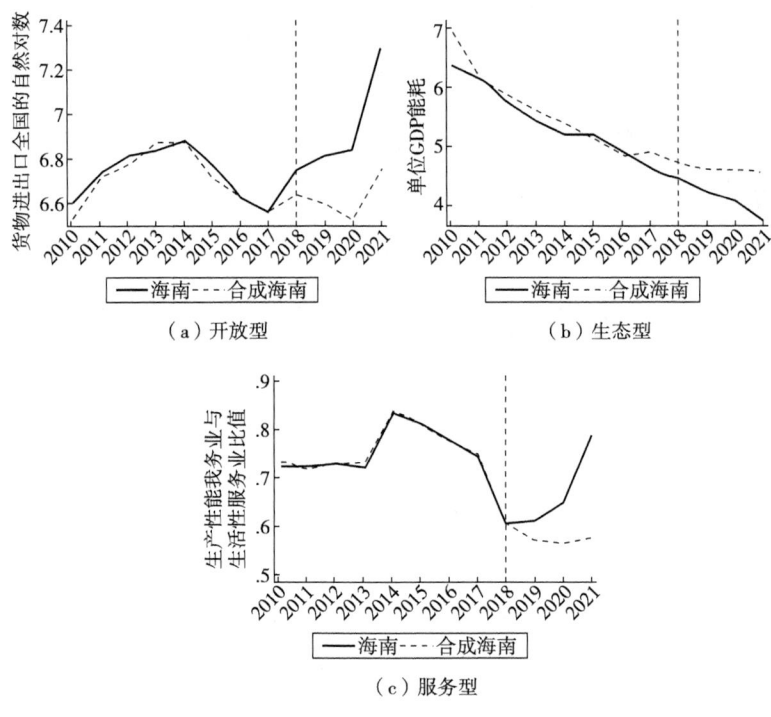

图 5 替换结果变量

2. 迭代法

借鉴 Abadie 等（2015）提出的迭代法，将合成海南的每一个权重为正的控制组省份从大到小依次从控制组中剔除，以检验政策效果是否受某一特定权重控制组省份的影响，是否会因为合成控制组的改变而产生不同结果。检验结果见图 6，可以看到，与前文的实证结果类似，三者的政策效果并没有受到权重省份的影响，并且第三产业占比在 2019 年后表现出的政策效果与排序检验法中的结果相互印证，再次验证了海南自贸港建设推动服务型经济转型效果存在一定的滞后性。基于此，可以说明前文实证分析的结果是稳健的。

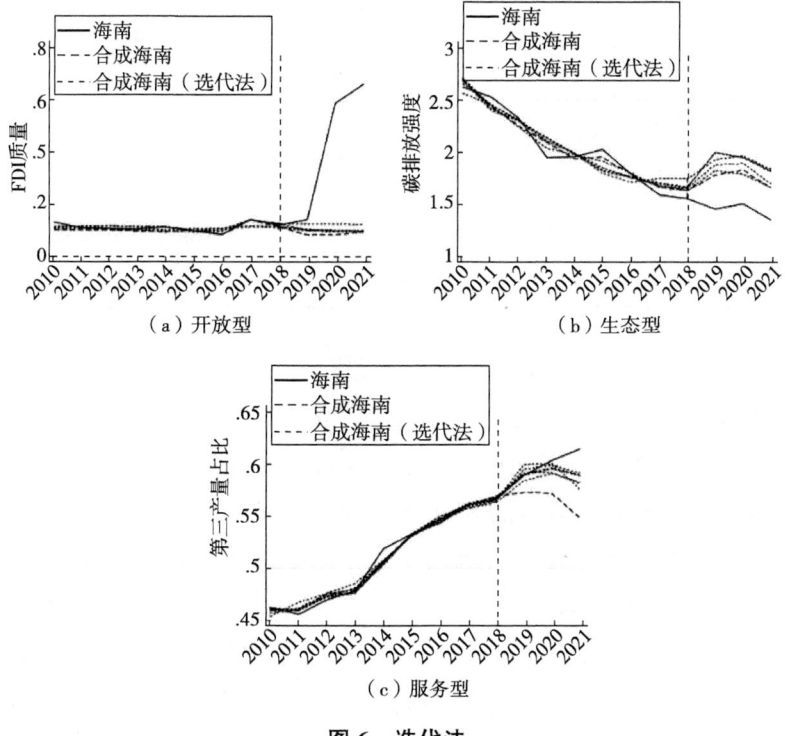

图 6　迭代法

五、机制检验

根据前文的实证结果可知,海南自贸港建设可以推动经济向开放型、生态型、服务型转型。那么,海南自贸港建设是如何推动开放型、生态型、服务型经济转型的?其作用机制是什么?本文基于理论与实践分析,选取营商环境作为中介变量,先用市场环境、创新环境、基础设施环境、法治环境、金融环境以及政务环境六个组态部分构建营商环境综合指数,然后采用合成控制法检验自贸港建设对优化营商环境的作用。预测变量的选取参考孙群力和陈海林(2020)、王晨等(2022)的研究。具体营商环境综合指数变量见表6。

表 6　营商环境综合指数变量定义

类别	变量名称	计量方法
结果变量	营商环境(*Business*)	标准归一化处理后采用熵值法客观测算

续表

类别	变量名称	计量方法
预测变量	经济发展水平（GDP）	人均 GDP
	人力资本水平（Human）	高等学校在校生人数/总人口数
	税收负担（Tax）	税收收入/地区生产总值
	市场化程度（Market）	樊纲市场化指数
	信息化水平（Inform）	邮电业务总量/地区生产总值

图 7（a）为营商环境综合指数的合成控制法结果。由（a）可见，自贸港建设开始前，真实海南和合成海南的营商环境综合指数演变路径几乎重合，拟合效果较好。随着自贸港建设的推进，二者之间的差距明显拉大，且真实海南的营商环境综合指数变化路径始终在合成路径上方。图 7（b）为营商环境综合指数的排序检验法结果，剔除均方预测误差在 2018 年以前大于海南 20 倍的省份后保留了 21 个控制组省份，由（b）显示，2021 年自贸港建设对营商环境的优化作用在 5%（$1/22 \approx 0.045$）的水平下显著，由此可见自贸港建设有助于营商环境的优化。海南自贸港建设以来，始终把制度集成创新摆在突出位置，为优化营商环境出台了多项举措，例如：出台优化营商环境条例、知识产权保护条例等 24 件自由贸易港法规，建立"零关税"进口商品全流程监管模式，推出"机器管招投标""市场准入承诺即入制"等多项制度改革创新成果等，对标国际高水平规制。这些举措极大提高了政务服务水平，降

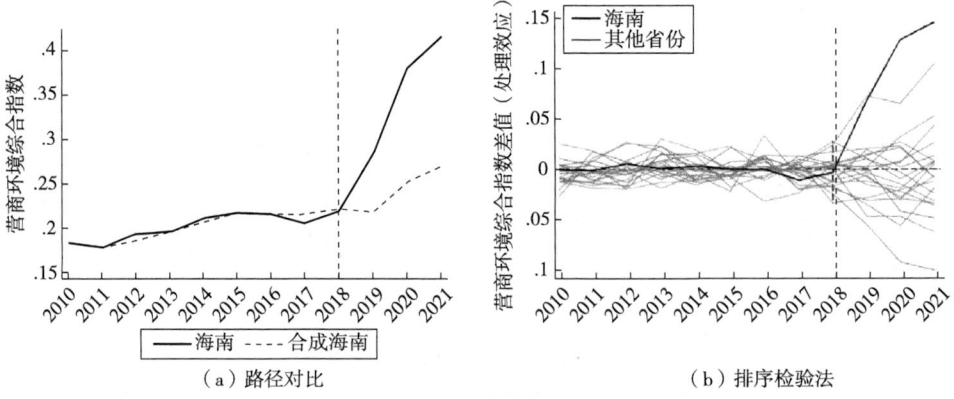

图 7 营商环境综合指数

低了企业制度性交易成本，破除了市场准入壁垒，进而推动了自贸港建设国际化、法治化、便利化的营商环境。

具体来看，良好的营商环境推动海南自贸港加快转变政府职能，"单一窗口""非禁即入""一件事一次办""证照联办"等措施的落地大大提高了政府办事效率，降低了企业的制度性交易成本；同时，公平透明的市场环境推动了资源的跨境流动和配置，使企业更加注重自身生产性经营和创新发展，从而提高了企业在国内外市场的竞争力。零关税、低税率、准入前国民待遇加自贸港专用的负面清单管理制度等优惠政策的实施，吸引了大批优质外商投资流入，通过"示范效应"和"竞争效应"引导本土企业主动或被动参与国际贸易。此外，便利的交通基础设施扩大了自贸港国际贸易投资领域和业务范围；健全的法律制度提高了企业的契约执行效率，助力企业"走出去"融入全球价值链分工体系，进而推动开放型经济转型。因此，假说4a成立。

良好的营商环境倒逼海南自贸港实行严格的环境规制，一方面敦促政府通过调整产业政策，来促进现代服务业和绿色产业的发展以及清洁能源的开发利用，从而推动产业结构绿色化；另一方面，激励企业进行绿色技术创新和污染治理投资，用绿色技术改造传统产业，淘汰落后产能，进而推动海南自贸港生态型经济转型。而良好的法治环境很好地保护了企业的创新产出，使企业从绿色技术创新中获得收益，进而维护了企业绿色创新的积极性。除此之外，绿色金融的发展引导国内和国外资本投向绿色技术研发和绿色低碳产业部门，在缓解企业融资约束困难的同时，将资源要素从高能耗高排放的产业中释放出来，为绿色低碳产业输送更多劳动、资本和技术等生产要素。因此，假说4b成立。

良好的营商环境推动了海南自贸港服务贸易发展和产业结构转型升级。2021年7月26日，海南省出台了中国第一个跨境服务贸易领域的负面清单，放宽了服务贸易领域内的准入限制，进一步推动了服务贸易自由化。竞争有序的市场环境为服务贸易的发展集聚了高端人力、资本、技术等生产要素，弥补了海南产业发展的短板，推动自贸港建立起更加安全稳定的产业链供应链体系。此外，交通、水电、通信、新能源等基础设施网络逐步完善，减少了运输成本和交易成本，有利于自贸港在境内关外进行要素资源整合；发达的金融环境将资本配置给生产率高的产业及部门；健全的知识产权保护法律制度吸引了知识密集型制造业及中高端生产性服务业入驻自贸港。这些都推动了产业结构和经济结构的不断调整与升级。因此，假说4c成立。

综上所述，假说4成立，即自贸港建设可以通过优化营商环境推动开放型、生态型、服务型经济转型。

六、结论与政策建议

（一）结论

作为新时代中国对外开放的新高地，把握好海南自贸港新型经济体系建设的重点，打造一流水平的营商环境，对实现中国经济高质量发展具有重要意义。本文基于2010—2021年的30个省份的面板数据，以2018年海南开启自贸港建设探索为准自然实验，运用合成控制法构建了一个未进行自贸港建设的合成海南，探讨了自贸港建设能否推动经济体系向开放型、生态型、服务型转型。研究结果表明：

（1）自贸港建设能够推动开放型、服务型、生态型经济体系建设，并且开放型经济转型的效果要大于生态型和服务型。

该结论在经过有效性检验和稳健性检验后仍然成立。虽然实证结果表明海南自贸港建设推动经济转型的效果存在一定的滞后性，但根据真实经济预测指标的演变路径可以推测，随着海南自贸港建设的不断推进，该推动作用有不断增强的趋势。

（2）进一步研究发现，海南自贸港建设推动开放型、服务型、生态型经济体系建设能够通过优化营商环境来实现，而一个良好的营商环境包括公平竞争的市场环境、良好的创新环境、完善的基础设施环境、稳定的法治环境、发达的金融环境以及高效的政务环境。

（二）政策建议

基于以上结论，本文提出以下建议：

1. 建设新型现代经济体系，应持续深化高水平对外开放

首先，海南自贸港建设应持续推进制度型开放，更加主动对接高标准国际经贸规则，通过构建合作机制、打造合作平台、深化产业合作，来发挥其在中国与《区域全面经济伙伴关系协定》（RCEP）、东盟各国合作中的枢纽作用。其次，海南自贸港建设应立足于国内国际双循环新发展格局，坚持"引进来"和"走出去"并重。一方面，依靠国内大循环实现资源的优化配置，引导企业高质量利用和改进国外先进技术，提高企业的竞争能力，营造

良好的市场环境，进而吸引更多世界一流企业和先进技术进入中国；另一方面，坚持以国际循环助力国内循环，鼓励本土企业与跨国公司合作，提高本土企业的对外投资能力和国内生产要素的服务能力。最后，海南自贸港应充分利用区位优势和政策优势，积极参与国际贸易投资规制的制定，提高中国在国际竞争中的话语权，更好地推动中国开放型经济转型。

2. 建设新型现代经济体系，应始终遵循绿色低碳循环发展

首先，海南自贸港建设应加快完善与绿色低碳经济相关的法律法规。一方面，明确政府在经济绿色转型中的职能以及企业在生产经营过程中的绿色责任；另一方面，建立高标准市场体系，对标国际碳排放标准和碳排放制度，严格筛掉高污染高排放行业，淘汰传统落后产能，鼓励发展绿色低碳环保产业。其次，围绕建设国家生态文明试验区和海南清洁能源岛建设，依托海南丰富的森林碳汇、生态环境优势以及地理区位优势，大力开发利用风能、太阳能、生物质能等清洁能源，转变能源经济结构，重点培育新能源汽车、生物材料降解、绿色建筑等绿色产业，在优化产业结构的同时实现产业链的绿色化生产。最后，以绿色金融为导向，通过绿色金融工具引导资本流向绿色低碳产业部门，鼓励市场主体进行绿色技术创新，解决绿色融资难题，同时健全绿色金融监管制度，防范绿色信贷风险。

3. 建设新型现代经济体系，应继续加快构建现代产业体系

首先，海南自贸港建设要继续完善现代服务业体系，注重第三产业内部协调发展，扩大服务贸易、航运服务、现代金融、医疗健康等现代服务业和生物医药、新型材料、航天航空等高新技术产业的开放力度，推动海南自贸港形成服务业发展的新优势。其次，海南自贸港建设应不断加大对制造业的扶持力度，通过要素保障、产权保护、制度创新和信贷支持等针对性措施，推动制造业直接向高端化方向发展。通过扶持洋浦经济开发区、海口国家高新区、海南生态软件园、三亚崖州湾科技城等 11 个自贸港重点园区，实现产业集群发展，推动高端制造业与现代服务有效融合，实现中国产业体系在全球价值链上的地位攀升，扩大规模效益。最后，海南自贸港建设要进一步扩大服务业高质量对外开放，依据中国首张跨境服务贸易负面清单，放宽服务贸易领域的市场准入限制，深化服务贸易国际合作，助力服务型经济国际化高水平发展。

4. 海南自贸港建设应持续优化营商环境

在基础设施建设方面，加快完善传统基础设施和新基础设施建设，降低市场主体的交易成本；在政务环境方面，持续深化"放管服"改革，加快建设服务型政府，提高政府服务水平；在市场环境方面，优化市场准入机制，健全市场监管体系；在法治环境方面，完善国际商事纠纷解决制度，建立公开透明的仲裁服务体系，保障市场主体的合法权益；在金融环境方面，不断提升金融服务水平，加大对企业的信贷扶持，稳步推进国际离岸金融中心建设；在创新环境方面，加大创新投入，加强知识产权保护，推动创新成果及时转化为经济效益，维持企业创新的积极性。通过良好的营商环境集聚优秀人才、先进技术等高级生产要素，引进高标准管理经验，进而不断为经济转型和新型经济体系建设注入活力。

参考文献

[1] 王明益，陈林，张中意，等．自由贸易试验区的协同创新网络效应：空间断点与地理识别 [J]．世界经济，2023，46（3）：94-124．

[2] 宋弘，罗长远，栗雅欣．对外开放新局面下的中国国家形象构建：来自"一带一路"倡议的经验研究 [J]．经济学（季刊），2021，21（1）：241-262．

[3] 董涛，郭强，仲为国，等．制度集成创新的原理与应用：来自海南自由贸易港的建设实践 [J]．管理世界，2021，37（5）：60-70．

[4] 赵晋平，文丰安．自由贸易港建设的价值与趋势 [J]．改革，2018（5）：5-17．

[5] 孟广文，杨开忠，朱福林，等．中国海南：从经济特区到综合复合型自由贸易港的嬗变 [J]．地理研究，2018，37（12）：2363-2382．

[6] 裴长洪，刘斌，李越．中国特色自由贸易港发展模式探索 [J]．国际商务（对外经济贸易大学学报），2019（1）：1-10．

[7] 盛朝迅．构建现代产业体系的瓶颈制约与破除策略 [J]．改革，2019（3）：38-49．

[8] 任保平，杜宇翔．黄河流域经济增长-产业发展-生态环境的耦合协同关系 [J]．中国人口·资源与环境，2021，31（2）：119-129．

[9] 刘继国，李江帆．国外制造业服务化问题研究综述 [J]．经济学家，

2007（3）：119-126.

[10] 傅国华，马恺阳，张德生. 构建现代产业体系背景下海南自贸港产业结构优化研究 [J]. 海南大学学报（人文社会科学版），2022，40（2）：92-100.

[11] 张释文，程健. 中国自由贸易港建设的思考 [J]. 中国流通经济，2018，32（2）：91-97.

[12] 郭庆宾，黄林峰. 海南自贸港金融服务实体经济效率的时空异质性及其驱动机理 [J]. 地理科学进展，2023，42（1）：53-65.

[13] 兰双萱. 海南自由贸易港销售税若干问题初探 [J]. 税务研究，2020（9）：10-15.

[14] 蔡宏波，钟超. 中国特色自由贸易港的营商环境与法治建设 [J]. 暨南学报（哲学社会科学版），2021，43（6）：44-51.

[15] 裴长洪，郑文. 中国开放型经济新体制的基本目标和主要特征 [J]. 经济学动态，2014（4）：8-17.

[16] 李磊，冼国明，包群. "引进来"是否促进了"走出去"？：外商投资对中国企业对外直接投资的影响 [J]. 经济研究，2018，53（3）：142-156.

[17] 安礼伟，张二震. 新时代中国开放型经济发展的几个重大理论问题 [J]. 经济学家，2020（9）：23-31.

[18] 张建鹏，陈诗一. 金融发展、环境规制与经济绿色转型 [J]. 财经研究，2021，47（11）：78-93.

[19] 曹东，赵学涛，杨威杉. 中国绿色经济发展和机制政策创新研究 [J]. 中国人口·资源与环境，2012，22（5）：48-54.

[20] 邵帅，范美婷，杨莉莉. 经济结构调整、绿色技术进步与中国低碳转型发展：基于总体技术前沿和空间溢出效应视角的经验考察 [J]. 管理世界，2022，38（2）：46-69，4-10.

[21] 路红艳. 生产性服务与制造业结构升级：基于产业互动、融合的视角 [J]. 财贸经济，2009，334（9）：126-131.

[22] 干春晖，郑若谷，余典范. 中国产业结构变迁对经济增长和波动的影响 [J]. 经济研究，2011，46（5）：4-16，31.

[23] 杨以文，郑江淮，黄永春，等. 走向后工业化：建立以服务业为主的现代产业体系：以长三角为例 [J]. 经济地理，2012，32（10）：70-76.

［24］王增文，陈玉成，胡国恒，等．服务业结构优化与服务型经济建构［J］．中国软科学，2021（8）：30-40．

［25］傅元海，林剑威．FDI 和 OFDI 的互动机制与经济增长质量提升：基于狭义技术进步效应和资源配置效应的分析［J］．中国软科学，2021（2）：133-150．

［26］曹晓路，王崇敏．中国特色自由贸易港建设路径研究：以应对全球数字服务贸易规则变化趋势为视角［J］．经济体制改革，2020（4）：58-64．

［27］雷淑珍，高煜，王艳．异质性环境规制与 FDI 质量升级［J］．软科学，2021，35（4）：14-19．

［28］屈小娥，骆海燕．中国对外直接投资对碳排放的影响及传导机制：基于多重中介模型的实证［J］．中国人口·资源与环境，2021，31（7）：1-14．

［29］容冰，张晨涛，饶胜，等．促进海南自贸港绿色低碳发展［J］．宏观经济管理，2023（3）：50-58．

［30］李猛，黄庆平，翟营．论海南自由贸易港与国内国际双循环新发展格局的战略对接［J］．经济体制改革，2021（4）：58-65．

［31］宋周莺，陶蕾，刘卫东．海南对外贸易格局演化及其与国内省区市的经济关联［J］．资源科学，2021，43（2）：256-268．

［32］宋林霖，何成祥．优化营商环境视阈下放管服改革的逻辑与推进路径：基于世界银行营商环境指标体系的分析［J］．中国行政管理，2018（4）：67-72．

［33］"中国城市营商环境评价研究"课题组，李志军，张世国，等．中国城市营商环境评价的理论逻辑、比较分析及对策建议［J］．管理世界，2021，37（5）：98-112，8．

［34］CONTRACTOR F J, DANGOL R, NURUZZAMAN N, et al. How do country regulations and business environment impact foreign direct investment (FDI) inflows? [J]. International business review, 2020, 29 (2): 101640.

［35］张三保，康璧成，张志学．中国省份营商环境评价：指标体系与量化分析［J］．经济管理，2020，42（4）：5-19．

［36］OZCAN B. Information and communications technology (ICT) and international trade: evidence from Turkey [J]. Eurasian economic review, 2018, 8:

93-113.

［37］夏后学，谭清美，白俊红. 营商环境、企业寻租与市场创新：来自中国企业营商环境调查的经验证据［J］. 经济研究，2019，54（4）：84-98.

［38］谭静，张建华. 碳交易机制倒逼产业结构升级了吗？：基于合成控制法的分析［J］. 经济与管理研究，2018，39（12）：104-119.

［39］ABADIE A, GARDEAZABAL J. The economic costs of conflict：a case study of the Basque Country［J］. American economic review, 2003, 93（1）: 113-132.

［40］刘甲炎，范子英. 中国房产税试点的效果评估：基于合成控制法的研究［J］. 世界经济，2013，36（11）：117-135.

［41］NICOLÁS G A, SEBASTIÁN R R, RAFAELA R B. The effect of increasing land value capture on the gross value added of the construction sector［J］. Applied economics letters, 2021, 28（1）: 65-69.

［42］ABADIE A, DIAMOND A, HAINMUELLER J. Synthetic control methods for comparative case studies：estimating the effect of California's tobacco control program［J］. Journal of the american statistical association, 2010, 105（490）: 493-505.

［43］白俊红，吕晓红. FDI质量与中国经济发展方式转变［J］. 金融研究，2017（5）：47-62.

［44］ABADIE A, DIAMOND A, HAINMUELLER J. Comparative politics and the synthetic control method［J］. American journal of political science, 2015, 59（2）: 495-510.

［45］孙群力，陈海林. 中国地区营商环境的决定因素、影响效应和评价指数：基于MIMIC模型的研究［J］. 财政研究，2020（6）：105-120.

［46］王晨，罗丹，高自旺. 国家级开发区对企业营商环境的影响：基于中国私营企业调查数据的经验研究［J］. 宏观经济研究，2022（9）：161-175.

［47］杜运周，刘秋辰，陈凯薇，等. 营商环境生态、全要素生产率与城市高质量发展的多元模式：基于复杂系统观的组态分析［J］. 管理世界，2022，38（9）：127-145.

［48］FRONDEL M, HORBACH J, RENNINGS K. End-of-pipe or cleaner production? An empirical comparison of environmental innovation decisions across

OECD countries [J]. Business strategy and the environment, 2007, 16 (8): 571-584.

[49] 苏建军, 徐璋勇. 金融发展、产业结构升级与经济增长：理论与经验研究 [J]. 工业技术经济, 2014, 33 (2): 139-149.

海南自贸港对接《数字经济伙伴关系协定》路径研究

熊安静　沈玉良

摘　要：《数字经济伙伴关系协定》具有开放式和示范性、软约束与高效性、前瞻性和灵活性特点。我国正积极推进加入《数字经济伙伴关系协定》，海南自由贸易港、中国自由贸易试验区要先行先试。虽然海南数字经济发展势头不错，但也要清醒地看到当前发展仍然面临着一些突出问题。我们应充分认识数字经济发展对海南自贸港建设的重大意义和重大机遇，采取更加有力的举措做好数字产业化、产业数字化、治理数字化、数据价值化"四化"的大文章。建议海南自由贸易港对接 DEPA 规则先行先试，应重点关注产业发展、便捷通关、营商环境、社会治理、法律法规保障等领域。

关键词：数字经济伙伴关系协定；海南自由贸易港；路径

一、问题的提出

2020 年 6 月 12 日，新加坡、智利、新西兰三国于线上签署了《数字经济伙伴关系协定》(Digital Economy Partnership Agreement，DEPA)，该协定签署生效后，数字伙伴吸引力持续增强。当前，中国、韩国和加拿大均已正式申请加入 DEPA 并开启相关谈判进程，DEPA 已然成为全球数字经济治理继以"美国优先"的数字全球主义为内核的"美式模板"、基于数据安全强调个人隐私保护的"欧式模板"和在中美竞争夹缝中探索的"中国方案"之后的"第四路线"。

DEPA 作为全球首个正式生效的全新数字经济协定，具有以下三个特点：

作者简介：熊安静，海南省社科院副院长，社科联副主席，《南海学刊》主编；沈玉良，上海社科院世界经济所研究员，海南社科院特约研究员。

开放式和示范性、软约束与高效性、前瞻性和灵活性。与 CPTPP、USMCA、RCEP、SADEA 和 UKSDEA 相比，DEPA 在数字自由化程度上，明显低于 USMCA，与 CPTPP 自由化水平相当，但高于 RCEP 的承诺水平。不过，与 USMCA、CPTPP 等其他高水平协定相比，DEPA 在规则广度上有较大的拓展，纳入了许多前述协定中未涉及的数字经济合作模块，且保留了与前沿性产业发展同步探索新规则的灵活机制安排。DEPA 以高标准制定数字经济规则的同时，在条款设置上采取了模块化方式，最大限度地协调了各国在数字经济发展方面的需求，促进全球范围内的数字技术交流与共享，推动建立全球数字治理新秩序。DEPA 未采用"硬约束"手段强制突破各国关注的跨境数据流动、数据本地储存以及数字监管分歧等问题，增加了制度灵活性。在数据跨境自由流动方面，DEPA 提出各缔约方原则上应允许数据跨境自由流动，不得要求数据在本地储存或加工，市场准入方面不得以交出数字产品密钥作为市场准入条件，数字空间管理方面倡导各缔约国间应建立信任，尽量降低数字贸易方面的限制。DEPA 在文本结构和内容上均有新意，是全球首个开放式、纯数字议题、结构模块化和覆盖领域广泛的数字经济协议。DEPA 协定由 16 个内容模块组成，分别是"初始规定和一般定义、商业和贸易便利化、数字产品及相关问题的处理、数据问题、广泛的信任环境、商业和消费者信任、数字身份、新兴趋势和技术、创新与数字经济、中小企业合作、数字包容、联合委员会和联络点、透明度、争端解决、例外和最后条款"。

我国作为一个发展中国家，数字经济方兴未艾、蓬勃兴起，是离国际经济技术前沿最近的经济部门，近年来数字经济、数字社会、数字政府正成为高曝光的热门词汇。2021 年 3 月，十三届全国人大四次会议通过的《国民经济和社会发展第十四个五年规划和 2035 年远景目标纲要》用整整一篇四个章节的篇幅部署"加快数字化发展、建设数字中国"，提出"迎接数字时代，激活数据要素潜能，推进网络强国建设，加快建设数字经济、数字社会、数字政府，以数字化转型整体驱动生产方式、生活方式和治理方式变革，强调打造数字经济新优势"，进一步明确云计算、大数据、物联网、工业互联网、区块链、人工智能以及虚拟现实和增强现实等七大数字经济重点产业、十大数字化应用场景，"数字经济核心产业增加值占 GDP 比重"被列入经济社会发展指标。这些都充分彰显了我国大力发展数字经济的坚定决心。2021 年 4 月，中国信息通信研究院发布了《中国数字经济发展白皮书（2020）》，从生产力和生产关系角度出发，提出了数字经济"四化"架构，即"数字产业化、产业数字化、数字化治理以及数据价值化"。从"四化"内部结构看，数字产业化和产业数字化重塑生产力，是数字经济发展的核心；数字化治理引领生产关系深刻变革，是数字经济发展的保障；数据价值化重构生产要素体系，是数字经济发展的基础。

2021年11月4日，国家主席习近平在第四届中国国际进口博览会开幕式上的主旨演讲中提出，"中国将在自由贸易试验区和海南自由贸易港做好高水平开放压力测试，出台自由贸易试验区跨境服务贸易负面清单。中国将深度参与绿色低碳、数字经济等国际合作，积极推进加入《全面与进步跨太平洋伙伴关系协定》《数字经济伙伴关系协定》"。

二、对接DEPA，海南自由贸易港建设理当先行先试

《海南自由贸易港建设总体方案》明确要求"实现数据充分汇聚，培育发展数字经济"。国家工业信息安全发展研究中心发布的《2020年我国数字经济发展报告》对全国31个省份数字经济发展水平进行了综合打分，第一梯队是浙江、上海、北京和广东（海南第19位），其中浙江多年来把数字经济作为发展的"一号工程"，率先推出了"最多跑一次""城市大脑""移动支付之省"等全国领先的标志性项目，数字经济发展水平以88.9分领先全国。从整体情况看，海南在数字经济特别是互联网信息产业方面有一定基础，近几年保持了年均30%~40%的增长速度，形成了海南生态软件园和海口复兴城两大千亿级数字经济产业集群，培育了电子信息制造、游戏、区块链等多个细分产业集群。同时，海南大力推进新一代信息基础设施建设，支撑数字经济发展，2023年上半年，连接我国港澳地区和东南亚方向的两条新国际海缆启动建设；全球首个商用海底数据中心首舱在海南陵水下水，填补了中国在海洋工程与数据中心新基建融合发展领域的空白。截至2023年6月底，海南全省5G基站总数超过2.25万个，5G行政村覆盖率达90%以上。据省级相关部门统计，2022年全年海南数字经济核心产业营业收入为1 279.6亿元，同比增长5.55%，增加值380亿元，占GDP比重5.5%。

虽然海南数字经济发展势头不错，但也要清醒地看到当前发展仍然面临着一些突出问题，例如：产业总体规模不大，发展特色不鲜明，有实力的本土企业匮乏；研发与创新能力不足；数字经济相关产业园区在高质量和差异

化发展方面还有较大差距，没有形成具有比较优势的龙头企业和数字产业集群；新型基础设施和数字技术人才等基础支撑能力比较薄弱；总体上重视程度和统筹协调推进力度还不够，等等。数字科技是高速成长的科技领域，各种创新性甚至颠覆性数字科技及其带动的新业态新模式将不断涌现，其中也将逐步形成代表更长期发展方向的未来产业。数字科技发展的高速度与不确定性特征，为海南这样的"后发地区"带来了"换道超车"的新机遇。对海南来说，发展数字经济是适应现代生产力发展客观规律和新一轮产业革命变革的必然要求；是海南全面深化改革开放、建设世界最高水平自由贸易港的重要内容；是海南产业体系转型升级，在更高起点上实现经济高质量发展和弯道超车的迫切需要；也是海南主动服务和融入新发展格局，打造国内国际双循环战略连接和交汇点、吸引配置全球资源"反应炉"的关键路径。同时，发展数字经济还是海南产业发展中绕开和克服"传统产业链偏短""物流成本偏高"两个突出短板的有效途径。

三、对接 DEPA 关键条款，推动海南数字化转型的路径与对策

"十四五"时期是海南自贸港建设的发展期、关键期，也是世界范围内数字经济发展的爆发期、黄金窗口期。这就要求我们充分认识数字经济发展对海南自贸港建设的重大意义和重大机遇，采取更加有力的举措做好数字产业化、产业数字化、治理数字化、数据价值化"四化"的大文章。建议海南自由贸易港对接 DEPA 规则先行先试，应重点关注产业发展、便捷通关、营商环境、社会治理、法律法规保障等领域。

（一）对接 DEPA 商业和贸易便利化，推进海南自由贸易港数字贸易跨越式发展

商业和贸易便利化模块着重强调促进覆盖跨境交易全流程的"端到端"数字贸易便利化。其中，在国内电子交易框架、无纸化贸易、电子发票、电子支付、物流、快运货物等条款中，进一步强调跨境互操作的重要性，通过数字技术的应用和系统的跨境互操作，降低国际货物贸易的成本。同时，DEPA 缔约方认识到企业和个人的可互操作数字身份是数字贸易高效运行的重要基础，纳入数字身份条款可提供一种机制来提高金融交易的安全性和效率，并全面改善连通性、信任和包容性。

（二）对接 DEPA 数字产品待遇国际接轨，提升海南自由贸易港数据交易市场影响力

DEPA 提出禁止对电子传输征收关税和数字产品非歧视性待遇条款，为数字产品出口提供公平竞争环境，提高了数字企业进军海外市场的政策预见性。同时，通过使用密码术（ICT）产品条款确保使用加密技术的公司能够信任其经营所在的市场，鼓励创新，并确保所使用的私钥和相关技术得到保护，任何国家都不会要求将转让或获取上述内容作为市场准入的条件。

（三）对接 DEPA 数据流动规则，开展海南自由贸易港数据流动应用场景及业务试点

DEPA 旨在构建可信任的数据流动框架，纳入以电子方式跨境传输信息、计算设施的位置等核心条款，旨在为商业主体日益增强的跨境数据流动需求提供便利。个人信息保护方面，DEPA 要求经济体采用健全的法律框架，它还通过制定应支持此类隐私框架的商定原则进行了创新。

（四）对接 DEPA 新兴趋势与技术规则，推进海南自由贸易港数字经济高质量发展

DEPA 意识到人工智能和金融科技的日益普及，将带来巨大的社会经济回报，也可能引发围绕数据流、竞争以及这些突破性技术所产生的意外后果。为此，DEPA 授权或鼓励缔约方推动金融科技解决方案和金融科技创业人才的合作，以及建立可信、安全和负责任使用人工智能技术的道德和治理框架。

（五）对接 DEPA 数字身份认定规则，探索建立具有中国特色的海南自由贸易港数据治理标准

DEPA 提出应加强区域和全球的互联互通，促进实现各国数字身份制度间的互操作性，具体包括：设立或维持适当框架，实现技术的互操作性或建立共同标准；自动授予或以共同协议方式相互认可各缔约方的法律和监管效果；建立或维护国际框架；就相关问题进行最佳实践交流。

（六）对接 DEPA，借鉴新加坡发展数字经济经验推进海南自由贸易港数据化转型

伴随数字信息技术迅猛发展，全球服务贸易迈入数字化贸易阶段，对接 DEPA 推动数字经济高质量发展，是中央赋予海南自由贸易港的重要任务之一。近年来，海南在数字基础设施建设、跨境数据流动试点政策落地、培育

数字经济主体、拓展数字贸易等方面初见成效，但也存在着产业生态不完善、市场主体弱小、数字经济发展质量不高等问题。对接 DEPA，海南要发挥好区位优势、成本优势、政策和制度优势，坚持政府主导、企业主体、市场化运营的原则，努力营造具有国际竞争力的数字经济发展营商环境，推动自由贸易港数字经济高质量发展。

（七）对接 DEPA 和 B-READY 数字技术条款，推进海南自由贸易港政府治理数据化转型

DEPA 和 B-READY 都注重从制度上保障数字技术应用、政务服务是否在线可用、信息是否可及、存储是否以电子形式、系统之间是否实现协同。数字技术可有效减少信息不对称，降低公共服务成本，提高办事透明度和便利性。海南自由贸易港在政府数字化转型速度与资源匹配方面仍有差距，要持续优化政府数据管理体制机制，坚持基层需求导向推进改革任务，通过资源和政策引导为基层赋能，从而更好地提升治理效能，为企业服务、为群众办事。

（八）对接 DEPA 法律体系，抓紧建立健全海南自由贸易港促进数字经济发展和数据治理安全法律体系

DEPA 提出应增强负责计算机安全事件应对的国家实体的能力，利用现有合作机制识别和减少网络恶意侵入或恶意代码传播，大力培育网络安全领域的劳动力。完善数字贸易监管体制和数字经济相关标准，加强数字经济安全防范机制，并适时推出具有中国特色的数字贸易互操作性规则，加强数字立法，积极与国际最高标准数字规制、规则、制度接轨。

参考文献

[1] 牛东芳，张宇宁，黄梅波. 新加坡数字经济竞争力与全球治理贡献 [J]. 亚太经济，2023，(3)：95-108.

[2] 赵龙跃，高红伟. 中国与全球数字贸易治理：基于加入 DEPA 的机遇与挑战 [J]. 太平洋学报，2022，30（2）：13-25.

[3] 乔岳. 数字经济促进高质量发展的内在逻辑 [J]. 人民论坛·学术前沿，2021，(6)：51-57.

[4] 中国信息通信研究院：《中国数字经济发展白皮书（2020 年）》，http：//www.caict.ac.cn/kxyj/qwfb/bps/202104/P020210424737615413306.pdf。

[5] "四化"协同,数字经济发展新阶段[J].信息化建设,2020,(7):39-41.

[6] 魏桥.发展数字经济要因地制宜[N].国际商报,2021-03-23(02).

以自贸港建设推进"中国—东盟"区域合作体系与南海海洋治理现代化

于 航

摘 要：本文探讨了海南自贸港与东盟国家在南海问题上的合作，从海洋国家的再认识、自贸港的区域合作和海洋命运共同体的构建三个方面进行了分析。海洋国家需要从"主体性"向"主体间性"转换海洋治理的思维方式，强调海洋国家之间的利益共享、多赢协作和共同治理的重要性。海南自贸港应该深度融入中国—东盟区域合作体系，从贸易投资合作、海洋合作和人文交流三个方面加强与东盟国家的互利共赢关系。通过区块链技术，可以实现南海各国海关之间的区块链联盟，实现贸易全流程的可视化，制定快速审查和通关制度，为建设"互联—共通—共享"的海洋命运共同体提供技术支持和保障。

关键词：海南自贸港；东盟国家；区块链技术；海洋命运共同体

一、引言

南海是中国与东盟国家共同维护和平、促进经贸合作的重要海域，也是全球经济和安全的重要舞台。中国作为一个海洋大国，需要树立正确的海洋治理理念，积极参与全球海洋治理，推动建立合作共赢的海洋秩序。海南自贸港作为中国改革开放的新高地和区域合作的新平台，有着重要的战略意义和历史机遇。本文提出建设"互联—共通—共享"的海洋命运共同体的构想，

基金项目：国家社科基金项目"国家海洋治理理念转换与南海海洋治理能力现代化研究"（21XSH020）。

作者简介：于航，黑龙江哈尔滨人，副教授，博士研究生，从事海洋社会学研究，现任三亚学院社会学专业主任。

旨在为实现南海的和平与繁荣提供思路和借鉴。

二、海洋国家的再认识

中国作为一个海洋大国，应该树立正确的海洋治理理念，积极参与全球海洋治理，推动建立合作共赢的海洋秩序。中国历来是一个爱好和平、尊重法治、崇尚文明、开放包容的陆海大国。中国先民很早就开始了对海洋的探索和利用，创造了灿烂的海上丝绸之路文明。近代史上，中国曾经遭受西方列强侵略和欺凌，失去了对自己领土和海域的主权和管辖权，深受其苦。新中国成立后，经过艰苦奋斗，中国恢复了对大部分海域的有效管辖，实现了从陆地国家向海洋国家的转变。改革开放以来，中国充分利用海洋的资源和空间，在海洋经济、科技、文化、安全等各个领域获得发展，成为世界上最具海洋潜力和影响力的国家之一。中国坚持走和平发展的道路，奉行互利共赢的开放战略，积极参与国际海洋事务，维护国际海洋法治，推动构建人类命运共同体。

但是我国各界对"海洋国家""蓝色文明""海洋文明"的认识，长期深受西方理论话语的影响，存在一定的误区，束缚着中国的海洋战略思考。通过海洋国家的再认识透彻分析海洋治理理念如何发展，反思既存话语体系，解构西方话语霸权，是一个祛魅的过程。运用海洋治理理念，结合我国具体海情和建设实际，可以对海洋治理问题予以具体化、细化的研究，然后推进模式的整体构建，并增强其可操作性，使之在海洋治理的活动中得以实现。海洋社会的发展将破解人类当下的发展难题，带领各国走出单边主义的泥淖。总之，我们应该重新认识海洋国家之间的关系，从单纯的领土主权观念转变为全面的利益共享观念，从对抗性的零和博弈转变为合作性的多赢协作，从封闭排他的自我保护转变为开放包容的共同治理。只有这样，我们才能真正实现海洋国家之间的和谐共处、互利共赢、共同发展。

中国在南海问题上的立场是明确和一贯的。中国对南海诸岛及其附近海域拥有无可争辩的主权和历史性权利，这基于历史事实和国际法。中国尊重并维护南海沿岸各国依据国际法享有的合法权益，愿意与南海沿岸各国通过友好协商和谈判解决争议，维护南海的和平与稳定。中国支持并积极参与《南海各方行为宣言》（DOC）以及《南海行为准则》（COC）的制定和执行，致力于构建南海地区合作机制，推动南海合作倡议，促进南海地区的共同发展和繁荣。东盟十国是中国的近邻和重要合作伙伴，也是南海地区的主要参与者。中国与东盟十国拥有深厚的历史渊源、紧密的经贸往来、广泛的人文交流、密切的安全合作。中国与东盟十国在南海问题上有共同利益和责任，应该加强沟通和协调，增进互信和友谊，深化合作和交流，共同维护南海的和平与稳定，共同开发利用南海的资源和空间，共同保护和改善南海的环境和生态，共同促进南海地区的发展和繁荣。

三、自贸港应深度融入中国-东盟区域合作体系

海南自贸港是新时代推进改革开放的重要举措，也是中国参与全球经济治理和区域经济合作的重要平台。海南自贸港的建设不仅有利于提升中国的开放型经济水平，也有利于促进中国与东盟等周边国家的互利共赢。2020年11月，中国与东盟十国以及日本、韩国、澳大利亚、新西兰签署了《区域全面经济伙伴关系协定》（RCEP），为海南自贸港与东盟国家深化合作提供了新的契机和动力。RCEP协定是目前全球最大的自由贸易协定，涵盖了全球近1/3的人口和GDP，对于推动亚太地区的经济一体化和经济复苏具有重大意义。

南海是连接中国和东盟国家的重要水域，也是全球最繁忙的航运通道之一。南海拥有丰富的海洋资源和生物多样性，对于维护地区和平稳定、促进经济社会发展、保护生态环境都具有重要意义。然而，南海也面临着一些复杂敏感的问题，如领土主权争端、海上安全挑战、环境污染威胁等，需要各方共同努力，通过对话协商和合作共赢的方式，妥善处理分歧，维护南海的和平与繁荣。在此背景下，中国和东盟国家已经达成了《南海各方行为宣言》和《南海行为准则》框架，并在此基础上开展了一系列务实合作项目，展现了双方维护南海稳定、推进南海合作的积极意愿和能力。海南自贸港应该积极发挥其区位优势和政策优势，深度融入东盟区域合作体系，为推动构建开放包容的区域经济秩序、促进南海地区的可持续发展、增进中国与东盟国家的友好互信作出积极贡献。具体而言，可以从以下几个方面着手：

（一）加强与东盟国家的贸易投资合作

海南自贸港应该充分利用RCEP带来的市场准入、规则制定、机制建设等方面的优势，加大对东盟国家的开放力度，拓展双向贸易投资规模和领域，打造更高水平的互利共赢关系。同时，海南自贸港也应该积极参与"一带一路"倡议下的基础设施建设、产能合作、金融服务等领域的合作项目，为东

盟国家的经济社会发展提供更多支持和便利。据统计，截至 2023 年 6 月，中国与 150 多个国家、30 多个国际组织签署了 230 多份共建合作文件。海南自贸港应该充分发挥其在"一带一路"建设中的重要节点作用，与东盟国家共同打造高质量的合作项目，提升合作水平和效益。

（二）加强与东盟国家的海洋合作

海南自贸港应该以《南海各方行为宣言》为基础，积极推动落实《南海行为准则》框架下的各项合作措施，包括在海上联合搜救、打击跨国犯罪、防灾减灾、科学研究等领域开展务实合作，为维护南海地区的安全稳定创造良好氛围。此外，海南自贸港还应该加强与东盟国家在海洋资源开发利用、生态环境保护、气候变化应对等领域的交流合作，共同推进南海的绿色和可持续发展。例如，海南自贸港可以与东盟国家共同探索建立南海海洋公园、南海生态走廊等区域性环保项目，为保护南海的生物多样性和生态系统作出贡献。

（三）加强与东盟国家的人文交流

海南自贸港应该充分发挥其文化多元、旅游资源丰富的特点，加强与东盟国家在教育、文化、旅游、卫生、体育等领域的交流合作，增进相互了解和信任，促进民心相通。同时，海南自贸港也应该积极支持和参与中国-东盟中心等区域性机构和平台的活动，为深化中国-东盟全方位合作提供更多人力和智力支持。值得一提的是，海南自贸港可以借中国-东盟文化交流年等契机，举办一系列富有特色和影响力的文化交流活动，展示中国与东盟国家的文化交往和民间友好。

南海沿岸各国区域合作体系的发展过程中还有许多关键问题需要解决。例如，在经贸方面，RCEP 规定，中国对东盟十国、澳大利亚、新西兰承诺的最终零关税税目比例在 90% 左右，对日本、韩国承诺的最终零关税税目比例为 86%。RCEP 实施后，中国关税总水平将降至 7.3%。但是，RCEP 原产地声明制度对企业来说有三个难点：第一，原产地证明的申请和审核流程较为复杂，需要企业提供大量的证明材料；第二，企业在申请原产地证明时，需要对各国的关税政策和原产地规则有一定的了解，否则可能会因为不了解政策而导致申请失败；第三，企业在申请原产地证明时，需要注意申请时间和地点，以免错过申请时间或者无法在规定地点申请。这些难点能否得到妥善的解决，会直接影响 RCEP 的实施效果。

四、建设"互联—共通—共享"的海洋命运共同体

海洋治理是一个典型的博弈问题，涉及多个国家的利益和责任。在传统的"主体性"理念下，每个国家都是一个独立的、自利的、理性的行为者，只关注最大化自己的收益，而不考虑其他国家的感受和需求，这种理念导致了海洋公域悲剧的发生。例如，海洋环境污染和油田过度开发，某一国家 A 把特定的条件纳入公平原则，从其他国家 C、D、E 的行为中获得的利益大于其履行职责时所付出的代价，其他国家 C、D 不能从国家间的这一原则中获得较大利益，E 则长久都不获得任何利益，其他国家 C、D、E 就会忽略这一原则而不去执行相关的协定。因此，找到最大公约数确实是一个突破口，而某一国家得到的利益刚好等于其尽责所付出的代价，这种理想状况基本是不存在的。如果这些国家中某一国家获得的利益最少，那它就要考虑是否有义务承担同等份额的责任。

还有另外一些情况，A 决定给某些国家某种权利和利益，然后以剥它们另外一些权利作为代价。而这些权利和利益本身是可以使另外一些国家获益的。在这种条件下，就更没有什么理由要求这些国家来付出代价。传统海洋霸权国家经常混淆有资格和唯一有资格这两个不同的概念。传统海洋霸权国家只将自己作为惩罚和索赔这两种权利的行使者，它们可以裁定谁受惩罚，谁将被补偿（可以索赔），这是典型的霸权思维。只有掌握了话语权、暴力、舟楫之便的国家才能行使这种权利，从而使得以舰船为自己触角的海洋霸权国家，对其他沿海国家形成压制。

为解决这些问题，需要转变海洋治理的思维方式，从"主体性"向"主体间性"转换。"主体间性"理念认为，每个国家都是一个有情感、有价值观、有社会关系的行为者，不仅追求自己的利益，也要尊重和照顾其他国家的利益。各国从主体间性理念出发，区块链技术应用的重大前提条件"国家间的信任"便可达成，前文提及的 RCEP 三大难点也就能以区块链技术为载体得到解决。

（一）建立中国与东盟各国海关之间的区块链联盟

通过区块链技术将买卖双方所在的海关连接起来，并基于双方海关的政府主导地位，将本国的供应链企业连接到区块链平台，实现整个跨境贸易的联盟网络；企业原产地证明文件长期有效，无须再向不同国家海关重复多次

提交申请。由此还可增强监管和风险控制能力，通过区块链技术的数据可追溯性和不可篡改性，增强海关等监管部门的监管能力和风险控制能力。例如，可以通过区块链技术及时发现和防范潜在的安全风险和欺诈行为，保障贸易的安全和稳定；促进企业在国际贸易中的发展，提高南海区域经济的稳定性和可持续性。同时，还可以降低贸易成本和门槛，吸引更多的中小企业和新兴市场国家参与国际贸易。

（二）实现贸易全流程的可视化

一方面，通过区块链技术，所有参与方可以实时查看商品的位置和状态，同时记录关键业务数据，避免信息的篡改和丢失，实现贸易全流程的可视化。企业在申请原产地证明时，不会再出现因信息不对称、信息差而导致的成本提升问题。企业可全流程在信息一体化的环境中进行贸易。另一方面，也提高了信息透明度和信任度，国家间、企业间可以实现信息的公开透明和共享，提高参与方之间的信任度和协作程度。例如，可以通过区块链技术实时更新商品信息、价格信息、运输信息等。

（三）制定快速审查和通关制度

通过区块链技术和物联网设备、大数据分析技术等手段，各国海关可以清晰地看到每一次贸易的合同签订、物流运输、海外仓信息、舱单信息，以及境内物理信息的全链路跟踪溯源，为海关等监管部门提供可视化的可信数据呈现。再结合物联网设备、大数据分析技术等，即可实现快速审查、快速通关，还可以将清关流程进行数字化转型，实现自动化清关和快速清关，同时减少清关过程中的错误和延误，提高清关效率和准确性。

通过区块链技术，还可以实现参与环节的关键数据、业务数据上链，减少人工提报和反复确认沟通等繁琐的工作，降低人员成本和沟通成本等，提高相互之间的协作效率。同时，区块链技术也可以实现快速审查和通关，从而大幅缩短贸易周期，成为逐步实现南海海洋国家共同体的现实手段。

综上所述，我国可以海南自贸港为排头兵，深度融入中国-东盟区域合作体系，先行先试积累宝贵经验，让自贸港成为"互联—共通—共享"的主体间性理念试验田，以此促进南海海洋治理的合作和协调，建立公平原则和共同利益机制。公平原则要求每个国家在享受权利和利益的同时也要承担相应的责任和义务，而不是一味地索取或牺牲。共同利益机制要求每个国家在追求自身利益的同时，也要考虑到其他国家的利益，寻求最大公约数。南海不需要一个"领导者",而是多个有责任担当的"倡议者",这样才能建设"互联—共通—共享"的海洋命运共同体,实现海洋治理的可持续发展。

参考文献

[1] 杨国桢. 重新认识西方的"海洋国家论"[J]. 社会科学战线, 2012 (2): 224-230.

[2] 于航. 海洋治理理念转换的研究意义[J]. 中国海洋社会学研究, 2021 (00): 32-41.

[3] 王文涛. 在高质量共建"一带一路"中推进经贸合作走深走实[J/OL]. [2023-11-01]. http://www.qstheory.cn/dukan/qs/2023-11/01/c_1129947109.htm.

[4] 海南省绿色金融研究院. RCEP对海南"一负三正"清单调整机制的影响分析[EB/OL]. [2021-08-26]. http://fta.mofcom.gov.cn/article/rcep/rcepgfgd/202108/45638_1.html.

[5] 李向红, 陆岷峰. 基于跨境电商场景下供应链金融中区块链技术应用研究[J]. 金融理论与实践, 2023 (6): 51-59.

高质量打造西部陆海新通道南枢纽
——海南洋浦港补短织网对策建议①

张 锦　杨 静　孙文杰　洪治潮　陈 朗

摘　要：海南洋浦港作为我国面向太平洋和印度洋的全方位开放门户和西部陆海新通道的南部枢纽港，其补短织网对于构建国内国际双循环的新发展格局具有十分重要的意义。本文分析了西部陆海新通道以及海南洋浦港的建设运营成效与问题，以"战略牵引-问题导向-供需平衡"为主线，剖析了战略叠加背景下洋浦港建设与运营的新形势，探索了建设洋浦物流枢纽的重大意义和物流功能，并从优化建设管理机制、加强港区规划及功能配套、构建海南自贸港多级物流体系、推动洋浦物流枢纽的智慧化绿色化建设及运营四个方面提出补短织网的对策建议。

关键词：西部陆海新通道；洋浦港；补短织网

随着现代科技革命的深化、经济社会发展水平的提升，物流业已经成为支撑现代制造业、现代商贸业、现代农业的新型服务业，更是响应"一带一路"倡议、支撑和发展全球贸易、营造和优化投资环境、保障和改善民生的

---

① 基金项目：本研究受海南省哲学社会科学重点实验室专项（编号：琼社科〔2022〕26号），海南省哲学社会科学规划一般课题"海南自贸港航运产业链延链补链策略研究"[HNSK（YB）23-17]的支持。

作者简介：张锦，西南交通大学交通运输与物流学院教授，博士生导师，主要从事物流园区与运输通道规划、交通系统规划、物流系统优化、智慧物流与交通大数据等方面的研究。杨静，海南科技职业大学海南自由贸易港国际航运发展与物权数字化海南省哲学社会科学重点实验室教授，主要从事数学建模及优化、自贸港产业发展、航运物流优化等方面的研究。孙文杰，西南交通大学综合交通大数据应用技术国家工程实验室博士研究生，主要从事物流空间组织及优化、物流系统规划与设计等方面的研究。洪治潮，西南交通大学综合交通运输智能化国家地方联合工程实验室博士研究生，主要从事交通物流大数据、国际铁路运输系统优化等方面的研究。陈朗，硕士研究生，主要从事物流系统规划和复杂网络等方面的研究。

基础性、战略性、先导性产业。物流枢纽作为物流设施集群和物流活动组织中心，其提质增效对于加速要素流通、促进产业升级发展和双循环格局构建意义重大。海南洋浦港是西部陆海新通道的出海口以及我国唯一以自由贸易港为依托而建设的港口型国家物流枢纽，正从一个地区性港口逐步升级为国际枢纽海港。然而，受区域经济发展周期、建设历史与基础等的影响，目前洋浦港的建设发展还存在不少问题与短板。为了落实党中央、国务院的战略决策与部署，支撑海南自由贸易港的建设和运行，促进海南省物流业的提质增效，需要进一步提升建设定位、明确建设发展措施。

一、西部陆海新通道建设运营成效与问题

西部陆海新通道是党中央、国务院决策的重要战略部署，是联通我国西部地区腹地、沿海港口与沿边口岸，通达东盟主要国家，进一步辐射澳新、中东及欧洲等地区的交通大动脉。2019年8月国家发展改革委出台了《西部陆海新通道总体规划》。在全球供应链风险多变的复杂形势下，我国仍将长期处于重要战略机遇期，西部陆海新通道为促进交通物流经济深度融合、推进西部大开发形成新格局和高水平对外开放、维护全球供应链稳定以及畅通国内国际双循环提供了有力支撑。

（一）主要成效

自西部陆海新通道规划建设、运行以来，中央和地方各级政府高度重视，实现了从无到有、从倡议到共建、从单一到多元的发展，主要成效体现在：

1. 设施网络和运营服务网络联通全球

基本形成以东中西三条主干道为骨架、各省内线路为衔接的铁路和公路网络格局，以北部湾深水港为国际门户港、洋浦港为区域国际集装箱枢纽港、各港口协同合作的大型港口群。截至2023年6月，通过铁海联运班列、跨境公路班车和国际铁路联运三种物流组织模式联动全国18个省（自治区、直辖市）68个城市135个站点，通达全球120个国家和地区的473个港口。

2. 沿线进出口贸易不断繁荣

由最初渝桂两地合作拓展至国内"13+2"省（自治区、直辖市）共建的新格局，正逐步成为"一带一路"陆海双向开放的一条金色纽带。2017—2022年，西部陆海新通道铁海联运班列发送集装箱货物由3 382标箱增长到75.6万标箱，增长了223倍。2023年上半年，西部陆海新通道带动沿线省

（自治区、直辖市）进出口货值达 3 500 亿元，同比增长约 40%；跨境铁海联运班列开行、跨境公路运输、国际铁路班列开行分别达到 4 510 列、120.27 万辆次和 4 091 列，分别同比增长 9%、84.18% 和 18.51%。

3. 物流降本增效及产业布局优化成效显著

西南内陆进出口货物直接从印度洋出海有效改变了西部地区长期以来面向东盟却"西货东出"的局面，可极大地缩短运距，提高物流运作效率；同时得益于沿线地区的产业支持政策以及基础设施投资支持政策，进一步加快了我国东西部产业分布的优化协调。

（二）主要问题

目前西部陆海新通道建设和运营中仍存在一些问题，主要表现在：

1. 干线通道基础设施建设仍存在短板

虽然通道主体骨架已基本形成，但还有部分干线有待贯通，部分路段存在能力紧张问题。例如，西线通道的黄桶至百色铁路尚未建成，中线通道的重庆经贵阳、南宁至北部湾出海口的运输能力需要提升。

2. 港口设施和服务能力仍有不足

与国际先进和国内一流的港口相比，北部湾地区、海南自贸港的港口设施的能力、功能布局以及集疏运体系建设存在短板。例如，洋浦港的集装箱码头和进港航道能力、国际物流和冷链物流设施仓储中转能力都显不足。

3. 物流服务体系技术水平不高、跨区域产业链和供应链体系尚未真正形成

交通物流发展的标准化、绿色化、智慧化水平不高，与沿线产业的融合发展不足，枢纽经济和通道经济的综合效率及其拉动效应不高。

二、海南洋浦港建设运营现状与面临的困难

洋浦港位于海南岛的西北部，与北部湾港群隔海相对，是国家一类开放口岸、港口型国家物流枢纽的承载体、全国沿海 11 个国际枢纽海港之一。2019 年 8 月，国家发展改革委出台《西部陆海新通道总体规划》，洋浦港被定义为西部陆海新通道的南端枢纽以及区域国际集装箱枢纽港，明确到 2025 年集装箱吞吐量达到 500 万标箱，并制定了包括集装箱码头建设、进港航道疏浚整治、疏港公路建设、仓储中转设施建设、航运服务网络织密、航运经济发展、经济管理体制机制创新等重点任务和措施。2021 年 9 月，国家发改

委发布《"十四五"推进西部陆海新通道高质量建设实施方案》，提出要进一步强化洋浦港的区域国际集装箱枢纽港功能，着力提升集装箱码头和航道等级能力，加快完善集疏运体系，增强国际中转业务功能。

《洋浦港总体规划（2023—2035 年）》（修订）将进一步明确洋浦港作为国际枢纽海港，面向东南亚、联通西部陆海新通道的国际航运枢纽，以及我国共建"一带一路"、联动"双循环"新格局的重要节点和面向太平洋和印度洋的全方位开放门户的定位。到 2035 年，洋浦港将形成"一港三区"的空间格局，其中洋浦港区和神头港区是物流服务集聚区，洋浦港发展以集装箱运输、粮食和木材等通用散杂货运输为主，服务集装箱中转运输和临港产业发展，是打造国际枢纽港的核心港区、物流中心及现代航运服务集聚区；神头港区以服务绿色石化新材料、林浆纸、风电等临港工业所需大宗能源、原材料和产成品运输及储运功能为主，积极拓展船舶燃油、LNG 加注等功能。

（一）建设运营现状

当前，洋浦港不断加强交通物流基础设施建设，各重点项目和任务得到快速推进，综合竞争力和影响力显著增强，已具备国际中转枢纽港重要节点功能，主要体现在：

1. 集疏运体系逐步完善

截至 2023 年 8 月，共建成港口码头泊位 51 个，通过能力达 1.2 亿吨；正开工建设 20 万吨级的国际集装箱码头扩建工程和疏港高速公路，逐步构建多式联运的综合立体交通网。累计开通航线 43 条，其中远洋航线 3 条，通达太平洋、印度洋和大西洋。2023 年上半年货物和集装箱吞吐量达 2 926.30 万吨、91.25 万标箱，同比增长 21.19%和 10.89%。

2. 企业主体与服务业态蓬勃发展

自 2020 年 6 月以来，新增航运类相关市场主体 600 家。新增登记船舶 300 余艘，总载重吨超 1 200 万吨，其中登记国际运输船舶 42 艘，总运力达 531 万载重吨。水路运输、船舶服务、海员服务等传统业态与保税油加注、航运保险、跨境电商、船舶融资租赁等新兴业态不断发展，港航物流服务初成体系。

3. 绿色化、智慧化水平稳步提升

岸电项目、港口纯电牵引车充换电站、新能源牵引车全面投入使用，建成海南自贸港首个"四星级"绿色港口。引进远程半自动化堆场管理，实现堆场远控作业覆盖率超92%；正在加快推进洋浦智慧口岸（一期）项目建设，构建一站式智慧口岸公共信息服务平台。

4. 政策红利不断释放

"中国洋浦港"船籍港制度集成创新，交通运输工具"零关税"、国际运输船舶出口退税、保税油加注等政策的实施利好企业，免征税、退税、节税总额近15亿元。国际船舶登记审批流程不断优化，为企业节省90%的办证时间。

（二）面临的困难

洋浦港建设和发展正处于"百年未有之大变局"的严峻挑战与"对接国际高标准推进制度型开放"的深改要求相互交织的特殊时期，航运与物流基础设施建设、现代物流服务体系构建仍面临一些困难，主要包括：

1. 建设要素保障不够充分

由于征迁困难、功能布局不合理或用地成本高等，运输场站建设用地、物流园区/中心建设用地比较紧张，影响了物流基础设施水平和能力。同时，岸上配套服务设施规划建设不足，船边服务项目比较缺失，影响了国际航运线路的吸引力。

2. 物流服务成本仍然偏高

与国际一流港口相比，查验通关工作时间较长，导致国际货轮停靠等待成本偏高，港口码头区生活服务设施不全导致物流企业员工的生活成本较高等。

3. "降本增效"措施不够精准

由于对包括物流成本构成与成因的认识不足、物流服务的公共属性与市场属性的理解不够等，利用一些简单直接的压缩成本的方法仅能解决当下的局部问题，这可能影响整体物流服务水平和发展竞争力，带来更多的成本上升。

三、建设洋浦物流枢纽的重大意义与物流功能

洋浦物流枢纽的建设必须加强对洋浦港的补短织网，应响应习近平总书记多次强调的国家战略在地方先行先试的要求，把洋浦港打造成西部陆海新通道南枢纽、海南自贸港建设先行区、港口型国家物流枢纽承载体。国家战略的先行先试能够推动国家战略与区域经济发展的有机结合，促进地区在落

实国家发展战略和服务发展大局中取得重大而又积极的未来效应。例如，深圳积极发挥建设中国特色社会主义先行示范区的国家战略牵引作用，率先形成全面深化改革、全面扩大开放的新格局；浙江率先推动共同富裕示范区建设，成为我国的省域范例；"一带一路"倡议的践行为我国西部地区的加速发展带来了机遇，促进了内地资源、市场、生产力的均衡发展。

基于前景理论的决策偏好提示我们，战略牵引下的优秀案例能够为政府部门和公司企业的决策提供当下价值判断难以确定的决策支撑，显著的确定与不确定收益往往会对社会经济产生难以估计的正面效应。整体而言，将洋浦港打造成西部陆海新通道南枢纽可预见的意义与作用至少体现在以下方面：①对自贸港航运物流能级的提升作用。枢纽建设和发展的集约一体化、网络协同化、绿色智能化、规模组织化、共享融合化等目标和硬性要求能够大大提高物流运行效率，支撑区域物流转型升级。②辐射市场空间的带动作用。设施服务的不断完善能够促使洋浦港成为物流势能高地，吸引物流、商流、资金流、信息流等供应链要素的聚集，并进一步推动与国内国际生产要素的整合。③双循环联动发展的支撑作用。无论是区位层面、制度层面还是政策层面，洋浦港均位于国内国际双循环的8字形交汇点上，包括制度层面上的"境内关外"、政策层面上的贸易和投资自由便利，以及连接中国内地和东南亚两个全球最活跃市场的区位特点。洋浦港的补短织网、能级提升，将增强枢纽作用，链接"国内网+全球网"和支撑国内国际双循环。

在成功案例和重大作用的示范和驱动下，政府部门和公司企业目前对洋浦港的中长期发展前景均持乐观态度。《洋浦港总体规划 2023—2035》（修订）提出，到2035年总吞吐量和集装箱吞吐量将达到 22 500 万吨和 1 200 万 TEU，并将进一步巩固和升级传统功能、重点拓展和积极发展现代化港口服务功能。然而，目前洋浦港的建设要素保障还不够充分，难以满足巨大、多样化的物流需求。从物流供需的角度而言，洋浦港的节点和通道能力及服务水平尚不能满足物流需求。因此，根据未来一段时间内货物品类及相关服务功能的需求，洋浦枢纽应重点打造服务离岛"加工—集散—消费"综合性的国际物流。这就要求洋浦物流枢纽面向集装箱，粮食、木材等通用散杂货，以及保税航油、林浆纸、风电等大宗能源、原材料和产成品等，发展集装箱中转物流以及大宗散货物流，提供运输、中转、仓储等功能；面向肉类、水产品、水果等发展冷链物流，提供冷链运输、仓储、流通加工、配送等服务功能；面向进出口货物提供关务、交易、期货交割、金融、信息等供应链综合服务功能；面向生活物资和战略物资提供应急物流功能；面向商务办公、展示交易等提供商务服务功能；面向住宿、餐饮、休闲娱乐、购物、医疗等提供完善的生活配套功能。

四、推进对策建议

为了全面推动洋浦港补短织网，加快建设西部陆海新通道南枢纽——洋浦物流枢纽，本文提出如下建议。

（一）优化建设管理机制

洋浦港不仅是西部陆海新通道上的关键枢纽之一，也是海南自贸港物流体系的重要节点。但物流体系的建设与管理涉及发展改革、交通运输、商务、工业和信息化、自然资源规划、口岸、海关等多部门。各地的管理模式主要是设立政府口岸物流部门、政府办公厅下设口岸物流办、政府行业管理部门下设物流部门。海南省应站位于国家创新发展的高度，参照重庆等地经验，建立更有统筹、协调能力的航运物流建设管理机制。考虑海南自贸港封关运行后"一线放开、二线管住"的要求，以及关内物流、关外物流管理的需求，建议整合管理决策资源，设立自贸港口岸与物流发展部门，推动航运物流的高质量建设和发展。

（二）加强港区规划与功能配套

可借鉴新加坡、伦敦、上海等国际一流城市大港的规划、建设、管理经验，同步提升基础设施硬实力和增值服务软实力。例如，伦敦港、新加坡港、上海港等不仅具有便利的交通条件和良好的基础设施，更重要的是凭借规模巨大的航运服务产业（包括各种金融保险服务、物流解决方案服务、餐饮休闲娱乐等多种形式的增值服务）维持其国际航运中心地位。因此，洋浦枢纽的建设打造，一方面要继续补齐基础设施短板，包括码头改造提能、航道疏浚整治、疏港公路和仓储中转设施建设等；另一方面要重点发展和完善配套功能及增值服务，如船边服务、岸边服务等，以推动形成设施完备、功能完善、体验舒适的航运服务集聚区。

（三）构建海南自贸港多级物流体系

要紧扣"对外"和"对内"特色物流，重点针对全面封关后的免税品、石化新材料、粮油、冻鱼冻肉等的仓储中转需求，以及面向医药健康、低碳制造、旅游消费、农业生产、电商快递等的运输、仓储、流通加工、配送等需求，进一步优化设施布局和织密物流网络，构建多级物流体系；同时，要明确各大枢纽、园区在发展定位、功能方面的差异，以避免同质化发展和恶性竞争，加强洋浦港与自贸港物流体系的功能衔接和业务协同。

（四）推动洋浦物流枢纽的智慧化绿色化建设和运营

当前，建设绿色智慧发展的港口已然成为物流行业的共识，也是实现降本增效和双碳目标的重要抓手。为了进一步向智慧绿色迈进，可以借鉴洋山港、天津港、宁波港、青岛港等国内一流智慧无人码头、绿色码头的经验，推动新一代信息技术和绿色技术在港口物流领域的应用，加快货、车、场、物流器具、运营系统等要素的数字化绿色化转型升级。重点加快推进光伏、风力、充电桩、LNG 站等清洁能源设施以及 5G 基站、自动化场站等智慧基础设施的建设；加速老旧设备的淘汰升级，全面推进新能源车船、全自动无人电动集卡和人工智能运输机器人等设备的应用；推进智慧决策与运营平台建设，深化人工智能、大数据分析等在感知、分析预测、预警、辅助决策等方面的支撑。

参考文献

[1] 贺登才. 布局国家物流枢纽 建设网络运行体系：对《国家物流枢纽布局和建设规划》的理解 [J]. 中国物流与采购，2019（1）：10-11.

[2] 杨骏. "13+2" 省区市全力推动西部陆海新通道发展 [N]. 重庆日报，2023-11-01.

[3] 齐慧. 西部陆海新通道运行量质齐升 [N]. 经济日报，2023-07-28.

[4] 吴京泽. 同比增长约四成！西部陆海新通道亮出半年"成绩单" [N]. 新华网，2023-08-01.

[5] 许培源，孙明松. 西南陆海新通道建设的空间经济效应：促进中国东西部协调发展的视角 [J]. 中国软科学，2023（8）：96-107.

[6] 吴占桂，席秀琴. 洋浦港加快建设区域国际航运枢纽成效显著 [N]. 人民网，2023-08-30.

[7] 吴心怡，林书喜，刘畅. 42 艘国际船舶入籍 "中国洋浦港" [N]. 海南日报，2023-10-19.

[8] 孙红丽，高雷. 洋浦港打造 "绿色低碳" 国际航运枢纽 [N]. 人民

网,2023-08-24.

[9] BARBERIS N C. Thirty years of prospect theory in economics: a review and assessment [J]. Journal of economic perspectives, 2013, 27 (1): 173-196.

[10] 张锦. L-OD预测理论与现代物流规划方法研究 [D]. 成都: 西南交通大学, 2005.

[11] 张锦, 王坤. 以物流供需匹配度为目标的流线优化模型 [J]. 西南交通大学学报, 2010, 45 (2): 324-330.

[12] 柴晔. 解密伦敦自由港 [J]. 国际市场, 2013 (6): 33-35.

[13] DEWIATENA A D, BAHAGIA N. Comparative study of port business characteristics with maritime logistics approach in ports: Shanghai, Singapore, Busan, and Rotterdam [J]. Asian journal of social and humanities, 2023, 1 (10): 650-673.

合力将北部湾港口群打造成国际集装箱航线枢纽节点的对策研究

王艳婷　熊安静

摘　要：合力将北部湾港口群打造成国际集装箱航线枢纽节点是落实中新元首完善"一带一路"行动倡议网络共识的政治任务，是践行构建以国内大循环为主体、国内国际双循环相互促进新发展格局的重大行动，也是实施"十四五"我国重大区域发展战略的现实要求。通过比较北部湾港口群与我国现有国际集装箱航线枢纽节点的差异，分析北部湾港口群的优势与潜力，本文提出五方面建议：中央和地方共同推动，政策规划先行；加强港口基础设施建设，重大项目先行；做实做优开放平台，培育引流市场主体；依托出口基地建设，促进产贸整合发展；优化营商环境，对接国际规则。

关键词：北部湾港口群；国际集装箱航线枢纽；区域一体化

一、引言

集装箱运输最早起源于英国工业革命的早期。1880年，美国正式试制了第一艘内河用集装箱船，集装箱的水上运输从此开始。1931年，法国巴黎成立了第一个集装箱运输的国际组织——国际集装箱协会。1966年4月，海陆运输公司以经过改装的全集装箱船开辟了第一条集装箱运输国际航线：纽约—欧洲。三大世界国际集装箱海运干线包括：远东—北美航线，北美—欧洲、地中海航线，欧洲、地中海—远东航线。港口的航线布局决定了集装箱港口在港口体系中的等级和地位，集装箱港口纳入全球航线网络中的国际干

作者简介：王艳婷，海南省社会科学院南海经济社会发展研究所负责人、副研究员，民盟海南省委参政党理论研究会暨专家咨询委员会会长；熊安静，海南省社会科学界联合会党组成员、海南省社会科学院副院长，海南省社会科学界联合会副主席。

线航线后，会逐渐发展成国际枢纽港，成为国际航线中的重要枢纽。枢纽港具有竞争力强、规模大、通达性高、航线结构全面且相对均衡的特征。为实现货物整体运输的效益最优化，集装箱运输人以提供优质的国际多式联运服务增强国际运输的竞争力，即采用海、陆、空等两种以上的运输手段，利用集装箱联运完成国际连贯货物运输的新的运输组织方式。中国国际集装箱运输起步较晚，正处于超速发展阶段，中国始发的国际集装箱航线主要有14条：东亚航线、香港航线、南亚航线、新西兰航线、澳大利亚航线、欧洲航线、北欧航线、美加航线、中南美航线、西地中海航线、东地中海航线、非洲航线、中东航线、印巴航线。

北部湾港口群是指以股权合作为纽带，创新航运组织模式，面向东盟，推动广西北部湾国际门户港、海南洋浦区域国际集装箱枢纽港、广东湛江港、海口港、茂名港、阳江港等港口航运合作，实现港口分工优化和航运服务现代化的国际航运港口群。2006年12月，广西壮族自治区党委、政府决定成立广西北部湾国际港务集团有限公司，整合防城港、钦州港、北海港。2007年2月14日，北部湾港集团挂牌成立。2008年1月16日，国家批准实施《广西北部湾经济区发展规划》。2017年印发的《北部湾城市群发展规划》明确北部湾城市群范围包括广西壮族自治区的南宁市、北海市、钦州市、防城港市、玉林市、崇左市，广东省的湛江市、茂名市、阳江市，海南省的海口市、儋州市、东方市、澄迈县、临高县、昌江黎族自治县。2020年5月，《中共中央、国务院关于新时代推进西部大开发形成新格局的指导意见》提出，完善北部湾港口建设，打造具有国际竞争力的港口群，加快培育现代海洋产业，积极发展向海经济。2022年3月，国家发改委印发的《北部湾城市群建设"十四五"实施方案》提出打造北部湾现代化港口群，并明确了不同港口的发展定位。

二、将北部湾港口群打造成国际集装箱航线枢纽节点的必要性

（一）这是落实中新元首完善"一带一路"行动倡议网络共识的政治任务

2013年9月和10月，中国国家主席习近平分别提出建设"新丝绸之路经济带"和"21世纪海上丝绸之路"的合作倡议。北部湾港口群具有天然的区位优势，背靠大西南，地跨广西、广东、海南三省区，毗邻粤港澳，面向东南亚，是我国西北、西南、中部和北部地区南向出海的便捷通道，也是丝绸

之路经济带与海上丝绸之路的重要枢纽。国家发改委印发的《北部湾城市群建设"十四五"实施方案》提出，以西部陆海新通道为依托，深度对接长江经济带发展、粤港澳大湾区建设等重大战略，协同推进海南自由贸易港建设，融入共建"一带一路"，加快建设蓝色海湾城市群，推进北部湾港口群由港口群向世界级城市群发展。北部湾港口群各港口之间的竞争主要表现为中国对东盟货物贸易进出口腹地货源的竞争，是中国－东盟进出口腹地货源的重新分配。这种无序竞争产生的内耗将导致北部湾港口群竞争力下降。而将北部湾港口群打造成国际集装箱航线枢纽节点，进一步整合和优化航线资源，提高运输效率，并作为中国与东盟国家的交汇点，促进沿线国家之间的经济合作与发展，不仅有助于推动"一带一路"建设，实现互利共赢的目标，而且还可以促进区域经济一体化进程，为实现可持续发展奠定坚实基础。

（二）这是践行构建以国内大循环为主体、国内国际双循环相互促进新发展格局的重大行动

我国"十四五"规划提出构建"以国内大循环为主体，国内国际双循环相互促进的新发展格局"，这是党中央、国务院的重大决策。2002年11月4日，中国与东盟签署《中国与东盟全面经济合作框架协议》，决定到2010年建成中国-东盟自由贸易区。2004年6月1日，《泛珠三角区域合作框架协议》签署，为大湾区合作奠定基础，并将西南地区与大湾区连接起来，而北部湾区域正处在这个连线的中心与枢纽上。2006年7月，广西提出中国-东盟"一轴两翼"战略合作新构想。"一轴两翼"由泛北部湾经济合作区域、大湄公河次区域两个板块和南宁—新加坡经济走廊一个中轴组成。为进一步促进泛珠江三角洲区域内的各方合作，承接产业机遇，北部湾经济区构筑以综合交通体系为主的国际化物流运输平台势在必行。北部湾港口群地理位置优越，是连接华南、西南和东盟的重要通道，具有重要的战略地位。北部湾港口群的现代化物流基地网络建设，不仅可以提高区域内的物流效率，降低物流成本，而且可以吸引更多的国内外客商前来投资兴业，推动区域经济的发展。通过建设国际化物流运输平台，推进北部湾经济区更好地融入全球经济体系，实现与沿线国家的经贸合作，推动区域经济一体化进程，不仅有利于提升我国在全球经济中的地位，推动我国与沿线国家的友好合作关系，也可以满足国内市场的多元化需求，提供高效、便捷的物流服务，保障我国经济的稳定发展。

（三）这是实施"十四五"我国重大区域发展战略的现实要求

2022年4月10日，《中共中央、国务院关于加快建设全国统一大市场的意见》明确，培育参与国际竞争合作新优势，以国内大循环和统一大市场为支撑，有效利用全球要素和市场资源，使国内市场与国际市场更好联通。建设全国统一大市场需要从区域经济一体化入手，区域经济一体化需要从建设区域化现代流通网络开始。进入新时代，打造国际集装箱航线枢纽节点成为我国加快建设全国统一大市场的重要举措。在这一过程中，建设面向国际物流干线的现代流通网络，推动国家物流枢纽网络建设，将为区域市场一体化建设和建立健全区域合作机制提供有力支持。物流枢纽网络是连接国内外、区域间和各领域的重要纽带，具有强大的集聚效应和辐射功能，可促进区域一体化的资源优化配置、提高市场运行效率、推进区域内外经济协同发展，实现不同地区市场的融合和互补。这一过程需要依托高效的物流体系，以确保商品和服务能够顺畅地在不同地区之间流通。因此，建设现代流通网络和国家物流枢纽网络将为区域市场一体化提供坚实基础，从而进一步推动制度型开放，增强在全球产业链供应链创新链中的影响力，提升在国际经济治理中的话语权。

三、北部湾港口群与我国内地现有国际集装箱航线枢纽节点港口群的差距

（一）集装箱吞吐量的差距

2022年底，国际集装箱航线枢纽中国内地的环渤海港口群有14个海港开通了集装箱运输业务，长三角港口群有7个海港开通了集装箱运输业务，珠三角港口群有12个海港开通了集装箱运输业务，而环北部湾3个省份只有4个港口开通了集装箱运输业务。同时，以上国际集装箱航线枢纽中国内地沿海港口群还有大量内河航运相连，为海港提供了源源不断的货源，环渤海港口群、长三角港口群、粤港澳港口群集装箱吞吐量（海港+内河港）分别达到7 558万TEU、11 276万TEU、6 910万TEU，分别是环北部湾港口群1 372万TEU的5.5倍、8.2倍和5.0倍，具体见表1和表2。

表 1 2022 年底港口群集装箱吞吐量（简表）

	环渤海港口群	长三角港口群	粤港澳港口群	环北部湾港口群
海港	7 554	9 135	6 336	1 248
内河港	4	2 141	574	124
总计	7 558	11 276	6 910	1 372

表 2 2022 年底港口群不同海港集装箱吞吐量（详表）

	环渤海港口群		长三角港口群		粤港澳港口群		环北部湾港口群	
海港	丹东	19	上海	4 730	潮州	14	湛江	154
	大连	446	连云港	557	汕头	176	北部湾	702
	营口	500	盐城	53	揭阳	8	海口	215
	盘锦	44	嘉兴	285	汕尾	0	洋浦	177
	锦州	188	舟山宁波	3 335	惠州	25	八所	0
	葫芦岛	0	台州	57	深圳	3 004	三亚	0
	秦皇岛	63	温州	118	东莞	341	清澜	0
	黄骅	101			广州	2 460		
	唐山	334			中山	133		
	天津	2 102			珠海	110		
	滨州	0			江门	56		
	东营	0			阳江	5		
	潍坊	58			茂名	4		
	烟台	412						
	威海	140						
	青岛	2 567						
	日照	580						
海港合计	7 554		9 135		6 336		1 248	
内河港	济宁	4	南京	320	广州内河	26	南宁	1
	枣庄	0	镇江	38	中山	3	柳州	0
			苏州	908	佛山	322	贵港	29
			南通	224	江门	98	梧州	93
			常州	31	东莞	20	来宾	1

续表

	环渤海港口群	长三角港口群		粤港澳港口群		环北部湾港口群
内河港		江阴	53	肇庆	49	
		扬州	57	惠州	17	
		泰州	33	云浮	19	
		徐州	20	韶关	0	
		连云港	0	清远	20	
		无锡	6	河源	0	
		宿迁	18			
		淮安	47			
		扬州内河	2			
		镇江内河	0			
		苏州内河	14			
		常州内河	3			
		江苏其他	10			
		杭州	12			
		嘉兴内河	51			
		湖州	71			
		宁波内河	0			
		绍兴	9			
		金华	0			
		青田	0			
		马鞍山	11			
		芜湖	125			
		铜陵	4			
		池州	1			
		安庆	18			
		阜阳	1			
		合肥	42			
		六安	0			
		滁州	2			
		淮南	0			
		蚌埠	10			
		亳州	0			

续表

	环渤海港口群	长三角港口群	粤港澳港口群	环北部湾港口群
内河港合计	4	2 141	574	124
总计	7 558	11 276	6 910	1 372

(二)港口群腹地产业的差距

经过改革开放 40 多年,尤其是 2001 年中国加入世界贸易组织 20 多年的扩大开放,依托环渤海港口群、长三角港口群、粤港澳港口群的聚合国内外资源、市场的功能,这三大区域已经成为中国经济繁荣的重要支撑,形成了产业、人口、消费市场的集聚效应。2022 年,这三大区域生产总值分别达到 21.67 万亿元、29.03 万亿元和 12.91 万亿元(仅指广东省,不含中国香港、澳门),分别是环北部湾地区的 5.9 倍、7.88 倍和 3.5 倍;人口分别达到 2.54 亿人、2.35 亿人和 1.26 亿人(仅指广东省,不含中国香港、澳门),分别是环北部湾地区的 3.8 倍、3.5 倍和 1.9 倍。具体如表 3 所示。

表 3 2022 年港口群经济腹地 GDP 与人口

环渤海港口群			长三角港口群			粤港澳港口群			环北部湾港口群		
省份	GDP(亿元)	人口(万)	省份	GDP(亿元)	人口(万)	省份	GDP(亿元)	人口(万)	省份	GDP(亿元)	人口(万)
山东	87 435	10 153	江苏	122 876	8 475	广东	129 119	12 601	广西	26 301	5 013
河北	42 370	7 461	浙江	77 715	6 457				海南	6 818	1 008
北京	41 611	2 189	安徽	45 045	6 103				湛江	3 713	703
辽宁	28 975	4 259	上海	44 653	2 487						
天津	16 311	1 387									
总计	216 702	25 449		290 289	23 522		129 119	12 601		36 832	6 724

(三)国际国内航线数量、港口设施及运营科技水平的差距

粤港澳港口群区域内,中国香港是国际航运中心,深圳港、广州港开通航线 415 条,拥有 63 个泊位,设计通过能力 5 480 万 TEU,分别是广西北部湾+海南洋浦港的 3.6 倍、3.2 倍和 6.4 倍。上海洋山港、浙江宁波港开通航线数、拥有泊位数、设计通过能力分别是广西北部湾+海南洋浦港的 5.6 倍、4.2 倍和 8.4 倍。具体如表 4 所示。

表 4　国内主要港口国际航线数、集装箱专业化泊位数、集装箱泊位设计通过能力

港口名称	国际航线数	集装箱专业化泊位数	集装箱泊位设计通过能力（万 TEU）
深圳港	295	38 个 10 万~15 万吨级泊位	2 800
广州港（含南沙四期）	120	25 个 5 万~15 万吨级泊位	2 680
上海港		42 个 7 万~15 万吨级泊位	4 200
宁波舟山港	300 多	30 个 7 万~15 万吨级泊位	3 200
北部湾港	75	13 个 5 万~15 万吨级泊位	656
洋浦港	外贸 18 条 内贸 21 条 （截至 2022 年 2 月）		

四、将北部湾港口群打造成国际航运枢纽的优势与潜力

（一）得天时之厚：多个国家战略相继实施

近年来，北部湾地区被赋予"通道""支点""门户"三大新定位、新目标、新使命。《西部陆海新通道总体规划》提出，建设广西北部湾国际门户港，发挥海南洋浦的区域国际集装箱枢纽港作用，提升通道出海功能。以广西为例，作为少数民族自治地区和享受西部开发政策的地区，享有一系列发展政策，如北部湾经济区、珠江-西江经济带、桂林国际旅游胜地、左右江革命老区振兴规划、广西百色重点开发开放试验区、防城港国际医学开放试验区、中国广西自由贸易试验区、中马"两国双园"等国家战略。而海南是全国最大的经济特区、国际旅游岛、全岛建设自由贸易试验区、探索建设自由贸易港、南海资源开发服务保障基地、国家生态文明试验区等。广东雷州半岛的湛江港、徐闻港自古就是东方大港，2023 年 4 月习近平总书记提出，广东湛江要与海南自由贸易港相向而行。可以说，北部湾是为数不多的国家战略全覆盖区域之一。

（二）得地利之厚："一湾连十国"的区位优势

北部湾区域的广西、海南、广东雷州半岛与东盟各国或陆或海相连，具有沿海、沿边、沿江优势，已形成与东盟国家连接的航空、铁路、公路、水路综合交通运输网络，开通 90 多条国内外航线，基本覆盖国内沿海城市和东

南亚地区主要港口，远洋航线直达西非南太平洋和南美洲；陆地边境线长约1 020公里，拥有边境口岸25个；大陆海岸线合计长约4 000公里，拥有大小港口70多个；湘桂铁路与越南铁路连接。基本建成江海联动、海铁联运、水陆并进、空港衔接"四位一体"现代立体交通格局，南宁、洋浦、湛江至东盟国家城市等跨境直达运输线路常态化运行。投资300多亿元的广西平陆运河已经动工建设，建成后将改写广西货物不走广西港口出海的历史。西部陆海新通道13个省份通过公路、铁路+海运方式到欧洲，可比从东南部港口出海节省3天时间，比中欧班列降低物流费用20%，将成为名副其实的"黄金通道"。

（三）得人和之厚："风景这边独好"的发展态势

从消费市场规模看，广西、海南、广东湛江北部湾三地人口8 000多万，年接待过夜游客人数过亿，消费市场潜力巨大。从产业体系规模看，广西是全国最大的制糖、茧丝、木材产地，广东湛江和海南是全国新兴的能源、热带农副产品生产基地，北部湾地区的食品、冶金、汽车、新型石化、新能源、新材料、冬季瓜果菜、南繁育种、水产等九个产业产值均突破1 000亿元。从区域间经贸联系看，近年来，广东、广西、海南都把拓展航运产业作为高质量发展的关键，落实各项举措，打好"组合拳"，多方聚力推动实现航运业快速增长。2023年上半年，洋浦港吸引13家行业企业注册落地，新进入洋浦市场营运船舶40艘，总载重量合计117.74万吨；累计入籍国际船舶40艘，总载重吨超522万，稳居全国第二；港口货物吞吐量完成2 926.30万吨，同比增长21.19%；集装箱吞吐量完成91.25万标箱，同比增长10.89%；货物贸易进出口总值499.6亿元，同比增长18.3%。

五、将国际国内成功经验转化为具体措施

（一）中央和地方共同推动，政策规划先行

构建由交通运输部牵头，粤琼桂省政府、各省级交通运输主管部门、科研单位与行业协会、有关港航企业等单位参加的国际航运枢纽发展议事协调机构，有效地整合三省的资源优势，在政策制定、项目规划等方面深入合作，进一步明确各个港口的发展方向，打造"海陆空"立体物流网络，规划高效的国际物流航线，实现现代港口的错位互补发展，推动区域协同发展，共同打造一个具有全球影响力的国际航运枢纽。打造区域化国际航运枢纽信息联

动平台与协调管控平台，推动港口与政府部门、港口与港口、政府与政府之间的物流信息互联互通，提高港口管理和决策水平，提高"大通关"效率和口岸部门服务水平。

制定《北部湾港口群国际集装箱航线枢纽建设行动计划》，按照《北部湾城市群建设"十四五"实施方案》的总体要求，推进港口分工优化，制定建设指标，细化广西北部湾国际门户港、海南洋浦区域国际集装箱枢纽港、广东湛江港大宗散货中转功能以及海口港、茂名港、阳江港等港口的目标任务，推进集装箱运输区域化一体化集约化发展，完善内贸直达航线和外贸内支线体系。推进航运服务现代化，提升国际航运网络竞争力。

（二）加强港口基础设施建设，重大项目先行

扩大港口规模和腹地经济规模对增进港口与腹地经济协调发展有积极影响。建设专业化国际一流的智慧港口、绿色港口集群。推进集装箱、大宗干散货、原油、LNG、件杂货、客滚码头泊位和配套堆场、罐区的续建、新建、扩建工程，建设集成物流、分拣和监管功能的集装箱超级货站，提升港口的吞吐能力和服务水平，使其能够更好地满足各类货物的装卸需求，提高物流效率，降低运输成本。建设集装箱货运信息综合服务公共平台，推进货运信息集成，全面推广电子运单，提升货运管理智能化水平，实现货物信息的快速传递和准确处理。建设港口航道、锚地和防波堤设施，强化航道常态化疏浚维护工程，提高通航保障能力。新建、改造一批港口集疏运高速公路、铁路、管道、传送廊道等设施，完善综合集疏运体系，加强港口与腹地的交通衔接，提升港口的通行能力和效率，进一步提高港口的综合竞争力。

（三）做实做优开放平台，培育引流市场主体

打造一批以航运产业为核心，集港口、物流、金融、科技等多元功能于一体的综合性临港产业园区，推进港区、园区、城区融合发展。以专业化园区为支撑，开展集装箱中转、启运港退税、跨海客滚运输、邮轮资源开发、多式联运平台建设等合作，提升航运产业集聚度，以船舶制造、港口建设、物流服务、金融服务等为主导产业，吸引国内外优质企业入驻，培育形成千亿级产业集群。优化产业结构，推动航运产业链向高端化、智能化方向发展，提高产业附加值。支持推进港航企业走出去，参与"一带一路"沿线重点港口投资运营，促进区域经济发展，带动周边地区的基础设施建设、人才培养、技术创新等方面的发展，形成良性互动，促进区域经济的繁荣，实现航线联

动、规模发展。

（四）依托出口基地建设，促进产贸整合发展

拓展建设专业类特色服务出口基地，聚焦文化、中医药、数字服务、人力资源、地理信息、知识产权和语言服务等领域，重点培育服务贸易方面的竞争优势。推动服务贸易进出口额到2025年占对外贸易总额的比重超过15%、知识密集型和高附加值服务贸易占比大幅提升，传统服务贸易优势进一步巩固，培育一批数字服务贸易、数字平台贸易龙头企业和离岸业务额超千万美元的服务外包骨干企业。

优化海外仓布局，集聚新一代信息技术、智能家电等全球科技制造供应链资源与优质农产品资源。拓展国内仓储、分销渠道，建设一批集成进出口、流通加工、分拨配送、贸易金融、电商服务等功能的分拨基地，开展冷链集装箱港航服务提升行动，提高冷链运输港口服务品质。推进海港、河港、空港、陆港协同联动，拉长产业链条，支持骨干航运企业优化运力结构，鼓励培育具有国际竞争力的特色服务贸易市场主体和服务品牌。

（五）优化营商环境，对接国际规则

1. 采用新的营商环境评价体系，促进放管服

2022年2月，世界银行公布了新的营商环境评价体系（Business Enabling Environment，简称"宜商环境"）征求意见稿，涵盖企业准入、经营场所、公用服务接入、劳动力、金融服务、国际贸易、纳税、争议解决、市场竞争和办理破产等多个领域。对标"宜商环境"，要优先制定法治化、服务化、高效化、国际化的《国际集装箱航运营商环境管理条例》，加快航运相关法律法规中相关条例的修订，减少与世行宜商环境评估指标的冲突。重视数字化技术的应用，进一步提升公共服务的标准化、质量管理，建设更加优化的宜商环境。

2. 精准招商

精准招商是优化营商环境的重要手段。要根据国家战略和区域特点，明确招商重点产业，制定有针对性的招商政策，吸引国内外优质企业在适合的地方投资兴业。加强对招商引资项目的审批和监管，确保项目的合规性和可持续性，为企业提供良好的发展环境。

3. 港产城一体，打造"四宜"城市

充分发挥港口、产业、城市三者之间的互动关系，推动产业链、创新链、

价值链的深度融合，形成具有国际竞争力的产业集群。同时，要加强城市规划和建设，提升城市的宜居性和吸引力，为企业和人才提供优质的生活和工作环境。通过港产城一体的发展模式，实现经济、社会、环境的协调发展，打造具有国际影响力的城市品牌。

参考文献

［1］段满珍.国际集装箱运输与多式联运［M］.北京：清华大学出版社，北京交通大学出版社，2011.

［2］王景敏."一带一路"倡议下北部湾港口群竞合发展问题研究［J］.经济研究参考，2017（47）：101-104.

［3］孟飞荣，高秀丽.港口与直接腹地经济耦合协调度及其影响因素研究：以环北部湾港口群为例［J］.地理与地理信息科学，2017，33（6）：95-100.

北京市和海口市财会人才能力需求研究
——基于智联招聘的文本内容分析

王 亮　夏冬艳　周显春

摘 要：本文通过对北京市和海口市财会人才招聘信息的文本分析，考察了两个城市在财会人才能力需求方面的差异。研究采用网络爬虫技术获取智联招聘职位信息，并运用NVivo 14软件进行内容分析。结果显示，会计专业能力在两地企业中的需求存在高度一致性。信息技术能力在北京受到更高关注，而海口市对传统财务管理能力的需求更大。北京市财会人才需求具有专业化、信息化和复合化特征；海口市财会人才需求以传统行业和财会基础技能为主。研究表明，在财会人才教育与培训中，应因地制宜，兼顾共性素质与个性化需求。大数据技术为掌握地区性人才需求提供了便利。本研究对于引导海南国际财会人才培养与资源配置，促进区域经济协调发展具有启示意义。

关键词：国际财会人才；能力需求；文本内容分析；NVivo软件；区域比较

一、引言

财会人才是企业和社会的重要财富，其能力水平和素质状况直接影响企业的经营效益和社会的经济发展。随着市场经济的不断发展和国际化的不断推进，财会人才面临着更加复杂、多变的工作环境和更加严格、高标准的能

作者简介：王亮（通讯作者），三亚学院财经学院讲师、一级电子商务师，研究方向：企业信息化、区域经济发展战略；夏冬艳，三亚学院财经学院副教授，研究方向：会计理论与实务；周显春，三亚学院信息与智能工程学院副教授，研究方向：大数据技术与应用。

力要求。特别是在海南自贸港建设的背景下，对具备国际视野和能够适应国际经济环境的财会人才的需求日益增加。自贸港的建设需要这样的人才来促进国际贸易和投资，他们能够有效地促进本地企业在全球市场中的竞争力。因此，了解当前财会人才市场的需求状况，掌握财会人才的能力结构和特点，对于企业合理配置和培养财会人才，对于教育机构科学设计和改进财会教育，对于个人合理规划和提升财会职业生涯，都具有重要的意义。

中国是一个地域广阔、经济发展不十分平衡的国家，不同地区的财会人才市场可能存在显著的差异。本文选择北京市和海口市作为研究对象，分析两个城市对财会人才的能力需求。北京市作为中国的首都和政治、文化、科技、教育中心，拥有众多的大型企业、事业单位、高等院校和科研机构，对财会人才的需求量大、水平高、结构复杂。海口市作为海南省的省会和自由贸易港建设的重要节点，正处于快速发展和转型升级的关键时期，对财会人才的需求也日益增长和多元化。比较两个城市的财会人才能力需求，可以揭示不同地区财会人才市场的特征和趋势，为相关方提供有价值的参考。本研究中的"财会人才"一词意涵广泛，包括会计、审计、财务分析、税务等多个方面的专业人士。

会计能力对于评价企业健康和业绩至关重要，也是财会人才能力结构的重要组成部分。会计人才的能力需求是一个不断演化的话题，不同的时代和环境对会计人才会提出不同的要求。从国际和国内的研究来看，会计人才的能力模型和理论框架也在不断发展和完善当中。例如，美国注册会计师协会（AICPA）和美国管理会计师协会（IMA）分别在1999年提出了会计人才的能力框架，强调了职能性、个人和商业等方面的能力。国际会计师联合会（IFAC）在2003年和2014年发布了国际教育公告框架和国际会计教育准则（IES），涵盖了会计师职业所必备的专业知识、技能、价值观和道德等方面的能力。在我国，刘玉廷（2004）、许萍和曲晓辉（2005）、苑泽明（2018）、罗映红（2020）等学者也从不同角度探讨了会计人才应具备的知识、技能和价值观等方面的能力要求。这些研究表明，会计人才不仅要掌握扎实的专业技能，还要有良好的职业价值观、道德和沟通等软技能。在全球化和数字化时代，这些能力需求也在不断演变，为财会教育和实践指明新的方向。

近年来，随着在线招聘信息的丰富和大数据技术的发展，文本内容分析逐渐成为一个重要的研究方法。一些研究已经运用文本内容分析技术研究财会人才的技能需求。赖惠明（2015）通过对智联招聘网发布的北京地区会计人才招聘信息的抽样调查，从职位分布、学历要求、工作经验、职称资格证书等七个维度进行了描述性统计分析。研究结果显示，各级会计职位对职业能力的要求存在明显差异：初级会计职位主要关注基础业务能力；中级会计职位侧重于综合业务能力与领导能力的结合；而高级会计职位更倾向于强调领导能力的运用和发挥。这一发现揭示了不同级别会计职位间对能力需求的层次化特征，为会计人才培养和招聘提供了新的见解。与文本内容分析密切联系的文本挖掘也可提供对特定岗位或研究领域的技能需求洞察。例如，Maer-Matei et al. （2019）将文本挖掘技术运用于分析招聘广告，识别出了初阶研究岗位所需的主要技能。这种方法可以帮助教育培训项目更好地确定初阶职业研究者的技能。NVivo 作为一种流行的文本信息内容分析软件，已经在社会科学和商业研究中得到广泛应用。然而，运用 NVivo 14 软件分析财会人才在不同地域的能力需求仍然是一个尚未完全开发的领域。

  本文采用在线招聘信息作为数据来源，分析智联招聘平台上北京市和海口市发布的财会人才招聘信息文本中包含的内容，从中提取出反映财会人才能力需求的关键词和短语，并进行分类、统计和比较。在线招聘信息是企业对财会人才能力需求的直接体现，具有时效性强、覆盖面广、信息量大等优点。文本内容分析是一种常用的定性研究方法，可以从文本中发现隐含或显性的意义，并进行归纳、解释和评价。NVivo 是一款专业的文本内容分析软件，可以对文本进行编码、分类、查询、可视化等操作，提高分析效率和准确度。

  本文共分为六个部分：第一部分为引言，介绍研究背景、目的、方法等；第二部分为研究方法，详细描述数据来源、预处理、分析方法等；第三部分为北京市财会人才能力需求分析，从总体概述、能力分类与特点、行业差异等方面进行分析；第四部分为海口市财会人才能力需求分析，同样从总体概述、能力分类与特点、行业差异等方面进行分析；第五部分为两地财会人才能力需求的差异分析，从区域差异、区域发展趋势等方面进行比较分析；第六部分为结论，总结研究的主要发现和结论，并探讨研究结果在实际应用中的意义。

二、研究方法

本研究的数据来自智联招聘网站,采集日期为 2023 年 8 月 24 日,涵盖了北京市和海口市的财会人才招聘信息。我们根据关键词"财会",筛选了相关职位的招聘广告,并通过网络爬虫技术,自动获取了公司名称、职位描述、任职要求、薪资范围、工作经验、行业等详细信息。

在收集的原始数据中,存在许多不必要的信息和噪声,我们进行了一系列数据预处理。首先,清理了所有无关的 HTML 标签和格式符号,然后使用 NVivo 14 软件对文本进行分词和停用词剔除,并对特定术语和缩写进行标准化处理。这些预处理步骤确保了数据的准确性和一致性,为后续分析提供了便利。

NVivo 14 软件提供了丰富的文本分析功能,如主题建模、情感分析和词频统计。首先,我们导入预处理后的文本数据,并通过 NVivo 14 的可视化界面进行初步检查。然后,利用 NVivo 14 的自动编码功能,对文本进行结构化分类和标注,并通过文本内容的搜索性分析,识别关于财会人才能力需求的关键信息。最后,使用 NVivo 14 的统计和可视化工具,总结和解释分析结果,揭示北京市和海口市财会人才能力需求的特征和趋势。选择 NVivo 14 软件的原因在于其在文本分析方面功能强大,并得到学界的广泛认可。

为了能够详尽地分析企业对财会能力需求的差异,我们根据罗映红(2020)的研究,将财会人才的能力分为信息技术能力、职业价值观、会计专业能力和通用能力四大类 34 个小项。根据此分类标准,我们采用人工审查的方法对采集得到的招聘信息进行了主题归类。

三、北京市财会人才能力需求分析

通过网络爬虫工具,我们爬取到 522 条财会招聘信息。表 1 显示,会计专业能力在所有招聘信息中得到全面覆盖,占比 100%,突显了其在财会人才选拔中的不可或缺性。信息技术能力占比 62.64%,这一数据显示,在数字化浪潮下,财会人才需要具备一定的信息技术素养。另外,职业价值观与通用能力也得到一定程度的关注,分别占比 16.48% 和 19.73%。职业价值观虽然在需求占比上不如信息技术能力,但如诚信、责任心和团队合作精神等价值观被各类企业广泛看重。通用能力包括沟通、组织和解决问题等能力,这些能力在高级职位中尤为重要，因为高级财会人员通常需要具有跨部门协调和团队管理的能力。

表 1 北京市财会人才能力需求统计

能力需求类别	信息技术能力	职业价值观	会计专业能力	通用能力
出现次数	327	86	522	103
占比	62.64%	16.48%	100.00%	19.73%

为了能够从行业层面全面反映财会人才的能力需求分布情况，我们将 522 条财会招聘信息按照所在的行业进行了汇总处理，并按照各行业企业的多少进行了排序。图 1 展示了北京市财会人才能力需求前 20 个行业。

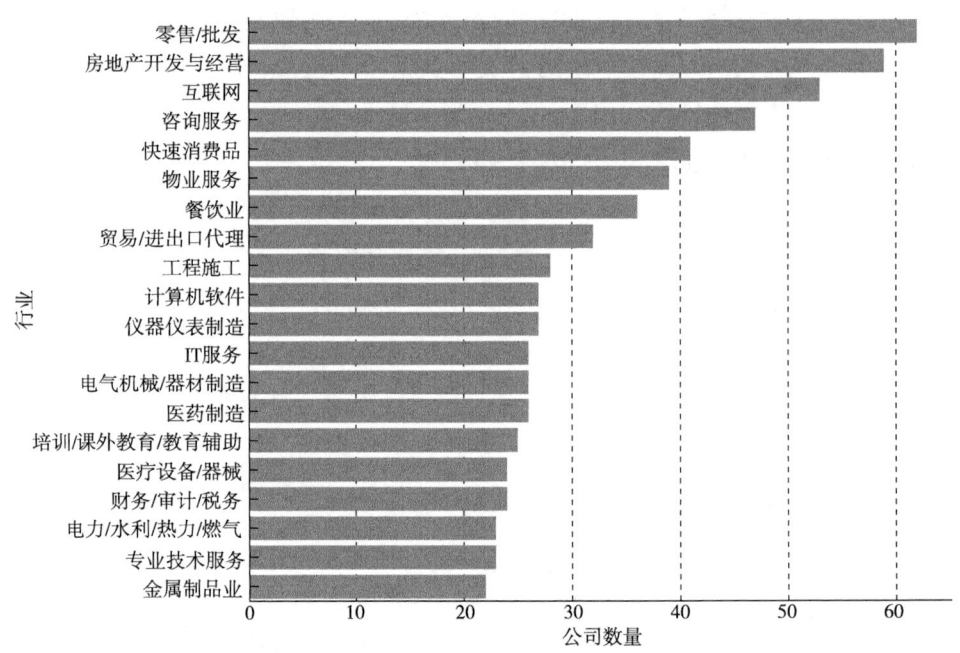

图 1 北京市财会人才能力需求前 20 的行业

图 1 显示，北京市财会人才需求最大的是零售/批发行业，排名第一；其次是房地产开发与经营行业，排名第二；再次是互联网行业，排名第三。图 1 还显示，北京市财会人才需求中存在一些高技术含量或高附加值的行业，如互联网、计算机软件、IT 服务、仪器仪表制造、医药制造、医疗设备/器械

等。这些行业对财会人才的专业能力和信息技术能力有着较高的要求，需要财会人才能够适应快速变化的市场环境和技术发展，为公司提供创新、优化的财务方案和服务。这些行业财会人才需求靠前的原因可能包括：

第一，近年来，北京市城市副中心围绕"3+1"主导功能，聚焦数字经济、现代金融、先进制造、商务服务、文化旅游、现代种业等六大重点产业拉开了城市产业转型的序幕，促进了零售/批发与互联网产业的发展，需要大量财会人员。

第二，房地产开发与经营是北京传统的比较成熟的产业，产业链较长，需求比较稳定。北京市财会人才能力需求中也存在一些传统或基础的行业，如贸易/进出口代理、工程施工、电气机械/器材制造、电力/水利/热力/燃气等。这些行业对财会人才的通用能力和职业价值观有着较高的要求，需要财会人才能够遵守相关的法律法规和行业标准，为公司提供稳定和合规的财务信息和服务。

为了能够更加详细地分析北京市各行业对财会人才能力的具体需求，我们使用NVivo 14软件的探索性可视化功能，生成了层次结构图。层次结构图是一种用于展示质性数据分析中的层次结构的可视化工具，可以帮助研究者理清数据之间的关系和分类；层次结构图中的每个矩形代表一个关键词，其面积表示该关键词在数据中出现的频率，其颜色表示该关键词与其他关键词的相似度；层次结构图中的每个矩形还可以包含其他的子矩形，表示该关键词下的子关键词，形成一个树状的层次结构。

图2展示了北京市在其快速发展的经济和社会环境中对财会专业人才的具体需求。在图2中，根据面积大小，按照关键词排序依次为"财务""工作""管理""公司""核算""分析""成本""会计""职位""税务""岗位""费用""业务""编制""报表"和"能力"。利用NVivo 14的查询功能得到，"财务"区块包含了"财务分析报告""管理财务分析""财务分析税务""资金管理财务""财务专业知识""财务管理工作""公司财务管理""财务管理经验""财务收支计划"等子关键词；"工作"区块包含了"财务管理工作""岗位工作经验""事务性工作""税务申报工作""财务会计工作""工作经验者优先""工作任务""统计工作""工作任职资格""日常工作"等子关键词；"管理"区块包含了"管理财务分析""资金管理财务""财务管理工作""公司财务管理""财务管理经验""会计档案管理""财务

管理制度"等子关键词。"分析"区块包含了"财务分析报告""财务分析""逻辑分析能力""总账财务分析"等子关键词。

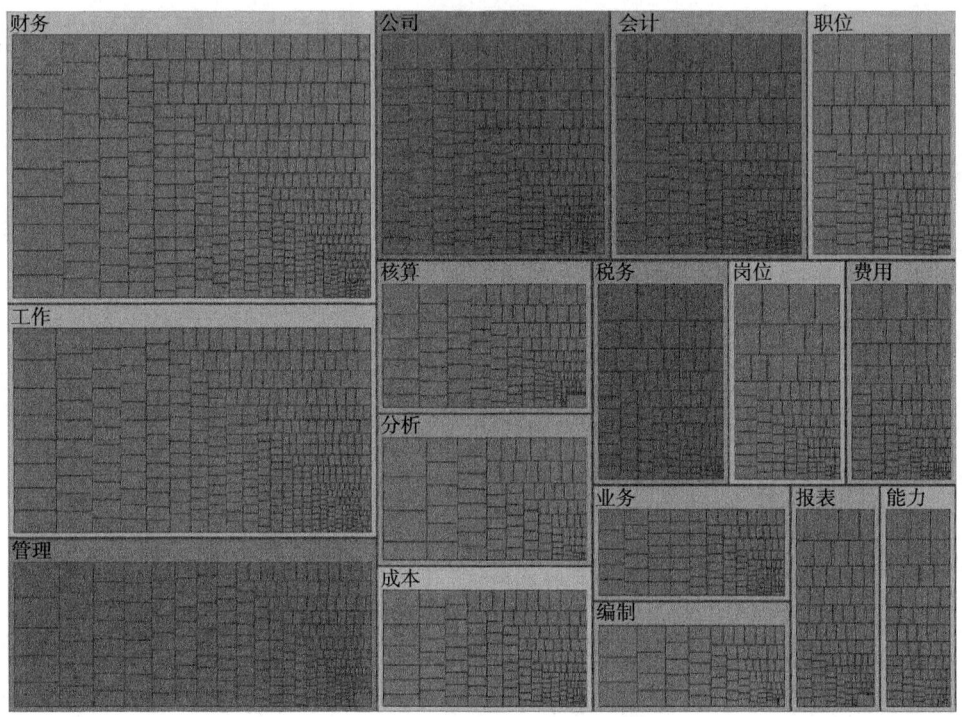

图 2　北京市财会人才能力需求层次结构

通过对图 2 的分析，我们可以发现北京市各行业对财会人才的能力需求具有以下几个特点：

首先，"财务"作为出现频次最高的关键词，其涵盖了诸如财务分析、资金管理、预算编制和财务规划等子关键词。这反映了北京市企业对财会人员具备全面且高效的财务管理能力的迫切需求。在北京这样一个多元化和国际化的都市中，企业对于能够进行综合财务分析和战略性财务规划的专业人才的需求尤为突出。

其次，"工作经验"作为重要考量，凸显了北京市企业在招聘过程中对实际工作能力的重视。这不仅仅是对学历和证书的考核，更是对应聘者处理复杂财务问题和适应快节奏工作环境能力的评估。

再次，对"管理"和"领导"能力的需求体现了北京市企业对财会人才要求的全方位。在这个高度竞争的市场环境中，财会人员不仅要具备专业技能，还需要展现出卓越的管理能力和团队领导力，以促进不同部门之间的有效沟通和协作。另外，"会计"和"核算"作为基础关键词，指向了财会人才必须掌握基础专业知识和技能。这些能力在北京这样一个法规多变、商业环境复杂的城市中尤为关键。

最后，对"分析"能力需求的增长反映了北京市企业对财会人员开展深入和全面分析的期望。这包括对企业财务状况、成本结构和税收政策的综合分析，以指导企业在竞争激烈的市场中作出明智的财务决策。

四、海口市财会人才能力需求分析

通过网络爬虫工具，我们爬取到478条财会招聘信息。表2显示，会计专业能力占比最高，为100%，突显了财会专业能力在海口市财会领域工作实践中的重要性。这一数据反映了海口市对财会专业性事务处理的高需求。其次，信息技术能力占比49.16%，说明其在现代财会工作中的重要作用，主要包括财务软件的操作和数据分析能力等。通用能力占比20.92%，虽然数值相对较低，但也是财会工作所必需的，如沟通、协作和问题解决等。这表明即使在高度专业化的财会领域，综合素质也是市场所看重的。此外，职业价值观占比19.67%，体现了企业对人才在道德规范和职业伦理方面的期望。

表2 海口市财会岗位能力需求情况统计分析

能力需求类别	信息技术能力	职业价值观	会计专业能力	通用能力
出现次数	235	94	478	100
占比	49.16%	19.67%	100.00%	20.92%

与北京市相比，海口市对信息技术能力的需求相对较低，这可能与地域、经济发展水平等多重因素有关。然而，对会计专业能力和通用能力两方面受到的重视与北京相当。

海口市作为海南自由贸易港的核心区域，近年来，经济发展呈现出多元化、开放化和创新化的特点。在这样的背景下，财会人才需求的分布也表现出明显特征。从图3中可以看出，"财务/审计/税务"领域是财会人才需求最高的行业，这说明财务专业能力在此行业内的重要性和稀缺性。其次是"房地产开发与经营",这可能反映了海口市房地产市场的活跃和规范,以及对财务管理和风险控制的高要求。此外,"咨询服务"和"工程施工"等行业也对财会能力有着较强的需求,这可能与此类行业涉及大量的项目投资、合同签订、资金流转等业务,需要高水平的财务人才进行咨询、评估和监督有关。相比之下,经济发展水平和信息化程度越来越高的"互联网"和"电子商务"行业,在财会人才需求方面的位次相对较低。这或许说明了这些行业更注重运营和技术创新,而不是传统的财务管理和会计核算。传统的实体经济行业,如"农/林/牧/渔"和"零售/批发"依然表现出稳定的财会人才需求,这可能与这些行业在财务核算和税务处理方面具有一定的复杂性和专业性需求有关。海口市财会人才需求的行业分布情况与当前海南省自由贸易港建设和海南以旅游、服务贸易为主的经济发展特点有关。

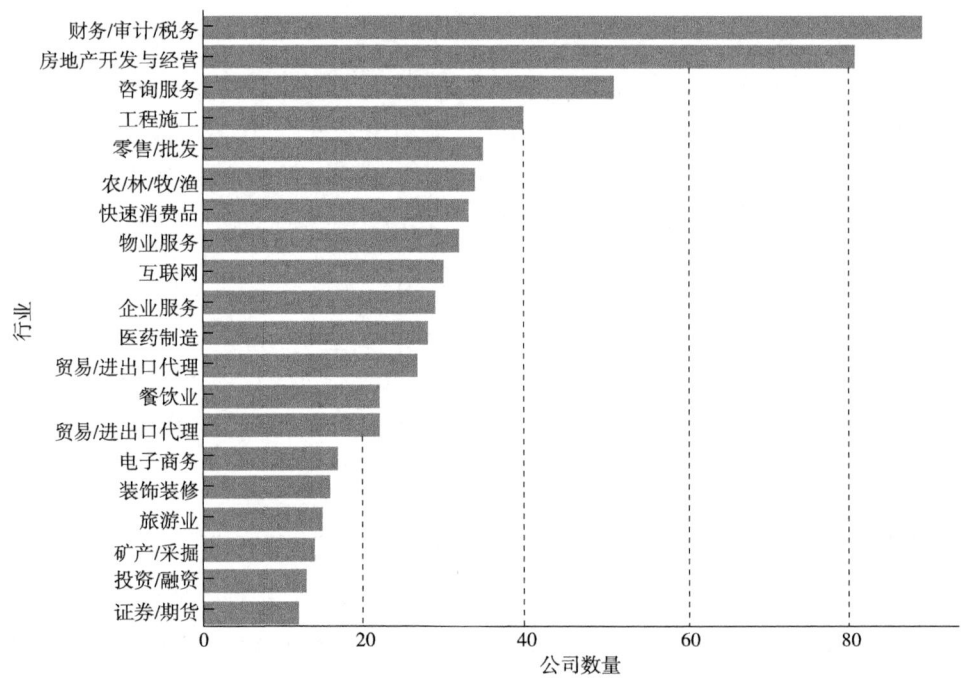

图 3 海口市财会人才能力需求前 20 的行业

同样地,我们利用 NVivo 14 软件,生成了海口市财会人才能力需求层次结构图,如图 4 所示。

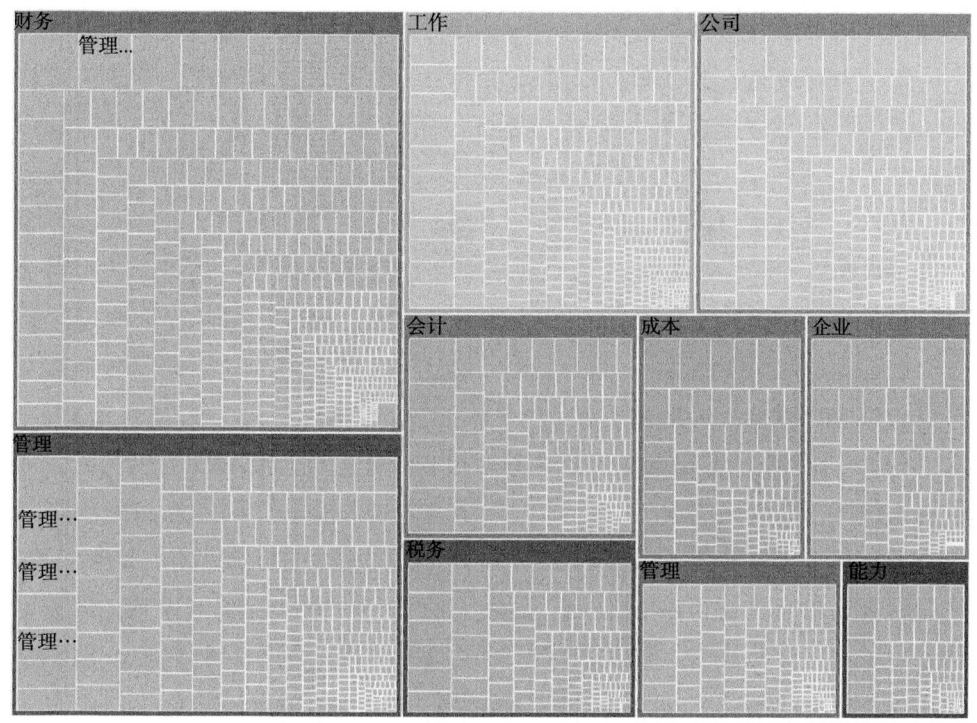

图 4　海口市财会人才能力需求层次结构

　　图 4 展示了不同关键词的矩形大小，按照其重要性依次排序为"财务""管理""工作""会计""税务""公司""成本""企业""资金""能力"。在"财务"矩形中，主要子关键词包括"财务管理体系""管理财务预算""编制财务报表""资金管理""成本管理""财务预测""财务分析""财务预算""税务管理""改进公司财务"。这些子关键词集中反映了财务工作的全局视角，以及复杂财务管理任务的多维性。"管理"矩形主要包括："财务管理体系""管理财务预算""资金管理""成本管理""成本管理财务""税务管理"等。这强调了管理层面对于财务、资金和成本的综合管理需求。"会计"矩形则主要关注"职称会计""会计岗位技能""会计工作经验""会计证书""初级会计""国家会计法规""会计核算体系"等。这些关键词凸显了对具备专业资质和实践经验的会计人才的强烈需求。"税务"矩形主要集中在"税务管理""税务报表""税务管理工作""税务事项""财务分析税务"等方面。这些子关键词表明税务管理和合规性在海口市财会人才需求中占有

一席之地。"资金"矩形则突出了"资金管理"、"运作公司资金"等方面的需求，指向了资金流动和配置在企业运营中的关键作用。

图 4 中清晰展示了在海口市财会领域中各关键词的重要性，这些关键词反映了海口市在海南自贸港建设和地区经济转型中对财会专业人才的具体需求。

首先，"财务"作为最核心的需求领域，涵盖了诸如财务管理体系、资金管理、成本管理等多个方面。这反映了海口市企业在自贸港背景下，对财会人员具备全局视角和处理复杂财务管理任务的能力的强烈需求。在海南这样一个面临地域封闭性制约但同时拥有巨大经济发展潜力的岛屿省份，企业更需要能够应对贸易自由化和金融市场开放形势的财会人才。

其次，"管理"关键词突显了企业对财会人才的综合管理能力的需求。随着海南经济的结构调整和产业升级，企业越来越需要具备前瞻性视野和创新思维的管理者，这些人才能够根据产业发展趋势进行财务规划和资源配置，从而提高资源配置效率和控制经营风险。"会计"作为基础需求领域，其关键词突出了对拥有专业资质和实践经验的会计人才的需求。在海口市，随着会计法规和标准的不断更新，会计人员的专业知识和规范意识将成为保障企业合法合规运营的基础。"税务"关键词的重要性表明，在海南优化税收环境和鼓励创新的政策导向下，财会人才需要具备强大的税务管理能力。这不仅包括税收政策的理解和应用，还包括为企业创造公平税收环境和提高税收征管效率的能力。

最后，"资金"和"成本"作为关键需求领域，指向了财会人才在资金管理和成本控制方面的核心能力。特别是在自贸港建设背景下，资金管理能力对于保证企业运营效率和财务安全至关重要。

综上所述，结合海口市乃至整个海南省的经济社会发展现状，我们可以看到，海口市对财会人才的需求集中在适应自贸港建设、产业转型和金融市场开放的财务管理与资金运营能力上。这要求财会人才不仅要具备扎实的会计知识和规范意识，还要在此基础上发展出适应经济新常态的财务管理和资金运营专业能力。

五、两地财会人才能力需求的差异分析

基于以上分析，我们发现两地在财会人才需求上存在明显差异。

（一）应用场景

海口市与北京市均对财会工作的应用场景提出要求，但北京市的需求更加多元，涉及电商、互联网、酒店等多个行业，反映出其财会人才需要适应更广泛的行业背景和复杂工作环境。相比之下，海口市的财会人才需求集中在旅游业、房地产等传统产业上，与当地的经济特色和发展方向相吻合。

（二）财务管理能力

两地在财务管理能力上的需求虽均较高，但北京市对战略性财务管理的需求更为显著。从图2和图4中可见，北京市的财会人才需求强调财务规划、资金调配、业务发展规划等战略层面，这与北京作为国家政治、文化、国际交往和科技创新中心的角色一致。海口市则更注重财务管理的多维性和全局性，如构建财务管理体系、管理财务预算等。

（三）行业分布

北京市的财会人才需求更为多样化，涉及旅游、现代服务、高新技术、生态农业等领域，反映了其经济发展的多元性。而海口市则以旅游业、房地产业等为主，体现了其传统产业驱动的经济结构。

（四）职业素养

在职业道德、团队合作等软技能方面，两地对财会人才的需求并无显著差异，显示出这些普适性的职业素养在当前社会受到普遍重视。

（五）信息技术能力

尽管两地在财会人才的职业素养需求上没有显著差异，表明职业道德和团队合作精神等软技能在当前社会仍受到普遍重视，但在信息技术能力方面，北京市的需求显著高于海口市。北京市财会人才不仅要熟悉常用软件操作，还要掌握管家婆软件、Oracle数据库、数据分析等技能，反映了北京市互联网和IT行业发展的先进性和信息化程度。

最后，北京市的财会人才需求呈现出专业化、信息化、复合化的特点，而海口市则更重视传统财务管理、资金运营、税务管理等方面。这些差异与两地经济发展方向和产业政策紧密相关。

六、结论

本研究基于对北京市与海口市在财会人才需求方面的综合文本分析，得出以下几点主要结论：

（一）会计专业技能是两地企业普遍关注的核心资质

无论是北京市还是海口市，企业都高度重视应聘者是否具备会计工作经验、持有会计资格证书等方面的条件。这为高等教育与职业培训机构提供了明确的方向，即需要不断强化对会计基础和应用技能的教学。

（二）北京市对信息技术能力的需求明显高于海口市

这一差异主要源于两地经济发展水平和产业结构的不同，因此各地政府和教育部门应根据本地区的经济特点和发展需求，适时调整信息技术教育在财会人才培养中的内容和比重，以提高财会人才的信息素养和竞争力。一方面，要着眼于本地区的社会经济发展之需，满足当下的人才市场需求；另一方面，也要放眼未来，把握时代和社会发展需要，培养具有国际视野和创新精神的财会人才。

（三）相对于海口市更倾向于传统的财务管理能力需求，北京市的需求更具多样性和综合性

这不仅对两地的人才培养战略提出了不同的要求，还意味着北京市可能需要加强复合型人才的培养，而海口市则需要更专注于基础财务管理技能。

（四）职业道德和团队协作精神普遍被视为财会人才的基础素养

这一点在不同地域都得到了相当的重视，强调了在财会人才的培养过程中，除专业技能外，还需要全面加强职业道德和团队协作方面的教育。

（五）尽管不同地区的财会人才需求具有独特的地域特点，但也存在一定的共性

为此，在地域性人才培养策略的制定中，还需要兼顾这些共性要素。

（六）大数据分析技术的运用为本研究提供了宝贵的便利性

政府和教育部门应持续采用大数据分析手段，以实时监控和适时调整地区性人才需求和培养方向。

海南自由贸易港建设的深入推进，对海口市乃至海南省的财会人才提出了新的要求。一方面，财会人才应掌握国际贸易和投资规则的知识，能够进行跨境财务管理和国际会计核算。这就需要加强英语、国际会计准则、国际贸易实务等方面综合能力的培养，以适应更加开放的国际化经营环境。另一方面，信息技术在财务管理中的应用日益广泛，培养财会人才的信息化素养，使其能够运用数字化工具提高工作效率也十分重要。本研究的结论对于指导财会人才的培养和就业，以及促进各地区经济社会的持续发展，均具有一定

的参考价值。然而，由于样本规模的局限性，本研究的结论未能覆盖中国更多城市，期待未来开展更为广泛和深入的研究，提供更加系统和全面的分析。

参考文献

［1］刘玉廷．对我国高级会计人才职业能力与评价机制的探讨［J］．会计研究，2018（6）．

［2］许萍，曲晓辉．高级会计人才能力框架研究［J］．当代财经，2005（11）．

［3］苑泽明，李田，孙钰鹏．互联网新技术时代会计高等教育的改革路径：基于供需错配的分析视角［J］．会计研究，2018（8）．

［4］罗映红．智能财务时代会计人才能力需求分析：基于广东地区招聘信息的统计［J］．商业会计，2020（1）：120-123.

［5］赖惠明．我国会计人才市场需求的统计分析：以智联招聘网为例［J］．财会月刊，2015（20）：59-62.

［6］MAER-MATEI M M, MOCANU C, ZAMFIR A, et al. Skill needs for early career researchers—a text mining approach［J］. Sustainability, 2019, 11（10）: 2789.

［7］潘虹，唐莉．质性数据分析工具在中国社会科学研究的应用：以NVivo为例［J］．数据分析与知识发现，2020，4（1）：51-62.

［8］从"打基础、补短板 有序拉开城市框架"转向"立长远、强功能 全面上台阶" 城市副中心近480个重大项目提升城市功能品质［EB/OL］.（2023-03-21）［2022-03-21］．首都之窗．https://www.beijing.gov.cn/ywdt/gzdt/202303/t20230321_2940833.html.

［9］梁云芳，高铁梅，贺书平．房地产市场与国民经济协调发展的实证分析［J］．中国社会科学，2006（3）：74-84，205-206.

［10］QSR International. Content visualizations: hierarchy charts［EB/OL］.（2019-10-08）［2023-08-25］. https://support.qsrinternational.com/nvivo/s/article/NV14Win-Content-visualizations-hierarchy-charts.

RCEP 等框架协议全方位开放视角下海南自贸港税收制度探析

李 娜 全建刚

摘 要：当今国际安全与经济秩序正经历重大调整，发展与冲突并存已成为全球发展的大背景。2023 年是习近平总书记发表"4·13"重要讲话五周年，也是海南建省办经济特区 35 周年，更是海南自贸港建设全岛封关运作准备工作关键之年。海南如何紧紧抓住 RCEP 正式生效的重大机遇、充分利用自身与 RCEP 其他成员市场中的独特优势、促进 RCEP 高质量实施和升级发展、深化 RCEP 区域合作，成为促进 RCEP 与 CPTPP 对接融合的先行区具有重要意义。本文在区域政策（即税收政策）视角下，从优化税制建设入手，分析海南自贸港税收制度现状，思考如何让税收政策促进资源配置与空间的优化、促进要素流动与产业聚集、引导区域产业结构的形成，从而推动区域之间的经济合作。

关键词：海南自由贸易港；RCEP；CPTPP；税收制度

当前全球政治经济环境更趋严峻复杂，自 2008 年全球金融危机爆发后，以世界贸易组织（WTO）为主体的多边贸易体制面临新问题、新挑战。在全球化进程下，WTO 规则覆盖范围有限，数字贸易等新兴贸易形式已超越其管理范围，加上国际形势变化等因素，WTO 的权威性和受关注度有所降低，于是以 WTO 为核心的多边贸易体制逐渐转变为"WTO+各种协定"的形式。截至 2021 年，全球生效的区域贸易协定已达 354 个。

在推动形成全面开放新格局的过程中，自由贸易区建设有利于中国进一

作者简介：李娜，海南政法职业学院公安司法系副教授，研究方向：经济法、刑事侦查、公安教育。全建刚，海南政法职业学院应用法律系讲师，研究方向：民商法学、海南自贸港法。

步优化对外贸易结构，为新时期中国扩大对外开放构建新平台。继签署《区域全面经济伙伴关系协定》（RCEP）后，中国表示将积极考虑加入《全面与进步跨太平洋伙伴关系协定》（CPTPP①）。海南自贸港是先行先试 CPTTP 的最佳开放门户之一，也是将海南自然优势转化为经济优势和发展能力的重要载体。"先行先试"体现了我国渐进式改革开放的政治智慧和经济智慧。2022年海南省第八次党代会明确，对接国际高标准经贸规则成为海南省未来五年的重点任务之一。海南以其自身地位、资源、政策等优势，在 RCEP 市场中占据战略枢纽地位，因此研究海南如何发挥好自身战略作用的任务日益紧迫。

一、从经济特区到自贸港的发展之路

（一）全球化发展浪潮中，中国改革发展思路的转变

改革开放 40 多年来，中国一直以大国姿态积极参与、支持全球化发展。从 2001 年加入 WTO，到 2010 年中国成为世界第二大经济体，中国的崛起引起世界各国关注，中国特色社会主义市场经济体制不断完善，国家发展能力大幅提升。当前全球政治经济环境复杂，自 2008 年全球金融危机爆发后，以 WTO 为主体的多边贸易体制逐渐转变为"WTO+各种协定"的形式。截至 2021 年，全球共有 354 个生效的区域贸易协定。2022 年，中国已与 26 个国家和地区签订了包括 RCEP 在内的 21 个自由贸易协定，在国内先后建立 21 个自由贸易试验区，形成国内改革与对外开放协同推进的互动机制。

在全球政治经济复杂的环境中，中国为保障自身利益，就需要转变，必须从以前单向的适应规则转向诉求国际规则的知情权、参与制定权和话语权，参与全球化的核心任务之一就是"规则建设"。

（二）中国特色自由贸易港"海南自贸港"发展沿革

党的十八大以来，中国全面深化改革取得重大突破，扩大自贸区等开放综合试点，努力改善营商环境。改革开放初期，沿海地区作为对外开放的战略重点，自 20 世纪 90 年代采取对外开放的"四沿"战略，扩大"沿海、沿边、沿江、沿路"开放，形成全方位、多层次、宽领域的对外开放新格局。

---

① CPTPP（Comprehensive and Progressive Agreement for Trans-Pacific Partnership）即《全面与进步跨太平洋伙伴关系协定》，是一项高起点、高开放和高标准的全球经贸规则，可作为中国对接高水平国际经贸规则的目标导向。CPTPP 目前 11 个成员国分别为日本、加拿大、墨西哥、智利、秘鲁、新西兰、澳大利亚、新加坡、越南、文莱、马来西亚。

这一开放的路径选择，激活了重点区域的经济活力，为其他地区提供了样板，也为中国改革开放积累了丰富的经验。党的二十大报告提出，必须完整、准确、全面贯彻新发展理念，坚持社会主义市场经济改革方向，坚持高水平对外开放，加快构建以国内大循环为主体、国内国际双循环相互促进的新发展格局。

  海南的发展经历了长期的求索之路。1988年海南省成立，是中国最年轻的省份和最大的经济特区。中央和地方在密集讨论中逐渐形成共识，建立特别关税区是建立自由贸易港的基础。1991年中国（海南）改革和发展研究院成立，专门研究海南特别关税区。随后，海南经历了20世纪90年代初期的房地产泡沫，经济发展陷入低潮，GDP增速在全国排名较为靠后。之后，在申请加入WTO的大背景下，海南提出了以产业开放带动产业升级，将资源优势变成经济优势和发展优势。2000年，中国（海南）改革发展研究院院长迟福林提出了"国际旅游岛"建议；2009年12月31日，国务院发布《关于推进海南国际旅游岛建设发展的若干意见》，标志着海南国际旅游岛建设正式上升为国家战略，按照"全岛一个大城市"的思路建设海南。2018年4月13日，习近平总书记在庆祝海南省建省办特区30周年大会上宣布，党中央决定支持海南全岛建设自由贸易试验区，支持海南逐步探索、稳步推进中国特色自由贸易港建设，分步骤、分阶段建立自由贸易港政策和制度体系（简称"4·13"讲话）。这是中央着眼于我国改革开放和社会主义现代化建设全局的重大战略决策，具有历史意义。在"4·13"讲话的指引下，2020年6月1日，中共中央、国务院印发《海南自由贸易港建设总体方案》，提出海南自由贸易试验区的战略定位就是"三区一中心"（即全面深化改革开放试验区、国家生态文明试验区、国际旅游消费中心和国家重大战略服务保障区）建设。

  2022年4月，习近平总书记在海南考察时强调，"加快建设具有世界影响力的中国特色自由贸易港，让海南成为新时代中国改革开放的示范"，希望"把海南自由贸易港打造成展示中国风范的亮丽名片"，赋予海南新的历史使命和目标任务。海南全力以赴推进中国特色自由贸易港建设，基本建立自由贸易港政策制度体系，全面启动全岛封关运作准备工作；坚持把制度集成创新摆在突出位置，持续推进贸易投资、财税金融、社会治理、生态文明等重点领域改革，不断深化改革，实现从"顺利开局"到"蓬勃展开"再到"进展明显""蓬勃兴起"①。主题教育期间,海南出台了《中共海南省委关于全力推进自由贸易港建设加快推动 海南高质量发展的意见》,从十个方面对未来五年海南高质量发展作出全面系统部署。

在加快建设具有世界影响力的中国特色自由贸易港方面,将充分利用海南处于中国内地和东南亚两个最活跃市场交会点的区位优势、独具特色的开放政策优势,加快打造"两个基地""两个网络""两个枢纽",即中国企业走向国际市场的总部基地和境外企业进入中国市场的总部基地,空海国际交通网络和国际经贸合作网络,西部陆海新通道国际航运枢纽和面向太平洋、印度洋的航空区域门户枢纽,在服务和融入新发展格局、畅通国内国际双循环中展现更大作为。在让海南成为新时代中国改革开放的示范方面,将坚持开放为先,实行更加积极主动的开放战略,主动对接 CPTPP、《数字经济伙伴关系协定》(DEPA)等国际高标准经贸规则,加快推动规则、规制、管理、标准等制度型开放;站在更高起点谋划和推进改革,下大气力破除体制机制弊端,努力为海南高质量发展增添活力动力,为全国改革开放蹚出一条制度型开放、创新发展的新路子。

二、海南自贸港先行先试 CPTPP 面临的优势与挑战

CPTPP 无论是开放程度还是涉及领域都比 RCEP 更高更广,自贸港对标 CPTPP 规则有其相对优势。自贸港作为中国全面深化改革开放先行试验区,对标 CPTPP 经贸规则是自贸港承担融入全球经济治理体系试验田和新高地的新使命。党的二十大报告提出,"加快建设海南自由贸易港,实施自由贸易试验区提升战略,扩大面向全球的高标准自由贸易区网络"。

(一)海南自贸港先行先试 CPTPP 的优势

首先,RCEP 进入在 15 个成员国全面实施的新阶段,海南自贸港地处 RCEP 区域中心的地理位置并拥有优势资源,将在促进区域经济复苏与增长、区域一体化大市场建设上发挥更大的作用。

其次,海南应充分利用政策叠加优势,即利用制度与政策红利和中央授予的各项权利(立法权、试验权)的叠加优势,参考各国和地区成熟的

---

① "加快建设具有世界影响力的中国特色自由贸易港",中共海南省委书记、省人大常委会主任冯飞,人民日报 2023 年 6 月 20 日第 13 版。

法律和规章，率先在各个方面与国际惯例接轨，建立开放的市场经济新体制。

最后，低开放成本是海南自贸港先行先试的有利条件。CPTPP实行的原则是协定生效后立即执行"零关税"商品达到80%和最终执行"零关税"商品达到99%。即使封关后的海南自贸港，其关税制度也难以立即达到全面"零关税"。自贸港实行封关运作前后不同分类管理范围的监管模式，《海南自由贸易港法》第二十八条规定，海南自贸港在封关运作前实行正面清单为主的监管模式，对部分商品实行零关税；封关运作后开始实行负面清单管理模式，对进口商品实行征税目录管理，列入进口商品征税目录之外的实行零关税制度安排。

(二) 海南自贸港面临的挑战

首先，为对接两种不同的规则，海南自贸港面临立法问题。CPTPP规则协议共有30章（见表1），覆盖贸易、环境、劳工、投资和监管等高标准国际规则。目前，在电子商务、劳工、竞争性规则、知识产权、投资贸易等方面，因为直接涉及我国的经济制度、文化和监管设计，甚至涉及国家的监管主权，对标CPTPP规则仍存在一些难度。

表1 CPTPP规则协议

CPTPP 规则	CPTPP 条款要求	海南自贸港开放领域的进展
服务贸易规则	采用服务贸易负面清单模式，跨境服务提供者市场准入自由；取消服务提供者进入的数量、形式、配额等限制；取消在学历、自然人流动、资金自由流动的限制等	2021年8月，《海南自由贸易港跨境服务贸易负面清单管理办法（试行）》印发，包含11个门类70项特别管理措施，给予境外服务提供者国民待遇；2022年6月26日，《海南自由贸易港进一步优化营商环境行动方案（2022—2025年）》公布，实现"准入即准营"；取消境外个人参加注册计量师等多项职业资格考试的限制
数字贸易规则	规定数据跨境自由流动，开放网络、源代码，通过电子方式跨境传输信息等	打通国际互联网数据专用接入通道；提供跨境云网一体化服务、自由行、跨海光缆、专线跨境、国际业务等

续表

CPTPP 规则	CPTPP 条款要求	海南自贸港开放领域的进展
货物贸易规则	成员国之间零关税，开放市场准入； 更好的原产地规则，原产地区价值达 40%~55%； 更快的通关速度	实施"一负三正"的零关税清单； 对原产于海南或含进口料件加工增值超过30%的货物免征进口关税； 开展"两步申报""两段准入"改革，推广应用国际贸易"单一窗口"，推进口岸通关无纸化
投资贸易规则	投资与跨境服务贸易一张负面清单； 投资贸易引入投资者-国家争端解决程序，推行争端解决程序标准化； 投资领域扩展至金融资产、知识产权、抵押等	2021年2月1日，《海南自由贸易港外商投资准入负面清单》正式生效，仅有27项； 2020年6月，《海南省多元化解纠纷条例》出台，首次以地方形式确立诉讼、仲裁、调解国际商事纠纷的多元化解机制； 推动合格境外有限合伙人（QFLP）和合格境内有限合伙人（QDLP）等跨境投资
知识产权规则	扩大知识产权保护范围，延长保护期限，提高保护权益	2021年12月，《海南自由贸易港知识产权保护条例》出台，加大对驰名商标的保护力度，建立知识产权纠纷早期中立预判或评估制度； 建立以"海洋""现代化农业"重点产业专利为主的快速审查、授权通道，建立知识产权快速调处机制
竞争政策规则	国有企业和指定垄断要竞争中立和非歧视待遇	2021年7月，《海南自由贸易港企业国有资产条例》发布，从"管企业"向"管资本"方向转变，将国有企业分为功能、保障、竞争三大类，实行差异化、个性化监管
补贴规则	扩大补贴范围，不仅包含政府，还包括国有企业和国有商业银行； 提高国有企业补贴透明度等	建立合理的公共产品定价机制和购买服务补贴制度，并引入社会评价； 推进国有企业财务预算等重大信息公开
劳工规则	允许将劳工纠纷诉诸争端解决机制并通过强制性手段解决	2022年3月，《2022年海南省构建和谐劳动关系工作要点》印发，加强协调劳动关系三方机制建设；推进《海南自贸港劳动用工条例（草案）》制定，完善仲裁工作制度

资料来源：综合参考海南省人民政府、海南省商务厅官网，商务部、海关总署官网。

"规则对接"成为最大的挑战，特别是面对可能出现的规则排斥和对接缝隙，主要包括：跨境服务贸易与外商投资负面清单压缩、合并任务重，投资和服务贸易市场进入壁垒高，数据跨境流动安全性监管力度大，劳动维权差别大，知识产权保护覆盖面窄、保护期短，竞争中立和非歧视待遇规则执行难，关税税目和原产地价值不足，等等。

三、对海南自贸港税收制度的一些思考

为推动中国特色自贸港建设，海南自贸港税收政策的有关研究如雨后春笋。现有研究成果多立足于研究经济学，立足于法学的研究较少，本质原因仍是海南自贸港建设中法治思维的缺失。海南自贸港的多个税种均以税率作为切入点，力图以低税率带动海南经济发展的目的显而易见。从短期角度看，低税优惠的确可以提升经济发展效率，但如果牺牲公平价值与法治精神，仅从税率入手则无法实现具有竞争性的税制，并将产生更加严重的问题。

"规则对接"是海南自贸港发展之路上的挑战之一，2025年封关要实现的目标包括"零关税、低税率、简税制"。目前，海南自贸港正在向这个方向前进，实施"一负三正"的零关税清单管理，包括企业自用生产设备的负面清单，营运用交通工具及游艇、企业生产原辅料和岛内居民消费进境商品的正面清单。CPTPP规则中要求零关税税目平均达到99%，超过了封关运作前的海南自贸港，即使封关后，海南自贸港的关税制度也难以立即达到全面"零关税"。自贸港实行封关运作前后不同分类管理范围的监管模式，同时CPTPP规则要求40%~55%的原产地价值标准，而目前中国签订的RCEP规则中，原产地区域价值标准为40%，海南自贸港的零关税和原产地规则与CPTPP要求相距甚远。

从自身情况出发，海南自贸港实行全新的税收法律制度①，需要遵循普适性与独特性、稳定性与灵活性、实体性与程序性相结合的基本原则。在个人所得税法律制度方面，需要进一步增强封关运作前税收优惠制度的公平性，并对封关运作后的个人所得税税制加以顶层设计。在企业所得税法律制度方面，需要进一步丰富税收优惠形式，并协调因企业所得税优惠带来的区域税

---

① 《海南自由贸易港法》第二十七条第一款规定：按照税种结构简单科学、税制要素充分优化、税负水平明显降低、收入归属清晰、财政收支基本均衡的原则，结合国家税制改革方向，建立符合需要的海南自由贸易港税制体系。

收利益失衡问题。在商品税法律制度方面,需要进一步明确"零关税"与销售税的法律地位,由此在实现海南自贸港经济发展效率提升的同时兼顾公平。

目前,中央各部门为促进海南自贸港发展,实施多样的扶持政策与制度。这些政策与制度是否切合海南自贸港建立目的、符合我国现有法治环境,仍需进行深入分析。在所有制度类型中,税收法律制度有着举足轻重的地位。隶属于经济法子部门法的税法立法在我国长期存在"试点模式",通过在海南自贸港施行新的税收法律制度,将试行良好的税收法律制度加以固定,并结合各区域实际情况推广,有利于形成我国特殊区域经济立法的合理路径,并进一步推动我国特色社会主义经济法治的形成。

依据区域经济学理论,税收政策隶属于区域经济政策范畴,良好的区域政策可以实现资源配置与空间的优化、促进要素流动与产业聚集、引导区域产业结构的形成、推动区域之间的经济合作。与之相反,不良的税收政策则会诱发"虹吸效应"、加剧区域间恶性竞争、加速传统产业衰败、破坏正常市场竞争秩序。目前《海南自由贸易港法》已正式颁布施行,海南自贸港的税收政策进一步上升为税收法律制度。对海南自贸港各税种的相关法律制度,不仅需要经济学上的分析,更需要经济法学贡献智慧。海南自贸港税收制度见表2。

表2 海南自贸港税收制度

税种	税收法律制度内容	相关法律制度依据
个人所得税	对在海南自由贸易港工作的高端人才和紧缺人才,其个人所得税实际税负超过15%的部分,予以免征	《财政部、税务总局关于海南自由贸易港高端紧缺人才个人所得税政策的通知》财税〔2020〕32号
企业所得税	对注册在海南自由贸易港并实质性运营的鼓励类产业企业,减按15%的税率征收企业所得税	《财政部、税务总局关于海南自由贸易港企业所得税优惠政策的通知》财税〔2020〕31号
企业所得税	对在海南自由贸易港设立的旅游业、现代服务业、高新技术产业企业新增境外直接投资取得的所得,免征企业所得税	《财政部、税务总局关于海南自由贸易港企业所得税优惠政策的通知》财税〔2020〕31号

续表

税种		税收法律制度内容	相关法律制度依据
企业所得税		对在海南自由贸易港设立的企业，新购置（含自建、自行开发）固定资产或无形资产，单位价值不超过500万元（含）的，允许一次性计入当期成本费用在计算应纳税所得额时扣除，不再分年度计算折旧和摊销；新购置（含自建、自行开发）固定资产或无形资产，单位价值超过500万元的，可以缩短折旧、摊销年限或采取加速折旧、摊销的方法	《财政部、税务总局关于海南自由贸易港企业所得税优惠政策的通知》财税〔2020〕31号
商品税	关税	在实现有效监管的前提下，建设全岛封关运作的海关监管特殊区域。对货物贸易，实行以"零关税"为基本特征的自由化便利化制度安排。对服务贸易，实行以"既准入又准营"为基本特征的自由化便利化政策举措	《海南自由贸易港建设总体方案》
	销售税	启动在货物和服务零售环节征收销售税相关工作	

资料来源：参考《海南自由贸易港法》《海南自由贸易港建设总体方案》等法律法规。

（一）海南自贸港个人所得税法律制度的问题与完善

1. 封关运作前个人所得税优惠法律制度的公平价值缺失

封关运作前海南自贸港实行个人所得税优惠法律制度，在实践中采取税负差额补贴的方法，基于个人所得税汇算清缴之需要，符合条件的高端人才与紧缺人才在海南自贸港取得的收入，超过应纳税所得额15%的税款将予以退还。海南自贸港实行的个人所得税优惠法律制度与在粤港澳大湾区试行一年的税负差额补贴制度并无实质区别，仅去除了外籍人士条件。这是由海南自贸港封关运作后采取"一线放开，二线管住"的管理理念所决定的，因为自贸港成立前岛内岛外不存在税负差异。

2. 应特别注重公平价值

目前有关紧缺人才与高端人才认定的实体条件与程序条件尚存在诸多不足：高端人才过于注重经济性条件，紧缺人才缺乏具体认定标准，人才认定信息披露制度有待完善，等等。同时，15%的税收优惠方式可能给予优惠对象的利益过大，海南自贸港的个人所得税优惠法律制度易于诱发社会公平问题，难以推广至更大范围。

3. 封关运作后个人所得税法律制度的整体规划缺失

对于2025年后海南自贸港施行的税收法律制度，《海南自由贸易港法》没有明确规定，但《海南自由贸易港建设总体方案》规定，对来源于海南自由贸易港内的综合所得和经营所得，将按照3%、10%、15%三档超额累进税率征收个人所得税。相关文件中对封关运作后海南自贸港个人所得税法律制度着墨不多，反映出对制度缺失整体的规划。

（二）海南自贸港企业所得税法律制度的问题及其完善

目前，海南自贸港的企业所得税法律制度主要分为两个方面：符合条件的鼓励类产业企业减按15%征收企业所得税；符合条件的资本性支出，允许在当期一次性扣除或加速折旧与摊销。封关运作后，注册在海南自贸港并实质运营的除负面清单行业外的企业将全部施行15%的企业所得税税率。

1. 企业所得税优惠法律制度形式单一

海南自贸港针对鼓励类产业企业给予税率式优惠，封关运作后除负面清单行业外的企业全部适用低税率。但我国现有促进企业创新的税收优惠制度仍存在诸多问题，需要更加注重科学，丰富优惠形式，引入域外成功经验。比如，可以借鉴英国的"专利盒"制度，扩大技术所得范围，对专利利润适用税收优惠。

2. 企业所得税优惠易导致区域间税收利益失调

在各地分摊标准不变的情况下，海南自贸港低税率的存在将导致自贸港以外地区的税收收益权受损，牺牲当地的税收利益，以促进海南自贸港的发展。在"零关税"税收法律制度构建的初级阶段，采取"三正一负"的清单式管理制度，仅对某些商品实行免关税，需要纳税人行使相应的免税请求权，经由税务机关审核方能享受优惠待遇。这也是出于税收征管能力与海南自贸港发展承载能力的考量。依据海南自贸港"零关税"税收法律制度推行的可行时间表，2025—2035年，绝大部分商品将适用"零关税"。

海南自贸港的"零关税"税收法律制度应属特异性税收法律制度。我国其他自贸区可以试行相应商品减免关税的税收法律制度，但不能实行常态化的"零关税"税收法律制度。

（三）海南自贸港销售税法律地位不明

《海南自由贸易港建设总体方案》规定海南自贸港于货物与服务零售终端环节征收销售税。在《海南自由贸易港法》的制定过程中，在三审稿和终稿中加入了在零售环节征收销售税的条款，而销售税的具体法律制度仍无明确规划，销售税制度推行仍存在一定困难。

本文从国家政策发展及海南自贸港的发展沿革入手，引出海南自贸港是先行先试 CPTPP 的最佳开放门户，然后分析海南自贸港先行先试 CPTPP 面临的优势与挑战，提出应对挑战须从税收制度上寻求优化路径。本文立足于税法学的研究视角，在分析海南自贸港各税种法律制度问题的基础上，提出相应的解决方案，希望以此推动自贸港税收法治建设的步伐。

参考文献

曹胜新，梁军．海南自由贸易港销售税制度研究［J］．税务与经济，2022（1）．

国家南繁硅谷平台：自贸港种业开放模式案例研究

陈冠铭　杨新泉　张　霞

摘　要： 本文探讨海南自贸港和国家南繁硅谷平台在种业开放创新中的地位和作用，分析其面临的挑战和问题，并提出相应的对策和建议。种业开放创新对于提高我国农业国际竞争力和影响力具有重要意义，自贸港的高开放性为种业开放创新提供了重大机遇。通过案例研究可发现，基于自贸港的国家南繁硅谷平台具有集群效应和资源优势的同时也面临着种质资源流失、市场准入、知识产权保护及平台自身面临五大困境等问题。本文根据案例分析设计了基于国家南繁硅谷平台种业开放创新模式的生态结构及运行逻辑，并提出了"五新"突破、"平台"支撑、"法治"保障以及基于价值链的集群创新协同发展等策略。本研究对于推动海南自贸港乃至全国种业开放创新具有一定的参考价值和实践意义。

关键词： 自由贸易；南繁育种；种业开放；种业市场；模式创新

一、引言

（一）研究背景与意义

国家南繁硅谷是习近平总书记亲自部署、亲自推动的种业创新国家战略，也是我国打好种业翻身仗、实现科技自立自强的重要抓手和加速器。随着全球化和平台化趋势的深入，我国种业正面临着新的机遇和挑战，需要不断提高开放与创新的能力和水平，以适应新形势。在双循环格局下，种业开放的

---

① 基金项目：中国工程科技发展战略海南研究院2023年咨询研究课题"南繁产业高质量发展创新内核构建与运营研究"，受海南省崖州湾种子实验室科技高端智库资助。
作者简介：陈冠铭，三级研究员，海南大学三亚南繁研究院（南繁学院）；杨新泉，崖州湾国家实验室研究员；张霞（通讯作者），崖州湾国家实验室。

重要性更加凸显，但也受到种质资源、科技水平、市场体系、政策法规和国际关系等多重因素的影响。种业开放是当下种业领域研究的热点与重点，也是我国种业科技自立自强和种业高质量发展的必然结果。如何打赢种业"翻身仗"，实现种业科技自立自强，成为当前种业领域研究的热点与重点。

在此背景下，本文以国家南繁硅谷平台为研究切入点，探讨其在我国种业开放方面的创新模式。海南自贸港不仅是我国开放型经济新高地，还拥有种业科研需要的独特气候资源，为种业开放提供了平台和机遇。本文的研究意义在于：①为我国种业开放创新发展提供有益的参考借鉴和理论支撑，促进我国种业市场拓展；②为发展中国家种业开放提供一种可行的创新模式，为国际种业的和平与发展作出贡献；③为平台经济理论的应用和发展提供一个新的视角和案例，为限制性行业的开放创新提供一种新的思路和方法。

（二）理论与分析框架

应用平台经济理论、开放创新理论和案例分析法，本文依据种业开放的自身特点，基于网络、知识和需求的创新模式对国家南繁硅谷平台进行探讨，构建一个包括四个层次（平台层、网络层、项目层、产出层）和六个维度（开放性、协作性、整合性、智能性、多样性、可持续性）的二维4/6平台分析评价框架。本文通过对国内外典型案例的分析，尤其是分析美国、荷兰、法国、以色列、日本、巴西、德国和印度等国的种业开放模式，总结其经验和教训，并提出国家南繁硅谷平台在种业开放方面的创新模式及其对策建议。

二、研究设计

（一）研究对象与方法

本研究的限定词是国家南繁硅谷平台，研究内容是种业开放的创新模式，研究范围是海南自贸港背景下的中国种业；采用文献分析法系统梳理和分析论文主题涉及的理论与实践，探讨理论基础和研究空白；采用案例分析法，深入分析国内外典型案例的具体做法和成效，总结其经验和教训；同时，坚持目标导向与问题导向相统一，综合采用比较分析法和逻辑推理法，阐述国家南繁硅谷平台在种业开放方面的创新模式。

（二）数据来源与处理

数据来源于一、二手资料，其中一手资料通过调研获得，二手资料由相关部门提供或者从网络资料库中获得。本研究采取定量与定性相结合方式对数据信息进行处理，主要涉及德尔菲法、聚类分析和熵值法。

三、案例分析

（一）典型国家种业开放模式分析

1. 九国种业开放水平聚类分析

研究并选取种子市场规模、种子市场竞争程度、种业执法与维权能力、种子研发与创新能力、种子贸易政策、种子贸易额、对相关国际条约及组织的影响力和种业外资准入程度等八项指标，分析中国、美国、荷兰、法国、以色列、日本、巴西、德国和印度等九国种业开放水平，基于标准化值平方和算法模型进行聚类分析，见式（1）。

$$r_{ij} = \frac{x_{ij} - x_j}{S_j} \Bigg/ \sqrt{\sum_{j=1}^{8} \left(\frac{x_{ij} - x_j}{S_j}\right)^2} \tag{1}$$

综合主观和客观两种方式对八项指标进行赋分，其中种子市场规模、种子市场竞争程度、种子贸易额采取客观赋分，其他指标邀请种业领域的五名专家参与赋分，赋分经过式（1）处理后，见表1。

表1 各国在多个指标上的相对得分表

国家	种子市场规模	种子市场竞争程度	种业执法与维权能力	种子研发与创新能力	种子贸易政策	种子贸易额	对相关国际条约及组织的影响力	种业外资准入程度
美国	0.73	0.65	0.46	0.54	0.50	0.26	0.48	0.11
荷兰	-0.09	0.23	0.46	0.37	0.50	0.62	-0.24	0.42
以色列	-0.23	0.24	0.29	0.07	-0.17	-0.28	-0.38	0.36
巴西	0.55	-0.38	-0.06	-0.38	0.05	-0.31	-0.33	0.39
印度	-0.07	-0.05	-0.57	-0.49	-0.51	-0.30	-0.38	-0.28
德国	-0.06	-0.06	0.11	0.13	-0.06	0.10	0.22	-0.44
法国	-0.14	0.02	-0.23	0.16	0.38	0.39	0.28	0.11
日本	-0.16	-0.56	-0.23	-0.04	-0.62	-0.27	-0.07	-0.19
中国	0.23	-0.09	-0.23	-0.36	-0.06	-0.22	0.42	-0.47

基于熵值法（信息熵）得到初步的权重，并由种业领域的五位专家对权

重进行修正,得到修正后的权重,见表 2。

表 2 指标权重的综合赋值

指标	种子市场规模	种子市场竞争程度	种业执法与维权能力	种子研发与创新能力	种子贸易政策	种子贸易额	对国际条约及组织的影响力	种业外资准入程度
权重	0.18	0.10	0.07	0.12	0.11	0.21	0.09	0.12

对每个国家的相对得分乘以相应的权重系数,然后求和得到 k 值,见表 3。

表 3 聚类分析 k 值

国家	美国	荷兰	以色列	巴西	印度	德国	法国	日本	中国
k 值	0.46	0.30	−0.06	−0.03	−0.30	−0.01	0.14	−0.26	−0.10

依据 k 值对 9 个国家种业开放的水平进行聚类,共分四个梯队:第一梯队为美国和荷兰,是种业领域的领导者和引领者;第二梯队为法国,是种业领域的跟随者和合作者;第三梯队为德国、巴西、以色列和中国,是种业领域的参与者和学习者;第四梯队为日本和印度,是种业领域的局限者和弱势者。

2. 九国种业开放模式对比分析

按四类梯队,提出从种业开放的目标动力、体制机制、逻辑策略、模式形式、路径政策、法律法规、头部企业与创新平台、国际影响力等八个层面,分析各个梯队的共性模式,见表 4。

表 4 四个梯队种业开放模式

梯队	第一梯队	第二梯队	第三梯队	第四梯队
目标动力	引领全球种业市场,获取经济和技术优势	重视生态,保障国内农业生产和种业健康发展	基于农业安全,提升种业竞争力和影响力	保护种质资源,优先满足国内需求
体制机制	企业主导,产学研的高效结合	公私合作,重视科研机构创新作用	推动政府-企业-科研院"三角合作"	政府干预,公私部门共同推动

续表

梯队	第一梯队	第二梯队	第三梯队	第四梯队
逻辑策略	技术创新和市场需求导向，注重品种权保护和商业化策略	可持续发展，应用现代育种技术加速品种改良	需求导向，重视创新与服务	注重种质资源开发，关注售后技术支持
模式形式	高科技、高附加值的种业模式，重视生物技术和数字技术的应用	以粮食作物为主导，发展多元化的种业模式	适应自身的农业特点和需求，挖掘自身的种业优势和特色	以特色为亮点的种业开放模式
路径政策	推动种业创新，出台支持知识产权保护和技术转让的政策	重视农民教育和培训，出台政策鼓励种业创新	学习国际经验，介入国际种业合作和交流	保护知识产权和生物安全
法律法规	基于确保市场公平竞争和知识产权保护，制定和完善种业法律法规体系	出于保障育种者和农民的权益，制定和完善种子法和植物品种保护制度	在知识产权保护的态度上有一致性	—
头部企业与创新平台	聚集众多国际知名的种企和顶级研发机构	有大型种业企业和专注于特定作物的研发机构	跨国种业企业市场开拓目标市场	—
国际影响力	积极加入并主导多个国际种业条约和组织，推动全球种业规则制定	积极参与国际种业合作，推动欧洲和全球范围内的种业交流和合作	积极参与国际组织与条约，利用国际种业的资源和知识	积极参与国际组织与条约，提供国际合作的机会和支持

（二）国家南繁硅谷平台打造分析

1. 问题与挑战

下面利用二维4/6平台分析评价框架评估国家南繁硅谷平台。国家南繁硅谷平台基于位于琼南的国家南繁基地、南繁科技城、全球动植物种质资源引进中转基地以及南繁生物育种专区，通过制度性安排与创新、接口标准化、资源聚集与配置、集成管理与服务等，面向全球的种业和生物技术产业，吸引和帮助各类异质性创新创业主体，尤其是帮助所引进与培育的产学研用金等机构与外界结成稳固紧密、广泛联系的开放式创新与创业网络。

国家南繁硅谷平台除了面临种质资源流失、种业知识产权保护不力、开放性不足和种业市场竞争激烈等挑战之外，平台本身也存在五大困境：一是平台的定位困境，国家南繁硅谷平台涉及多个主体，建设主体和运营主体定位不够清晰，集成管理支撑不足，存量资源多头分布。二是平台的整合困境，价值链条没有形成，种业领域缺乏整合的决定性力量，各自为战的局面暂时仍难以扭转，其合作机制仍然处于探索阶段。三是平台的运营困境，涉农平台普遍缺少造血功能，经费渠道少且口径小。农业的季节性和区域性导致资源闲置和资源交流困难。四是平台的共享困境，现有的资源共享激励不足，可能存在资源的垄断或部分垄断问题，甚至出现尾大不掉的现象。五是平台的机制困境，协同创新缺乏产权制度和信任机制的支持。种业领域协同创新需要解决不同地域之间、不同机构之间、机构与个人之间积极性等复杂问题。

2. 目标与愿景

国家南繁硅谷平台目标是建成国际一流的种业开放创新平台，实现种业的高质量发展，为国家的粮食安全和农业现代化提供有力的支撑。愿景是成为一个服务中国特色智慧育种 4.0 和中国特色商业服务体系的综合性种业开放平台，为推动全球种业的进步和繁荣作出中国贡献。

3. 规划与建设

国家南繁硅谷平台由若干平台构成（见图1），其中科技创新平台和产业化平台是国家南繁硅谷平台两大核心支柱，两平台之间的联动效果是国家南繁硅谷平台最为核心的指标；管理服务平台以及数据与交易平台是国家南繁硅谷平台的内外部环境支撑；投融资平台是国家南繁硅谷平台实现可持续发展的动力支援；国际发展平台是国家南繁硅谷平台涉外属性的重要窗口。将管理服务平台和数据与交易平台等两个子平台归纳为"南繁硅谷创新创业环境支撑平台"；南繁科研作为最基本的功能，科技创新平台要成为国家南繁硅谷平台的核心极，独立列为"南繁硅谷科技创新平台"；将产业化平台、投融资金融平台等两个平台归入"南繁硅谷产业培育平台"；国际化发展作为南繁硅谷建设的重要战略目标，将其单列为重要一极，即"南繁硅谷国际发展平台"。

国家南繁硅谷创新创业环境支撑平台应该是软件平台的创新极，作为创新创业强劲的推动力，如同火箭的动力"箭身"，决定了飞多远、飞多快。而

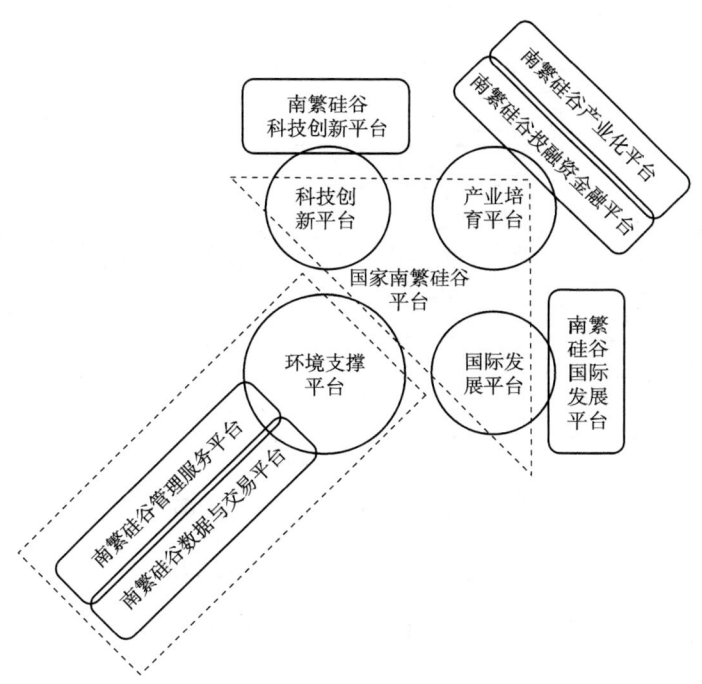

图 1　国家南繁硅谷平台构成

南繁硅谷科技创新平台、南繁硅谷产业培育平台、南繁硅谷国际发展平台是平台实体，应该作为硬件平台的创新极，如同火箭的"箭头"，即火箭发射的使命——运送"卫星"升空，而且是"一箭多星"。"卫星"升空后，其作用由其功能及其强度所决定。软件平台的创新极和硬件平台的创新极共同发挥作用，才能成就国家南繁硅谷平台。

4. 运行与管理

国家南繁硅谷平台一定要成为支撑建设"南繁硅谷"的基石与内核，整合和集成相关科技资源，重点打造智能化数字支撑体系、科技创新创造体系、生物技术与传统育种（育种4.0）桥接体系、创新创意创造成果熟化转化体系、金融财务法务等服务体系和国际交流合作体系等六大核心业务体系，构建六大子平台与六大核心业务体系的高度适配运行与管理机制，见图2。

九国案例表明，只有打造价值识别体系，拓宽价值资源的影响范围，尊重创新创造和知识产权，建立信任机制，遵循价值运动的主线，贯穿运营管理始终，尤其是架起创新与应用的桥梁，促成更有效的创新和更高效的应用，

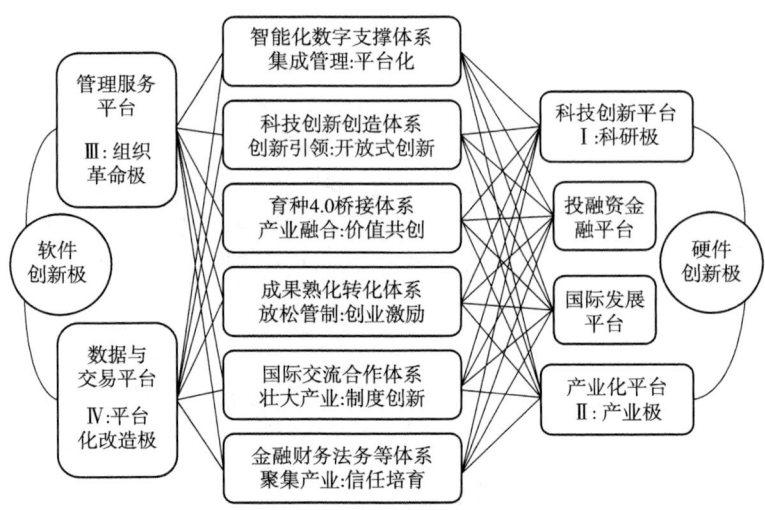

图 2　核心业务体系与子平台适配

才能通过价值创造、价值传递、价值共创、价值分配,实现多方共赢,保证国家南繁硅谷平台稳定且可持续创新与发展(见图3)。

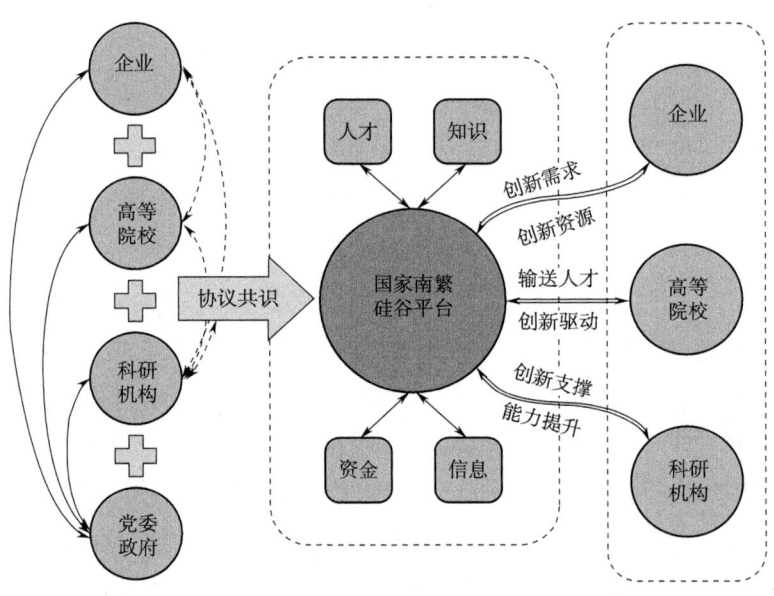

图 3　国家南繁硅谷平台基于价值链的协同结构

(三)自贸港种业开放的创新模式

1. 创新模式的基本结构

上述的分析表明,基于国家南繁硅谷平台的自贸港种业开放将是一种以保护为前提、以信任为保障、以开放为导向、以合作为基础和以创新为引擎的创新模式。该模式以南繁硅谷平台为其生态内核,通过体制机制、贸易、服务和科技创新,达成服务全国种业科技自立自强的核心目标,以及辐射东南亚、南亚、非洲、南美洲等全球热区的市场目标,见图4。

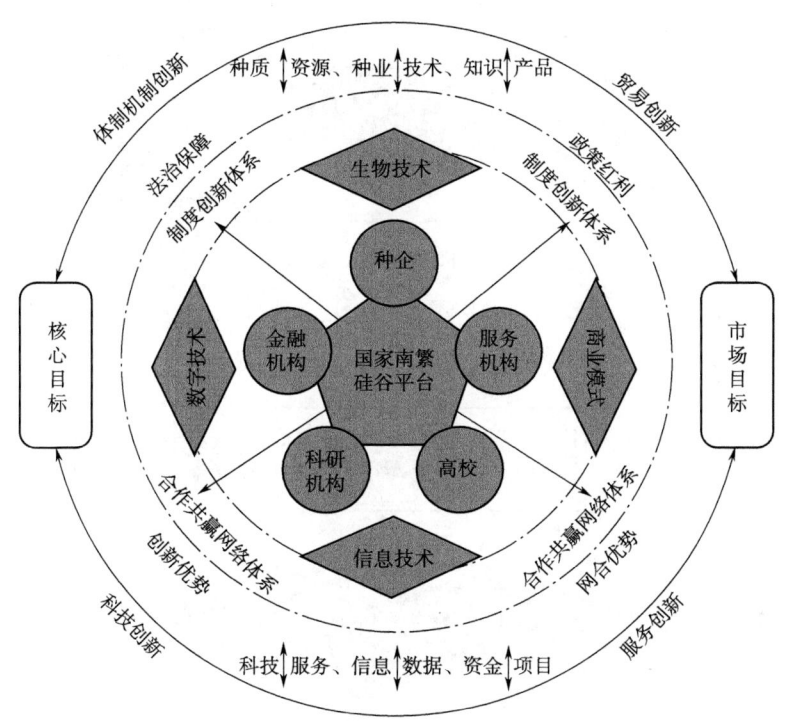

图 4　自贸港种业开放模式的生态结构

图 5 展示了国家南繁硅谷平台作为种业开放的创新核心和引擎,为种业开放创新提供法治保障、政策红利、创新优势、网合优势等,负责构建种业开放的制度创新体系和合作共赢网络体系;以生物技术、信息技术、数字技术和商业模式创新等作为种业开放的创新工具与方法支撑,负责种子的研发、生产、加工、检测、储运、销售、服务等的技术支持和技术创新;以种企、科研院所、高校、金融机构、服务机构等为主体,作为种业开放创新的参与者和贡献者,负责种质资源的保护和利用、种业科技的创新和成果转化、种子市场的竞争和合作、种子服务的提供和优化等;模式的主体通过种质资源、种业技术、知识产品、科技服务、信息数据和资金项目等价值流动,实现种业开放的创新连接交流与传递交换、种业的价值创造和价值共享以及主体间

的协调和合作。

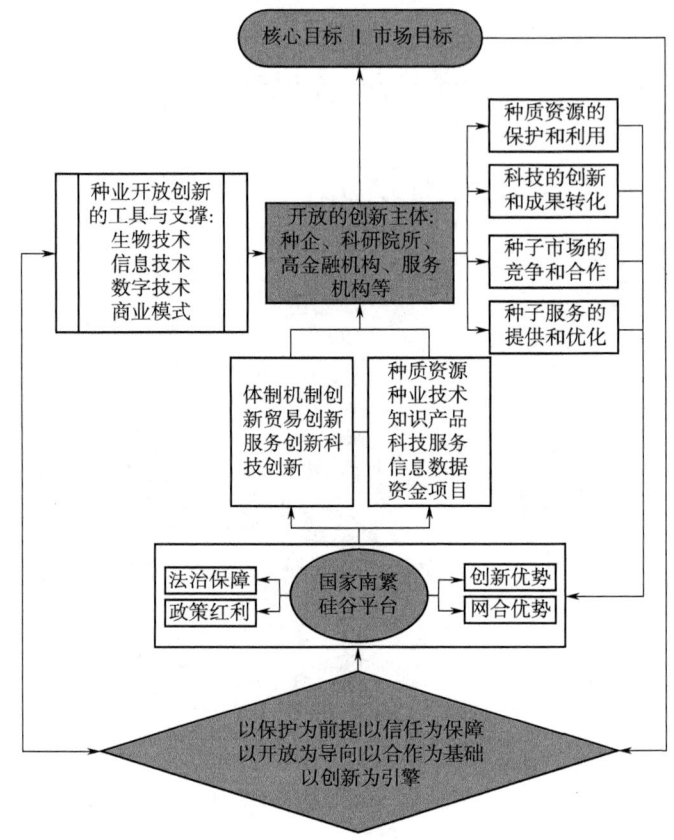

图5　创新模式运行逻辑

2. 创新模式的制度体系

基于国家南繁硅谷平台的种业开放的创新模型是一个以适应国际高水平经贸规则为目标，以推进种业贸易投资自由化便利化为核心，以促进金融服务创新化为支撑，以保障种业安全与社会责任为底线的制度体系。利用海南自贸港的立法权力和政策红利，确立起种业制度创新、贸易创新、服务创新和市场体系创新的制度体系，重点包括：①利用自贸港的制度与政策优势，为海南发展种子商贸保驾护航，突破时空界限、资源隶属界限以及机构界限与人才界限，从根本上解决"两头在外"的问题。②以种植户为中心，铸造种子生产经营许可—植物新品种权保护—品种市场准入—种子（质量）认证"四位一体"的自贸港种业市场体系。③重点完善种业市场准入制度和企业征信评价机制；实现平台合法化，行政赋能南繁硅谷种子交易平台，构建透明可靠的种业平台直销模式，减少流通环节，桥接品种、种子销售商与种植户。④夯实硬件基础，扶持种子质量检验认证机构，设立国家农作物品种展示评价基地，扩容 DUS 测试中心，建设品种 VCU 测试基地以及种子精选加工中心。

四、结论与建议

（一）结论与启示

1. 我国种业开放未形成竞争的格局：需要"五新"突破和"平台"支撑

中国种业开放格局受到了国内与交易对象国以及国际法律法规和政策的影响，存在着市场准入不畅、技术转移不顺、知识产权难保等问题，需要在种业安全保障之下加快推进种业的开放创新，提升中国种业的国际竞争力和影响力。同时，海南自贸港的高开放性可能面临种质资源流失和被窃、种业科技创新能力不足、种业知识产权保护不力、种业市场竞争激烈等问题与挑战，需要在新的体制与机制、新的逻辑与策略、新的模式与形式、新的路径与政策、新的法律与法规上进行"五新"突破，完善种业开放创新制度环境。

海南自贸港是我国种业开放创新的重要平台和机遇，为种业开放提供了肥沃的土壤，其在种质资源保护、南繁育种科技创新、种业市场竞争、种业政策制度等方面进行的试点，为我国种业发展提供了有益的参考和借鉴。海南自贸港对中国种业开放创新具有重要的意义和作用，在国家南繁硅谷平台规划建设的加持之下，将为我国种业提供独特的机遇和平台，因此需要夯实平台为种业开放提供安全的发展空间。

2. 海南自贸港夯实种业开放的集群：需要"网络"资源和"协同"优化

基于国家南繁硅谷平台的海南自贸港种业开放创新需要优先培育产业集群。这个产业集群要以国家南繁硅谷平台为核心，以种子企业、科研院所、高校、金融机构、服务机构等为主体，以生物技术、信息技术、数字技术等为支撑，以东南亚、南亚、非洲、南美洲等全球热带地区为目标市场，并以合作共赢为原则。基于国家南繁科研育种的产业集群具有明显的区位优势、技术优势和政策优势，有机会实现产业集群内部的协作效应和外部的溢出效应，促进我国种业的规模化、专业化和国际化发展。

海南自贸港种业开放创新需要优先以价值链为核心培育种业链，这个种业价值链要涵盖从种子研发、生产、加工、检测、储运、销售到服务等各个环节。基于国家南繁硅谷平台的种业价值链，可优化和协调各个环节，实现价值链上下游的有效对接，提高价值链的效率和效益。基于国家南繁硅谷平台的价值链，通过与其他相关行业的联动，实现价值链的延伸和拓展，增加我国种业价值链的附加值和竞争力。

3. 海南自贸港引领种业开放的模式：需要"创新"驱动和"法治"保障

基于国家南繁硅谷平台的海南自贸港种业开放创新模型是一个以适应国际高水平经贸规则为目标，以推进种业贸易投资自由化便利化为核心，以促进金融服务创新化为支撑，以保障种业安全与社会责任为底线的制度体系。通过种业开放模式创新，海南自贸港有望成为我国乃至全球的种业开放创新示范区，为其他发展中国家的种业开放创新提供一个可行的模式和范例。

海南自贸港种业开放创新需要优先以法治为基础保障种业发展。这个法治保障要建立在国际法和国内法的协调和衔接上，要符合世界贸易组织的规则和标准，要尊重和保护种业知识产权，要建立和完善种业监管和执法机制，要提高种业争端的预防和解决能力。国家南繁硅谷平台基于自贸港的法治保障，可为种业开放创新提供一个公平、透明、可预期的法律环境，增强种业开放创新的信心和动力，促进种业开放创新的健康和可持续发展。

（二）对策与建议

1. "新"体制与机制

要利用海南自贸港政策和立法优势，全面落实国务院"放管服"改革要求，在种业企业准入许可、种子审定、种子认证、种质资源引进出口等方面进一步简政放权，简化审批流程，推进要素流动自由化便利化，提高企业入驻效率。进一步建立健全南繁保护区运行体制与机制。

2. "新"逻辑与策略

要坚持发挥集中力量办大事的制度优势，加强产学研用的协同创新，搭建种业关键共性技术创新、科技成果转化等重要平台，借助大数据、信息化技术，构建灵活高效、可追溯的数字化种业管理与育种技术体系。要坚持以市场为导向，以需求为牵引，以效益为目标，以品牌为支撑，以质量为保证，以安全为底线，以创新为动力，以开放为机遇，打造具有国际竞争力的种业产品和服务。

3. "新"模式与形式

要充分发挥南繁科技城、国家南繁科研育种基地、全球动植物种质资源引进中转基地等平台作用，进一步吸引国内外相关科研单位和高校的专家、研究生开展科研工作。积极探索"南繁+"模式，即基于南繁建立起贯通全国科研育种体系，以国家实验室为基石，形成产学研用深度融合的创新模式，包括"南繁+高等教育""南繁+职业教育""南繁+种业集团""南繁+科技城""南繁+产业研究院"等多元化合作形式，促进科技成果转化和产业发展。

4. "新"路径与政策

要充分利用海南自贸港政策红利，结合种业的特点和需求，完善种子法律法规，在知识产权保护、税收优惠、金融支持等方面给予更多支持和便利。要参与种业相关的国际组织和条约的制定和执行，增加我国在相关组织的影响力。要拓展国际种子市场，增加出口品种和数量，提高进口品种的质量和安全。要加强与其他国家和地区的种业交流合作，共享种业创新成果，共同应对全球性的农业挑战。

5. "新"法律与法规

要利用海南自贸港的立法权力，立足种业开放，制定或修改适应自由贸易港建设的种子法律法规，如海南省农作物种子管理条例、海南自贸港知识产权保护条例、海南省自由贸易港种子进出口生产经营许可管理办法、海南自贸港植物新品种保护管理办法等，为南繁硅谷建设提供法治保障。要加强对外商投资、种子审定、种质资源引进出口、知识产权保护等方面的监管，防范种业安全风险，维护市场秩序。明确种质资源的归属、管理、利用、监督等方面的权利和义务，规范种质资源的引进和出口的程序和标准，严厉打击种质资源的非法携带、偷盗、走私等行为，维护种质资源的安全和合法利用。

参考文献

［1］王学民．应用多元统计分析［M］．上海：上海财经大学出版社，2017.

［2］陈冠铭，韩瑞玺．国家南繁硅谷平台的构建与运营研究［M］．北京：中国农业出版社，2021.

［3］张勇, 骆付婷. 基于价值网的科技成果转化服务平台运行机制研究［J］. 科技进步与对策, 2016, 33（5）: 16-21.

［4］肖卫东, 李肆. 农村中小企业公共服务平台的服务模式: 一个政府主导型复合服务模型［J］. 中国行政管理, 2014（12）: 63-67.

［5］张玉荣. 建设"南繁硅谷"打赢种业翻身仗［J］. 小康, 2021.

中俄合作与保险市场的新动向：海南自由贸易港、欧亚经济联盟与全球贸易中的策略性机遇

Zh. V. Pisarenko　S. I. Dukhno　谢文凯　李　浩

摘　要：本文探讨了俄罗斯在全球经济中的地位以及其参与区域经济和贸易倡议的潜力，特别关注了《区域全面经济伙伴关系协定》和海南自由贸易港，着重介绍了俄罗斯的保险和再保险行业，并强调其在这一背景下的关键作用。同时，还提到了俄罗斯国家再保险公司和新成立的欧亚再保险公司，以及它们在推动贸易和投资方面的潜在作用。此外，海南自由贸易港为俄罗斯投资者提供了诸多机会，如零关税进口、地理位置优势、接触中国内地市场的便捷性和商业改革。这些机会有望促进俄罗斯的投资，而欧亚再保险公司也将发挥关键作用，为俄罗斯公司提供更多的再保险选择，降低其保险费用，提高竞争力。这一举措对于推动贸易和投资，特别是在海南自由贸易港的发展、建设中俄越三方联盟的新贸易走廊方面具有重要意义。

关键词：中俄合作；保险市场；海南自由贸易港；欧亚经济联盟；战略性机遇

俄罗斯在全球经济中扮演着重要角色，其参与地区经济和贸易倡议，如《区域全面经济伙伴关系协定》（RCEP），有潜力对该地区的贸易和投资发展产生重大影响。

RCEP 是一项重要的贸易协议，涵盖了商品贸易、服务贸易和投资。该协定于 2020 年 11 月由包括中国、日本、韩国、澳大利亚和新西兰在内的 15 个

---

① 基金项目：本文得到了 RNF 项目号 21-510-92001 "在生态金融集团风险和国家经济迈向工业 4.0 的背景下扩大俄罗斯和越南进入全球市场"的支持。

作者简介：Zh. V. Pisarenko，圣彼得堡国立大学经济系风险管理教研室，俄罗斯工程院通讯院士；S. I. Dukhno，Mehilainen 养蜂场个体企业家，俄罗斯卡累利阿共和国；谢文凯、李浩，浙江万里学院商学院。

国家签署。预计该协议将创建一个自由贸易区，覆盖全球大约30%的人口和国内生产总值。海南自由贸易港建设是中国政府发展海南省贸易和投资的新倡议，该港口有望成为该地区国际贸易和投资的中心。本文将探讨俄罗斯保险和再保险在促进RCEP和海南自由贸易港内外的贸易和投资发展中的角色。

一、俄罗斯保险市场的特点

俄罗斯保险市场在地缘政治挑战的背景下已经发展了多年，俄罗斯保险市场的一些特点包括：

（一）保险公司数量减少

俄罗斯的保险公司数量一直在减少，最近一年净减少了七家。

（二）各类保险的签发保费增长

尽管受到制裁、疫情和地缘政治紧张局势的影响，俄罗斯市场上的签发保费在2014—2022年仍持续增长，预计到2023年将达到约1.96万亿卢布（较2022年增长约8%）。

（三）俄罗斯保险市场常见的保险种类包括医疗保险、汽车保险和寿险

在俄罗斯，医疗保险是最常见的保险类型，其次是汽车保险和寿险。尽管近年来保险公司数量出现了下降趋势，但预计2023年俄罗斯保险行业将实现显著增长（见图1）。

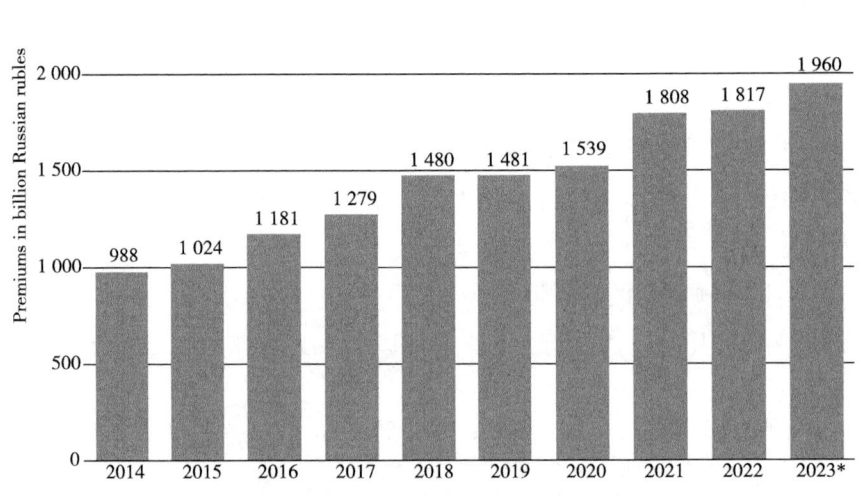

图1　2014—2023年俄罗斯联邦承保保费动态（单位：十亿卢布）

（四）挑战与再保险：制裁的后果

目前，针对俄罗斯的制裁涵盖了金融机构、法人和自然人、港口、船只以及可能属于双重用途物品范畴的商品。某些制裁旨在阻止俄罗斯实体和利益进入全球保险市场，而许多其他限制也可能涉及保险商的活动。俄罗斯有四家大型保险公司受到制裁，作为对2022年夏季出现的新挑战的回应，欧亚经济联盟国家的总理们达成了设立欧亚再保险公司的协议。该公司的注册资本将由欧亚经济联盟国家的贡献组成，总额为150亿卢布。俄罗斯总理米哈伊尔·米舒斯京在2022年8月26日欧亚政府间理事会会议上表示，该组织将提供相互和外部贸易的保险支持，促进投资合作，提供出口贷款，并与信贷机构和保险公司合作[1]。

除了已有的俄罗斯国家再保险公司（RNRC）（该公司在2022年成为俄罗斯再保险市场的领导者，签发的保险保费接近1 030亿卢布），还成立了另一家再保险公司——欧亚再保险公司（ERC）[2]。这是一家新的再保险公司，由欧亚经济联盟（EAEU）成员国创立，成员国包括俄罗斯、白俄罗斯、哈萨克斯坦、吉尔吉斯斯坦和亚美尼亚。这家再保险公司的目标是增强其成员国的保险潜力和专业风险管理，推动相互贸易和外贸，以及合作项目的实施。预计该公司将为俄罗斯的保险商和再保险商提供额外的再保险机会，这有望降低其保险费率，并增强其竞争力。保险和再保险在促进贸易和投资方面发挥着至关重要的作用，可为企业提供风险管理解决方案。保险可以保护企业免受意外事件造成的财务损失，如自然灾害、事故和政治风险。再保险为保险公司提供了额外的风险承保和灾难风险管理机会，预计创建欧亚再保险公司（ERC）将为俄罗斯的保险公司和再保险公司提供额外的再保险机会，这有潜力降低其保险费率[3]。

ERC的主要目标将是为出口供应和不能在发达国家再保险的风险提供保险。需要注意的是，现代保险市场的构建意味着个别公司不会承保可能威胁其财务稳定性的风险，而是将这些风险进行再保险，以在市场所有参与者之间分摊风险。预计ERC还将刺激对欧亚经济联盟（EAEU）市场和其他国家的投资。

---

[1] https：//www.oecd.org/daf/fin/private-pensions/GIMT-Preliminary-2022.pdf
[2] https：//tass.ru/ekonomika/18639343
[3] https：//www.kommersant.ru/doc/5526595。

二、欧亚再保险公司和海南自由贸易港的发展

欧亚再保险公司的成立以及海南自由贸易港的发展代表了促进贸易和投资的两个重要举措，这些举措在当前的全球经济背景下具有特殊的意义①。

在全球经济和商业活动日益紧密交织的背景下，风险管理变得尤为重要。ERC 的成立为欧亚地区的企业提供了更多的风险管理工具和选择。通过再保险，企业可以更好地保护自己，从而免受各种风险，包括自然灾害、意外事故和政治风险。这不仅能使企业更安全地开展业务，还有望降低其保险费用，增强竞争力。

海南自由贸易港的发展是中国政府在促进国际贸易和吸引外国投资方面的重要举措。作为中国的自由贸易港，海南有望成为国际贸易和投资的重要枢纽，将吸引全球企业来此开展业务，创造更多的商机和就业机会。这也将为欧亚地区的企业提供更广阔的市场，促进贸易和投资的增长。

然而，一些风险可能难以再保险，特别是在海运领域。不过，EAEU 作为国际组织，不太可能受到西方制裁的影响。这使得 EAEU 成为一个重要的平台，可以为欧亚地区的企业提供更多的保险和风险管理机会，进一步推动贸易和投资的发展。ERC 和海南自由贸易港的发展为欧亚地区的企业提供了更多的工具和机会，可以更好地管理风险、推动贸易和促进投资，为该地区的经济增长注入新的活力。

三、海南自由贸易港

海南之所以被选作自由贸易港的设立地点，不是出于偶然。它拥有成功经验并对中国经济产生积极影响。整个地区将设立共计 120 个高科技园区，其中 53 个具有国家级地位。2020 年，海南省新注册超过 1 500 家新企业，其中大部分位于海口市的高新技术工业发展区，较 2019 年增长了 553%，将会增加商品生产和全球级销售基础设施的需求。

海南自由贸易港的建设代表了中国在全球贸易和经济领域迈出的重要一

---

① https://www.ankasam.org/%D0%B8%D1%82%D0%BE%D0%B3%D0%B8-%D0%B7%D0%B0%D1%81%D0%B5%D0%B4%D0%B0%D0%BD%D0%B8%D1%8F-%D0%B5%D0%B2%D1%80%D0%B0%D0%B7%D0%B8%D0%B9%D1%81%D0%BA%D0%BE%D0%B3%D0%BE-%D0%BC%D0%B5%D0%B6%D0%BF%D1%80%D0%B0/?lang=ru.

步。这一举措旨在加速中国与国际市场的融合,为企业提供更广泛的贸易机会,吸引外国投资,加强与其他国家的合作。这不仅有利于中国的经济增长,还会对全球经济产生深远的影响。

首先,海南自由贸易港的设立鼓励了企业的创新和发展。这个地区不仅具备国际贸易的便捷性,还通过高科技园区的设立为企业提供了创新的环境,将吸引国内外企业前来投资和合作,促进科技的跨国流动和合作。其次,海南自由贸易港有望吸引更多的外国投资。作为一个自由贸易港,它将提供更多的便利和优惠,吸引外国企业前来设立业务,扩大市场份额。这将有助于增加外国资本的流入,促进中国经济的国际化。此外,海南自由贸易港的成功经验还将为其他地区提供参考,帮助其他国家和地区也设立自由贸易港,进而促进全球经济的开放和合作。海南自由贸易港的建设对中国和全球经济都具有积极的影响,它将成为促进国际贸易和投资的重要平台,为未来的经济增长和全球合作提供更多的机会。

四、海南自由贸易港与中俄贸易发展

海南自由贸易港为寻求扩大在中国及全球市场份额的俄罗斯投资者提供了独特的机会。下面是一些使海南自由贸易港对俄罗斯投资者更具吸引力的重要因素,它们可以进一步推动该地区的贸易和投资。

(一)俄罗斯商品免税进口

海南省具有特殊的税收政策和业务环境,使俄罗斯商品和服务可以无须缴纳关税。这有助于促进出口,并使俄罗斯产品在国际市场上更具竞争力。

(二)优越的地理位置

海南岛地理位置优越,飞往香港仅需一个小时航程,并且靠近越南和东盟市场。俄罗斯与越南之间有欧亚经济联盟自由贸易协定,而中国与东盟之间也有自由贸易协定。海南自由贸易港提供零关税政策,到2025年将完全实施,会促进各类商品零关税进口。

(三)进入中国市场

海南靠近中国内地,这为俄罗斯企业提供了进入全球最大且增长最快市场的机会。

(四)商业友好政策

海南正在推出支持商业发展的政策,包括低税率和简化的投资程序。这将吸引更多的俄罗斯公司和投资者前来发展。

（五）合作潜力

海南是中国重要的种子生产和农业基地，为俄罗斯农业企业提供了合作机会。

综合考虑这些因素，保险和再保险在确保俄罗斯投资在海南自由贸易港的安全和保护方面将发挥重要作用。这有助于降低风险，并促进海南自由贸易港的俄罗斯投资的可持续发展。俄罗斯企业和投资者有望充分利用这一机会，加强与中国和其他国际合作伙伴的合作，实现共同繁荣和增长。

五、促进新的贸易走廊发展（越南—俄罗斯—中国）

俄罗斯通过欧亚经济联盟与越南签署了自由贸易协定，而中国则与东盟签署了自由贸易协定，这为中俄越三方提供了巨大机遇。欧亚经济联盟和越南关键的地缘战略位置，有潜力促成连接欧亚的重要中转枢纽。这不仅将促进这三个地区之间的贸易，还将促使更多的国家和地区加入，共同分享繁荣和发展的机遇。

此外，海南正在建立越南贸易促进办事处，这一举措将为贸易合作带来巨大动力。该中心的设立旨在促进双方之间的联系，扩大跨境投资，支持企业间的合作，加强相互联系。通过促进信息共享、开展贸易促进活动和商业交流，该中心将有助更多企业参与这一地区性贸易合作。2022年，越南从海南的进口额达68.9亿美元，比前一年增长171.1%，这表明了两者之间的联系日益紧密。海南与越南之间关系的密切，使得这一地区的地理位置更加重要，因为它位于中国南部，并与越南接壤，这为更多的双边和多边贸易合作提供了机会。

自由贸易协定也是这一贸易走廊发展的重要因素。海南与越南之间的贸易受到两个自由贸易协定的规范，分别是中国-东盟自由贸易协定（ACFTA）和《区域全面经济伙伴关系协定》（RCEP）。这些协定降低了贸易壁垒，促进更多商品和服务的自由流通。

另一个重要的领域是电子和机械设备的出口。2021年，中国向越南出口的电子和机械设备占中国总出口额的5%。这反映出一些主要电子产品制造商正在将其供应链的一部分从中国转移到越南，以实现多样化和降低生产成本。尽管有大量电子元件仍然在中国生产，但已在越南进行最终组装，这一趋势为中俄越贸易合作带来了更多机会，特别是在电子和机械设备领域。中俄越三方可在这些领域中实现更深层次的协作，为各方带来更大的经济利益。

中俄越三方可通过加强合作，发展新的贸易走廊，降低贸易壁垒，促进更多企业参与贸易活动，创造更多就业机会，加速经济增长。这将为各方带来更多的机遇和好处，也将推动地区和全球的繁荣和发展。

六、结论

（一）海南自由贸易港的建设对中国和俄罗斯之间的贸易关系具有战略意义

零关税政策的全面实施将进一步促进两国之间的贸易和投资活动。俄罗斯可以通过这一港口更便利地将其商品出口到中国，并与中国的消费市场紧密互联。这将对俄罗斯的经济增长和贸易多样化产生积极影响。

（二）保险市场是经济的稳定器，对国际贸易和投资至关重要

欧亚再保险公司（ERC）的成立将加强俄罗斯及其邻国的风险管理能力，降低投资项目和出口交易的风险。这能够为企业提供更大的信心，鼓励更多的投资和贸易。此外，ERC还可以为越南等合作伙伴国提供保险服务，增强其国际市场竞争力。

（三） ERC将有机会提供更具吸引力的保险政策，吸引更多国际企业参与中国市场

这种竞争将推动保险行业创新，提供更多选择，并为投资者和企业提供更多灵活性，从而促进国际贸易和投资的发展。

综上所述，海南自由贸易港和欧亚再保险公司的发展将有助于促进俄罗斯、越南和EAEU成员国之间的经济合作，提高它们在国际市场上的竞争力，促进贸易和投资的增长。这对于整个地区的经济繁荣和发展至关重要。

参考文献

［1］全球保险市场趋势（2022）．［2023-10-12］．https：//www．oecd．org/daf/fin/private-pensions/GIMT-Preliminary-2022．pdf．

［2］SE V，PISARENKO J V，NGUYEN K T．为俄罗斯和中国贸易的可持续发展提供出口信贷保险［C］//智能工程经济和工业5.0（INPROM）综合论文集，2023：112-114．

［3］Binh Truong（2023）．海南与越南之间的紧密联系将推动双方的贸

易. [2023-10-12]. 越南简报. https：//www.vietnam-briefing.com/news/vietnam-hainan-trade.html/#：~：text=Export%20turnover%20to%20Vietnam%20of，of%20China%20and%20into%20Vietnam.

[4] PISARENKO J V, KUZNETSOVA N P, NGUYEN K T. 在工业 4.0 发展的条件下，金融融合和全球生态系统的形成 [J]. 保险业务，2021（342）：11-21.

海南自由贸易港与粤港澳大湾区创新人才联动培养路径研究①

陈·巴特尔

摘　要：《海南自由贸易港建设总体方案》的颁布标志着海南自由贸易港将成为引领我国对外开放的重要平台和窗口。海南在建设自贸港的经验与人才储备方面尚不充分，而与之毗邻的粤港澳大湾区产业基础厚实，人才培养体系建设相对完善。两地因人文地理区位相近、资金供需关系、区域优势互补等条件具备联动培养创新人才的潜力。海南自由贸易港与粤港澳大湾区创新人才联动培养，在优化区域生态、完善区域育人机制、构建共享资源平台以及人才评价革新等方面具有重要意义。但是目前创新人才联动培养依然面临体制机制壁垒阻碍、学校学段衔接不畅、平台技术利用受限以及培养标准存在差异等挑战。鉴于此，亟待通过政策协同打破区域行政壁垒，校际衔接构建合作共育机制，资源流通推动校社资源共享，技术赋能完善评价选拔机制，从而为应对挑战提供路径支持。

关键词：创新人才；区域联动；人才培养

党的二十大报告明确提出"全面提高人才自主培养质量，着力造就创新人才，聚天下英才而用之"。2019 年 2 月 18 日，中共中央、国务院发布《粤港澳大湾区发展规划纲要》；2020 年 6 月 1 日中共中央、国务院发布《海南自由贸易港建设总体方案》。两份政策文件的出台对区域协调、联动发展，打通国内国际大市场具有重要指导意义。海南自由贸易港与粤港澳大湾区联动发

---

① 基金项目：本文为三亚学院科研启动项目"海南自贸港建设高等教育供给效率与高层次人才培养体系建设研究"（项目编号 USYRC 23-18）的阶段性成果。
　　作者简介：陈·巴特尔，蒙古族，内蒙古乌拉特中旗人，三亚学院特聘教授，南开大学周恩来政府管理学院教授，博士生导师，教育学博士，研究方向：民族学、教育学、人类学。

展,是贯彻落实中央决策部署、加快构建以国内大循环为主体、国内国际双循环相互促进的新发展格局的重要举措;海南自由贸易港与粤港澳大湾区创新人才联动培养是一个系统性、复杂性工程。梳理人才联动培养学术史,厘清联动培养的现实背景、探索如何联动培养创新人才,不仅事关国家人才战略方针的贯彻,更是实现两地乃至整个华南区域高质量发展的重要抓手。

一、人才联动培养学术史梳理

"联动"的含义一般为:若干关联的事物,当一个运动或变化时,其他的也跟着运动或变化,多用来强调相互关联的个体之间相互影响、相互作用来共同达到某一目标。用联动的视角审视人才培养模式的发展,高等学校无疑是培养人才的主要阵地,故部分学者以高校为中心,挖掘与其建立合作关系的政府机关、企业、公共社区等社会主体,分析各方主体相互之间的作用关系,进而探索多方主体联动条件下的人才培养路径。例如:洪永铿(2007)研究了政府、企业、学校三方联动来使学生素质全面提高的人才培养模式,证实了"三方联动,双证融合"人才培养模式是实现高职教育"高素质、高技能"人才培养目标的途径。张雷(2010)探究了大学校区、产业园区(或科技园区)和公共社区三区间的联动式发展,发现三区间的联动与融合为高校人才培养机制的创新创造契机,高校可从三方主体的效用出发,多方面考虑自身需求,进而全方位确立人才培养目标,构建人才培养新平台,培养差异化人才。王云儿(2017)从校企合作、产教融合的角度出发,提出要构建专业核心能力与职业发展需求相结合的课程体系,并在办学体制、教学模式、资源平台方面进行改革,以此来寻找应用型人才培养改革与创新的新路径,实现人才培养目标。还有学者结合具体经济特区的联动育人机制展开了探讨。例如:王亚煦(2022)探讨了粤港澳大湾区新工科背景下产学研协同育人体系的建设,提出要创新产学研合作指导理念、系统构建产学研协同育人运行机制、强化联动"校-企-研"多方实践合作、优化高校产学研建设内容等协同育人方式,以此为粤港澳大湾区的发展建设输送人才。刘肖冰(2023)探究了海南自贸港地区"政企校工"四方联动培养人才的路径,指出各方主体要结合自身优势,做好规划布局。其中,政府应完善政策体系,注重高位统筹;企业的职责在于加强文化引领,提升管理效能;高校要加强学科建设,创新培养模式;员工的使命在于树立良好的敬业精神。四方之间相互监督,互利共赢。

综合已有研究不难发现，学者在探究人才联动培养的问题时，起初把高校当作人才培养和输送的主阵地，以此寻找社会各界能与其建立关系网络的主体，并由最开始的校企联动、校企以及公共社区的三方联动，最后发展至"政企校工"四方联动培养人才。伴随着人才培养主体的多元化，培养模式也愈发丰富，由最开始的高校内部单一的教育理念、教学制度的创新到社会各方联合统筹引领、协调规划，使得人才培养的模式不再"单一化"，培养人才的类型也逐渐适应当今社会对创新型复合人才的需求。但大多数研究集中于探究某一具体地区的多方主体培养人才的模式、路径，鲜有研究考察两个及以上地区综合自身区域优势，形成区域联合体来共同开展创新人才的培养。这为本研究的开展提供了现实的可能与拓展的空间。

二、海南自由贸易港与粤港澳大湾区创新人才联动培养的背景

（一）海南与粤港澳地区地理区位的相近性

两个地区是否具备联动发展的条件，地理区位和距离是一个不可忽视的重要因素。从地理区位来看，海南是粤港澳大湾区产业投资和人才往来的重要省份之一。海南在1988年之前归属广东管辖，海南居民对广东民俗文化有天然的认同感，两地方言相通、人文相近，是关系亲近的兄弟省份。两地创新人才流动密切、交往频繁，可消除联动培养创新人才的文化隔阂。

（二）海南经济基础薄弱，培养创新人才需要外部资金投入

海南的经济产业以农业和旅游业为主，制造业和工业发展尚不发达。与国内其他沿海港口城市相比，海南港口的吞吐量较低，资金来源渠道较为单一，难以提供培养创新人才所需的大量资金，急需外部资金投入。而粤港澳大湾区在自由贸易试验区的建设、制度创新、产业结构升级等方面的发展卓有成效，资金来源十分充足。海南与粤港澳大湾区的联动建设将为海南的创新人才培养带来新的契机，有助于升级海南省产业结构、优化创新人才培养机制，大量资金的投入也有助于海南吸引更多省外人才来为经济社会建设添砖加瓦。

（三）两地区域优势互补，利于形成创新人才培养新高地

创新人才的培养需要不断借鉴周边发达地区的经验、方法，加以内化、吸收，形成本地特色人才培养体系。粤港澳大湾区作为实力强、增长速度快、

充满活力的区域，要使其成为辐射全国乃至周边国家的产业聚集地、人才供给地，离不开周边省份和地区的支持。海南自贸港作为我国面向太平洋、印度洋开放的重要港口，急需强大的外部拉力来带动经济发展。粤港澳大湾区与海南自贸港所覆盖的地带范围广阔，发展潜力巨大。粤港澳地区第三产业发达，人才储备多，具备带动和服务海南自由贸易港建设与发展的能力；海南自然资源丰富，靠近东亚与东南亚之间的国际深水航道，海运便利，便于发展外向型经济。两地大力开展合作交流，可有效缓解海南人才方面的困难。

三、海南自由贸易港与粤港澳大湾区创新人才联动培养的意义

海南自贸港与粤港澳大湾区创新人才联动培养，是贯彻共同发展理念、构建新发展格局的迫切需求，对于助推海南自贸区实现创新生态、完善育人机制、共享资源平台、优化评价标准具有重要价值。

（一）创新人才联动培养有利于优化区域创新生态

《海南自由贸易港建设总体方案》《粤港澳大湾区发展规划纲要》都提出以创新为重点的发展模式。海南自贸港和粤港澳大湾区是中国重要的开放窗口和创新驱动区域，通过联动培养创新人才，可以优化区域创新生态，促进科技创新和产业发展，具体而言：一是激活区域经济创新新动能。海南自贸港和粤港澳大湾区是中国重要的经济增长极，通过联动培养创新人才，可以推动粤港澳琼四地的科技创新和产业升级，为经济发展提供新格局和新动力。二是优化区域产业发展与技术革新匹配度。海南作为岛屿产业体，其自身的产业创新有限，需要从岛外寻找创新产业技术支撑。粤港澳大湾区具有创新方面的优势，特别是深圳在5G、新能源汽车等领域的创新能力处在世界前沿。创新人才的参与和引领可以提升产业技术水平、竞争力和附加值。三是实现区域创新人才资源的优质合作与共享。粤港澳琼四地的创新人才可以依托政策优惠，分享人才培养的思路与经验、共同解决困难，有助于促进人才创新生态的形成和发展，打破地域壁垒，形成更加开放、包容和有活力的创新氛围，从而优化区域创新人才政策，畅通政策协同渠道。

（二）创新人才联动培养有利于完善区域育人机制

海南自贸港和粤港澳大湾区人才联动培养是集粤港澳大湾区创新育人所长、补海南自贸港创新人才所需，有利于完善区域人才培养机制，实现校际合作高质量育人，主要包括：一是共研创新人才区域协同培养方案。联动育

人可以集聚粤港澳琼四地育人优势，以培养创新人才服务产业升级为目标，守牢教育公平底线，满足科技创新所急所需，突出培养创新思维和跨学科能力。二是共商产学研融合育人机制。通过创新人才联动培养，可以促进区域产学研结合，加强理论与实践的结合。以真实的科研项目和产业实践，促进人才提高解决实际问题的能力和实践经验。同时，企业和科研机构可以与高校合作，共同培养人才，实现产学研三方共赢。三是共建长效合作育人机制。创新人才培养不是封闭割裂的，而是一项涉及教育、科技、产业等多领域的复杂工程。创新人才联动培养可以促进学校与企业之间育人机制的建立。人才在特定科技项目中的合作和交流，可以促进学校和企业之间的相互了解和信任，为未来更深入的合作打下基础。这样的长效合作育人机制有助于推动区域育人机制的完善和长期发展。

（三）创新人才联动培养有利于构建共享资源平台

海南自贸港和粤港澳大湾区各具优势，通过创新人才联动培养，可以实现区域资源的共享与合作：一是优化区域人力资源结构，实现人才优势互补。通过联动培养，粤港澳琼四地高校可以在培养创新人才方面发挥各自的特长和优势，形成资源整合与优势互补格局，有助于打破高校之间的孤岛效应，提高整体培养质量。二是发挥多主体平台资源，实现师资优势互补。创新人才不仅要有专业知识和技能，还要具备创新思维、团队合作和跨学科能力，通过政企校社四主体联动协同培养，充分发挥和挖掘各主体的师资力量，实现教育、科技、人才三位一体育人目标，从而培养出具有创新思维和综合素质的复合型人才，更好地适应海南自贸港的产业需求，为地区发展提供更多的智力支持。三是打造开放人才创新基地。大力吸引粤港澳大湾区高校科研机构在海南设立分校和科研机构，形成海南自贸港科技创新和创业孵化小高地，基地可以提供良好的创新场所和资源支持，为人才提供创新创业的平台和机会，有利于激发创新潜能，吸引更多的创新人才参与海南自贸港的创新活动。

（四）创新人才联动培养有利于人才评价革新

创新人才联动培养强调与海南自贸港市场需求的对接，促进创新成果的转化和应用：一是探索构建以市场导向的人才评价标准。在人才评价中引入市场导向的评价机制，可以使创新人才的评价更加符合产业实际需求，提高创新人才的实际价值和社会影响力。二是形成创新人才跟踪培养制度。通过联动培养，可以建立多维度评价跟踪体系，反馈人才在不同高校和科研机构的学术表现、科研成果、创新能力等方面的综合素质。这有利于全面跟踪创新人才的成长和发展，并为海南自由贸易港人才选拔和培养提供更有效的依据。三是形成智慧创新人才评价机制。通过数字技术赋能创新人才评价机制，可以实现数据的搜集、整合和分析，作出海南自贸港创新人才选拔和培养最优决策。通过大数据的应用，可以更准确地评估区域人才的潜力和发展趋势，为创新人才培养提供个性化的指导和培养路径的支持。

四、海南自由贸易港与粤港澳大湾区创新人才联动培养的挑战

随着《海南自由贸易港建设总体方案》的推进与落实，粤港澳琼四地交流与合作取得瞩目成绩的同时，也逐步向发展的"深水区"迈进。其中创新人才联动培养作为一项复杂的系统，如要实现实质性突破，依然面临诸多难题与挑战。

（一）体制机制壁垒阻碍，联合培养的政府工作尚需优化与完善

在创新人才联动培养机制的形成与发展过程中，政府发挥着举足轻重的作用。政府通过对顶层设计的制定与调控，可为粤港澳琼四地联动培养营造良好的育人生态，确保人才联动培养的质量。但是，由于创新人才联动培养向全面化与多样化演进，政府工作中原来潜藏的问题与挑战逐渐凸显，主要表现为以下三点：一是引进与培养政策之间的失衡。海南自贸港与粤港澳大湾区都对人才储备给予了政策上的高度关注。以海南岛为例，先后出台了《鼓励港澳台地区人才服务海南发展若干意见》《港澳台地区专业人才在中国（海南）自由贸易试验区、海南自由贸易港执业管理办法》等政策，但在联合培养层面，出台的相关政策仍较为有限。该问题可能会引发人才培养惰性，同时限制人才联动培养的机会。若多方资源因缺少政策的统筹协调而未能整体有序的介入，而且会产生人才联动培养出现任务不明、思路不清的问题。二是人才联动培养存在制度隔阂。因为创新人才培养需求上的差异，不同地区政府在相关制度制定与更新的速度、内容和方式等方面存在不一致。在联合培养的过程中，存在行政程序繁琐、培养制度难以统一等问题。不同地区和机构之间信息共享不足，制度更新后不能及时有效沟通与交流，使人才联动培养难以获得准确的信息和指导。三是联动培养工作中，政府与相关育人主体的互动不足。相关数据显示：在60项制度集成创新工作台账中，有55

项都是由省级职能部门进行设计,并自上而下推动的。政府主导了从全局出发系统安排联动培养的各项事务,但创新人才培养的复杂性与艰巨性决定了联合培养需要更多主体的合力。如果相关主体长期参与度不足,可能导致联动培养与实际需求相脱离、工作负担过重等问题。

(二)学校学段衔接不畅,联动培养的合作贯通机制尚需建立与改进

创新人才的培养需要系统连贯的教育体系,一方面能够为创新人才提供坚实的学科基础,另一方面能够更好地满足综合全面发展的需求。由于粤港澳琼四地教育资源分布不均,以及各级各类教育体系发展水平存在差异等问题,联动培养的合作贯通机制尚需建立与改进,具体表现为以下三个方面:一是高校间缺少规模化与常规化的运行机制。海南和粤港澳大湾区之间的人才培养与学术交流已有长期的历史基础。以海南大学为例,已经先后与香港地区高校签署了《海南大学与香港中文大学学术交流协议》《海南大学与香港岭南大学交换学生计划协议书》等文件,为创新人才的联动培养打下了良好的基础。但是粤港澳琼四地高校间的合作依然存在着偏于自发性、零散性等问题,导致高校对外开放的全面性较差,联动培养成果受限,也容易因缺乏监督评测机制产生形式化与符号化的风险。二是基础教育缺少精细化与多样化的活动内容。基础教育须打下人才培养的"地基",深化基础教育领域交流合作是创新人才联动培养的关键。海南省加大对外开放办学的力度,已有34所省外基础教育学校落户海南自贸港。但是面对香港和澳门的基础教育对文化传承力较弱、广东等地基础教育科学与创新性不足等问题,粤港澳琼四地基础教育联动培养应走向精细化与多样化,方可取长补短。而当前粤港澳琼四地基础教育在教师教研、课程资源互动等方面依然有较大提升空间,围绕创新人才的互动尚待优化。三是不同地区之间的跨学段协同较少。粤港澳大湾区教育实力雄厚,以香港为例,香港拥有5所QS世界排名前100的大学,世界顶级大学的密集度较高,科技研究、教学水平得到国际认可。然而粤港澳琼四地教育资源更多的是不同地区学段之间的横向交流,纵向和交叉较少,导致创新人才在联动培养的过程中可能遭遇学业断档、学术质量下降等问题。

(三)平台技术利用受限,联动培养的资源建设尚需统筹与挖掘

创新人才培养是一项需要大量投入师资、课程、教学等资源的任务。粤港澳琼四地创新人才联动培养,不仅扩大了相关资源的利用范围,还促进了地区资源的共享和互补。与此同时,资源的增多也容易产生开发与利用的难

题，如何消除"零和博弈"，基于有限的资源寻找更多"潜在的可能"，成为联动培养未来发展的挑战，具体分为以下三种情况：一是科技成果转化育人资源的效率不高。前沿的科技成果代表着相关学科领域的新进展。创新人才作为未来发展的"头羊"与"头雁"，其培养需要科技成果的哺育。粤港澳大湾区作为科技成果产出的聚集区，2022年转化科技成果的总合同金额为121.0亿元，能够为粤港澳琼四地联动培养提供良好的科技成果基础。但技术转移、知识产权管理等因素导致科技成果转化成育人资源的效率较为低下，联动培养的优势没有得到充分的发挥。二是育人平台之间缺乏资源的有效互动。平台建设和数字化配置是多样化满足人才培养需求、提高教育服务水平的关键举措，如海南的教育资源公共服务平台、广东省教育资源公共服务平台等都为省内人才培养提供了良好的支持。从联动培养的视角来看，资源更多局限于区域内部，区域间共享较少，人才培养依然受着地域的局限。三是高层次人才参与联动培养的力度不足。粤港澳大湾区与海南自贸港的人才储备工作已经推行多年，粤港澳大湾区人才港已经向功能多样并齐的世界"人才湾区"迈进。然而，当前人才储备与人才培养之间并没有构成双边关系，现有高层次人才助力粤港澳琼四地人才联动培养，缺乏系统的组织与统筹，且大部分局限于高校教师之中，部分人力资源依然有待挖掘。

（四）培养标准存在差异，联动培养的人才评价尚需开发与设计

建立健全创新人才选拔、培养、评价的长效机制，既有助于人才培育方案的厘定，也有助于对人才培育的跟踪与改进。由于创新人才培养和区域发展适配性紧密相连，因此其培养标准有明显的空间地域特征，从而造成粤港澳琼四地人才联动培养人才评价标准不一，直接影响相关工作开展的持续性，具体表现为以下两个方面：一是人才联动培养标准的个性化设计需要加强。伴随"双循环"格局的形成，粤港澳琼四地开放的力度将不断加大，创新人才培养的流动性将持续提升。但是由于不同地区学生生源质量、教师教学水平以及学科建设等方面存在差异，粤港澳琼四地人才联动培养标准如何针对异地学生提供群体性和个体化设计成为难题。二是招生考试体制自由度不高。招生考试体制的选拔是创新人才培养的起点。当前创新型人才的选拔主要以高考为枢纽，采用总分排序的录取制形式。该形式虽然保证了选拔的公平性和规范性，但是对于创新人才选拔，也容易产生区分度不足的问题。当前，粤港澳琼四地并未针对创新人才提出相应的区域性与针对性招生方案，招生

选拔自主权有限，容易产生人才流失、联动培育契机错失与培育效果不佳等问题。

五、海南自由贸易港与粤港澳大湾区创新人才联动培养的路径

海南自贸港和粤港澳大湾区创新人才联动培养是新时代国家推动区域协同发展战略的具体实践，区域必须结合实际，聚焦"创新人才联动培养"主题，开展系统性、整体性的规划设计，统筹政策协同、主体协同、资源协同、评价标准协同，形成创新人才联动培养共同体。

（一）政策协同，打破区域行政壁垒

创新人才的联动培养离不开各地政府的组织、协调、推动，为提高跨区域联动培养合作水平，必须解决好政策引领、机制建设、组织协调等关键问题：一是强化联动培养政策制定。创新人才联动培养要注重加强顶层设计，出台完善的创新人才联动培养政策链，为人员、资金、技术、信息等要素的自由流动提供政策激励和制度保障。各地政府应协商制定"海南自贸港和粤港澳大湾区创新人才联动培养工作方案"，构建联动培养合作框架，明确主体责任，细化联动培养各项任务，形成时间表、路线图，协同推进工作落实。二是健全联动培养合作机制。各地政府应提升制度创新力度，消除行政壁垒，为人才联动培养提供开放包容的环境，使优质育人理念、优势资源和配套服务得以拓展延伸。构建跨区域、常态化合作管理机制，推进联动培养事务有效衔接，确保人才培养工作高效运转。协同建立创新人才的"试点-推广"机制，加强区域校际交流合作、传播优质经验。三是建立联动培养组织体系。政策协同需要政府联结相关主体通过合作对话使联动培养政策兼容、协调，以满足不同主体利益需求，实现共同目标。政策协同的基本条件是主体的协同，粤港澳琼四地要建立由行政部门、高等院校、中小学、高新科技企业和科研院所等主体构成的联动培养组织体系，建设跨区域联动培养合作对接机构，形成多主体、多层级的创新人才联动培养治理布局，共同服务与创新人才联动培养战略需求。

（二）校际衔接，构建合作共育机制

创新人才培养需要以教育的高质量发展为根基，要全面提高各级各类学校人才培养质量。探索开放创新的办学模式，加强校际交流合作，形成有机协同的育人合力：一是深化基础教育改革，注重早期联动培养。基础教育阶

段要采用多元培养方式，为有潜质儿童发展提供多样化学习资源和发展路径，让创新人才脱颖而出；推动建立跨区域校际合作项目，促进课程资源共建共享。构建跨区域教师教研共同体，形成教师联动研修机制；组织学生开展跨区域交换培养、科创项目、竞赛活动，激发学生科学创新志趣，培育创新文化。二是继续加强高等教育对外开放，探索合作办学新模式。高等教育是人才培养、科技创新高地，要全面建设包含研究型大学、应用型大学和社区学院（职业教育）在内的高等教育体系，形成高校联盟，在学科发展、科研创新、人才培养方面互联互通。探索课程学分互认，实施灵活的交换生计划，开展科研成果分享转化方面的合作。鼓励各地高水平大学跨区域合作办学或独立办学，汇聚高水平高等教育资源。三是探索大中小一体化合作路径，实现贯通式培养。创新人才成长要经历自我探索期、集中训练期、才华展露期、领域定向期、创造期等多个阶段，涉及大中小不同学段，尤其高中阶段是培养学生创新素养的关键时期，应探索以高中教育为纽带，连通大学教育和小学教育，形成互动衔接的培养体系。探索打破区域、校际、学段的管理体制壁垒，允许有潜质的学生跨区域、跨学段选课。推动优质大学课程进校园、跨学段教师结对、师生互访等举措，加强校际交流合作。

（三）资源流通，推动校社资源共享

海南自贸港是国家对外开放的新高地，有突出的政策优势，粤港澳大湾区在科技创新方面有良好的基础和活力，各地应通过资源互通、优势互补推动区域创新人才联动培养：一是加强技术资源共享。粤港澳大湾区拥有国家技术创新中心、世界级高水平大学和科技领军型企业，具有雄厚的科研实力，海南自贸港要为粤港澳大湾区科学技术成果转化创造条件，以此带动跨区域校企合作，促进学术交流、产学研相结合，"在科技与产业的融合发展中重塑教育"。要合作建立专家库、成果库，汇聚前沿科学技术成果，凝聚教育资源力量。高校在专业设置、学科发展、科研创新上要与跨区域产业集群需求相匹配，推动跨区域技术资源分享与转化。二是加强平台资源共享。依托跨区域政府联动效应，规划建设联动培养合作平台，开展多样化的联动培养合作项目，如建立人才培养基地、校企合作协同创新实践中心、创新教育指导团队建设等。加强人才培养过程中的信息技术共享，共享数字化学习平台和教育资源，营造数字化学习环境，为创新教育教学方式、促进学生的个性化发展提供支持条件。三是加强人力资源共享。推动学校优秀教师、各行业专家的跨区域流动，鼓励院士、科学家、工匠型技师等高水平人才到校兼职授课，建立校外导师制度，指导学生开展科研项目和创新实践活动。支持教师到科研院所、企事业单位交流学习，提高创新意识和实践能力，提升工程技术、人工智能、医学、环境等高科技领域的教育素养。建立由高校、科技部门、科研企业等不同行业专家构成的师资库，形成跨区域、跨行业师资互聘制度，推动实现优质师资共享。

（四）技术赋能，完善评价选拔机制

创新人才联动培养需要在人才的评价选拔标准上建立共识，可探索运用现代科学技术，依托互联网、大数据等手段，协同建立公正科学的评价机制，注重对学生发展过程的评价追踪，改革招生选拔制度，筛选出真正有潜力的创新人才：一是要协同构建科学的人才评价方式。对创新人才的选择必须综合考虑学生身心健康、品德、智力、兴趣等多重因素，要认识到不同类型人才的独特性，在评价标准研制上要具有复合性。各地要汇集脑科学、心理学、教育学等相关专家，运用前沿技术共同编制评价量表，提升人才识别选拔标准的科学性。注重人才培养过程中的定性评价方式，综合运用观察、交流、作品等多种手段，形成定性资料，全面考查学生的智力和非智力因素发展情况。要注重追踪学生在不同学习阶段的素养表现，通过加强基础设施建设，形成跨区域创新人才联动培养教育数据中心，广泛运用物联网、大数据等信息技术手段对创新人才发展过程开展数据采集与教育评估，通过大数据平台获取多渠道、多学段、多方面的数据，以此优化培养方案，提升人才培育成效。二是改革创新招生录取方式。在建构科学公正的人才识别与评价方式的基础上，要依据各地实际，改革创新招生制度，进一步增加高校招生自主权，提升优质高校跨区域招生比例，采取分类考试、综合评价、多元录取机制，对于各学段脱颖而出的优秀学生要设立跨学区招生录取绿色通道。借鉴"高校少年班""领军人才计划"等创新学生选拔经验，建立适应高水平大学培养定位的选拔模式，畅通创新人才发展渠道。

参考文献

[1] 习近平. 高举中国特色社会主义伟大旗帜为全面建设社会主义现代化国家而团结奋斗 [N]. 人民日报，2022-10-26（01）.

[2] 江蓝生，谭景春，程荣，等. 现代汉语词典 [M]. 6版. 北京：商务

印书馆，2012：805.

[3] 洪永铿. "三方联动，双证融合"：高职人才培养的新模式 [J]. 教育发展研究，2007（Z2）：118-120.

[4] 张雷，徐凤兰. "三区联动"与高校人才培养机制创新 [J]. 教育与职业，2010（2）：20-22.

[5] 王云儿. 双元协同 双院联动 培养应用型紧缺人才 [J]. 中国高等教育，2017（2）：56-58.

[6] 王亚煦. 新工科建设背景下产学研协同育人体系的构建：以粤港澳大湾区高校为例 [J]. 中国高校科技，2022（5）：80-85.

[7] 刘肖冰，陈丽萍，何进武. 海南自贸港旅游业人才"政企校工"四方联动培养路径探究 [J]. 河南教育（高等教育），2023（3）：61-63.

[8] 陆剑宝，符正平. 海南自由贸易港与粤港澳大湾区联动发展的路径研究 [J]. 区域经济评论，2020（6）：130-135.

[9] 高璐，徐丽，曲智. 海南自由贸易港与粤港澳大湾区联动发展策略研究 [J]. 现代商贸工业，2022，43（15）：46-48.

[10] 李宜钊，魏诗强. 海南自由贸易港高质量发展研究 [J]. 公共管理学报，2022，19（4）：137-149，175.

[11] 马陆亭. 以高水平教育研究促高质量事业发展：庆祝中国高等教育学会成立40周年 [J]. 中国高教研究，2023（9）：17-20.

[12] 全球60多所知名学校落户海南自贸港！[EB/OL].（2023-07-01）[2023-11-04]. https：//www.sohu.com/a/693232465_121724281.

[13] 阎豫桂. 粤港澳大湾区打造世界一流创新人才高地的思考[J]. 宏观经济管理，2019（9）：59-65.

[14] 陈建中，严偲偲. 香港中文大学（深圳）教授、前海国际事务研究院院长郑永年：发展原创性技术是深圳当仁不让的使命[N]. 深圳特区报，2023-02-15（A04）.

[15] 谈力，李栋亮，韩莉娜，等. 促进粤港澳大湾区创新要素跨境流动的动力因素与公共政策的作用机制 [J]. 科技管理研究，2022，42（24）：38-47.

[16] 柯政，李恬. 创新人才培养的重点与方向[J]. 全球教育展望，2023，52（4）：3-13.

[17] 任可欣, 张洪泰, 安晓菲, 等. 动态匹配: 高层次创新人才成长经历研究 [J]. 国家教育行政学院学报, 2023 (6): 10-18.

[18] 《粤港澳大湾区科技成果转化年度报告2023》正式发布 [EB/OL]. (2023-09-21) [2023-11-04]. http://gdstc.gd.gov.cn/kjzx_n/gdkj_n/content/post_4257975.html.

[19] 粤港澳大湾区 (广东) 人才港正式开港 [N]. 人民日报, 2022-04-01 (11).

[20] 刘海峰, 陈时见, 孙杰远, 等. 教育强国建设的学理思考与着力方向 [J]. 中国电化教育, 2023 (10): 1-17.

[21] 孙司宇, 张晓京, 陈玮琦. 区域教育协同发展的现状及展望高端论坛会议综述 [J]. 中国人民大学教育学刊, 2023 (3): 145-152.

[22] 李建民. 高中阶段学校多样化发展视域下"科学高中"构想 [J]. 教育研究, 2023, 44 (6): 36-46.

[23] 陈先哲, 王俊. 新时代中国创新人才培养: 理念重审与体系优化 [J]. 高等教育研究, 2023, 44 (3): 65-73.

[24] 李木洲, 钟伟春. 世界一流大学本科招生制度的形成、特征及启示: 以哈佛大学、剑桥大学、东京大学为例 [J]. 湖北大学学报 (哲学社会科学版), 2023, 50 (3): 149-158.

[25] 王新凤. 我国高校创新人才选拔政策变迁与机制优化 [J]. 北京师范大学学报 (社会科学版), 2023 (4): 29-39.

BBNJ 国际协定谈判中海洋遗传资源争议的困境与展望①

范琴琴 卢暄

摘　要：海洋遗传资源（MGRs）是国家管辖范围以外区域海洋生物多样性（BBNJ）养护和可持续利用谈判四大核心议题之一，并作为新兴海洋战略资源成为各参与国谈判时的争议焦点，发达国家与发展中国家在法律地位、惠益分享以及知识产权问题上的利益难以协调。为推动 BBNJ 国际协定的制定，谈判新路径应淡化法律地位之争，树立正确认识观念，加强惠益分享监管，利用科技提高惠益分享的公正性。中国作为最大的发展中国家，在谈判中积极贡献中国智慧协调矛盾，提出建设性意见推动谈判进程，以期促进海洋治理的进步，实现海洋资源的可持续发展利用。

关键词：BBNJ 国际协定；海洋遗传资源；惠益分享制度；海洋治理

国家管辖范围以外区域海洋生物多样性（Biodiversity Beyond National Jurisdiction，BBNJ）养护和可持续利用是海洋治理的热门议题，其中海洋遗传资源（Marine Genetic Resources，MGRs）是海洋中具有开发价值的资源。海洋中某些具有价值的资源由于过度利用，已经接近衰竭甚至消失，在国家管辖范围内的区域，通过法律制度制止此种行为，可以有效地保护海洋资源。而国家管辖范围以外的海洋则缺乏有效的管理机制，BBNJ 的目的是弥补空缺，保护海洋生物多样性与可持续利用，主要适用范围是国家管辖范围以外海洋区域。2004 年，国际社会启动了 BBNJ 的相关工作，开启了漫长的协商

---

① 基金项目：国家社科基金一般项目"基于国际比较的中国海洋公共外交构建研究"（16BGJ023）。
作者简介：范琴琴，硕士研究生；卢暄（通讯作者），副教授，博士，研究方向：地缘政治、公共外交、跨文化传播。

制定过程，海洋遗传资源属于其中的一项。

一、海洋遗传资源的价值

海洋遗传资源作为 BBNJ 国际协定谈判议题之一，不同参与国在海洋遗传资源保护的相关问题上反复谈判商讨，究其原因是涉及利益争夺。海洋遗传资源是稀缺资源，也是新兴海洋战略资源。研究表明，深海中的极端微生物是海洋遗传资源的重要来源，对生物药源的发展具有重要作用。掌握海洋遗传资源研究技术，开发具有国际价值的产品，将提升有关国家在深海方向的国际话语权，进一步提高国际地位。

（一）医疗价值

深海极端微生物资源与深海生物基因具有重要的医疗价值。深海底的海山、冷水珊瑚和深海热泉等位置存在丰富的遗传资源，有陆地上没有的化合物，对制药业有着巨大的推动作用。深海生物体内可以提取大量抗肿瘤、抗菌、抗病毒、抗凝血、降压降脂等生物因子，这将大大促进医疗技术的进步，推动人类健康发展。同样具有医疗价值的还有深海生物基因。基因疗法作为一种医学治疗方式，研究深海生物基因序列，建立更加丰富完善的基因库，认识不同物种的基因序列，对研发新的医学治疗方案具有重要意义。现有技术对海洋遗传资源作用的探索仅是其中一小部分，更多潜在价值需要进一步的研究。但仅目前所展现出的实际价值已让众多国家争相开发海洋遗传资源。

（二）科研价值

海洋遗传资源在科研领域同样具有重要价值。研究海洋遗传资源能进一步了解海洋发展史，进而探究海洋圈层的物种。海洋遗传资源以及其他深海资源，能够充实国家深海资源数据库，对探索海洋起到指导作用，为推动海洋科技创新奠定基础。因此，依托海洋遗传资源，各国应共同开展相关领域的研究，共克难题、完成合作，以实现利益最大化。

（三）环境保护价值

环境问题与人类的生存和发展息息相关。近年来随着海上石油勘探、运输等活动的开展，石油泄漏污染也随之而来，成为海洋环境治理中十分棘手的难题。石油污染治理难度大，费用高且难以修复。泄漏到海洋的石油会随着洋流扩大污染的范围，海洋中生物的生命将受到威胁，甚至经过食物链的循环危害人类健康。而深海中的一些生物能够以海洋中的有害物质为养料繁衍生息，有效清除重金属、石油等污染物。这将有利于海洋环境保护，降低石油污染治理难度。

二、BBNJ 国际协定的发展过程

BBNJ 国际协定谈判内容主要包含四大核心议题（见图 1）：海洋遗传资源、划区管理工具、环境影响评价、能力建设及海洋技术转让。四大核心议题上含有多项主流分歧、个别非主流分歧，如海洋遗传资源主要涉及法律地位、惠益分享以及知识产权等分歧，涉及面较广。BBNJ 国际协定谈判难度大，以《联合国海洋法公约》（United Nations Convention on the Law of the Sea, UNCLOS）为框架依据，至今共历时 18 年，目前谈判处于第三阶段。第一阶段是特设工作组阶段，第二阶段是筹备委员会阶段，第三阶段是政府间大会阶段。

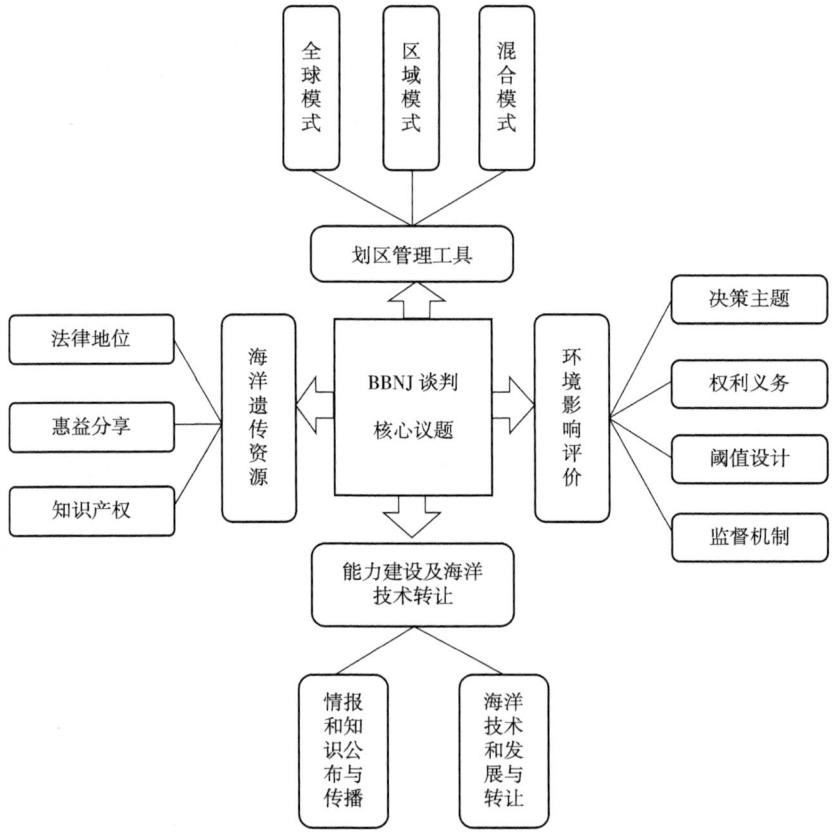

图 1　BBNJ 谈判核心议题结构

（一）特设工作组阶段

2004 年，在吉隆坡召开的缔约方大会第七届会议上决定设立不限成员的特设工作组，BBNJ 国际协定的第一阶段于此开启。2006 年 2 月 13—17 日，在联合国总部正式召开特设工作组第一次会议，各国代表团、联合国机构、政府间组织与非政府间组织代表 250 多人与会。但特设工作组前几次会议上各方分歧较为严重，进展缓慢。直至 2011 年召开特设工作组第四次会议提出"一揽子事项"解决谈判问题，BBNJ 国际协定才迈出实质性一步。2015 年 6 月 19 日，联合国第六十九届会议发布 A/RES/69/292 号文件，确定了第二阶段的筹备委员会基本工作进程①，最为重要的是明确了 BBNJ 国际协定应在《联合国海洋法公约》的框架下进行，为进一步谈判确立了规则。特设工作组阶段经历时间较长，为 BBNJ 国际协定后两个阶段工作的推进奠定了坚实基础（见表 1）。

表 1 特设工作组阶段进程

时间	主要文件	内容
2006 年 2 月 13—17 日	A/61/65	特设工作组第一次会议，强调必须透彻理解生物多样性的所有相关科学、社会经济和环境方面，以确保进行富有成效的讨论
2008 年 4 月 28 日—5 月 2 日	A/AC.276/L.2	特设工作组第二次会议，将根据第 62/215 号决议第 107 段，向大会主席提交联合声明
2010 年 2 月 1—5 日	A/AC.276/L.4	特设工作组第三次会议，大会第 63/111 号决议第 127 段和第 64/71 号决议第 146 段规定，工作组的任务是向大会提出建议
2011 年 5 月 31 日—6 月 3 日	A/66/119 A/AC.276/L.6	特设工作组第四次会议，大会第 65/37 号决议第 163 段规定，工作组的任务是向大会提出建议
2012 年 5 月 7—11 日	A/AC.276/L.8	特设工作组第五次会议，大会第 66/231 号决议第 168 段规定，工作组的任务是向大会提出建议

---

① A/RES/69/292 文件，2015 年 6 月 19 日大会决议，根据《联合国海洋法公约》的规定就国家管辖范围以外区域海洋生物多样性的养护和可持续利用问题拟订一份具有法律约束力的国际文书，https://documents-dds-ny.un.org/doc/UNDOC/GEN/N15/187/54/PDF/N1518754.pdf?OpenElement。

续表

时间	主要文件	内容
2013年8月19—23日	A/AC.276/L.10	特设工作组第六次会议，大会第67/78号决议第183和184段规定，工作组的任务是向大会提出建议
2014年4月1—4日	A/AC.276/L.12	特设工作组第七次会议，大会第68/70号决议第198段请工作组在第66/231号决议规定的任务范围内并参考第67/78号决议的规定，为大会第六十九届会议将要作出的决定做好筹备工作
2014年6月16—19日	A/AC.276/L.14	特设工作组第八次会议，大会在第68/70号决议第198段中，请工作组在第66/231号决议规定的任务范围内，并根据第67/78号决议的规定，为大会第六十九届会议将要作出的决定做好筹备工作
2015年1月20—23日	A/AC.276/L.16	特设工作组第九次会议，就BBNJ的养护与可持续利用问题拟定一份具有法律约束力的国际文书

（二）筹备委员会阶段

该阶段进行了四次会议，耗时两年，对第三阶段的启动起到了推动作用。前三次筹备委员会会议根据最后一次特设工作组会议以及A/RES/69/292号文件，继续商讨未能解决的问题，如人类共同继承财产和公海自由方面的问题。筹备委员会在第四次会议上向联合国大会提交了具有建设性意见的文件，2017年12月24日联合国第七十二届大会通过A/RES/72/249号文件①。该文件重申了BBNJ国际协定应遵循《联合国海洋法公约》，确定谈判应处理海洋遗传资源的养护和可持续利用，包括惠益分享问题，以及海洋保护区在内的划区管理工具、环境影响评估和能力建设及海洋技术转让等。同时基本确定了下一阶段进行谈判的时间。在该阶段，各方意见分歧依然严重，A/AC.287/2017/PC.4/2号文件将该阶段四次会议仍未解决的主要分歧问题归纳至B节中②（见表2）。

---

① A/RES/72/249号文件，2017年12月24日大会决议，根据《联合国海洋法公约》的规定就国家管辖范围以外区域海洋生物多样性的养护和可持续利用问题拟订一份具有法律约束力的国际文书，https：//documents-dds-ny.un.org/doc/UNDOC/GEN/N17/468/76/PDF/N1746876.pdf? OpenElement。

② A/AC.287/2017/PC.4/2号文件，大会关于根据《联合国海洋法公约》的规定 就国家管辖范围以外区域海洋生物多样性的养护和可持续利用问题拟订一份具有法律约束力的国际文书的第69/292号决议所设筹备委员会第四次会议，https：//documents-dds-ny.un.org/doc/UNDOC/GEN/N17/237/35/pdf/N1723735.pdf? OpenElement。

表 2 筹备委员会阶段进程

时间	主要文件	内容
2016 年 3 月 28 日—4 月 8 日	A/AC.287/2016/PC.1/L.2	筹备委员会第一次会议，根据全体会议讨论并核准的路线图，主席编写了一份届会概况
2016 年 8 月 26 日—9 月 9 日	A/AC.287/2016/PC.2/L.2	筹备委员会第二次会议，审议贯穿全领域的问题，并核准第三次会议路线图
2017 年 3 月 27 日—4 月 7 日	A/AC.287/2017/PC.3/L.2	筹备委员会第三次会议，根据全体会议讨论并核准的路线图，主席编写了一份届会概况
2017 年 7 月 10—21 日	A/AC.287/2017/PC.4/2 A/RES/72/249	筹备委员会第四次会议，为下一阶段作准备

（三）政府间大会阶段

第三阶段代表 BBNJ 国际协定正式进入谈判阶段（见表 3）。政府间大会阶段依据上一阶段提出的方法和原则，针对海洋遗传资源、划区管理工具、环境影响评价、能力建设及海洋技术转让展开实质性的讨论。前四次会议暂未提出进一步的建设性文件，总体仍然在 A/RES/69/292 与 A/RES/72/249 的基础上进行。其间，受新冠疫情的影响日程有所搁置，最新一次会议于 2022 年 8 月举行。其中，海洋遗传资源涉及国家未来利益与深海领域的开发，各参与国为海洋遗传资源部分国际文书制定积极建言献策。

表 3 政府间大会阶段进程

时间	主要文件	内容
2018 年 9 月 4—17 日	A/CONE.232/2018/5 A/CONE.232/2018/6	第一次政府间大会，围绕一揽子事项的四个要素，开展了实质性讨论。会议还商议了一些组织事项
2019 年 3 月 25 日—4 月 5 日	A/CONF.232/2019/3 A/CONF.232/2019/4 A/CONF.232/2019/INF.2	第二次政府间大会，围绕一揽子事项的四个要素和交叉问题，开展了实质性讨论

续表

时间	主要文件	内容
2019年8月19—30日	A/CONF.232/2019/6 A/CONF.232/2019/8 A/CONF.232/2019/9	第三次政府间大会，围绕商定的一揽子事项的四个要素和交叉问题，开展了实质性讨论
2020年3月7—18日	A/CONF.232/2020/3 A/CONF.232/2022/4	第四次政府间大会，展开实质性谈判，范围涉及条约用语以及一揽子事项中四个要素
2022年8月15—26日	A/CONF.232/2022/7 A/CONF.232/2022/8	第五次政府间大会，进一步修订协定草案，就部分问题无法达成一致意见。本届会议暂停，重启时间待定

三、海洋遗传资源的争议焦点

海洋遗传资源的争议主要分为三点：公海自由与人类共同继承财产的法律地位、惠益分享制度、知识产权。其中，公海自由与人类共同继承财产、知识产权属于BBNJ国际协定谈判中的共性问题。海洋遗传资源属于BBNJ国际协定谈判中所涉及的四大议题之一，理应探讨这两个共性问题，而惠益分享制度又是海洋遗传资源谈判中的重点。在惠益分享上，《关于获取遗传资源和公正公平分享其利用所产生惠益的名古屋议定书》（The Nagoya Protocol on Access and Benefit-sharing，简称《名古屋议定书》）与《粮食和农业植物遗传资源国际条约》（International Treaty on Plant Genetic Resources for Food and Agriculture，ITPGRFA）中的相关法条并不能直接适用于BBNJ国际协定海洋遗传资源，成员国各持立场，争取自身最大利益，致使海洋遗传资源争议问题在谈判中被反复提及。

（一）公海自由与人类共同继承财产

公海自由与人类共同继承财产是整个BBNJ国际协定谈判中面临的首要问题，但具体问题应具体分析。主张在海洋遗传资源上实施公海自由原则的是以美国、日本、俄罗斯等为代表的国家。公海自由即公海对所有国家开放，也就意味着各成员在该区域海洋遗传资源获取上相对自由。海洋遗传资源位于深海区域，若想开采需要先进技术与雄厚资金的支持，且获取资源后需要研发。发达国家技术先进，具备开发的条件与能力，而大多数发展中国家尚不具备开发海洋遗传资源的条件和技术。这正是美国为代表的国家主张在海洋遗传资源上实行公海自由原则的主要原因。与此同时，欧盟在海洋遗传资源上倾向于环保，主张设立区域海洋保护区，通过设立海洋保护区，增强欧盟国家在区域海洋保护区上的话语权，提高欧盟国家的国际影响力。对于海洋遗传资源实施公海自由原则，目前更多地站在开发利用的角度，但应警惕公地悲剧的发生，否则BBNJ国际协定的制定将失去意义。

对于人类共同继承财产原则的支持主要来自77国集团和中国，即任何国家不得以任何形式占有资源，开发须遵循统一的国际规则，产生的利益采取平均分配原则。《联合国海洋法公约》中规定国际海底区域是人类共同财产，按规定该区域的开发应由国际海底管理局（International Seabed Authority, ISA）负责，未经批准的开发都将视为无效。若在海洋遗传资源中直接应用该原则，海洋遗传资源的开发将受到限制，并将失去"先到先得"的可能性。美国、日本、俄罗斯等国家强烈反对此原则，认为国际海底区域的概念与原则仅适用矿产资源，海洋遗传资源并不能直接应用该原则，由此导致海洋遗传资源法律地位之争僵持不下。人类共同继承财产原则将能够顾及不同发展程度国家的利益，尤其对发展中国家和一些尚未完全独立国家分配上较为公平。但该原则目前仅作为参考依据，化解发达国家与发展中国家在人类共同继承财产原则上的争议，仍须探索新路径。

（二）惠益分享制度

惠益分享制度是海洋遗传资源谈判中的重点。前有《名古屋议定书》和《粮农遗传资源条约》提供借鉴。《名古屋议定书》第5条"公正和公平的惠益分享"中提及惠益包括货币惠益与非货币惠益，以及全球多边惠益分享机制。《粮农遗传资源公约》中也提及惠益分享的四种方式：信息交流、技术获取和转让、能力建设及分享商业化所产生的惠益。理论上，两者可以为海洋遗传资源的惠益分享制度提供蓝本，但适用范围都仅限于国家管辖内的区域，并不能直接应用于BBNJ国际协定的谈判中。惠益分享制度的产生是为了有效减缓国家间的利益矛盾，但在谈判中，惠益分享仍然无法避免矛盾。77国集团和中国支持货币惠益分享，美国、俄罗斯、日本等支持非货币惠益分享。发达国家支持非货币惠益分享基于开发海洋遗传资源面临众多的不确定性，非货币惠益分享更能满足发达国家的获益需求。反观发展中国家支持货币惠益分享，更多地从广大发展中国家的利益以及公平性的角度出发，认为惠益分享制度应该符合国际社会的需求。具体分歧体现在：

1. 海洋遗传资源的惠益分享范围

首先，海洋遗传资源的"获取"与"利用"是否都在惠益分享的范围内。海洋遗传资源本身具有特殊性，其经过研发可产生出其他价值，惠益分享的范围界定在"获取"上还是"利用"上尚存在分歧。其次，"利用"海洋遗传资源所产生的利润与相关技术的惠益分享。发展中国家与发达国家在技术水平、开发资金上存在差距，对于利润与技术的分享范围也存在分歧。

2. 海洋遗传资源来源问题

海洋遗传资源可通过原生境（原位）、非原位、电脑模拟方式获取。原位获取的鉴定难度较低，非原位获取资源可以存储在生物基因库中，而通过电脑模拟方式获取过程复杂，监管难度大，最终判定是否产生惠益并纳入惠益分享十分困难。

3. 海洋遗传资源潜在价值惠益分享界定

一些海洋遗传资源的研制过程产生了人类劳动与遗传资源本身价值的结合，注入了人类劳动的遗传资源是否还是资源本身？投入的研发劳动成果具有多大价值？对于这些海洋遗传资源潜在价值的惠益分享有待商榷。

4. 知识产权

知识产权也是 BBNJ 国际协定谈判中面临的共性问题。知识产权（Intellectual Property Rights，IPR）指一切来自知识活动领域的权利。在海洋遗传资源议题中，知识产权主要指开发资源或产品申请专利保护。在知识产权上，产生分歧的仍是发达国家与发展中国家，发达国家希望通过知识产权对海洋遗传资源实行"垄断"，防止其他国家对其所开发的遗传资源侵权，以此获得稳定的开发权，以达到经济利益最大化。发达国家在知识产权上主张对遗传资源实行专利保护，目的是获得与自身开发能力相匹配的权益。反观发展中国家，由于开发能力弱，更倾向于海洋遗传资源的专利共享。某种程度上，知识产权与惠益分享制度存在矛盾。知识产权具有私权性质，而惠益分享重在共享，两者之间存在私权与公权的协调问题。海洋遗传资源中知识产权的保护将有利于维护开发者的权益，但如何界定海洋遗传资源的知识产权，本身也存在争议。

界定知识产权，平衡公权与私权的矛盾，须从海洋遗传资源的获取和利用上进行。在获取海洋遗传资源时，可对其价值进行最初判断，区分商业价值与科研价值，前者可申请专利，后者可纳入惠益分享。但对海洋遗传资源进行价值判断存在一定的难度，判断的依据需要 BBNJ 国际协定参与方进行商谈，达成一致。其中，涉及个别沿海国对海洋遗传资源主权的争议，如孟加拉国建议重新讨论海洋遗传资源静止物种的主权问题。虽然知识产权是海洋遗传资源争议之一，但如何获取专利却并不是 BBNJ 国际协定谈判的主题，应属于世界知识产权组织（World Intellectual Property Organization，WIPO）和《生物多样性公约》（Convention on Biological Diversity，CBD）的内容。

四、海洋遗传资源谈判展望

BBNJ 国际协定的制定是人类对海洋认识的一大进步，有助于促进海洋开发治理的规范化，推动人类的进步与发展。当前，BBNJ 国际协定仍处在谈判阶段，需要各参与国互相协调，树立正确的认识观念。海洋遗传资源作为海洋中极具经济价值的资源，面对开发利用及养护治理，国家之间应加强国际合作，减少零和博弈。中国是最大的发展中国家，也是 BBNJ 国际协定的积极参与者，在海洋遗传资源方面，既存在相关利益，亦对海洋的养护与可持续利用肩负重任。保持对于 BBNJ 国际协定谈判中海洋遗传资源争议的持续关注，有助于了解海洋形势，维护我国及广大发展中国家的相关权益，并为区域海洋多样性议题贡献智慧。

（一）推动海洋遗传资源争议解决的意义

在 2022 年 8 月 15 日第五次政府间大会上，对于部分分歧仍未达成统一意见，这阻碍了 BBNJ 国际协定的推进，造成海洋遗传资源的搁置浪费。BBNJ 国际协定谈判不是国家之间政治博弈的场所，海洋遗传资源议题更不是国家之间争夺资源的平台，掺杂过多的政治利益将使海洋遗传资源议题陷入零和博弈的陷阱。对于海洋遗传资源的开发、养护，各参与国都应开阔眼界，警惕合作中的"搭便车"行为，促成高效的国际合作，推动尽早对海洋遗传资源部分的争议达成共识。化解海洋遗传资源议题的争议将具有重大的意义：

1. 规范对海洋遗传资源的开发利用

BBNJ 国际协定旨在使海洋遗传资源的开发利用从无序到有序，防止掠夺式开发对海洋资源的破坏，同时也避免资源搁置，使资源得到有效的应用，促进人类社会的发展进步。

2. 促进海洋可持续发展，推动全球海洋治理

海洋遗传资源议题将提高各国对海洋环境的重视，提倡对海洋的养护与可持续利用。

3. 填补相关国际法的空白

目前，国家管辖范围外海域的国际法并不完善，海洋遗传资源争议的解决将推进 BBNJ 国际协定的制定，弥补相关国际法的空白，充实国家管辖范围外的法律制度。

（二）法律地位之争的协调

海洋遗传资源中的法律地位之争是少数发达国家与广大发展中国家的拉锯战。发达国家在海洋遗传资源上推崇公海自由原则，与 BBNJ 国际协定制定目的存在根本矛盾。BBNJ 国际协定期望通过对海洋资源的获取和利用进行规制，以此实现对国家管辖范围之外区域海洋资源的养护。同时，BBNJ 国际协定期望众多国家能够参与海洋资源的养护，若海洋遗传资源实行公海自由原则，将损害广大发展中国家的权益，引起发展中国家的不满。因此，公海自由与人类共同继承财产原则的法律地位之争需要各参与国探索平衡点，协调国家间的利益。

海洋与人类的生存发展紧密相连，人类社会与海洋共生共荣。国家管辖范围之外的海域面积广阔，对于海洋遗传资源，应针对具体问题采取不同的原则与方式，树立对海洋遗传资源正确的认识观念。BBNJ 国际协定是为促进海洋生物多样性的养护与海洋的可持续发展而推进的，各国应抛弃狭隘眼光，不过多地将时间浪费在海洋遗传资源的利益之争上，减少 BBNJ 国际协定谈判进程中的矛盾，促进海洋遗传资源法律地位问题的妥善解决。

（三）惠益分享制度的完善

惠益分享制度是各参与国关注的焦点，需要进一步发展完善。目前争议集中在惠益分享的方式上，但制度监管方面的问题也有待解决。惠益分享的监管是惠益制度顺利实施的重点，是海洋遗传资源养护与利用的关键，也是专利申请的判断依据。在海洋遗传资源的获取与惠益分享上，一些参与方提议建立一个信息共享中心，对已开发的海洋遗传资源进行编号储存并记录在册，所有有资格进行信息共享的参与国可通过系统查阅和获取信息。该系统可设置追踪召回程序，即对申请信息共享的用户进行资源追踪备份，若发现异常或不合理使用资源可对其进行召回。追踪召回机制的建立，有助于惠益

分享的公平公正，减少国家之间的分歧和摩擦。

另外，应利用科技力量提高监督效率，在海洋遗传资源开发中可考虑未来AI参与开发的惠益分享问题。目前已有海洋无人船在国家管辖范围之外海域活动，但AI开发资源的法律地位尚不明晰，一些参与国建议将海洋遗传资源的开发主体界定为人类而不包括AI开发，这将为惠益分享制度新的分歧埋下伏笔。在惠益分享制度中，除了对惠益问题作出明确规定，也应考虑制度的约束性，缔约国须遵守相关文书规定，参与海洋资源的养护，而非仅利用资源谋取利益。

（四）知识产权问题的解决

在完善惠益分享制度的同时，要注重知识产权的保护，加强知识产权规范化建设。知识产权相关制度的建立需要找到各方利益的平衡点，不能只向少数国家作利益倾斜，而应考虑广大发展中国家的实际，尊重其合理利益诉求。因此，可在惠益分享制度信息共享中心的基础上，规范各项知识产权权利，信息共享中心可将各国有关海洋遗传资源研究和开发的著作权、专利权以及商标权记录在册，给予知识产权及发明人以保护。同时，海洋遗传资源涉及的物种多样，在申请相关专利上要形成规范性，严格把控专利申请过程，对于遗传资源的获取或者利用违反有关法律、行政法规规定的，不授予专利权，避免专利申请成为利益获取的工具。

（五）海洋遗传资源谈判中的中国智慧

中国作为最大的发展中国家，在海洋遗传资源谈判议题中积极贡献中国智慧与中国方案。在海洋遗传资源问题上，中国秉持客观中立的立场，坚持BBNJ国际协定海洋遗传资源应适用人类共同继承财产原则，主张兼顾暂无能力对海洋遗传资源进行研发国家与地区的惠益问题。海洋遗传资源作为BBNJ国际协定谈判的一部分，须兼顾养护与可持续利用。面对谈判中众多的意见分歧，中国提出应建立合理平衡的机制，实现双赢的结果。中国还建议将有关海洋命运共同体的表述纳入未来BBNJ国际协定的序言部分。目前，BBNJ谈判中缺乏统一的指导原则，海洋遗传资源作为BBNJ国际协定谈判的议题之一同样缺乏指导原则。若在惠益分享问题上推动海洋命运共同体作为指导原则，将大大减少谈判中的矛盾与摩擦，加速制定公平合理的惠益分享制度。

BBNJ国际协定目前尚处于谈判中，应寻求解决争议的方法，尽快完成协定的制定。例如，淡化公海自由与人类共同继承财产原则，树立共生共荣观念是解决法律地位分歧的办法之一，化解原则分歧才有谈判余地。海洋遗传资源谈判的焦点仍是惠益分享，在惠益分享制度上应采取灵活的制度，分情况进行讨论，若无法解决现阶段的惠益分享分歧，可另外制定符合需求的惠益分享制度。

BBNJ 国际协定的主要目的是促进海洋生物多样性的养护与可持续利用，不可将 BBNJ 国际协定视为政治博弈的场所，忘记协定制定的初衷。中国在谈判中始终保持客观公正的态度，其他参与国也应减少零和博弈，积极化解海洋遗传资源议题矛盾，这将有利于整个 BBNJ 国际协定的制定，促进人类社会与海洋文明的共同进步。

参考文献

[1] 王涵. 自然资源部海洋生物遗传资源重点实验室：筑科技之盾，探索地球"新世界"[J]. 中国高新科技, 2022 (5): 5-8.

[2] 徐冰冰, 周可新, 薛达元, 等. 深海生物多样性所受的威胁及其保护研究 [J]. 安徽农业科学, 2009, 37 (32): 15919-15921.

[3] 张鸿翔, 赵千钧, 郭琳. 深海热泉生物：人类的基因资源宝库 [J]. 地球科学进展, 2002 (6): 918-921.

[4] 朱建耿. 国家管辖范围外的海洋法律制度 [M]. 北京：知识产权出版社, 2019: 150.

[5] 国家管辖范围以外海洋生物多样性养护与可持续利用问题非正式工作组会议在纽约召开 [EB/OL]. (2006-02-21). 中华人民共和国常驻国际海底管理局代表处. http://isa.china-mission.gov.cn/chn/xwdt/200602/t20060221_8200360.htm.

[6] 朱建耿. 国家管辖范围外的海洋法律制度 [M]. 北京：知识产权出版社, 2019: 160.

[7] 刘思竹. 论国家管辖范围外海洋遗传资源的惠益分享制度 [J]. 政法论丛, 2020 (5): 70-82.

[8] 吴汉东. 知识产权法学 [M]. 北京：北京大学出版社, 2011: 9.

[9] LEARY D. Agreeing to disagree on what we have or have not agreed on: the current state of play of the BBNJ negotiations on the status of marine genetic resources in areas beyond national jurisdiction [J]. Marine policy, 2019, 99:

21-29.

[10] DE SANTO E M, MENDENHALL E, NYMAN E, et al. Stuck in the middle with You (and not much time left): the third intergovernmental conference on biodiversity beyond national jurisdiction [J]. Marine policy, 2020, 117: 103957.

[11] 施余兵. 国家管辖外区域海洋生物多样性谈判的挑战与中国方案: 以海洋命运共同体为研究视角 [J]. 亚太安全与海洋研究, 2022 (1): 35-50.

推动海南自贸港与粤港澳大湾区联动发展的思考①

朱淑琴

摘　要：海南自贸港与粤港澳大湾区联动发展，既有优势，也面临挑战。两地联动发展，可以在金融、产业、人才、环保等方面加强合作。但需要完善政策沟通机制、产业协同机制、资金流动机制以及人才交流机制。两地联动发展效果，可以通过区域整合程度评估、产业协同效应评估和经济增长潜力评估来体现。

关键词：海南自贸港；粤港澳大湾区；联动发展

粤港澳大湾区主要是指珠三角地区，包括广东省的广州、深圳、珠海、佛山等九个城市以及香港和澳门。这一地区是中国经济最为发达且创新能力最强的地区，也是中国改革开放的先行地区。而海南是全面深化改革开放试验区、国家生态文明试验区、国际旅游消费中心和国家重大战略服务保障区，海南自由贸易港将被打造成为引领我国新时代对外开放的鲜明旗帜和重要开放门户。

海南自贸港与粤港澳大湾区具有互补性和协同效应。粤港澳大湾区拥有丰富的人才、技术和金融资源，可以为海南自贸港提供必要的支持和助力。海南作为自由贸易港，可以发挥其独特的区位优势、资源禀赋和国家政策，为粤港澳大湾区提供更多的投资和贸易机会。两者的联动发展将实现区域资源优化配置，提升两地的整体竞争力和影响力，以及国家南部经济圈活力。

---

① 基金项目：海南经贸职业技术学院课题（hnjmk2022405）。
作者简介：朱淑琴，江西樟树人，海南经贸职业技术学院马克思主义学院副教授，研究方向为马克思主义中国化。

一、海南自贸港与粤港澳大湾区联动发展的优势与挑战分析

(一)优势分析

1. 区位优势

海南自贸港和粤港澳大湾区作为中国两个重要的发展区域,其区位优势是联动发展的关键。首先,海南自贸港地处南海之滨,靠近东南亚国家,与东盟国家距离近、交通便捷,具有良好的区域连接能力。其次,粤港澳大湾区作为中国经济发展的重要引擎,地处珠江三角洲地区,是连接内地和港澳的枢纽和桥梁。海南自贸港与粤港澳大湾区联动发展,海南可以借助粤港澳大湾区的先进技术、金融服务和人才资源,提升自身的创新能力和发展水平。粤港澳大湾区也可以通过与海南自贸港的合作,开拓更广阔的资源和市场。两者相互支持、共同发展,将为中国的经济社会发展带来新的机遇和活力。

2. 环境优势

海南自贸港作为中国的重要开放窗口和对外投资合作平台,具备许多独特的环境优势。第一,海南自贸港拥有丰富的自然资源。鲜美的海鲜、独特的热带水果和丰富的矿产资源是海南的优势,受到粤港澳大湾区企业和投资者的青睐。第二,海南自贸港具备完善的基础设施和便捷的交通条件。近年来,政府加大了对海南基础设施建设的投入,已经成为拥有先进港口、机场和快速交通网络的地区。第三,粤港澳大湾区在经济、科技、金融等领域具备优势,可以助推海南发展。海南自贸港可以与大湾区开展深度合作,共享经验和资源,促进创新创业,提升自身竞争力。

3. 政策和特色优势

国家赋予海南更大改革自主权,支持海南全方位、大力度推进改革创新,积极探索建立适应自由贸易港建设的更加灵活高效的法律法规、监管模式和管理体制,在引进外资、促进贸易自由化、提升投资者便利度方面提供了有力措施。海南重视与粤港澳大湾区的联动合作,逐步建立共享先进投资贸易制度、金融创新政策和科技研发机制。这些政策将吸引更多的资本、技术和人才流入海南自贸港。在粤港澳大湾区方面,大湾区与海南可以共享产业链和产业集群优势,促成更紧密的合作。此外,两地在科技创新、人才流动等方面也可以相互借鉴经验、资源形成合力,通过创新驱动和人才流动,推动产业的升级和优化。

（二）挑战分析

1. 资金挑战

海南自贸港与粤港澳大湾区联动发展，资金是一个挑战。两地的合作与互联互通需要大量的投资，涵盖基础设施建设、产业发展、科技创新等方面。对于资金挑战，一方面可以通过吸引国内外的投资来补充资金缺口，鼓励企业和金融机构参与投资建设。另一方面可以加强政府间的合作与互助，通过政府间的经费拨款和项目合作来解决资金难题。此外，还可以积极发展金融服务，完善金融体系，提供多样化的金融工具和创新金融产品，以满足联动发展的资金需求。

2. 人才挑战

海南自贸港和粤港澳大湾区的联动发展需要的大量高素质人才。首先，需要具备国际视野和全球资源整合能力的人才。其次，需要大量技术人才和科技创新人才。随着数字经济的快速发展，人工智能、物联网、大数据等前沿技术已成为推动经济增长和转型升级的关键驱动力。第三，需要一支强大的管理人才队伍。这些人才应具备良好的管理能力、团队合作精神和战略眼光，能够统筹协调各个领域的发展，实现整体发展的协同性和一体化。

3. 体制机制挑战

第一，如何在两个区域之间实现合作的高效性和协调性是一个亟待解决的问题。海南自贸港与大湾区在地理位置上虽靠近但仍存在一定的距离，因此，在政策衔接、信息共享以及协同发展方面面临一些困难。建立高效的合作机制，加强沟通与协调，将是实现两个区域联动发展的重要保障。

第二，区域间的法律体系和制度差异是一个需要克服的难题。海南自贸港和粤港澳大湾区作为不同的经济区域，其法律体系和制度有一定的差异。在联动发展中，如何解决跨区域的法律和制度问题，确保规范统一、顺畅运作，将是一个重要问题。需要建立起有效的法律合作机制，加强法律沟通与协调，推动两个区域之间的制度对接和协同发展。

第三，资源配置和优势互补是一个需要解决的挑战。海南自贸港和粤港澳大湾区在经济发展、产业结构、人才等方面具有各自的优势与特点。如何实现资源的合理配置和互补利用，推动两个区域的协同发展，是一个需要深入思考和研究的问题。需要进一步加强产业合作，促进资源要素的流动，推动两个地区形成协同发展和新的动能。

二、海南自贸港与粤港澳大湾区联动发展的合作领域

(一)加强金融合作

作为两个重要经济区域,海南自贸港和粤港澳大湾区在金融服务方面存在优势互补性。双方可以加强金融机构间的合作,促进资金流动和投融资活动,提供更好的金融支持和服务,以实现双方经济发展的互利共赢。

(二)加强产业合作

海南自贸港和粤港澳大湾区产业优势不同。双方可以通过促进产业对接和合作,共同发展战略性新兴产业和现代服务业。海南自贸港可以借鉴粤港澳大湾区的先进经验,加快自身产业转型升级,提升产业链水平和附加值。同时,粤港澳大湾区也可以通过与海南自贸港的合作,拓展新的市场空间,推动产业升级和优化。

(三)加强人才合作

通过加强人才交流和培养,双方可以共享人力资源和智力支持,推动人才流动和技术创新。促进文化交流和旅游合作,增进海南自贸港和粤港澳大湾区的互信和了解。加强人文交流,双方可以进一步增进合作伙伴关系,共同推动区域经济发展。

(四)加强环保合作

海南自贸港与粤港澳大湾区都是生态环境优美的地区,双方可以加强环境保护方面的合作,共同开展环境治理和生态建设,推动可持续发展和绿色发展。通过技术交流和经验分享,双方可以互相借鉴和学习,共同应对环境挑战,建设生态友好型区域。

三、联动机制分析

在海南自贸港与粤港澳大湾区联动发展的进程中,建立有效的机制来推动各项合作成为至关重要的任务。政策沟通机制、产业协同机制、资金流动机制以及人才交流机制是推动海南自贸港与大湾区联动发展的关键要素。

(一)**政策沟通机制是确保两地区政策衔接和协调的重要手段**

通过建立政策沟通渠道,可以实现政策信息的共享和互通,及时传递双方政策的调整和变化。此外,还可以通过定期举行政策沟通会议或研讨会,促进政策的协同和共享,加深两地之间的交流与合作。

（二）产业协同机制是推动两地产业发展紧密衔接的重要手段

通过建立产业联盟或联合企业，在资源共享、市场拓展、技术创新等方面加强合作，推动产业链的延伸和提升。此外，可以通过建立产业合作基金或优惠政策，吸引更多企业参与到两地产业协同发展中，实现互利共赢。

（三）资金流动机制是为海南自贸港与粤港澳大湾区联动发展提供资金支持的重要保障

通过建立跨区域的金融合作机制和金融创新平台，为企业提供融资、投资、风险管理等全方位的金融服务。此外，还可以通过构建共同资金池、设立专门基金等方式，推动资金在两地之间的自由流动，为联动发展提供坚实支撑。

（四）人才交流机制是推动两地人才资源优势互补的重要机制

通过建立人才交流渠道和平台，促进人才的流动和共享。可以通过设立特殊人才引进政策、提供优厚的待遇和发展机会，吸引更多高端人才和创新人才投身到海南自贸港和粤港澳大湾区的联动发展中，推动人才资源的跨区域流动和合理配置。

四、联动发展效果评估

区域整合程度评估、产业协同效应评估和经济增长潜力评价是评估海南自贸港与粤港澳大湾区联动发展的重要手段。通过这些方面的深入分析和评估，可以更好地了解两地合作的进展情况以及未来的发展前景，为推动两地的联动发展提供科学依据。

（一）区域整合程度评估

海南自贸港与粤港澳大湾区联动发展，区域整合程度是评估两个地区合作进展的重要指标。通过分析两个地区的合作机制、政策衔接和资源共享情况，可以客观评估区域整合程度的高低。

1. 两地之间的合作机制是区域整合的基础

海南自贸港与粤港澳大湾区联动发展，是否建立了顺畅高效的合作机制是衡量区域整合程度的重要因素。例如，是否建立了高层次协商沟通平台，是否有定期的交流合作机制，这些都会影响两地之间的合作效能。

2. 政策衔接是促进区域整合的关键

海南自贸港与粤港澳大湾区联动发展，政策衔接顺利与否将直接影响区域之间的合作效果。例如，两地是否在经营环境、贸易便利化、金融创新等方面的统一政策。同时，政策衔接的稳定性与灵活性等也会影响两地合作的深度和广度。

3. 资源共享是区域整合的重要支撑

海南自贸港与粤港澳大湾区联动发展，两地能否实现资源共享、优势互补，将对合作效果产生巨大影响。例如，两地之间是否有交流合作的创新平台，能否合理利用各自的产业、人才、科技创新等资源，都会对区域整合程度产生深远影响。

（二）产业协同效应评估

产业协同效应是衡量海南自贸港与粤港澳大湾区联动发展成果的重要标志。通过分析两地在产业布局、产业协作、产业链补充等方面的合作情况，可以评估两地合作的水平。

1. 产业布局的协同对产业发展起到关键作用

海南自贸港与粤港澳大湾区联动发展，两地在产业布局上能否实现优势互补、互利共赢，将直接决定两地合作的水平。例如，两地是否在优势产业链上实现高度融合，形成互相促进的产业格局。

2. 产业协作的水平与程度是产业协同效应的重要参考指标

海南自贸港与粤港澳大湾区联动发展，两地产业之间是否进行了有机融合与协同创新，通过合作共享资源、技术、市场等实现产业链的延伸与增值，这将对产业协同效应产生直接影响。

3. 产业链补充是推动产业协同效应的关键

海南自贸港与粤港澳大湾区联动发展，通过两地在产业链上的补充与协同，可以形成更加完整的产业体系，激发更大的产业协同效应。例如，两地之间是否有明确的分工合作，通过衔接各自的产业链环节，形成全新的产业协作模式。

（三）经济增长潜力评估

经济增长潜力评估是衡量海南自贸港与粤港澳大湾区联动发展的重要依据。通过分析两地的经济规模、发展速度、创新能力等方面的指标，可以客观评估经济增长潜力的大小。

1. 经济规模是评估经济增长潜力的重要指标

海南自贸港与粤港澳大湾区联动发展，两地的经济规模是判断其发展潜力的基础。例如，两地的 GDP 总量、人均收入水平等，能够反映出其经济的发展潜力。

2. 发展速度是评估经济增长潜力的重要参考指标

海南自贸港与粤港澳大湾区联动发展，两地的经济发展速度将决定其在未来一段时间内的发展潜力。例如，两地的年均 GDP 增长率、新增就业岗位等指标能够反映出其经济增长的速度和潜力。

3. 创新能力是评估经济增长潜力的重要指标

海南自贸港与粤港澳大湾区联动发展，两地的创新能力将决定其在未来产业转型升级中的竞争力和发展潜力。例如，两地的科技创新能力、知识产权保护水平等能够反映出其创新驱动经济发展的潜力。

参考文献

[1] 黄小彪. 促进粤港澳大湾区与海南自贸港联动发展的思考 [J]. 产业创新研究，2021（6）.

[2] 丁同琪. 基于粤港澳大湾区与海南自贸港背景下珠澳联动发展思考 [J]. 全国流通经济，2023（10）.

全球海运视域下海南港口与城市关系发展定位研究

陈婉婷①

摘　要：港口城市具有港口与城市的双重属性特征，港口与城市的关系贯穿港口城市发展的演化进程。基于修正后的 RCI 指数，本文将港口货物吞吐量与集装箱吞吐量作为港口规模的参考指标，将地区生产总值与城市人口数量作为城市规模的参考指标，选取 2001—2020 年海口港、洋浦港、八所港以及三亚港的数据作为分析基础，研究不同时期的海南港口与城市规模关系特征，发现海南港口与城市发展具有显著的多样性与差异性。围绕海南"四方五港"战略布局，海口港可发展成为具有典型港口城市关系类型的全国性综合港口，洋浦港可发展成为具有门户城市关系类型的国际集装箱枢纽港，八所港可延续其自身优势与特点，继续作为具有临海城市关系类型的地区性重要港口，三亚港在加强集装箱运输业务的基础上，也可发展成为具有临海城市关系类型的地区性重要港口。

关键词：海南自由贸易港；港城关系；RCI 指数；发展定位

一、引言

　　海南省属于四面环海的岛屿型省份，陆地面积虽然狭小，但拥有的海域面积约 200 万平方千米，占全国海洋总面积的 2/3，海岸线总长 1 944.35 公里。从全球海运视域来看，海南位于亚洲、太平洋的交接带，北以琼州海峡与广东省划界，西隔北部湾与越南相对，地处南海又与菲律宾、文莱、印度尼西亚和马来西亚为邻，身居日本至新加坡航线的中段，是沟通太平洋、印度洋两大水系的海上交通要道，也是通往东亚和东南亚的关键枢纽，紧临国

---

① 作者简介：陈婉婷，海南热带海洋学院商学院，海南热带海洋学院海上丝绸之路研究院。

际深水航道，具有独特的地理区域优势。近年来，海南自贸港不断放宽海运业市场准入，目前国际海运业率先实现全面对外开放，并通过简化国际货物运输、集装箱运输等业务手续，大力推进国际海运的便利化发展，为海南港口融入全球海运网络提供了充足的条件。海南正以建设自由贸易港为契机，对标世界最高层次的开放形态，加快实施国际船舶登记制度，推动中国洋浦港、船籍港建设，为国际海运业的高质量、高标准发展提供战略支持。

港口城市属于一种特殊类型的城市范畴，具有港口与城市的双重特性，是港口与城市二者的有机结合体。港口与城市规模的关系是港口城市的重要特征，贯穿港口城市发展演化的整个进程。"以港兴城，港城互动"是港口城市发展的共同目标，港口规模与城市规模是衡量港城互动关系的两个关键指标，对港口城市的发展起着至关重要的作用。一方面，港口具有强烈的外部性特征，对港口城市的发展产生外部驱动效应，另一方面，港口城市的发展也为港口的规模建设起到良好的支撑作用。港城互动关系的研究已经成为港口城市发展研究的重要领域，而海南主要通过海运方式实现岛内外的物资往来，港口的建设与发展具有战略枢纽作用。从世界范围来看，大部分自贸区港的建设都是依港而建、因港而兴，港口的兴起对于自贸区港的建设具有导向作用。2022年4月，习近平总书记在考察海南洋浦港时指出，振兴港口、发展运输业要把握好定位，以推动港口发展，同洋浦经济开发区、自由贸易港建设相得益彰、互促共进，更好地服务于建设西部陆海新通道、共建"一带一路"。海南港口建设总体上起步较晚、底子较薄，目前虽已初步形成"四方五港"的格局，但与国际知名港口相比，仍然存在很大的差距。因此，本文将以海南港口与城市规模关系特征分析为切入点，研究全球海运视域下海南港口与城市关系的发展定位，以期更好地协调港口与城市之间的互动关系，进一步推动海南自贸港建设进程。

二、文献综述

港城互动关系贯穿港口与城市发展的演化过程，是港口与城市发展的主要脉络。

英国地理学家 Bird 首次对港城互动关系进行研究，提出了"港口通用模型"（Anyport 模型），为港城互动关系的研究奠定了相关理论基础。Notteboom 等提出了港口区域化模型，用以解释港口与相关腹地间的概念。Ducruet 根据港口规模与城市规模关系的不同，提出了港口-城市规模发展关系矩阵，将港口城市划分为五大类九小类，进一步拓展了港城互动关系的研究。Lee 等以亚洲港口为例，研究了港口和城市在空间和功能上的演变关系。

我国学者也先后运用多种方法对港城互动关系进行了大量研究。徐永健等对西方现代港口与城市、区域发展进行回顾与评价，研究港口与城市、区域发展之间的关系。陈勇以鹿特丹港为例，总结了世界港口发展的新趋势，以期对我国港口城市建设有所启示。梁双波等运用灰色关联分析法计算港城关联度，并对近十年南京港城关联发展效应进行了定量测度。杨伟和宗跃光以江苏省南通市为例，通过分析港城关系中存在的问题，进一步确立了港口与城市的功能定位。基于我国 1990—2012 年沿海八大港口城市的面板数据，周井娟借助港口影响关系曲线对港口与城市关系演进规律及发展阶段进行了细化研究。通过运用 D-S 权重合成法，郭建科等对 2003 年、2008 年及 2013 年我国环渤海地区 17 个港口城市的耦合协调度进行了时空演变分析。熊勇清和许智宏用格兰杰因果检验、Johansen 协整检验和面板数据回归模型，研究了港口物流与港口城市经济的动态关系以及相互作用机制。王成等引入社会网络分析方法，研究了我国 15 个主要港口节点外向航运关联结构的同构性。

在港口与城市关系的研究中，相对集中指数（Relative Concentration Index，RCI）是用来量化和评价港城关系的一个实用指标，该指数由 Vallega 于 1979 年提出并被广泛应用。陈航等建立了港口与城市功能关系矩阵，通过 RCI 指数对矩阵进行了量化分析，确定了港口与城市之间的相互依赖程度。高宗祺和昌敦虎对传统 RCI 指数进行了改进，并运用近十年我国沿海较为典型的港口城市数据进行了特征分析。曹贤忠等通过选取全球不同发展阶段的三个港口城市为研究对象，从城市地理与经济学视角，运用 RCI 指数对德班、鹿特丹以及上海 2000—2012 年的 RCI 指数进行了测度。郭建科等提出了动态 RCI 的概念、内涵及其算法，研究了环渤海地区主要海港的港城关系及 RCI 值动态变化趋势。毕森等通过引入城市建设用地面积对 RCI 指数进行了改进，采用 GIS 空间统计分析方法研究了 21 世纪海上丝绸之路沿线 38 个重要港口面积的时空变化特征。以 1995—2015 年全球集装箱吞吐量前 100 名的沿线港口城市为研究对象，王列辉等基于相对集中指数、港口与城市功能组合模型等，分析了海上丝绸之路沿线港口城市的港城功能关系特征与演变规律及其生命周期。

综上所述，港城互动关系的研究已受到学者们的广泛关注，并取得了一定的研究成果。RCI 指数是研究港口与城市规模关系的有效工具，因此，本文将沿用基于 RCI 指数的修正办法，以港口与城市规模关系为切入点，选取 2001—2020 年海口港、三亚港、八所港以及洋浦港的数据作为分析基础，研究这 20 年中不同时期海南的港口与城市关系特征，并以此探讨全球海运视域下海南港口与城市关系的发展定位，以期丰富港口与城市关系理论，进一步促进海南港口与城市的发展。

三、研究方法与数据来源

（一）研究方法

RCI 指数是 Vallega 提出的一种表现港口功能与城市功能相互关系的概念，以此来反映港口规模与城市规模相互关系的数量测度。RCI 指数用某区域内一个港口的货物吞吐量在该区域所有港口货物吞吐量中的占比与该区域内该港口所在城市人口数量在该区域所有港口城市总人口数量中的占比之比作为评判依据，具体表达式为：

$$RCI = \frac{X_i}{\sum_i X} \bigg/ \frac{Y_i}{\sum_i Y}$$

其中，X_i 为第 i 个港口的货物吞吐量，$\sum_i X$ 为该区域所有港口的总货物吞吐量；Y_i 为第 i 个港口城市的人口数量，$\sum_i Y$ 为该区域所有港口城市的总人口数量。

从 RCI 指数的表达式可以看出，某一港口城市的 RCI 值越大，越表示该港口的发展水平更优于城市的发展水平；RCI 值越小，越表示该城市的发展水平更优于港口的发展水平。基于 RCI 指数，Ducruet 将全球港口城市的港口与城市规模关系类型划分为五大类，并将其中的典型港口城市细分为地区级、大区级和世界级三小类，将门户城市与临海城市细分为地区级和大区级两小类，并制作了港口与城市规模关系的 RCI 值界定范畴矩阵，用以评价两者之间的互动关系。我国学者姜丽丽等对矩阵进行了解释整理，形成了港口与城市规模关系的 RCI 值界定范畴表（见表 1）。

表 1　港口与城市规模关系的 RCI 值界定范畴

类型	RCI 值	特征
典型港口城市	$0.75 \leqslant RCI \leqslant 1.25$	港口与城市发展规模相对均衡，港城互动关系表现为相互依托与促进的关系，按照具体规模可划分为地区级、大区级和世界级三类不同等级的典型港城
门户型城市	$1.25 < RCI \leqslant 3$	港口规模高于城市规模，港城互动关系表现为港口对城市的发展作用较大，按具体规模可划分为地区级和大区级两类不同等级的门户城市
临海型城市	$0.33 \leqslant RCI < 0.73$	城市规模高于港口规模，港城互动关系表现为城市对港口的作用关系较强，按具体规模可划分为地区级和大区级两类不同等级的临海城市
流通型中心	$RCI > 3$	港口规模更高于城市规模，港城互动关系表现为城市发展对港口的贡献较小，港口对城市的发展促进较强
一般型城市	$0 < RCI < 0.33$	城市规模更高于港口规模，港城互动关系表现为城市发展不以港口为依托，等同于一般内陆城市发展

然而，随着港口货物集装箱化的发展，集装箱吞吐量已经成为衡量港口发展水平的重要指标，目前已具有与港口货物吞吐量同样重要的地位。同样，城市发展水平的参考指标除了人口数量之外，还应增加该区域内的地区生产总值（GDP）。传统的 RCI 指数对于评价当前港口规模与城市规模的相互关系存在一定的局限性，基于此，本文参照高宗祺和昌敦虎的 RCI 指数修正办法，选取港口城市人口数量与地区生产总值作为衡量港口城市发展水平的参考指标，选取港口货物吞吐量与集装箱吞吐量作为衡量港口发展水平的参考指标，得到修正后的 RCI 指数具体表达式为：

$$RCI' = \frac{(X_{i1} / \sum_i X_1) \times \sigma + (X_{i2} / \sum_i X_2) \times (1 - \sigma)}{(Y_{i1} / \sum_i Y_1) \times \delta + (Y_{i2} / \sum_i Y_2) \times (1 - \delta)}$$

其中，RCI' 为修正后的 RCI 指数；X_{i1} 为第 i 个港口的货物吞吐量；$\sum_i X_1$ 为该区域所有港口的总货物吞吐量；X_{i2} 为第 i 个港口的集装箱吞吐量；$\sum_i X_2$ 为该区域所有港口集装箱的总吞吐量，假设 σ 为港口货物吞吐量占该区域所有港口货物总吞吐量比重的权重系数，则 $(1 - \sigma)$ 为港口集装箱吞吐量占该区域所有港口集装箱总吞吐量比重的权重系数。Y_{i1} 为第 i 个港口城市的人口数量；$\sum_i Y_1$ 为该区域所有港口城市的总人口数量；Y_{i2} 为第 i 个港口城市的地区生产总值；$\sum_i Y_2$ 为该区域所有港口城市的地区生产总值，假设 δ 为港口城市人口数量占该区域所有港口城市总人口数量比重的权重系数，则 $(1-\delta)$ 为港口城市地区生产总值占该区域所有港口城市地区生产总值比重的权重系数。

本文参照李南等的研究，给予 $\sigma=\delta=0.5$ 的权重系数，以表示其各个参考指标具有同等的重要性。此修正后的 RCI 指数可以更好地评价港口与城市的发展水平，仍然适用于 Ducruet 所提出的港口与城市规模关系界定办法。

（二）数据与来源

港口作为海南水陆运输的主要枢纽与对外开放的门户，承担着岛内外 90% 以上的货运量。经过多年发展，海南已经基本形成北有海口港，西有洋浦港、八所港，南有三亚港，东有清澜港的"四方五港"格局。2020 年，海南全省港口货物吞吐量为 19 895 万吨，同比增长 0.28%。其中，海口港占比 59.22%，洋浦港占比 28.47%，八所港占比 7.54%，三亚港占比 1.11%（如图 1 所示）。根据数据的可获得性，本文选取了以上四个港口作为海南港口的主要研究对象，选取 2001—2020 年港口与城市数据作为研究分析的基础（见附件）。其中，港口发展水平方面的数据包括港口货物吞吐量、集装箱吞吐量，城市发展水平方面的数据包括地区生产总值、城市人口数量。数据主要来源于 2002—2021 年的《中国港口年鉴》《海南省统计年鉴》，由于统计年鉴

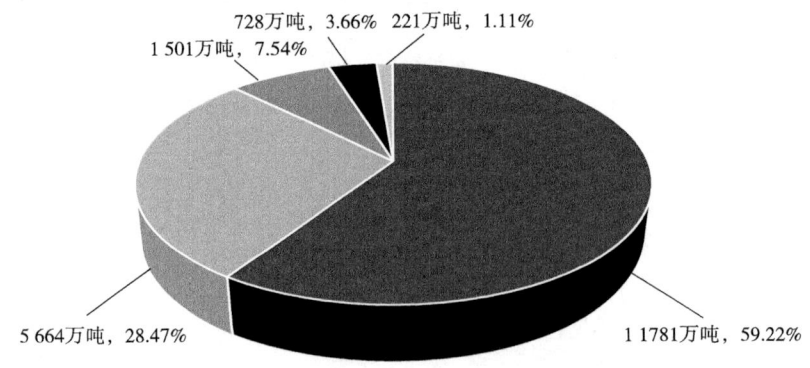

图 1　2020 年海南港口货物吞吐量占比

中历年常住人口的数据缺失,本文在城市人口的数量统计上采用的是户籍人口数而非常住人口数。

四、基于 RCI 的海南港口与城市关系特征分析

将上述数据代入 RCI′ 表达式,可计算出海南港口及所在城市关系的 RCI 值,如表2及图2、图3所示。从结果中可以看出,海口港城关系 RCI 值相对较高,均属于门户城市关系类型,并有逐步转向典型港城关系类型的趋势;三亚港城关系 RCI 值长期以来较低,且一直处于一般城市关系类型,城市发展不以港口为依托;八所港与洋浦港的港城关系 RCI 值变化幅度相对较大,尤其是洋浦港,正呈现出不断上升的势头。

表2 2001—2020 年海南港口与城市关系 RCI 指数变化

年份	海口港	三亚港	八所港	洋浦港
2001	1.60	0.16	1.03	0.63
2002	1.74	0.09	0.90	0.50
2003	1.36	0.12	1.12	0.64
2004	1.38	0.12	1.19	0.55
2005	1.38	0.06	0.79	0.73
2006	1.27	0.06	0.66	1.23
2007	1.26	0.03	0.37	1.45
2008	1.33	0.04	0.35	1.33
2009	1.30	0.05	0.40	1.37
2010	1.42	0.06	0.52	1.04
2011	1.43	0.05	0.50	1.05
2012	1.46	0.05	0.47	1.03
2013	1.39	0.04	0.87	1.00
2014	1.51	0.05	0.53	0.85
2015	1.48	0.07	0.61	0.87
2016	1.49	0.10	0.52	0.85
2017	1.43	0.10	0.51	0.97

续表

年份	海口港	三亚港	八所港	洋浦港
2018	1.47	0.03	0.44	1.01
2019	1.40	0.03	0.45	1.14
2020	1.25	0.04	0.47	1.41

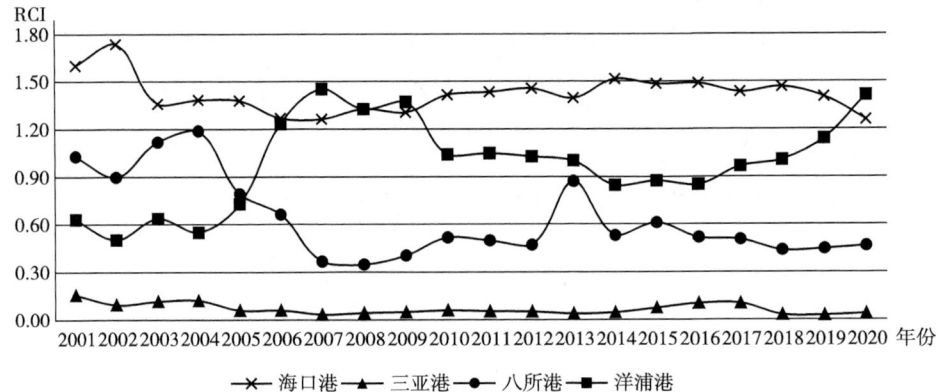

图 2　2001—2020 年海南港口与城市关系 RCI 指数趋势图

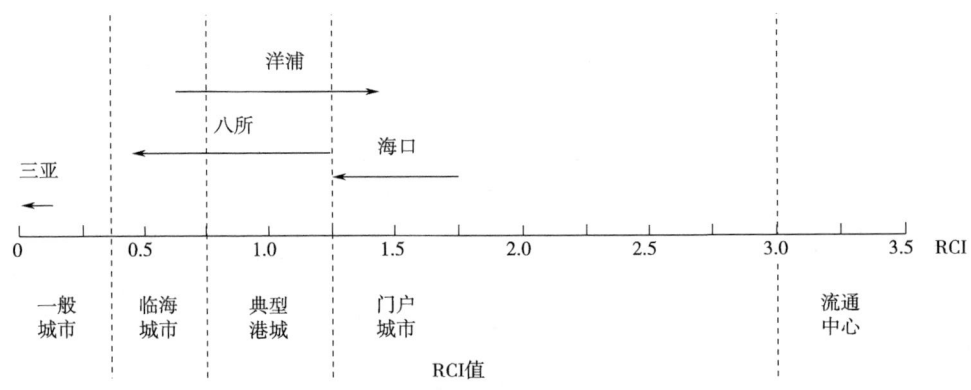

图 3　基于 RCI 值的海南港口与所在城市关系的阶段变化

具体港口城市关系类型分析如下：

（一）海口港城关系相对平稳，属于门户城市关系类型

海口市作为海南的省会城市，是我国"一带一路"的重要支点，也是海南自由贸易港建设的核心城市，下辖龙华区、美兰区、琼山区以及秀英区四

个区。截至 2020 年末，全市户籍人口数约为 195 万人，比上年增长 6.6%，实现地区生产总值 1 791.6 亿元，比上年增长 6.7%，人口规模及地区生产总值均居全省第一位。截至 2020 年末，海口港货物吞吐量达约 11 781 万吨，比上年减少 5.3%，集装箱吞吐量约为 197 万 TEU，与上年基本持平。如表 2 及图 2、图 3 所示，2001—2020 年，海口港城关系 RCI 指数总体来看呈下降趋势，但相对来说仍比较平稳，海口港在海口市的发展中占据重要的地位；RCI 值均大于 1.25，港口规模相对高于城市规模，港城互动关系中港口对城市的作用较强；对照表 1，属于门户城市的类型特征，按海口港发展规模可归为地区级的门户城市。

（二）三亚港城关系较为松散，仅为一般城市关系类型

三亚市位于海南岛的最南端，是海南省地级市，下辖崖州区、天涯区、吉阳区、海棠区四个区。截至 2020 年末，全市户籍人口数约为 66.9 万人，比上年增长 5.5%，实现地区生产总值 695.4 亿元，比上年增长 0.9%，人口规模与地区生产总值均居全省第二位。截至 2020 年末，三亚港共完成货物吞吐量 221.14 万吨，同比增长 11.5%。2019 年 3 月，南山港区开通了集装箱业务，并于 2020 年，其集装箱货物吞吐量实现了 0.78 万 TEU。如表 2 及图 2、图 3 所示，2001—2020 年，三亚港的 RCI 值一直处于较低的位置，并且呈现逐步下降的趋势，城市规模显著高于港口规模，港城关系较为松散，港口仅作为城市的普通基础设施，对城市发展的作用影响较小；对照表 1，仅为一般城市关系类型。

（三）八所港城关系较为均衡，正由典型港城向临海城市转变

东方市位于海南省西南部，是海南省下辖县级市，为海南西南部的经济中心，下辖八个镇、两个乡、192 个村（社区）。截至 2020 年末，全市户籍人口数约为 46.5 万人，比上年增长 0.8%，人口规模全省排名第八位，实现地区生产总值 186.5 亿元，比上年下降 3.3%，居全省第十一位。八所港位于东方市八所镇，截至 2020 年末，八所港货物吞吐量达到 1 501 万吨，比上年下降 0.4%。如表 2 及图 2、图 3 所示，2001—2020 年，八所港城关系 RCI 值波动幅度相对较大，自 2004 年起呈现明显的下降趋势；对照表 1，八所港城关系的类型介于临海城市与典型港城之间，在 2001—2005 年以及 2013 年属于典型港城关系类型，按八所港发展规模可归为地区级典型港城类型；而 2006—2020 年（2013 年除外），对照表 1，属于临海城市类型，按八所港发展

规模又可归为地区级临海城市。

（四）洋浦港城关系不稳定，正处于不同关系类型的跨越阶段

儋州市位于海南岛西北部，西面和北面濒临北部湾，于2015年2月被国务院正式批准为地级市，成为辐射西部的区域中心城市。儋州市辖16个镇，截至2020年末，全市户籍人口数约为106.58万人，比上年增长0.1%，人口规模较为稳定，全省排名第三位，实现地区生产总值359.41亿元，比上年增长0.1%，居全省第三位。洋浦港位于洋浦经济开发区，地处儋州市境内，属于省直辖范畴。截至2020年末，洋浦港实现港口吞吐量5 664.36万吨，同比增长12.95%，其中，外贸吞吐量为3 096.05万吨，同比增长11.17%，内贸吞吐量为2 568.31万吨，同比增长15.16%；集装箱101.9万TEU，同比增长44.02%，在100万箱量以上的海港中，增速排名全国第一位。如表2及图2、3所示，2001—2020年，洋浦港城关系RCI值变化幅度较大，跨越了临海城市、典型港城与门户城市三个不同的港城关系类型。2001—2005年，洋浦港RCI值处于0.5~0.7之间，还处于临海城市类型范畴；2007—2009年，RCI值有过短暂的提升，直接从临海城市类型转变为门户城市类型；2010—2019年，洋浦港RCI值主要集中在0.85~1之间，又属于典型港城的类型特征；直到2020年，其RCI值又再次攀升，成为门户城市类型，港口规模高于城市规模。对照表1，按洋浦港发展规模可划分为地区级门户城市。

五、全球海运视域下海南港口与城市关系发展定位

自贸港的建设是港口发展的历史性机遇，海南应抓住各项优惠政策契机，统筹布局海南港口发展定位。2021年6月，海南省政府发布的《海南省"十四五"综合交通运输规划》，围绕海南"四方五港"的战略布局，结合海南自贸港口岸规划，为海南港口的定位发展指明了方向，进一步优化了港口分工格局。

（一）海口港为全国性主要港口，可转向典型港城类型发展

海口港位于海南岛北部，辖区内有三处港区，分别是秀英港区、新海港区、马村港区，其中秀英港区及新海港区行政属地为海口市，马村港区行政属地为澄迈县。近20年来，海口港城关系发展相对来说较为稳定，港城互动关系中港口对城市的作用较强。当港口发展水平较高时，RCI值也相应提高；当港口发展水平较低时，RCI值也相应下降。海口港城关系的RCI值大部分

在 1.3~1.5 浮动，最高为 2002 年的 1.74，最低为 2020 年的 1.25，虽然均属于门户城市关系类型，但有转向典型港口城市关系类型发展的趋势。随着城市迈入多元化经济发展阶段，海口港货物吞吐量与集装箱吞吐量的增速减慢，海口城市发展对港口的依赖性也逐渐减弱，港口规模增长与城市规模增长持续同步，海口港城规模关系逐渐趋向均衡状态，正朝着典型港口城市关系类型发展。海口港作为交通运输部规划的中国沿海 25 个重要枢纽港之一，同时也是海南综合运输体系的重要枢纽，主要以陆岛滚装、集装箱、煤炭、粮食、件杂货运输为主，可逐渐发展成为全国性沿海综合港口。

（二）三亚港为地区性重要港口，可转向临海城市类型发展

三亚港分为老港和南山货运港两个港区。2017 年 7 月，三亚港老港区被纳入三亚市"阳光海岸"棚改项目，港区生产整体向南山港区转移，之后不再承担货运功能。南山港区是承接三亚老港区货运搬迁的载体，主要以散杂货为主的货运港。长期以来，三亚市以旅游城市著称，很少被视为港口城市，旅游业是三亚的主要支柱产业，其物流发展水平相对滞后，三亚市的物资往来大部分都是通过海口港转陆运至三亚，严重制约了三亚的港口发展和经济发展。近 20 年来，三亚港城关系的 RCI 值主要集中在 0.03~0.05，港口规模长期较小，当港口发展相对比例达到 0.026 时，RCI 值曾达到最大的 0.16，但仍然远小于临海城市 0.33 的分界点。三亚港多数以客运为主、货运为辅，承担部分三亚和周边县市生活物资的运输任务，以及部分琼南地区及南海群岛货物运输。同时，三亚南山港区还助力深海科考基地建设，逐步向科考母港转变，为海洋科考提供服务保障。2019 年 3 月，南山港区开通了集装箱业务，这也为三亚港发展集装箱业务奠定了基础。未来，三亚港可继续提升集装箱运输能力，努力转向地区级临海城市关系类型发展。

（三）八所港为地区性重要港口，可持续向临海城市类型发展

八所港位于东方市，地处海南西部工业走廊，濒临北部湾，区位优势十分明显，属国家一类开放口岸，与全国沿海港口以及全球 20 多个国家与地区通航，是环北部湾经济圈主要的贸易港口。八所港现有两个装卸区共 11 个泊位，第一装卸区（鱼鳞洲港区）主要从事杂货作业；第二装卸区（罗带河港区）为危险化学品专用码头，也是海南省最大的危险化学品港口。近 20 年来，八所港城关系的 RCI 值呈现相对下降趋势，主要集中在 0.35~0.66，港城互动关系中城市对港口的作用相对较强。东方市属于海南省的县级市，在

港口发展的各项基础设施上支撑力不足，八所港具有为化学危险品运输服务的特殊功能属性，港口货物吞吐量相对趋于均衡，港口对城市的作用逐渐被边缘化。随着东方市的经济发展，城市已具有相对成熟的运作能力，对港口的依赖性也逐渐减少，城市规模逐渐高于港口规模，按其规模可将其划分为地区级临海城市。八所港是海南省的重要工业港口，主要服务于油气产业、临港石化产业等，兼顾东方市生产生活物资运输。长期来看，八所港城关系可持续向临海城市类型发展。

（四）洋浦港为国际集装箱枢纽港，可转向门户城市类型发展

洋浦港位于泛北部湾中心地带，具有连接东南亚和东北亚的独特区位优势，主要为大宗能源物资、新型石化、临港先进制造业等发展服务。按照规划，洋浦港包括洋浦港区、神头港区、后水湾港区三个港区，现已建成洋浦港区和神头港区两个港区。近 20 年来，洋浦港城关系 RCI 值大小分布不均，跨越了临海城市、典型港城与门户城市三个不同的港城关系类型。洋浦港的发展起步较晚，一期于 1990 年底完工，1991 年 2 月才被列为全国一类对外开放口岸，同时也是继海口港之后的第二个实现集装箱运输的港口。在海南自贸港建设背景下，国家给予洋浦港一系列的相关优惠政策，港口货物与集装箱吞吐量都有进一步的攀升，港城互动关系中港口对城市的作用增强，洋浦港城互动关系可转向门户城市关系类型发展。西部陆海新通道建设方案中明确，致力于将洋浦港从地区性重要港口提升为国际航运枢纽港，最终建成具有较强服务功能和辐射能力的区域国际集装箱枢纽港。此外，实施儋州、洋浦一体化发展，是海南自贸港的重要决策。洋浦港可以作为港口发展支点，在顶层设计范围内规划港口与城市布局，充分发挥"中国洋浦港"作为船籍港的政策优势，打造特色产业，吸引更多产业集聚优化发展，以解决儋州"有城无产"、洋浦"有产无城"的矛盾。

六、结论

从全球海运视域来看，海南具有独特的地理区位优势，海南自贸港放宽了海运业市场准入，率先在全国范围内实现了国际海运业全面对外开放，这是海南港口融入全球海运网络的重要机遇。港口与城市之间是相互依存、相互制约、相互影响的关系：城市因港口的兴起而繁荣，港口因城市的支撑而发展。港口城市的核心问题就是港口与城市的互动关系问题。传统 RCI 指数

仅把港口货物吞吐量与人口数量作为参考指标，忽视了港口集装箱运输发展的重要性以及地区生产总值对城市经济发展的反映。因此，本文将港口货物吞吐量与集装箱运输吞吐量作为港口规模的参考指标，将地区生产总值以及城市人口数量作为城市规模的参考指标，基于修正后的 RCI 指数，选取 2001—2020 年海口港、三亚港、八所港以及洋浦港的数据作为基础，研究了不同时期的海南港口与城市规模关系特征，并提出了全球海运视域下海南港口与城市关系的发展定位。结果表明，海南港口与城市发展具有显著的多样性与差异性，围绕海南"四方五港"战略布局，海口港可发展成为典型港口城市关系类型的全国性综合港口，洋浦港可发展成为门户城市关系类型的国际集装箱枢纽港，八所港可延续其自身优势与特点，继续作为临海城市关系类型的地区性重要港口，三亚港在加强集装箱运输业务的基础上，可发展成为临海城市关系类型的地区性重要港口。

当然，本文也存在一定的局限性。例如，内外贸吞吐量、港口泊位长度与数量等关于港口功能的参考指标以及城市社会资产投资额、对外贸易进出口额等关于城市功能的参考指标都可以反映港口与城市关系，但因受限于数据可获性，本文没有将上述指标作为分析依据。另外，RCI 指数只是反映港口与城市关系的一种研究方法，未来也可以考虑利用不同的数据指标以及不同的研究方法进一步探讨港口与城市的作用关系。

参考文献

［1］刘长杰. 海南自贸港：争创自贸试验区的全球标杆［J］. 中国发展观察，2019（23）：26-29.

［2］姜丽丽，王士君，刘志虹. 港口与城市规模关系的评价与比较：以辽宁省港口城市为例［J］. 地理科学，2011，31（12）：1468-1473.

［3］林书喜，李灵军. 打造国际航运枢纽 服务共建"一带一路"［N］. 海南日报，2022-06-20（A02）. DOI：10.28356/n.cnki.nhlrb.2022.003175.

［4］BIRD J H. Of central places, cities and seaports［J］. Geography, 1973, 58（2）.

［5］NOTTEBOOM T E, RODRIGUE J-P. Port regionalization：Towards a new phase in port development［J］. Maritime Policy & Management, 2005, 32（3）.

［6］DUCRUET C, LEE S W. Frontline soldiers of globalization：port–city evolution and regional competition [J]. Geojournal, 2006, 67 (2).

[7] LEE S W, SONG D W, DUCRUET C. A tale of Asia's world ports: the spatial evolution in global hub port cities [J]. Geoforum, 2008, 39 (1).

[8] 徐永健, 阎小培, 许学强. 西方现代港口与城市、区域发展研究述评 [J]. 人文地理, 2001 (4): 28-33.

[9] 陈勇. 从鹿特丹港的发展看世界港口发展的新趋势 [J]. 国际城市规划, 2007 (1): 58-62.

[10] 梁双波, 曹有挥, 吴威, 等. 全球化背景下的南京港城关联发展效应分析 [J]. 地理研究, 2007 (3): 599-608.

[11] 杨伟, 宗跃光. 现代化港口城市港城关系的建设: 以江苏省南通市为例 [J]. 经济地理, 2008 (2): 209-213.

[12] 周井娟. 港城关系的演进规律及发展阶段判定: 基于沿海八大港口城市的面板数据 [J]. 长春理工大学学报 (社会科学版), 2014, 27 (9): 88-93.

[13] 郭建科, 谷月, 赵敬尧, 等. 环渤海地区港城耦合协调度综合分析 [J]. 资源开发与市场, 2017, 33 (5): 569-574.

[14] 熊勇清, 许智宏. 海上丝绸之路上港口与港口城市的互动发展机制研究 [J]. 财经理论与实践, 2017, 38 (1): 128-133.

[15] 王成, 王茂军, 杨勃. 港口航运关联与港城职能的耦合关系研判: 以"21世纪海上丝绸之路"沿线主要港口城市为例 [J]. 经济地理, 2018, 38 (11): 158-165.

[16] VALLEGA A. Fonctions Portuaires et Polarisations Littorales Dans la Nouvelle Régionalisation de la Méditerranée, Quelques Réflexions [R]. Paper presented at the 2nd French—Japanese Geographical Colloquium, Tokyo, 1979: 44-48.

[17] 陈航, 栾维新, 王跃伟. 我国港口功能与城市功能关系的定量分析 [J]. 地理研究, 2009, 28 (2): 475-483.

[18] 高宗祺, 昌敦虎. 基于改进相对集中指数的港口城市发展模式实证分析 [J]. 生态经济, 2010 (8): 63-67.

[19] 曹贤忠, 曾刚, 邹琳. 全球视野下的港口与城市规模关系评价与比较 [J]. 上海城市规划, 2014 (6): 104-109.

[20] 郭建科,杜小飞,孙才志,等.环渤海地区港口与城市关系的动态测度及驱动模式研究[J].地理研究,2015,34(4):740-750.

[21] 毕森,张丽,谷雨,等.21世纪海上丝绸之路沿线港口及港城关系变化分析[J].中国科学院大学学报,2020,37(1):74-82.

[22] 王列辉,苏晗,朱艳.21世纪海上丝绸之路沿线港口城市的功能类型与生命周期[J].世界地理研究,2022,31(3):453-465.

[23] 李南,沈兆楠,常文千.基于改进RCI指数的河北省港口城市定位研究[J].产业创新研究,2022(2):12-15.

[24] 中国港口年鉴(2021年版)[M].上海:中国港口杂志社,2021.

附件

附件1 2001—2020年港口货物与集装箱吞吐量总表

年份	港口货物吞吐量（万吨）				集装箱吞吐量（万TEU）			
	海口港	三亚港	八所港	洋浦港	海口港	三亚港	八所港	洋浦港
2001	888	71	342	60	6.2	—	—	3.1
2002	1 073	49	343	91	13	—	—	4
2003	1 329	61	425	114	16.1	—	—	4.9
2004	1 439	75	548	220	20	—	—	3.7
2005	2 118	49	489	431	21.7	—	—	4.9
2006	2 173	76	479	1 016	24.5	—	—	8.3
2007	4 309	85	547	2 351	28.6	—	—	11.4
2008	4 624	117	554	2 352	34.6	—	—	11.6
2009	4 856	150	652	2 649	43.6	—	—	15
2010	5 700	200	893	2 825	61.34	—	—	21
2011	6 549	204	997	3 101	80.81	—	—	31.43
2012	7 271	215	1 068	3 225	100.01	—	—	37
2013	5 424	140	1 685	2 880	116.82	—	—	36.7
2014	8 915	226	1 400	3 525	134.7	—	—	26.9
2015	9 204	402	1 767	3 901	127.13	—	—	27.16
2016	9 952	595	1 516	4 058	140.18	—	—	24.95
2017	11 297	667	1 605	4 285	163.6	—	—	45.87
2018	11 883	201	1 396	4 206	184.67	—	—	55.67
2019	12 447	198	1 507	5 015	197	—	—	71
2020	11 781	221	1 501	5 664	197.07	0.78	—	101.94

资料来源：根据2002—2021年《海南省统计年鉴》《中国港口年鉴》收集整理。

附件2 2001—2020年城市地区生产总值GDP与人口数量总表

年份	海口市 GDP总量（亿元）	海口市 人口数（万人）	三亚市 GDP总量（亿元）	三亚市 人口数（万人）	东方市 GDP总量（亿元）	东方市 人口数（万人）	儋州市 GDP总量（亿元）	儋州市 人口数（万人）
2001	145.6	60.2	31.9	48.6	22.0	37.0	57.4	87.6
2002	162.7	64.1	35.9	49.6	25.1	37.8	61.5	88.6
2003	228.9	139.2	41.2	50.4	27.8	38.2	63.6	90.1
2004	261.4	143.1	48.2	50.8	34.8	38.7	71.7	94.1
2005	311.8	147.3	54.1	51.2	39.7	39.3	73.2	98.2
2006	362.1	150.9	109.3	52.4	45.2	40.3	81.5	98.9
2007	406.2	152.9	129.9	53.5	57.5	41.9	88.0	100.9
2008	457.0	155.8	153.6	54.6	69.3	42.7	103.6	103.1
2009	495.3	158.3	182.7	55.7	63.4	43.5	109.3	105.5
2010	631.3	160.4	238.8	57.0	73.7	44.3	294.5	106.6
2011	733.9	162.4	294.6	58.1	97.2	44.9	372.6	109.2
2012	818.8	161.6	331.0	57.2	115.8	45.6	419.6	102.9
2013	904.6	163.2	373.2	57.7	123.9	45.9	448.9	103.7
2014	1 091.7	165.3	402.3	58.6	134.5	46.1	439.9	104.8
2015	1 143.2	164.8	441.2	57.8	155.4	44.4	467.4	104.5
2016	1 303.1	167.0	493.1	58.2	149.8	44.7	476.1	103.1
2017	1 421.2	171.0	546.1	59.2	157.8	45.0	531.3	104.2
2018	1 535.6	177.6	622.3	61.1	184.4	45.6	570.9	105.5
2019	1 678.9	182.9	689.1	63.4	193.0	46.1	619.1	106.5
2020	1 791.6	195.0	695.4	66.9	186.5	46.5	639.0	106.6

资料来源：根据2002—2021年《海南省统计年鉴》收集整理。

现代化首都都市圈内自由贸易试验区联动发展研究

叶堂林　吴明桓

摘　要：现代化首都都市圈内实现自由贸易试验区联动发展，能够在更大范围内实现统筹发展和制度创新，也能加速不同自贸试验区的制度创新经验交流和成果运用，打造联动改革、联动开放、联动创新的发展高地。本文将从理论分析、现状描述、问题剖析三个方面层层展开：重点回答"为何开展北京、天津、河北自贸试验区联动发展"这一问题；重点分析京津冀三地自贸试验区的发展情况以及出台的规划文件中哪些涉及三地联动发展；重点探究哪些因素阻碍三地自贸试验区联动发展。在明确京津冀三地自贸试验区联动发展可能面临的问题基础上，有针对性地提出推动三地自贸试验区联动发展的对策建议。

关键词：现代化；首都都市圈；自由贸易试验区；联动发展

一、研究背景

都市圈是介于"城市"和"城市群"之间的区域概念，是城镇化进程中产业发展及空间重构的关键载体，也是城市群内部以超大特大城市或辐射带动功能强的大城市为中心、以1小时通勤圈为基本范围的城镇化空间形态。《京津冀协同发展规划纲要》和"十四五"实施方案提出，要加快推进定位清晰、协调联动的现代化首都都市圈建设，打造经济文化发达、社会和谐稳定的世界级城市群。2019年2月，国家发展改革委印发《关于培育发展现代

作者简介：叶堂林，首都经济贸易大学特大城市经济社会发展研究院（首都高端智库）执行副院长，特大城市经济社会发展研究省部协同创新中心（国家级研究平台）执行副主任，教授、博士生导师，研究方向为区域经济、京津冀协同发展；吴明桓，首都经济贸易大学2021级区域经济专业硕士研究生。

化都市圈的指导意见》，反映出国家层面高度重视现代化首都都市圈的培育建设。

现代化首都都市圈是综合考虑时间成本、经济成本等因素的区域协同发展核心空间载体，也是区域内产品市场和要素市场高频流动且深度叠加的空间枢纽。目前，京津冀三地自贸试验区的联动发展尚处于起步阶段。在顶层设计上，国家发展改革委、商务部出台了《外商投资准入特别管理措施（负面清单）（2021版）》和《自贸试验区外商投资准入特别管理措施（负面清单）（2021版）》，三地签署了《京津冀自贸试验区三方战略合作框架协议》；在合作形式上，依托京津冀自贸试验区联席会议进行前期协调。各方都在积极推动绘制京津冀自贸合作试验区的发展蓝图。相较于国内其他自贸试验区，京津冀三地自贸试验区联动试验区具备后发优势，能够在数字经济等新的贸易领域探索建立符合现代化首都都市圈自贸试验区特点的发展新优势，进而推动京津冀向以首都为核心的世界级城市群迈进。为此，应当着力推动现代化首都都市圈内自由贸易试验区的联动发展，以制度创新为核心，一地创新、三地互认，打造协同创新高地和开放先行区。

二、理论分析

（一）自贸试验区联动发展的内涵

自贸试验区联动发展是一个新的概念，涉及面较广，目前学术界尚未形成关于自贸试验区联动发展概念的统一认识。从区域经济发展战略的视角来看，通过自贸试验区联动发展的协同管理，协调各自贸试验区之间的资源配置、要素与产业的流动，发挥各自贸试验区的比较优势，使其协同运转，从而产生催化区域经济发展和自贸试验区发展水平的协同效应，这是自贸试验区联动发展的关键驱动力。自贸试验区联动发展的关键在于确保流通层、融合层、环境层三个领域的跨区域有效耦合（见图1）。

（二）自贸试验区联动发展的目的

自贸试验区联动发展的主要目标有以下几个方面：

1. 打造具有国内一流营商环境和重要国际影响力的贸易合作示范区

在自贸试验区联动发展的背景下，各自贸试验区建设应对标高水平贸易投资规则，通过构建与高标准全球经贸规则相衔接的国内规则和制度体系，开展营商环境绩效考核，降低自贸试验区之间制度性交易成本。这既是进一

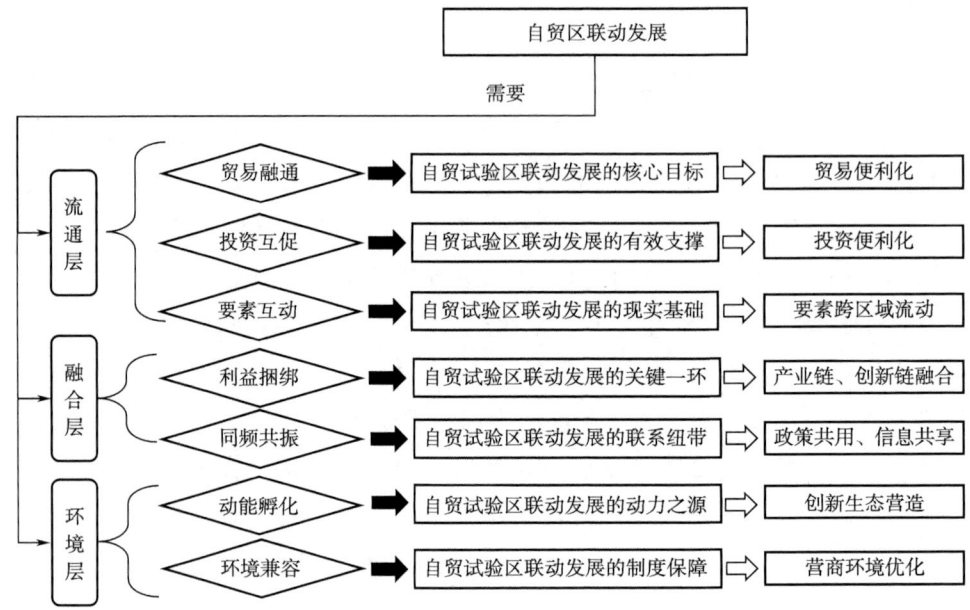

图1 自贸试验区跨区域联动的关键领域

步以开放促改革的需要,也是促使自贸试验区联盟全面深入融入全球化、参与国际竞争的需要。

2. 形成京津冀自贸试验区走廊,依托核心片区带动周边片区高质量协调发展

自贸试验区是各地在新一轮改革开放过程中开放程度最大、贸易投资自由化便利化程度最高、市场营商环境最好的发展平台。自贸试验区联动发展能够进一步发挥其带动性和辐射作用,有效衔接内部价值链和区外价值链,形成"1+1>2"的累积叠加效应。

3. 以自贸试验区的制度探索优势,为现代化首都都市圈各领域协同乃至京津冀协同的难点领域摸索可推广复制的成熟经验

我国自贸试验区不断扩容,其目的是通过在更大范围和更多领域实行差别化探索,开展互补和对比试验,激发高质量发展的内生动力,打造全面开放新格局。自贸试验区联动发展既要综合发展优势、形成特色,更要提高政策之间的系统集成和政策合力,突出区域综合优势,以扩大整体效应。

三、首都都市圈内自贸区联动发展现状

（一）贸易便利化发展现状

多式联运规模扩张，支撑贸易便利化发展。天津自贸试验区和河北自贸试验区的多式联运和运输代理业在营企业注册资本增速显著①。如图2所示，2014—2021年，北京自贸试验区多式联运和运输代理业在营企业注册资本规模从142.21亿元增长到179.22亿元，年均增长率为3.34%；天津自贸试验区从185.20亿元增加到326.02亿元，年均增长率达8.41%；河北自贸试验区从45.42亿元增加到121.33亿元，年均增长率达15.07%。综合来看，北京的顺义区、天津的滨海新区、河北的曹妃甸区及正定区串联组成了三地自贸试验区物流轴带，通州区与雄安新区正在成为这一轴带中的核心节点。

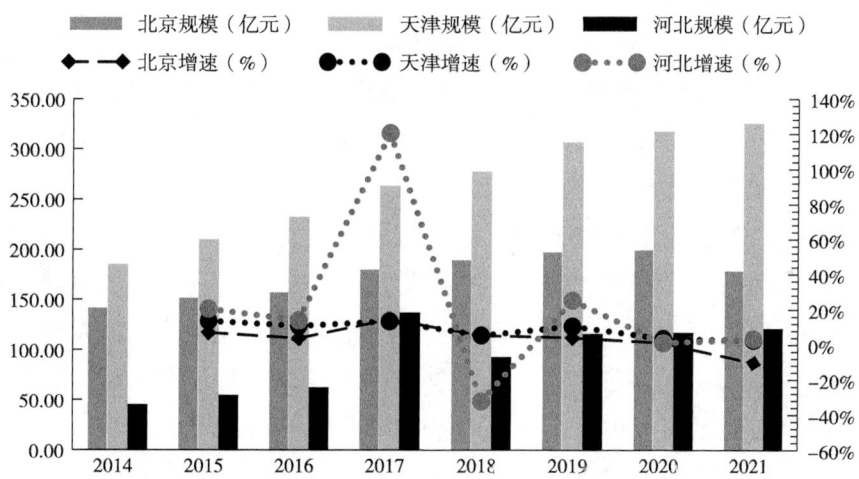

图2　2014—2021年多式联运和运输代理业在营企业注册资本规模变化情况

资料来源：龙信企业大数据平台。

（二）资本自由流动发展现状

探索建立现代化首都都市圈内三地自贸试验区联合授信机制。

一是积极推动建立三地自贸试验区金融管理部门与产业部门工作协同机

---

① 由于受客观因素影响，有关自贸试验区层面的数据无法获取，考虑到自贸试验区是区域内高端服务业和高技术产业的重要集聚地，其发展对所在区或市具有一定的辐射带动作用，因此本文将数据获取的空间延伸到所在区或市级层面，以此来反映自贸试验区发展现状。

制,合力推进三地产业链重点企业融资对接,研究支持政策。自2020年9月以来,工行、中行、邮储等多家银行新增典型京津冀联合授信项目10余个,联合授信额度超210亿元,累计放款超18亿元。同时,聚焦汽车制造、生物医药、节能环保等重点领域,组织市属或央企集团财务公司从集团所属生产性企业及上下游企业入手,梳理出第一批816家京津冀区域重点产业链企业,且全部纳入三地银企对接系统。

二是以"长安链"作为底层技术平台,通过"数据可用不可见"的方式,于2021年初启动建设"京津冀征信链",安全高效地实现跨机构、跨行业、跨地域信息互联互通以及多方数据融合应用,建成全国首个基于互联网的涉企信用信息征信链。除征信机构外,金融机构、数据源机构、科技公司都有融入"京津冀征信链"的意愿。

(三)要素跨区域流动发展现状

1. 积极落实人才自由流动的保障措施

人才是实现现代化首都都市圈更快发展的关键所在。《京津冀自贸试验区三方战略合作框架协议》要求三地自贸试验区积极开展人才跨区域自由流动工作。京津冀协同发展战略实施以来,京津冀三地劳动力资源不断增加,人才流动便捷,2021年,京津冀地区新增就业人数超156万人。2016年10月,京津冀三地签订《关于京津冀专业技术人员职称资格互认协议》,建立京津冀人才支撑互认机制。2017年7月,京津冀三地共同发布《京津冀人才一体化发展规划(2017—2030年)》,成为全国首个跨区域的人才规划。在此基础上,三地自贸试验区将进一步加强人才服务保障。

2. 有序推动数据安全流动

天津自贸试验区"扩容"联动建设京津冀-东盟贸易服务平台,推动数据资源开发利用,为现代化首都都市圈内自贸试验区联动发展提供贸易规则解读、通关、合作伙伴对接等专业服务。2021年,京津冀首个大数据交易中心获得批复,探索多种形式的数据交易模式,形成立足天津、面向京津冀的数据要素交易流通市场。

3. 天津自贸试验区金融行业强劲发展势头凸显

三地自贸试验区范围内金融业发展趋势稳健,天津正在成为现代化首都都市圈内金融资本流动的关键一极。如图3所示,2014—2021年,北京自贸试验区金融业在营企业注册资本规模从8 684.10亿元增长到14 826.52亿元,年均增长率为7.84%。天津自贸试验区从8 183.53亿元增加到20 701.46亿元，年均增长率达14.18%。河北自贸试验区从4 851.35亿元增加到7 112.82亿元，年均增长率达5.62%。

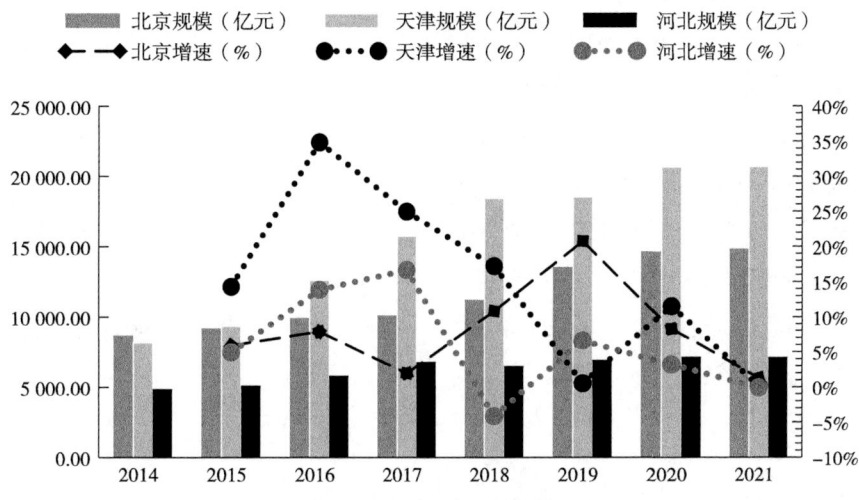

图3 2014—2021年金融业在营企业注册资本规模变化情况

资料来源：龙信企业大数据平台。

（四）产业协同共建发展现状

1. 正着力加强在技术市场融通方面的合作

三地积极落实《高新技术企业认定管理办法》，简化搬迁企业的原有资质、认证审核程序，对有效期内整体迁移的高新技术企业保留其高新技术企业资格。2021年，北京市流向津冀技术合同5 434项，成交额350.4亿元，主要集中在城市建设与社会发展、现代交通、环境保护与资源综合利用以及电子信息领域。其中，流向河北省3 554项，成交额240.2亿元；流向天津市1 880项，成交额110.2亿元。2021年1月1日至今，津冀各有1家高新技术企业迁往北京地区，北京有8家高新技术企业迁往津冀地区，已完成迁出手续，高新技术企业资格继续生效。

2. 探索建立多元化产业对接合作模式

现代化首都都市圈内三地自贸试验区正打造京津冀产业合作新平台，创新跨区域产业合作，探索建立总部-生产基地、园区共建、整体搬迁等多元化产业对接合作模式。《京津冀自贸试验区三方战略合作框架协议》明确提出构建"信息共享、创新共推、模式共建"的自贸试验区制度创新合作对接机制。

京津冀自贸试验区联席会议机制的落地实施将进一步突破体制机制阻碍，围绕科技创新实施"扩链、增链、补链"工程，为实现产业链、创新链的深度融合发展提供坚实的平台基础和完善的制度框架。

3. 产业协同共建发展初显成效

1）组成了由北京的朝阳区、天津的滨海新区以及河北的雄安片区串联的京津冀自贸试验区的信息服务业轴带

如图4所示，2014—2021年，北京自贸试验区信息服务业在营企业注册资本从5 786.94亿元增长至14 027.47亿元，年均增长率为13.48%；河北自贸试验区从465.69亿元增长至2 761.27亿元，年均增长率高达28.95%；天津自贸试验区从287.37亿元增长至919.49亿元，年均增长率为18.08%。北京自贸试验区中朝阳区和雄安片区的信息服务业具有明显规模优势，是信息服务业联动轴带的核心节点。

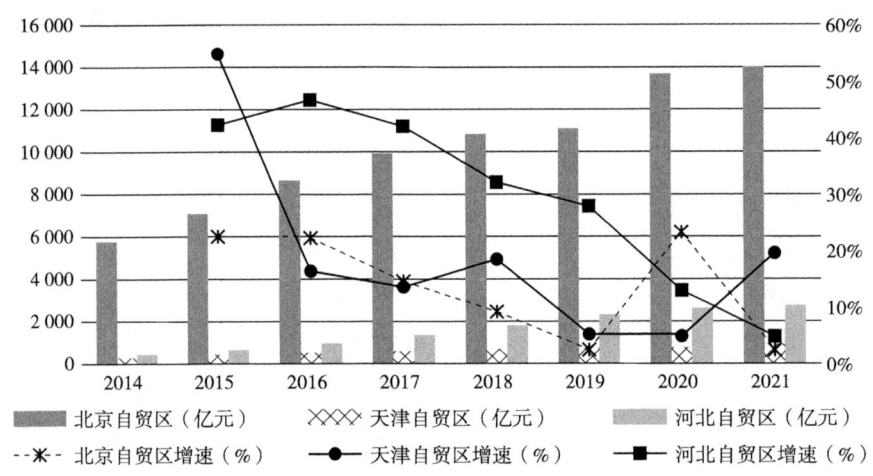

图4 2014—2021年信息服务业在营企业注册资本变化情况

资料来源：龙信企业大数据平台。

2）组成了由北京的朝阳区、天津的滨海新区以及河北的正定片区串联起的京津冀自贸试验区的电子商务服务业轴带

如图5所示，2014—2021年，北京自贸试验区电子商务服务业在营企业注册资本从192.95亿元增长至426.48亿元，年均增长率为12.00%；河北自贸试验区从20.27亿元增长至130.32亿元，年均增长率高达30.45%；天津自贸试验区从15.11亿元增长至126.58亿元，年均增长率为35.48%。北京

自贸试验区中朝阳区和河北自贸试验区的正定片区的电子商务服务业具有显著规模优势，成为电子商务服务业联动轴带的核心节点。

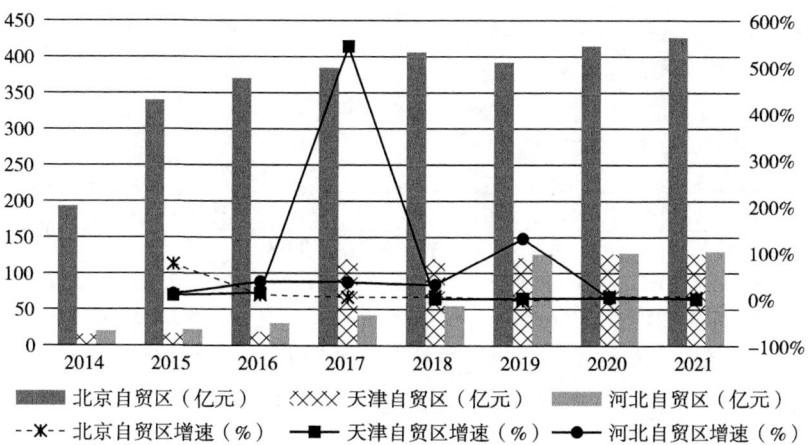

图5　2014—2021年电子商务服务业在营企业注册资本变化情况

资料来源：龙信企业大数据平台。

3) 组成了由北京的大兴区、天津的滨海新区以及河北的正定片区串联的京津冀自贸试验区的医药制造业轴带

如图6所示，2014—2021年，北京自贸试验区医药制造业在营企业注册资本从354.57亿元增长至384.82亿元，年均增长率为1.18%；天津自贸试验区从118.48亿元增长至124.16亿元，年均增长率仅为0.67%；河北自贸试验区从246.15亿元增长至385.24亿元，年均增长率为6.61%。北京自贸试验区的大兴区和河北自贸试验区的正定片区医药制造业具有显著规模优势，是医药制造业联动轴带的核心节点。

（五）创新生态营造发展现状

1. 深化重点园区建设，推动科技园区合作发展

三地强化园区顶层谋划，共同编制完成《雄安新区中关村科技园发展规划》，开展"科技资源服务雄安新区建设模式研究"项目。天津滨海-中关村科技园围绕智能科技、生命大健康、新能源新材料、科技服务业，打造"3+1"产业体系。京津中关村科技城建成首个人才社区，截至目前，京津中关村科技城建设完成28个项目投资协议书的签署，预计可出让工业用地1 848.69亩，形成落地总投资额165.01亿元，投产后年产生税收10.22亿元。

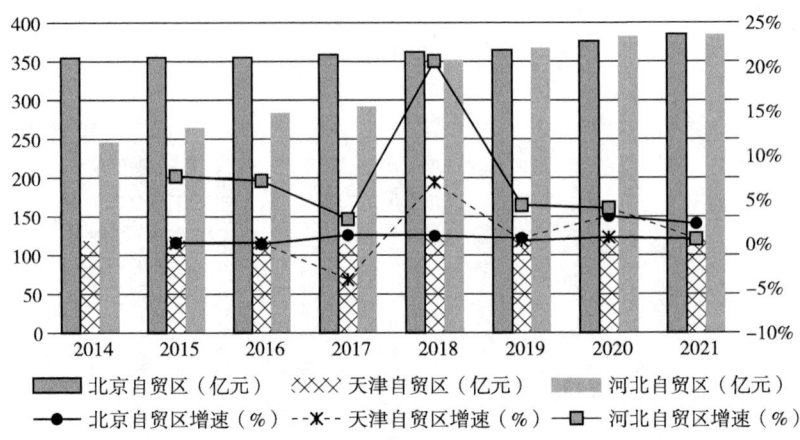

图 6 2014—2021 年医药制造业在营企业注册资本变化情况

资料来源：龙信企业大数据平台。

2. 三地自贸试验区在创新研发、科技成果转化、创新成果产出环节发展态势良好

北京的海淀区、天津的滨海新区、河北的雄安片区串联组成了京津冀自贸试验区走廊中的"创新联动轴"，昌平区和曹妃甸区正逐渐形成"创新联动轴"中新的节点。

在创新研发主体方面，三地自贸试验区所在区或市创新研发设计主体数量增加较为显著。如图 7 所示，2014—2021 年，天津自贸试验区研发与设计服务新增企业数由 42 家增加至 177 家，年均增长率为 22.81%，增量部分明显呈上升趋势；2020—2021 年，北京自贸试验区所在区研发与设计服务新增企业数由 664 家增加至 857 家，年均增长率为 29.07%；2019—2021 年，河北自贸试验区所在市研发与设计服务新增企业数由 2 360 家增加至 3 417 家，年均增长率为 20.33%。

在科技成果转化主体方面，三地自贸试验区的设立为自贸试验区所在区或市科技成果转化机构发展注入新的活力。如图 8 所示，2014—2020 年，天津自贸试验区所在区科技成果转化服务新增企业数从 1 604 家增长至 4 466 家，年均增长率为 15.75%；河北自贸试验区从 2 317 家增长至 24 895 家，年均增长率为 40.38%；北京自贸试验区成立之前，科技成果转化发展动力略显不足，在自贸试验区成立之后，2020—2021 年科技成果转化服务新增企业数增长迅速，于 2021 年增长至 50 757 家，呈现良好态势。

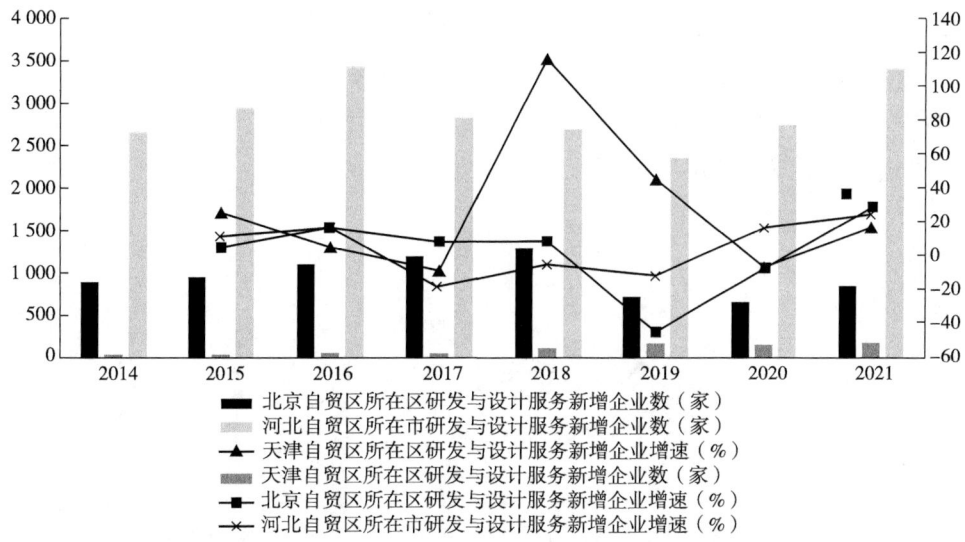

图7　2014—2021年研发与设计服务新增企业变化情况

资料来源：龙信企业大数据平台。

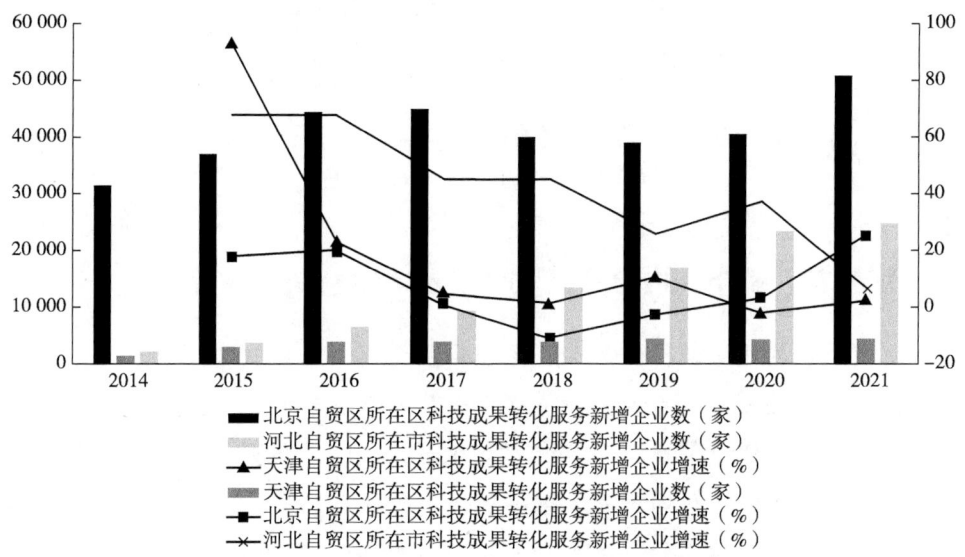

图8　2014—2021年科技成果转化服务新增企业变化情况

资料来源：龙信企业大数据平台。

在创新成果产出方面，三地自贸试验区所在区或市研发与设计服务新增发明专利整体呈上升趋势。如图9所示，2014—2021年，北京自贸试验区所在区研发与设计服务发明专利新增授权量从507件增长到6 299件，年均增速为43.33%；天津自贸试验区所在区研发与设计服务发明专利新增授权量从66件增长到304件，年均增速为24.38%；河北自贸试验区所在市研发与设计服务发明专利新增授权量从215件增长到912件，年均增速为22.93%，三地自贸试验区创新成果产出增势较为显著。

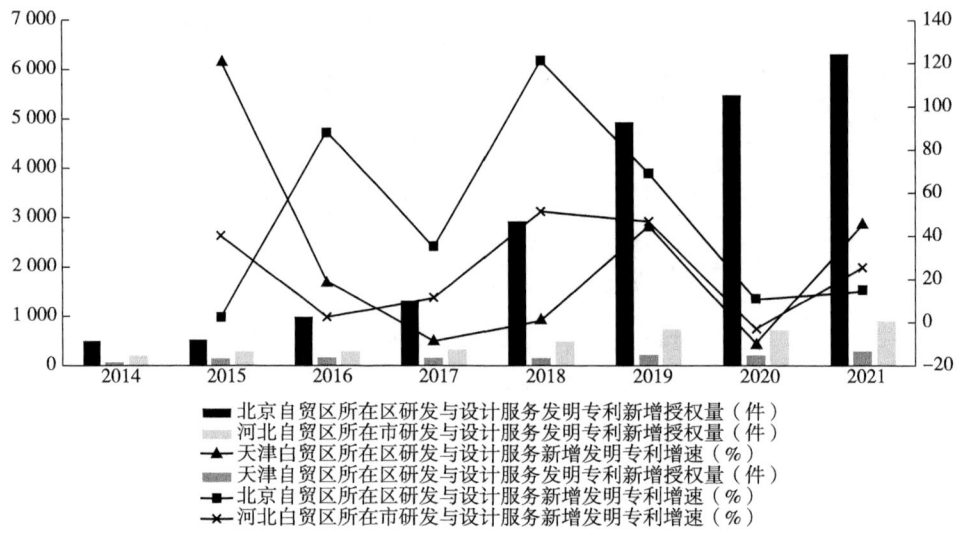

图9　2014—2021年研发与设计服务新增发明专利变化情况

资料来源：龙信企业大数据平台。

四、加强首都都市圈内自贸区联动发展需要解决的关键问题

（一）贸易便利化协调度和一体化效能不足

1. 三地自贸试验区在对外物流联系大通道建设方面相对薄弱

从陆运通道建设来看，京津冀常态化开行的中欧班列较少，并且作为京津冀中欧班列集结中心的石家庄国际陆港尚处于建设阶段。从空运通道建设来看，北京运力负担过重、河北机场与首都机场之间的联系强度相对不足，尤其是邯郸、唐山、秦皇岛等支线机场发力不够。从海运通道建设来看，天津港在区域内的虹吸效应明显，京津冀三地共同开辟国际航运线路节奏不一。

2. 口岸联动存在利益协调兼容性不足问题

天津港口岸与河北地区联动不足，"一单到底"的国际海铁联运少，"水-公-铁"的海铁联运模式效率较低；津冀各港口定位趋同，难以形成功能互补、错位发展的协作关系。

（二）投资便利化政策管理体系有待完善

在投资管理方面，并没有明确政策，现有政策缺乏一致性、透明性和稳定性。外贸备案登记对外资企业的审查时间较长；负面清单管理的针对性和具体性有待增强，特别是管理措施不清晰，外商投资面临投资壁垒；简化审批流程后存在事中事后监管不严的问题。此外，权力下放后各部门之间的衔接没有跟上，导致外商进行审批时仍存在"多头跑"的现象。投资便利一体化方面，投资促进与保护政策仍不够健全。跨自贸试验区间的投资信息共享和业务协同相对滞后，三地缺乏统一的投资信息平台，影响投资便利化联动的运行效率。三地自贸试验区尚未设置有关解决外商投资争议的专职机构，无法有效发挥法院民商事审判、多元解决以及诉调对接机制的作用。

（三）要素跨区域流动效率低

1. 缺乏统一的金融监管制度和审批程序

三地自贸试验区金融管理部门以行政区划为基础，未从区域整体的角度出发统筹规划金融政策的实施。各地区政府联结不够，导致项目落地实施的市场环境与计划有所背离，最终效益不明显。

2. 金融信息平台和征信系统尚不完善

目前推动金融产品跨区域流动的金融交易联网平台屈指可数。在大数据、智能化发展的大背景下，金融信息共享服务平台建设不足势必阻碍金融一体化的进程。自贸试验区以制度创新为核心，对于推进三地自贸试验区金融信息共享服务平台建设和先行试点跨区域联合授信的具体措施有待进一步明确。

3. 缺乏针对关键技术环节的大科研基金支持计划

目前的京津冀自贸试验区缺乏三地共同参与、针对三地自贸试验区重点产业链的关键核心技术和区域性共性关键技术的大型基金计划，导致关键技术领域的高水平人才引进困难，难以有效释放人才这一关键要素在自贸试验区联动发展中的作用。

（四）创新链发展不均衡、体系不完善

1. 三地创新发展落差较大

三地自贸试验区创新联动缺少统一管理，北京的科技成果在津冀的落地效果仍然不佳，津冀与北京还需要更加紧密的创新互动。

2. 自贸试验区功能定位同质化现象明显

三地尚未形成区域间分工互补、上下游联动配套的产业协同发展格局，市场化力量偏弱，亟待强链补链，加之三地对人才、资金等要素资源集聚能力的不同，造成资源配置效率偏低。

3. 缺乏明确的绿色金融发展机制

绿色金融是自贸试验区供应链建设的重要方面。当前，京津冀三地自贸试验区尚未建立统一的绿色金融标准体系；绿色企业普遍面临一定融资困境，缺乏绿色金融融资工具；缺乏标准统一的绿色金融信息共享机制；对绿色项目的认定标准和界限比较模糊，缺乏标准统一的信息共享机制。

（五）缺乏完善的创新资源共享机制

1. 企业间创新互动渠道不通畅

一方面，三地之间仍缺乏能够提供创新资源交流的共享平台，难以为创新资源实现跨区流通提供便利条件。另一方面，三地自贸试验区缺乏完整的创新机制体系，创新企业无法在三地间实现信息交流和资源共享，导致创新资源利用率低，不利于三地创新协同发展。

2. 市场准入门槛较高

京津冀三地缺乏降低市场准入门槛方面的具体政策措施和有效的管理模式，仅天津自贸试验区适当降低了对境外投资者资质要求、股权比例、业务范围等方式的准入限制，但有关的制度模式仍不完善。

（六）制度创新协同联动效率低下

政策创新方面，三地自贸区普遍存在"总体方案"和"深化改革方案"落实推进不均衡的问题，缺少集成化开放政策体系，围绕重点产业和关键要素的政策突破偏碎片化，改革系统性、集成化程度不够，缺少一批具有战略性、系统性的开放政策集成创新。此外，各自贸试验区要复制其他自贸试验区的先行先试政策、制度创新成果的审批权限下放领域和范围尚无法满足三地自贸试验区政策共用的要求。在审批权下放过程中，还存在赋权单位、具体承接路径尚不明确的问题。统筹规划方面，三地自贸试验区对数字经济协同发展的统筹规划不够，存在各自为政、重复建设的问题，尚未形成区域核心竞争力。协调机制方面，三地尚缺乏协同机制，尚未形成统一的数字经济统计体系，不利于数字经济的规模测算、横纵对比，以及数据共享、开发和利用。联动创新机制方面，三地自贸试验区面临联动创新发展机制不健全的问题，尚未形成自贸试验区"一地创新、三地互认""一地生效、三地同效"的联动机制。

五、首都都市圈内自贸区联动发展的对策建议

（一）明确京津冀自贸试验区走廊空间布局整体设想

1. 在北京、天津、河北交界地带划定现代化首都都市圈自贸试验区联动先行启动区

核心片区内重点承载自贸试验区发展的高端服务功能和重要的政务保障功能，高端服务功能区内重点发展高端金融业集聚功能分区、高端数字化服务贸易片区、高端物流枢纽服务业集聚片区，政务保障功能区内建立商务、海关、税务、交通、金融监管、会计审计、法律仲裁、人力社保等集成式政务服务办公区。

2. 以三地交界地带的核心片区为产业枢纽，形成核心片区与北京、天津、河北内部各原有贸易片区之间的联动发展轴

挖掘三地原有各贸易片区的特色优势，在数字贸易方面形成"北京为源、津冀为渠"的数字贸易合作链条，做实"轴带"内的核心产业载体。

3. 以三地交界地带的核心片区为传动轴，形成"北京研发、津冀制造"的高技术产业发展轴

利用政策工具给予在现代化都市圈内经核心片区转化的技术成果相应的创新激励，引导京津冀三地自贸试验区成为京津冀范围内重要的技术成果转化高地，培育三地自贸试验区的内生创新驱动力。

（二）推动三地优势物流资源平稳对接，持续优化口岸营商环境

在强化物流联系方面，加快构建以多式联运为主体的自贸试验区间物流格局。一方面是要针对京津冀范围内大宗货物建立绿色集疏港体系。另一方面是沿着顺义片区—滨海新区—曹妃甸片区—正定片区的物流运输走廊，打造分布合理的多式联运格局。建立企业、园区绿色集疏运体系，丰富京津冀自贸试验区间多式联运的"毛细血管"。在口岸营商环境方面：一是要推进津冀港口协同建设与发展，统筹考虑天津港、曹妃甸港、黄骅港、京唐港、秦皇岛港各自的区位、交通和港口建设情况，强调差异发展错位竞争。二是要强化港口间数据共享，构建津冀港数据服务中心，建立起数据完整的港航大数据平台。

（三）强化投资便利一体化合作机制，重视外汇管理制度优化改革

三地自贸试验区应积极打造外商投资信息共享平台，促进跨自贸试验区间的信息共享，实现外商企业的信用等级、经营情况等方面数据的联动共享。建立健全重大外资项目工作专班制度，充分发挥重点外资项目工作专班的服务作用，加强项目全流程的跟踪服务。在外汇管理方面，推动自由贸易账户在北京和河北开通运行，缩小三地自贸试验区在外汇管理方面存在的差异。应重视外汇管理制度改革，探索构建更加便利、规范、透明、高效的外汇管理体系。还应针对自贸试验区内外汇业务的复杂性与特殊性的特点，进一步完善自贸试验区外汇风险管理，优化风险监测指标，形成风险预警体系。

（四）推进金融市场一体化发展，完善人才吸引及保障措施

在金融市场优化方面，可借鉴欧亚经济联盟制定《金融市场统一发展战略》的经验，对三地自贸试验区的金融市场统一发展设置实施期限和实施阶段：第一阶段形成金融市场一体化结构；第二阶段大力推进京津冀三地自贸试验区对金融市场的监管，形成制度保障；第三阶段建立京津冀自贸试验区金融一体化监管中心；第四阶段消除影响京津冀三地自贸试验区间资本、投资和金融服务相互流动的主要障碍；第五阶段实现金融市场和金融监管全面一体化，建立统一的金融市场。在人才引进及保障方面，三地自贸试验区应重视人才成长环境建设，探索与国际接轨的人才培养和保障制度；参考昆明自贸试验区，畅通吸纳紧缺人才绿色通道，建设外国高端人才服务"一卡通"试点，制定和完善引进人才的政策激励制度；通过建设自贸试验区人才科创园模式，联合自贸试验区内高等院校和科研机构，实现高质量科创型人才跨区域联动交流，推动人才引进程序统一化、便利化。

（五）差别化探索产业协同发展路径，依托金融合作深化供应链协同发展

在产业链对接协作方面，应探索建立总部-生产基地、园区共建、整体搬迁等多元化产业对接合作模式；联合搭建开放创新平台，促进产业协同合作；加快建立要素跨区域流动机制。在供应链协同发展方面，以区域金融合作与金融开放为核心，促进区域间金融合作进一步深化，积极探索自贸试验区内的金融创新，发展绿色金融；推动落实"白名单"制度，梳理市级产业链供应链"白名单"企业，切实加强对京津冀三地的"白名单"企业服务，实现区域间有效衔接；推进供应链创新与应用，支持开展供应链创新与应用试点示范。

（六）着力优化创新服务体系，推动协同创新合作机制建设

1. 三地自贸试验区应积极引导企业与周边企业共建创新平台

通过政府，引导高校、科研院所协同联动，与其他两地自贸试验区共建成果孵化基地和科技企业孵化器，培育多元化科技创新主体，激发创新活力。鼓励跨国公司在京津冀三地设立研发中心，展开"反向创新"。

2. 重视知识产权保护和数据信息保护

三地自贸试验区应当推动建立自贸试验区内的知识产权交易中心和知识产权运营中心；一方面审慎规范探索开展知识产权证券化，广泛深入开展知识产权相关调研宣传，提高企业和科技人员的专利意识；另一方面完善自贸试验区知识产权保护工作机制，强化建设知识产权保护体系。

（七）完善跨区域政府协同机制，全面推动营商环境优化提升

在政策共用方面，加强三地自贸试验区改革系统集成，加快多部门间的联合协同创新，协同推进改革项目；积极推动三地自贸试验区"总体方案"与"深化改革方案"同步；通过立法赋予三地自贸试验区更多的改革自主权，构建相对独立、完善的自贸试验区管理工作机制，允许自贸试验区在权限内自主探索制度创新。在信息共享方面，推动三地自贸试验区数字要素自由流动，积极对接和运用国际数字贸易规则，制定三地自贸试验区通用的重要数据保护目录和数据安全风险评估、监测预警、应急处置机制，加快构建与国际接轨的高水平数字贸易开放体系；打通数据壁垒，全面推进全流程网上办事应用；扩大交通运输信息数据共享范围，持续推进高频政务服务事项"跨省通办"；加强信息安全机制保障。在机制共建方面，三地工信部门应尽快签署新一轮战略合作协议；建立多元化纠纷解决机制；构建以区块链可信安全数据为基础的"全流程、全覆盖、全时段、全周期"政务服务跨省通办生态联盟模式，进一步完善"异地受理、内部协同、多地联办"的沟通保障机制；加快建成统一的社会信用体系及奖惩联动机制。

参考文献

[1] 张伟. 都市圈的概念、特征及其规划探讨 [J]. 城市规划, 2003 (6)：47-50.

[2] 张京祥, 邹军, 吴启焰, 等. 论都市圈地域空间的组织 [J]. 城市规划, 2001 (5)：19-23.

[3] 谭成文,李国平,杨开忠. 中国首都圈发展的三大战略 [J]. 地理科学, 2001 (1): 12-18.

[4] 宋迎昌. 北京都市圈治理的实践探索及应对策略 [J]. 城市与环境研究, 2023 (1): 66-79.

自贸港构建特色多螺旋创新生态系统的策略分析
——类比新加坡的经验证据①

吕文波

摘　要：数字经济时代，"政产学研金服用"七大主体得以高效交互和螺旋耦合，创生了众多举世闻名的创新生态系统典范。新兴城市和区域如何快速高效构建适宜本土特色的生态系统成为研究的热点和难点。本文以自贸港视角阐述了创新生态系统的构成主体、相互关系、耦合路径，类比新加坡的经验证据，利用灰度测试和耦合协调度模型对创新生态系统进行评价，证明了产业链是多螺旋中关联度最高的主体。建议海南自贸港在布局自身产业链时，注意构建本土特色创新生态系统，同时积极利用粤港澳大湾区、东南亚各国优势资源进行联动发展，将优化产业链结构作为关键环节，实现经济发展最优解。

关键词：创新生态系统；多螺旋路径；模型评价；联动发展

一、引言

创新是经济高质量发展的第一动力，参与创新的各主体汇聚成为创新生态系统。研究创新生态系统的理论近年来发展迅猛，在实践指导方面价值巨大。该系统是一个高度交互、相互协调的创新支持体系群落，内部各个主体发挥各自的异质性，又耦合其他主体协同创新，形成相生相克、彼此依赖的网络关系。

---

① 基金项目：2023年海南省社会科学基金项目［HNSK（QN）23-98］、海南省哲学社会科学重点实验室"金融创新与多资产智能交易实验室"建设成果。
作者简介：吕文波，三亚学院盛宝金融科技商学院专任教师、上海宏珠资本投研部研究员。

美国自 1862 年推出《土地拨赠法案》起，依次推出《国防教育法》《高等教育设施法》《退伍军人权利法案》《拜尔-多尔法案》等众多催生创新生态系统的政策，塑造了硅谷、纽约、洛杉矶等众多创新创业集群，其中包括政府公共部门、半官方组织、各类研究机构、私营企业以及成熟的市场等。例如，毗邻斯坦福大学的硅谷创新指数世界排名第一，拥有超过 4 万家初创企业和 1 000 家风投公司；北卡罗来纳州的"研究三角区"举世闻名，是"产学研"三螺旋理论诞生地，等等。这些生态系统为美国保持世界第一经济体地位贡献了力量。

中国作为世界第二大经济体，在西方技术封锁和贸易限制的大背景下，只有持续深化改革开放，才能创造出中国式现代化的新道路。我国"十四五"规划将"创新"置于更高位置，要求"坚持创新在我国现代化建设全局中的核心地位，把科技自立自强作为国家发展的战略支撑"。

2020 年 6 月，《海南自由贸易港建设总体方案》正式印发，海南自贸港定位于中国跨境经济的创新高地，对标海外先进创新生态系统。海南自贸港建设起步虽晚，但潜力巨大，立足国家顶层设计，背靠粤港澳大湾区，又有新加坡等经验作为参照，可谓天时地利人和俱全。从创新生态系统的视角来看，自贸港的建设发展应从"政产学研金服用"七大主体入手，既要实现各主体高速发展，更要实现相互耦合协调发展，构建符合本土特色的多螺旋创新生态系统。

二、综述

多螺旋理论是舶来品，但在我国发展迅猛。20 世纪 90 年代初，美国学者 Henry Etzkowitz 创立了"三螺旋"模式，指大学、产业、政府三方在创新中相互合作，同时每一方都保持自己的独立身份。钟德仁（2019）、邓志新（2021）将产业学院协同创新与三螺旋理论相结合；蔡翔（2019）实证分析了协同创新效率及其影响因素；戴一鑫（2019）借鉴"三螺旋"算法构建了产业聚集协同效度指标；周倩（2019）、罗昆（2019）、傅田（2021）探究创新创业教育与专业教育的融合模式；吴颖（2014）开拓了四螺旋理论，引入中介机构作为第四大主体的知识产权配置机制；吴卫红（2018）从信息数据视角实证研究了四螺旋模型；郄海霞（2020）引出"大学-产业-政府-公民社会"四螺旋创新生态系统；吴菲菲（2019）将"市场采纳接受程度与公众需求"作为第四螺旋测度指标。

吴永升（2009）提出了"政产学研用"五螺旋结构雏形，以实现管理体制创新与技术创新。全国人大代表李健于2011年两会上指出，"要将产学研结合扩展为政产学研用结合"，并解释"新加的'政'指的是政府和政策，新加的'用'指的是用户和应用"。"政产学研用"五螺旋模式自此正式从学术层面走向实践层面。陈栋（2019）将产教融合策略同"政产学研用"结合应用于高校办学；陈云龙（2019）探索了STEAM新模式；雷明镜（2020）研究了当时"政产学研用"模式中存在的缺陷。

王萍萍（2019）认为科技创新必须建立在协同网络基础上，并提出"政产学研金服用"七大主体构建的创新共同体概念；王庆金（2018）通过因子分析和DEA数据包络分析，指出了创新生态系统中存在科技创新投入产出差异大、综合效率普遍偏低的问题；王凡（2021）进一步指出制约成果转化的主要原因是多螺旋主体协调度不足，市场缺乏有效润滑剂；张宁（2022）详细论述了七螺旋创新创业共同体的耦合形成路径。

多螺旋创新生态系统的理论部分已经得到较好发展，实践层面的多螺旋构建模式仍在探索之中，结合各区域特色资源对七大主体的主次逻辑优化和耦合协调度的研究，将是未来的主要方向。

三、模型

透过现象看本质，单纯地复刻发达国家生态系统的机制到自贸港建设中来，很容易出现"水土不服"的现象，应结合中国式现代化、全体人民共同富裕的国策要求和海南岛美丽富饶的自然资源等进行探索。

"政产学研金服用"即"政府""产业""学校""研究机构""金融资本""中介服务""用户市场衔接"，一般路径中七螺旋各主体的功能和螺旋交互的协同关系，见图1。七主体始终围绕着"人才"这个核心要素运转：高校和科研机构等接受政府部门的政策和资金支持，培养的人才直接服务产业链的政企部门，为经济运作输送血液；市场发展的趋势和科技发展的方向既由人才素养决定，又决定着人才培养的方向，两者存在双向增强效应；金服用等中介转化服务群在各个主体之间起到润滑剂和孵化催化作用。

多螺旋理论是机制方法，培育、引进、留用人才是路径塑造的中介效应核心单位，政府政策是引导路径发展方向的关键力量，产业链是吸纳人才和

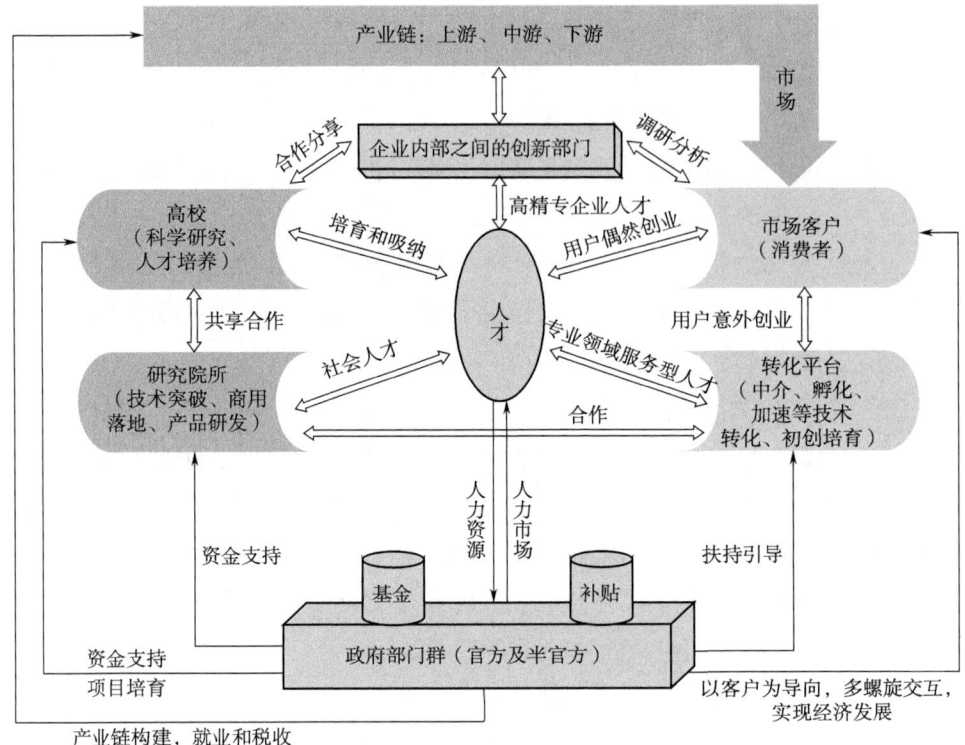

图 1 七螺旋各主体交互关系图

创造价值的实质性载体。不难发现,凡发展先进创新生态系统的地方,不仅产业景气度高,而且均有知名高等学府或科研院所。例如,北京中关村紧邻清华、北大和中国科学院,苏州产业园临近上海交大、复旦等。创新生态系统中,高校科研院所和政府政策、产业链等各主体主次的逻辑关系值得探究。

本文以新加坡为例进行了实证研究,新加坡毗邻海南自贸港,两者地理位置和自然环境相似度高,前者发达的经济和先进的教育模式可复制性强。

四、实证

基于以上理论分析,本文提出以下假设:

多螺旋路径可以赋能经济高质量发展,并且主要通过产业链的构建来实现。

设立"多螺旋水平"得分,作为因变量 L。另从"政产学研金服用"七螺旋模型出发,建立"政府""企业""学校""研究机构""金融资本""中介服务""用户市场衔接"七个一级自变量;每个一级自变量再按照资金量、项目数量和受众数量三个维度设立三个二级自变量,变量名称和解析,见表1。

表1 七螺旋教育路径评估指标表

主要指标	变量	二级维度	二级指标	变量
政府	U_1	资金	政府对高校科研项目的资金投入量	F_1
		项目数量	政府同高校合作搭建的实验室数量和规模	P_1
		受众数量	政府对创新型人才培育的直接受众人数	N_1
产业	U_2	资金	企业对高校直接资助和合作的资金量	F_2
		项目数量	企业与高校联合进行横向研究资金规模	P_2
		受众数量	产业链同高校专业直接对口招聘的人数	N_2
学校	U_3	资金	智慧课堂的投资规模	F_3
		项目数量	智慧课堂跨校跨国跨境合作项目数量	P_3
		受众数量	智慧课堂高水平跨学科教学受益人数	N_3
研究机构	U_4	资金	研究机构同高校共同研究的项目资金规模	F_4
		项目数量	联合研究的成果数量和等级	P_4
		受众数量	研究机构和高校双向人才流动的直接数量	N_4
金融资本	U_5	资金	跨境资本参与的融资规模	F_5
		项目数量	高校技术转移公司的投融资项目数量	P_5
		受众数量	高校对PEVC输出的毕业生数量	N_5
中介服务	U_6	资金	加速器、孵化器等衔接性机构的资金投入规模	F_6
		项目数量	中介服务完成技术转移的项目数量	P_6
		受众数量	高校技术转移办公室的设立情况和受众人数	N_6
用户市场衔接	U_7	资金	高校师生创新项目获得的市场盈利或收益水平	F_7
		项目数量	校企联合实验室数目(位于校内)	P_7
		受众数量	联合辅助教研受益项目数量	N_7
GDP	G			
CPI	C			
多螺旋水平	L		创业基因公司(Startup Genome)联合全球创业网络(Global Entrepreneurship Network)与伦敦发展促进署(London & Partners)发布的年度GII(The Global Innovation Index)	

各二级指标之间相对独立且均为连续变量，从以往文献中并未查得资金、项目数量和受众数量三者之间存在明显的不同权重，故按照"每项目/人次获取资金数目"来求取一级指标。二级指标的数据从政府官网、行业/企业官网、南洋理工大学（NTU）官网以及 Bloomberg 等第三方数据库获取，个别缺失值用均数补充（参照 Landerman 等人的文献建议）。相关结果，见表2。

表2 描述性统计

变量	平均值	标准差	最小值	最大值
排名	47.2	4.141	44.333	54
U_1	37 754.952	21 524.38	21 009.453	72 974.102
U_2	0.007 761 3	0.001 564	0.006 102 2	0.009 611 6
U_3	8.05e-09	2.89e-08	-3.48e-08	4.39e-08
U_4	338.225	65.208	236.983	404.179
U_5	0.005 248	0.019 901 8	-0.011 331 5	0.037 552 7
U_6	0.094 611 2	0.393 018 2	-0.276 228 9	0.747 114 1
U_7	-0.000 026 4	0.000 088 1	-0.000 159	0.000 088 8

通过"灰色关联法"评估各一级指标对因变量的重要性和关联度变化趋势，结果见图2。

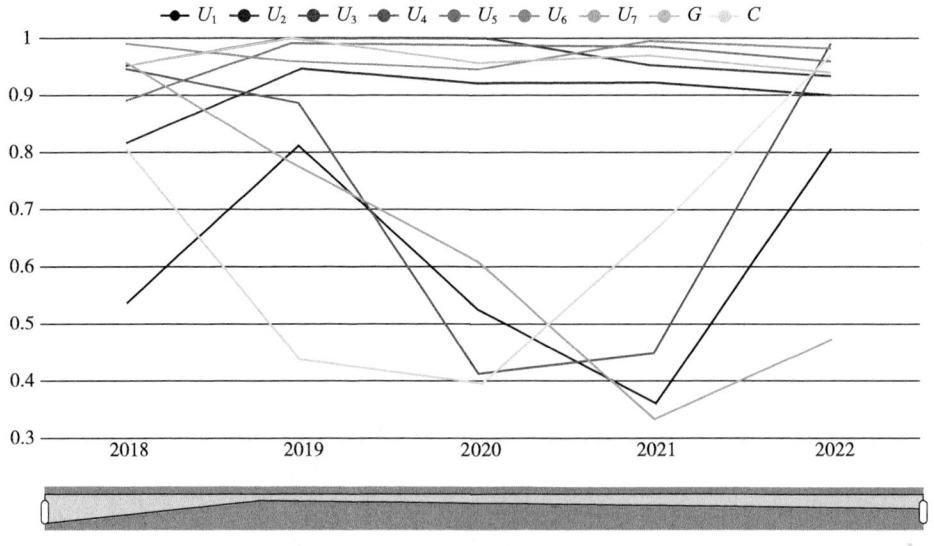

图2 关联系数走势

从表3可以看出，抛开CPI和GDP社会整体性因素的影响，U_2的关联度最大，其次是U_4。U_3是振幅最大、上升最快的关联变量。

表3 灰色关联度评价

评价项	关联度	排名
C	0.973	1
U_2	0.972	2
G	0.962	3
U_4	0.953	4
U_1	0.900	5
U_7	0.735	6
U_3	0.652	7
U_6	0.629	8
U_5	0.606	9

从图3可知，新加坡七螺旋创新生态系统原本处于较高的协调水平，各主体发展较均衡，系统运行良好。但从2020年开始，受疫情影响，各指标迅速下滑，疫情后进入较长复苏阶段，至今仍未完全恢复到疫情前水平。复苏过程中，耦合度优于协调度，说明政府复苏政策有所侧重，对产业链的扶持复苏优先级最高，这与生态系统的构建和维护逻辑一致。

五、启示

成熟稳健的创新生态系统是区域经济协调发展的直接体现，我国目前对于"政产学研金服用"七螺旋结构的实践探索仍处于快速发展阶段。自贸港本土创新生态系统的构建，可参照多螺旋理论，着力补强薄弱环节，重点立足产业链布局，以实现高质量发展。

由实证分析结果可见，本文的设想得到了验证。区域的经济整体发展水平即U_2（产业）是关联度最高的变量，说明生态系统的构建是空间区域经济体的整体改革。没有发达稳健的本土产业链支撑，以及源源不断的科研创新引领，创新生态系统政策改革就会脱实就虚。这给了U_1（地方政府）更多的压力，各部门（包括U_3和U_4）应出台配套组合政策，起到指引方向的决定

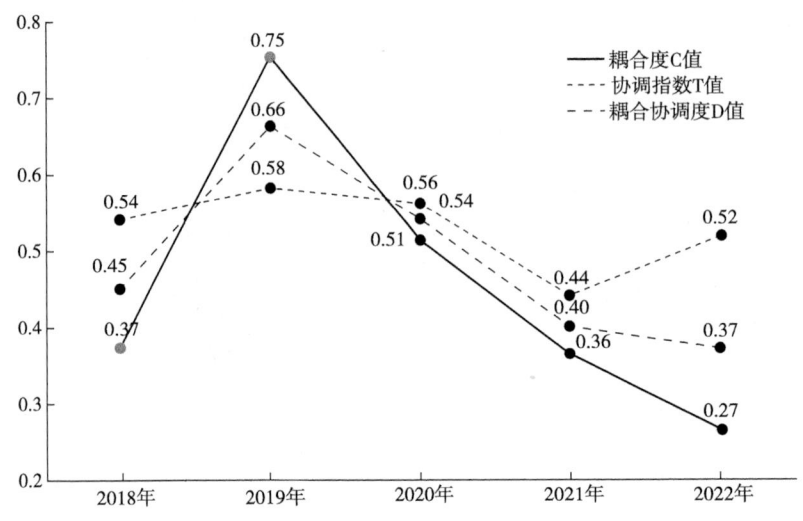

图 3 七主体耦合协调度

性作用，U_5、U_6、U_7（金服用部门）应配合好政策执行，起到加速和润滑的作用，共同构建良好有序的整体多螺旋系统。

海南自贸港的 11 大重点园区布局非常具有前瞻性，不仅从地理位置角度将各地优势资源进行整合，实现特色发展，更从产业链角度进行全域优化布局，以实现政府政策设计的最优引导。例如，三亚、陵水发展国际教育产业，因地制宜探索建设各具特色的创新创业共同体，开展与境外大学合作办学项目，实现"学在海南＝留学国外"的愿景，成为特色生态系统的优秀案例。

进一步地，应将联动发展视域放大到岛外。粤港澳大湾区拥有丰富的人才储备和技术基础，高新技术产业方面与之联动发展，可参照新加坡经验，以引进高水平人才为核心、落地高新产业为目标，尤其要将产业链中价值创造最强的科研人才和机构引入岛内落户"安家"，让本岛优异的自然环境、气候条件、发展潜力留住人才、构筑产业力量。

参考文献

[1] 钟德仁,张晓秀,高芳凝,等. 产业学院协同创新三螺旋理论分析[J]. 洛阳师范学院学报,2020（10）:51-55.

[2] 邓志新. 三螺旋理论下现代产业学院协同创新：困境根源、逻辑机理与实践路径[J]. 中国职业技术教育,2021（31）:45-52.

[3] 蔡翔,赵娟. 大学-企业-政府协同创新效率及其影响因素研究 [J]. 软科学, 2019 (10): 56-60.

[4] 戴一鑫,李杏,晁先锋. 产业集聚协同效度如何影响企业创新: "地理、技术、组织"共生演化的视角 [J]. 当代财经, 2019 (4): 96-109.

[5] 周倩,胡志霞,石耀月. 三螺旋理论视角下高校创新创业教育政策的演进与反思 [J]. 郑州大学学报(哲学社会科学版), 2019 (6): 54-60, 126.

[6] 罗昆,张廷龙. 创新创业教育与专业教育融合的模式、路径与实践: 基于"三螺旋理论"的视角 [J]. 山东科技大学学报(社会科学版), 2019 (5): 103-108.

[7] 傅田,赵柏森,许媚. "三螺旋"理论下创新创业教育与专业教育融合的机理、模式及路径 [J]. 教育与职业, 2021 (4): 74-80.

[8] 吴颖,廖玲艳. 协同创新培育知识产权市场主体 [J]. 知识产权, 2014 (4): 76-79.

[9] 吴卫红,陈高翔,张爱美. 互信息视角的政产学研资协同创新四螺旋实证研究 [J]. 科技进步与对策, 2018 (6): 21-28.

[10] 郄海霞,李欣旖,王世斌. 四螺旋创新生态: 研究型大学引导区域协同创新机制探析: 以苏黎世联邦理工学院为例 [J]. 高等工程教育研究, 2020 (2): 190-196, 200.

[11] 吴菲菲,童奕铭,黄鲁成. 中国高技术产业创新生态系统有机性评价: 创新四螺旋视角 [J]. 科技进步与对策, 2020 (5): 67-76.

[12] 吴永升. 政、产、学、研、用结合 促进技术进步和生产发展 [J]. 纺织机械, 2009 (5): 11-13.

[13] 陈栋,周萍. 一流高校推进产教融合的创新策略 [J]. 中国高校科技, 2019 (7): 67-70.

[14] 陈云龙,吴艳玲,杨玉春. "政产学研用"协同视角下STEAM教育发展探索 [J]. 中国教育学刊, 2019 (11): 72-75.

[15] 雷明镜,张华,武卫东,等. "政产学研用"多元协同育人机制探索: 以上海理工大学制冷空调产业学院(含山)为例 [J]. 高等工程教育研究, 2020 (6): 81-85.

[16] 王萍萍. "政产学研金服用"创新共同体协同机制研究: 基于协同创新网络的视角 [J]. 上海市经济管理干部学院学报, 2019 (4): 1-9.

[17] 王庆金, 王强, 李姗姗. 高校科技创新投入产出效率评价研究: 基于"政产学研金服用"视角 [J]. 管理现代化, 2018 (5): 50-52.

[18] 王凡. 高校科技成果转化中"政产学研金服用"模式探讨 [J]. 中国高校科技, 2021 (6): 92-96.

[19] 张宁, 孙龙, 钟安原. 创新创业共同体: 形成·架构·评价: 以"政产学研金服用"为观照点 [J]. 中国高校科技, 2022 (10): 60-68.

[20] 凯勒. 大学战略与规划: 美国高等教育管理革命 [M]. 别敦荣, 译. 青岛: 中国海洋大学出版社, 2003: 15-96.

[21] 边婧. 南洋理工大学现代化办学理念及实践路径研究 [J]. 教育教学论坛, 2020 (47): 191-192.

[22] 史铭之. 一流本科教育的建设理路: 南洋理工大学的启示 [J]. 河北师范大学学报 (教育科学版), 2021, 23 (5): 122-129.

[23] CHAND V S, MISRA S. Teachers as educational-social entrepreneurs: the innovation-social entrepreneurship spiral [J]. The journal of entrepreneurship, 2009, 18 (2): 219-228.

[24] WONG P K, HO Y P, SINGH A. Towards an "Entrepreneurial University" model to support knowledge based economic development: the case of the national university of singapore [J]. World development, 2007 (6): 941-958.

海南自贸港城市社区治理困境、形成机理及创新路径[①]

吴方彦　黎道武

摘　要：当前，海南自贸港加强城市社区治理创新至关重要。海南城市社区存在多方面的治理困境：小区业主与物业公司矛盾较为突出，小区成立业委会比例较低，"候鸟小区"治理难度较大，老旧小区和"三无小区"更新缓慢，涉小区治理事项审批程序繁杂。城市社区治理困境的形成机理是："治理主体错位"导致物业管理代替业主自治，"职能部门缺位"导致社区治理处于盲区，"制度建设缺失"导致指导性政策不足，"自治实践缺少"导致业主自治能力匮乏，"统筹力量缺漏"导致治理合力难以形成。在未来发展中，海南自贸港应当持续推进城市社区治理领域的制度集成创新，构建具有海南地域特色的党建引领下的社区治理共同体，为海南自贸港的高质量发展奠定坚实的社区治理基础。

关键词：海南自贸港；城市社区；社区治理共同体；治理创新

党的十八大以来，党中央和国务院对与民生福祉休戚相关的城乡社区治理问题高度重视，在国家政策层面连续出台了一系列指导性意见。2017年6月，《关于加强和完善城乡社区治理的意见》强调，"城乡社区是社会治理的基本单元。城乡社区治理事关党和国家大政方针贯彻落实，事关居民群众切身利益，事关城乡基层和谐稳定"。2021年4月，《关于加强基层治理体系和治理能力现代化建设的意见》提出"基层治理是国家治理的基石，统筹推进

[①] 基金项目：国家社会科学基金项目（22XDJ029）；海南省教育厅高等学校科研助重点项目（Hnky2021ZD-6）；海南省自然科学基金资助项目（723RC464）。
作者简介：吴方彦，海南儋州人，海南大学公共管理学院行政管理系讲师，海南省公共治理研究中心研究员，海南省高层次人才，政治学博士，主要从事政治学理论、基层社会治理研究；黎道武，湖南衡阳人，海南省业主委员会协会秘书长，主要从事社会组织工作和基层社会治理研究。

乡镇（街道）和城乡社区治理，是实现国家治理体系和治理能力现代化的基础工程"。党的二十大报告中提出"健全城乡社区治理体系，及时把矛盾纠纷化解在基层、化解在萌芽状态"的治理目标。

具体到海南省而言，加强城市社区治理创新更加重要且迫切。《海南自由贸易港建设总体方案》（以下简称《总体方案》）中制度设计部分第二十九条提出，"打造共建共治共享的社会治理格局……赋予社区更大的基层治理权限，加快社区服务与治理创新"。《总体方案》的这一表述，既是海南自贸港贯彻落实党中央和国务院相关政策的体现，更是基于海南省省情的现实考量。根据第七次全国人口普查数据，近年来，海南城镇化水平增长迅速，海南全省人口中，居住在城镇的人口已增长到 6 075 981 人，城镇人口占比达 60.27%（见图1）。

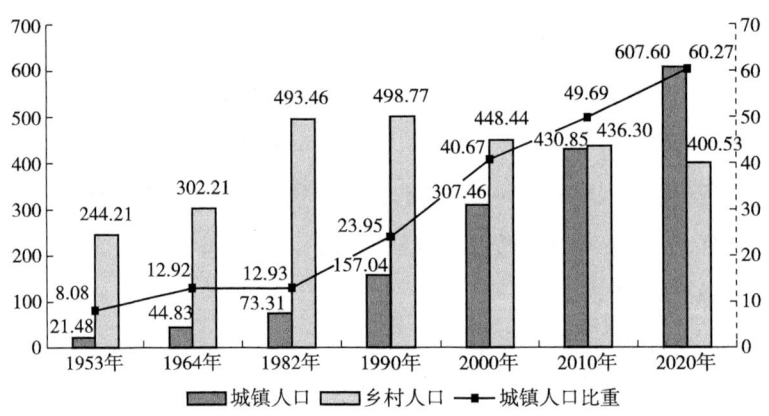

图1 海南省第七次人口普查城乡人口数据图

资料来源：具体数据和图表参见海南省人民政府网：海南省第七次人口普查新闻发布会（2021年5月13日），https://www.hainan.gov.cn/hainan/szfxwfbh/202105/21cab476274b42e5a683b7511d4915dc.shtml。

近年来，在建设海南自由贸易港的背景下，海南主要城市每年迁入的外来人口在迅速增加。但海南省城乡基层治理领域的基础比较薄弱，存在很多治理短板，各类社会群体的矛盾纠纷事件时有发生，影响社会和谐稳定。例如，在城市社区治理领域，《2022年中国典型30城物业服务满意度》调查数据显示：作为整体的海南省社区物业服务满意度为60.24%，在所调查的城市中处于末位，反映出海南各地居民对社区治理状况存在较多不满。

2014年11月，习近平总书记在福建省福州市考察社区治理工作时叮嘱："社区虽小，但连着千家万户，做好社区工作十分重要。"城市社区治理工作能否做好，不仅关系居民的幸福感和获得感，也会影响外来人才群体对海南的认同感和归属感，甚至海南自由贸易港的高质量发展。由此可见，在建设自由贸易港的发展背景下，海南加强城乡社区治理创新至关重要且迫在眉睫。

一、文献综述与分析框架

（一）文献综述

改革开放以来，我国城市基层社会管理体制中的"街居制"和"单位制"逐渐走向瓦解，"社区制"作为城市治理的基础单元逐渐浮出水面，20世纪90年代中期迎来了全国范围内的"社区建设"热潮。"社区"概念虽然是舶来品，但社区建设却紧跟我国改革开放以来经济社会高速发展的步伐，满足了人们对高质量生活的追求，也符合国家对社会实行有效治理和提供高水平公共服务的要求。如今，作为城市基层治理基本组织形式的社区制已走过数十年的历史，我国社区治理实践在取得巨大治理成就的同时，也陆续出现诸多问题。对此，学者们已有研究并积极探索破解之道。当前我国社区治理面临的困境有哪些？不同学者从不同理论视角进行分析得出的研判也不同：郑杭生和黄家亮基于北京市社区管理的实践，认为社区治理面临居委会行政化、边缘化以及共同体缺失的双重困境。张开云等基于广州社区案例的研究，认为社区治理的多元联动面临行政理念、目标定位和职责边界等方面的困境。徐宏宇认为城市社区面临合作治理难以达成的困境。俞祖成等基于上海社区的调研，认为社区治理面临居民享有权利却怠于承担义务的失衡困境。黄建认为当前社区治理面临纵向关系失衡、横向联通失序的困境。陈秀红基于社区治理重点任务的考察，认为社区治理面临治理主体权责未厘清、治理过程参与失衡、社区服务不能满足居民需求等实践困境。尽管学者们在理论视角、困境描述、形成原因及其破解路径等方面多有争议，但基本达成一个共识：当前我国城市社区亟待加强治理创新、提高社区治理水平。

从2018年4月党中央提出建设海南自由贸易港以来，国内学界围绕海南自由贸易港的建设开展了大量研究：有学者关注海南自贸港建设开放型经济体制，有学者分析新发展格局下海南自贸港的发展战略，有学者分析海南自贸港的立法创新，有学者分析海南自贸港社会治理共同体的建设路径，还有学者分析海南自贸港的高质量发展路径。相对而言，关注海南自贸港建设背景下城乡社区治理问题的文献较少。其中，杜力基于海南大社区改革实践的案例分析，认为大社区通过基层治理的平台化形成了"圈层治理逻辑"。唐小然等针对海南的社区治理情况，提出应当引进"时间银行"的经验，构建互助社区治理机制。尹作涛等人认为，自贸港建设背景下海南社区治理正由分散型治理向协同治理转变。

以上关于海南城市社区治理的研究关注到海南城市社区的一些突出特点和治理特性，但目前仍缺少对海南城市社区总体情况的描述和分析，针对海南自由贸易港建设背景下的城市社区治理问题及其形成机理，仍缺乏全局和深入的了解和把握，相关研究仍有待深入推进。

（二）社区治理共同体：一个分析框架

德国著名社会学家滕尼斯在其著作《共同体与社会》中提出"社区共同体"理论，认为"社区是指建立在血缘、地缘、情感和自然意志之上的富有人情味和认同感的传统社会生活共同体。"在他看来，社区共同体是一个有机的生命，是具有共同价值和融洽情感的结合体。滕尼斯的社区共同体理论对我国学界和社区建设产生了较大影响。2019年，党的十九届四中全会会议决定中提出："必须加强和创新社会治理，完善党委领导、政府负责、民主协商、社会协同、公众参与、法治保障、科技支撑的社会治理体系，建设人人有责、人人尽责、人人享有的社会治理共同体"。在我国地方治理实践和治理语境下，社区治理共同体是指：各地党委政府部门、社会组织和经济组织以及社区居民为了寻求社区公共议题的解决和公共利益的实现，在广泛参与、平等协商、团结互助的原则上，形成的具有共同价值目标和相互关联的稳定的群体。本文将依据"社区治理共同体"的理论框架对海南自贸港建设背景下社区治理困境的形成机理和创新路径进行分析。

目前，政府部门尚缺乏海南全省范围内关于城市社区治理情况的统计数据。为研究海南城市社区的治理概况，我们于2022年12月分别赴海口市、三亚市、儋州市、文昌市、琼海市、万宁市和澄迈县等海南省人口分布密集、经济发展较好的七个重要市县的住建部门、民政部门和城市住宅社区进行实证调研，采取召开座谈会、深入访谈、查阅文档资料和实地观察等方法，获得了各市县城市社区治理的第一手资料，为本文的研究积累了扎实的资料基础。海南省的城市住宅社区主要分布于海口市和三亚市，海口市为海南省会，亦是海南自贸港建设的中心城市，其城市住宅小区占海南全省住宅小区的比例高达64.6%，因而其城市社区状况在全省范围内具有典型性和代表性。

二、海南自贸港城市社区的多重治理困境

通过对海口市、三亚市、儋州市、文昌市、琼海市、万宁市和澄迈县等海南省七个重要市县的调研资料的分析和总结，本文把海南城市社区面临的治理困境归纳为以下几方面。

（一）小区业主与物业公司矛盾较为突出

海南城市社区治理的首要问题是小区业主与物业公司之间普遍存在较为突出的矛盾。根据海南省各市县12345联动指挥中心统计数据，近年来，海南各市县的涉物业投诉案件正在逐年攀升（见图2）。

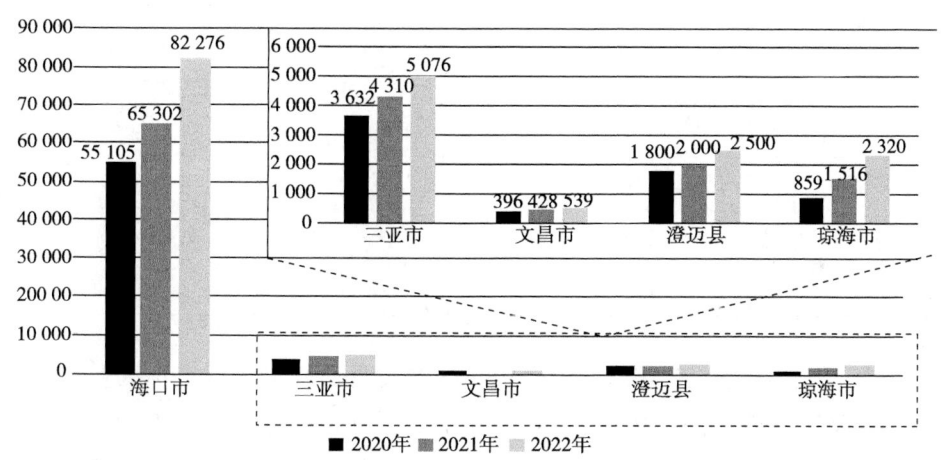

图2 海口市等五个市县近三年物业问题引发的投诉案例数量情况

其中，海口市的物业投诉案件数量最多。海口市12345指挥中心数据显示：2018—2022年，海口市涉物业问题引发的投诉案例连续五年居总投诉量前四名。三亚、文昌、琼海、澄迈等地的投诉案件相对海口总量数要少，但近年来案例数量增长也很迅速。各市县政府面对大量激增的投诉案件，相关部门耗费大量行政资源、时间精力处置，但常常出现专业性不足导致处理效果欠佳的情况，使得一些原本较小的矛盾纠纷升级演化成为集体信访事件，影响社会和谐稳定。

综合海南各市县小区业主和物业公司的矛盾纠纷事件来看，其矛盾纠纷

的产生缘由主要有以下几方面：一是业主对物业服务管理不满，业主投诉部分物业企业服务态度差、管理不到位、遇事不沟通、收费不透明等。二是物业公司在小区治理中存在不作为现象，如对一些业主在小区乱搭乱建、乱停乱放、侵占公共绿地、破坏公共设施、违章装修等行为没有给予有效处置。三是开发商遗留问题、建筑质量问题和维护维修问题引发商住矛盾。

（二）小区成立业委会比例较低

小区成立业委会难、成立业委会比例较低是海南各市县城市社区较为突出的问题（见表1）。

表1　海南七个市县小区成立业委会数量情况

市县	住宅小区数（个）	成立业委会数（个）	占比（%）
海口市	3 031	468	15.4%
三亚市	858	106	12.4%
文昌市	142	39	27.5%
儋州市	170	29	17%
琼海市	384	30	14.2%
万宁市	207	5	2.4%
澄迈县	201	14	0.7%

截至2022年底，在调研的七个市县中，文昌和儋州的城市小区业委会成立比例较高，分别是27.5%和17%，但和发达地区相比仍然有很大差距。万宁和澄迈则分别仅有2.4%和0.7%，只有为数不多的小区成立了业委会。海南城市小区成立业委会难有以下几方面原因：其一，大量业主是从省外迁来的"候鸟"群体，按照《民法典》的规定，成立业委会并由业委会管理小区事务很难全面推行。其二，物业管理受利益驱动，很多住宅小区的物业都是开发商利益的延续，客观上制约了业主共同利益的实现。例如，小区住房专项维修资金的使用、委托物业合同的签订等具体问题需要物业企业与业主进行协商，并由业主作出决定。但由于业主意见很难统一，且未成立业主大会和业主委员会，不仅集体作出决策困难，即使作出决策，也会因为个别业主的抵制而无法实行。

（三）"候鸟小区"治理难度大

所谓"候鸟小区"，指的是外来人口季节性流入形成的住宅小区。"候鸟小区"并非海南独有的小区类型，近年来，随着流动人口的增多，我国南方省份沿海城市中"候鸟小区"的数量迅速增长。但海南"候鸟小区"占比较高、治理难度较大，这些"候鸟小区"除了冬季入住率较高以外，其他季节入住率很低，小区治理难以实现常态化运作。以文昌市为例，截至 2022 年 8 月，该市交付使用的小区 128 个，其中"候鸟小区"有 80 个，占比 62.5%，仅有 22 个小区物业费收缴率达到 80% 以上，35 个小区物业费收缴率在 60%~80%，69 个小区物业费收缴率未达到 60%。琼海市"候鸟小区"占比亦高达 65%，这些小区房屋空置率高，人口流动性大，导致住宅小区抄表到户主体不明确，难以同当地供电部门对接，而且大部分小区电力设备未达到规范要求，无法实现抄表到户。目前，琼海市全市完成抄表到户的小区仅有 72 个，占比为 19%。近年来，琼海市发生多起"候鸟小区"因水电未抄表到户造成水电损耗事件，引发业主和物业公司之间比较激烈的矛盾纠纷。

（四）老旧小区和"三无小区"更新缓慢

老旧小区和"三无小区"治理基础差，引发的治理难题较多。海南各城市的老旧小区由于年代久远，普遍存在配套设施落后、水电管网老化、屋顶防水设施损坏、物业管理缺失和环境卫生脏乱差等问题，以及小区道路破损、建筑外立面杂乱、电线及管线乱建乱搭严重、高层建筑未配置电梯、停车位数量无法满足使用需求等情况。而且海南各地老旧小区数量多、改造难度大、用时长，导致社区更新缓慢。以海口市的数据为例，海口市现有 2000 年前建设的老旧小区共计 1 366 个、5 066 栋，建筑面积约达 1 857 万平方米。

在调研的七个市县中，海口市、三亚市和琼海市的"三无小区"数量都较多（见图 3）。"三无小区"，即无物业公司、无主管部门、无人防物防，基本上处于失管、失治状态。有些小区出租房多，人员复杂，治安状况差，盗窃事件频发，成为城市社区治理的难点之一。

（五）涉住宅小区治理事项审批程序繁复

海南各市县政府住建部门涉及住宅社区的证件办理、维修资金使用、公用通道使用、小区消防建设等行政审批事务程序繁复，使得相关问题的处理颇为困难，常常引发矛盾纠纷。我国《民法典》规定，住宅专项维修资金必须由专有部分面积占比 2/3 以上的业主且人数占比 2/3 以上的业主参与表决，

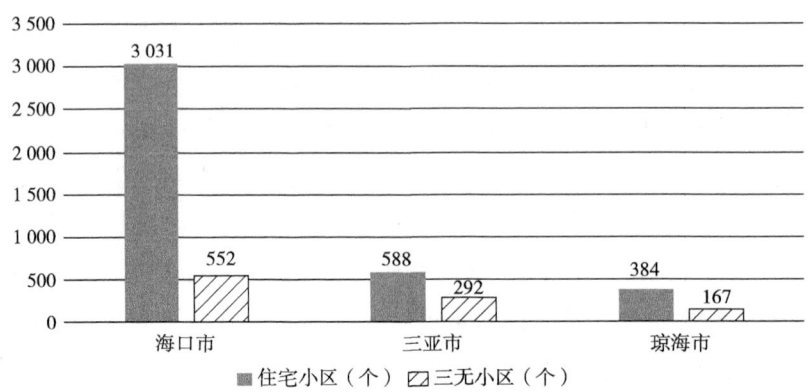

图3 海口、三亚、琼海三市县的"三无小区"占比

并经参与表决专有部分面积过半数的业主且参与表决人数过半数的业主同意才可申请使用。由于海南各市县"候鸟小区"的流动型住户较多，加之大部分小区没有成立业委会，因而小区想申请使用住宅专项维修资金很难达到法规要求。由此造成小区公共设备设施和公共建筑的维修、更新、改造等无法实现，安全隐患难以排除，业主和物业公司之间的矛盾无法调和。琼海市的数据显示，琼海市迄今为止仅有八个小区申请使用了八笔维修资金，使用总金额100.26万元，约占全市住宅专项维修存量资金6.5亿元的0.15%，可见，大量的维修资金没有发挥应有的效用，严重影响了小区物业管理质量，加剧了业主和物业公司之间的矛盾。澄迈县金马花园小区的案例非常具有典型性：澄迈县金马花园属于老旧小区，大部分设施设备陈旧老化亟待更新。该小区业主委员会申请动用住房专项维修资金，征得大部分业主同意后上报澄迈县房管部门并获得同意。但小区前期维修施工完成后，业主们向房管部门申请拨付维修资金，却因无法完成业主投票平台投票，造成审批不能通过，维修资金不能拨付，导致拖欠工人工资，引发激烈劳资纠纷。

三、"社区治理共同体"视角下城市社区治理困境的形成机理

海南城市社区治理存在以上多重困境是各类问题长期累积的结果，在"社区治理共同体"理论视角下，其深层原因和"治理主体错位""职能部门缺位""制度建设缺失""自治能力匮乏""统筹力量缺漏"等因素密切相关。

（一）"治理主体错位"导致物业管理代替业主自治

社区居委会、业主委员会和物业公司都是城市社区治理的重要主体，其

中，社区居委会代表的是国家行政权力，业主委员会代表的是小区业主的自治权利，物业公司代表的则是市场主体的利益。王汉生等人认为，业主委员会是商品房社区自主治理的核心和标志。陈鹏则指出，以业委会为核心建构的社区治理系统能够有力改善商品房社区的治理质量，并促进业主福祉。

海南各市县大部分的住宅小区没有成立业主大会并选举业主委员会，小区业主普遍缺乏参与社区治理的平台和渠道。此外，虽然社区居委会在法律性质上属于基层群众性自治组织，承担居民自我管理、自我教育和自我服务的功能。但实际运行中，近年来，居委会逐渐变得高度"行政化"：居委会职能行政化、成员公职化、工作方式机关化、运行机制行政化、权力行使集中化。这一情况使得社区居委会逐渐丧失了自治性，无法在社区治理中发挥业主自治的功能，社区也逐渐蜕变成国家用于贯彻决策实施、实现社会整合的基本单元。以上情况相互叠加，使得城市小区逐渐形成开发商包揽业主自治、物业管理代替业主自治的状态，住宅小区多由开发商延续管理，或者由与开发商利益攸关的物业公司管理。这种"治理主体错位"的状况使得小区大部分管理职能成为物业服务企业囊中之物，业主按月份缴纳物业费，却不得不接受物业公司的管理，对小区的公共事务无法有效参与和表决，也无法保障自身知情权和监督权，进而导致社区治理怪象频出，业主和物业公司各类矛盾纠纷事件频发。海南不少市县物业管理区域基本属于前期物业管理阶段，物业服务企业水平与质量良莠不齐，一些物业公司经营规模小，重收费轻服务，服务整体水平不高。在日常小区治理过程中，单个业主一旦与物业公司产生矛盾，由于实力悬殊，经常处于劣势。近年来，虽然部分物业企业的服务意识有所提升、与业主的矛盾有所缓和，但业主与物业公司之间的根源性矛盾仍然没有得到有效解决。

（二）"职能部门缺位"导致社区治理处于盲区

海南省 2011 年制定的《海南经济特区物业管理条例》规定，城市社区治理涉及发改委、资规、生态环境、公安、应急管理、市场监督管理、综合执法等多个政府部门。这些政府部门应当按照各自职责，共同做好物业管理有关工作，推进社区综合治理，形成多方参与、齐抓共管的工作局面。但在实际运行中，不少政府职能部门没有切实履行其治理责任，职责不明晰、履职不到位，而且存在"不想干、不会干、干不好"的现象，常常将社区治理责任推给基层党政组织和社区居委会，导致社区治理经常处于政府机关职能管理的盲区。

而在对物业公司进行监管方面，政府各相关职能部门认为小区物业管理是住房管理部门的工作，不能按照工作职责参与小区物业管理，尤其是市场监督部门、综合执法部门、属地基层政府基本不参与，导致物业管理工作陷入住房管理部门单打独斗的局面。海南各市县的物业监管主要依靠住建局、住房保障和房产服务中心等部门的监管，社区居委会以及基层政府没有充分参与到物业管理工作中来，基层政府和居委会物业管理责任未落实到位，市、镇、居委会的三级物业管理体制尚未形成。

（三）"制度建设缺失"导致指导性政策不足

当前，海南各市县政府物业管理领域主要按照《中华人民共和国物业管理条例》和《海南经济特区物业管理条例》等法规开展工作，尚未更新和出台符合本地情况的地方性政策法规，缺乏系统、精细的配套性指导意见和实施细则，物业法规制度建设相对滞后。这造成许多小区具体事务面临无标准可依、执行尺度不一等情况，难以为社区治理提供规范化、法治化、组织化的制度保障。此外，政府相关职能部门对小区成立业主大会、选举业主委员会工作不予以规范指导，没有搭建行政支撑平台，对业主选择或更换物业公司、决定是否使用住房专项维修资金等小区重要公共事项没有给予充分重视和提供必要的支持。例如，许多城市住宅小区地域面积和入住人员均已超过城市大社区规模，对这些较大规模住宅小区该如何实行自治，可否参照居委会自治政策制度进行尚没有明确的指导意见。同时，政府不同部门之间沟通联系不足，未建立联合治理机制，没有形成治理合力。在物业管理方面，一些基层政府虽然已制定了成立业主大会和业主委员会等规范文本，但尚未建立物业管理联席会议制度并设置专职物业管理岗位。

（四）"自治能力匮乏"导致业主自治实践不足

长期以来，我国的社会管理属于国家主导型模式，社区居民习惯于"包办主义"管理，缺乏自主治理的意识，不能充分认识自身作为小区治理主体的角色和地位，也缺乏足够的实践运作的自治能力，而基层政府和社区居委会也缺乏对小区治理事务的指导。因此，大多数小区没有成立业主大会并选举业委会，业主缺乏行使参与社区自治权利的平台和渠道。

在小区治理的日常实践中，大多数业主即使对物业管理不满，也会选择长时间忍耐，他们对参与小区公共事务的积极性不高，只要不涉及切身利益就不关心、不参加。近年来，一些小区由志愿者协助成立业主委员会，对小区公共事务进行投票表决，但是参与者寥寥，导致社区问题难以解决。恰如汪民安所指出的，"都市主义是一种全新的生活方式。由于都市人来源广泛，背景复杂，兴趣殊异，流动频繁，因此主宰民俗社会的血缘纽带、邻里关系和世袭生活等传统情感不复存在"。由于社区居民来源的多样化，当前城市社区基本形成了"陌生人社会"，小区治理缺乏足够的社会资本，导致社区自治和社区集体行动难以开展。

（五）"统筹力量缺漏"导致合作治理难以形成

由于政府职能部门管理的"治理碎片化"，我国社会治理领域形成"九龙治水"的分散局面。面对日益繁杂的社区治理事务，海南省各市县政府缺乏统筹协调主体，不同政府职能部门之间没有强有力的统筹，也没有建立起有效的协作治理机制，因而难以形成长久的治理合力。政府职能部门往往"头痛医头、脚痛医脚"，处理社区治理中的各类矛盾纠纷事件消耗了大量行政资源，但各类矛盾纠纷事件却逐年增加。

2017年，中组部组织召开全国城市基层党建工作经验交流会，明确提出：城市基层党建就是以街道社区党组织为核心，有机联结单位、行业及各领域党组织，实现组织共建、资源共享、机制衔接、功能优化的系统建设和整体建设。基层党组织在我国社区治理机制中起着整合引领的核心作用，通过制度建设和组织建设，与各基层群团组织共同发挥社区共治的功能。然而，当前海南各市县小区的党组织覆盖率普遍不足2%，业主与业委会、物业公司等主体之间无法形成由基层党组织牵头的党建引领社区治理的协调运行机制。

四、推进制度集成创新：建设海南自贸港社区治理共同体的路径

海南面对当前城市社区存在的多重治理困境，应当以自由贸易港建设为重要契机，依据党的二十大报告、《关于加强基层治理体系和治理能力现代化建设的意见》、《海南自由贸易港建设总体方案》等重要政策文件和法律法规，积极推进海南城市社区治理领域的制度集成创新。

（一）加强基层党建引领社区治理机制建设

党的二十大报告提出"加强城市社区党建工作，推进以党建引领基层治理，持续整顿软弱涣散基层党组织，把基层党组织建设成为有效实现党的领导的坚强战斗堡垒"。党建引领更是海南自由贸易港建设的"一号工程"和

"置顶工作"，海南自贸港未来的社区治理应当着重加强基层党建引领社区治理机制建设。

首先，积极推进城市小区成立功能型和服务型党支部，使基层党组织基本覆盖各市县的社区、社区网格、物业公司，打造"红色网格"和"红色物业"，使得党组织在社区治理中发挥政治引领和组织协调的作用，加强党组织对居委会、业委会、物业公司以及各方治理力量的领导。

其次，积极推进区域化党建工作，把社区周边的党政机关、事业单位、群团组织以及各类企业组织的基层党支部有效联合起来，成立联合的大党委，进行统一领导，建立制度化的协商议事机制，形成区域统筹、条块协同、上下联动、共建共治的基层党建工作形态，有效解决社区治理中的"痛点"和"堵点"问题。

最后，建立"党员报到"制度，把分散在小区内的在职党员、退休党员、流动党员等有效动员起来，积极在社区治理中起带头模范作用，在党建引领下聚焦社区公共事务。

（二）积极促进小区业主委员会成立并规范运作

海南各市县城市小区成立业委会的比例较低，不利于社区实现良好治理，未来海南各地政府应当积极推进小区成立业委会，并规范运作。

首先，通过修订相关政策文件，制定符合本土社区情况的业主大会和业委会成立的规定，基层政府和群团组织（如海南省业主委员会协会等）积极指导小区成立业委会，并督促其依法依规进行履职，重点解决小区业委会成立难、运作难的问题。

其次，着力提高小区业委会成员的综合素质，鼓励党员、具有人大代表及政协委员身份的居民担任业委会成员。基层政府可每年度举办面向业委会群体的培训学习，加强法律法规和社区治理各项业务的培训。

最后，针对海南各市县"候鸟小区"较多的情况，各市县政府应当积极引进业主电子决策平台。海口市已有若干"候鸟小区"试点使用"海口市业主决策平台"。从实践效果来看，该电子决策平台较好地解决了业委会成立和运作中组织难和投票难等问题，使得业主可以在异地进行线上投票，便于小区事务决策网络化和政府进行有效监管。

（三）搭建平台引导居民有序参与社区治理

针对居民缺乏自主治理实践的情况，海南各市县基层政府应当搭建平台，鼓励和引导社区居民积极参与社区环境卫生、抗灾抗疫、互助慈善、文娱活动、矛盾化解、治安防范等日常治理事务，建立社会组织、社会工作者和社区志愿者服务社区治理的常态化机制。

2019年，习近平总书记在天津考察社区治理工作时指出，"志愿服务是社会文明进步的重要标志，是广大志愿者奉献爱心的重要渠道。要为志愿服务搭建更多平台，更好发挥志愿服务在社会治理中的积极作用"。海南各市县政府应当鼓励社区居民依托社区平台，孵化各类扎根社区的志愿服务组织，为社区开展丰富多彩的志愿集市、义剪义诊、公益文艺活动等便民惠民服务。社区党组织和业委会要积极倡导各种公益活动，组织小区党员干部、公职人员、学生和其他居民踊跃参加，并为他们出具参与社区公益活动以及评价的证明函件，并支持物业公司开展居家养老等拓展性服务项目。

（四）积极推进社区协商民主制度建设

党的十八大以来，加强社会主义基层协商民主制度建设成为党和国家高度重视的议题。2021年4月，《关于加强基层治理体系和治理能力现代化建设的意见》明确指示，"完善基层民主协商制度，县级党委和政府围绕涉及群众切身利益的事项确定乡镇（街道）协商重点，由乡镇（街道）党委主导开展议事协商，完善座谈会、听证会等协商方式，注重发挥人大代表、政协委员作用。探索建立社会公众列席乡镇（街道）有关会议制度"。

在未来的社区治理工作中，海南各市县基层政府应积极推进城乡社区协商民主制度建设，开拓更多的协商途径（如社区议事会、座谈会、咨询会、群众代表会等），搭建社区里的民主协商议事平台，对涉及社区居民利益的各项事务，积极开展协商共议并凝聚共识，群策群力解决社区的"痛点"和"堵点"问题，让居民通过便捷的渠道参与到公共事务的监督和治理过程中来。一方面，督促基层干部认真听取群众意见，解决具体问题；另一方面，调动群众参与民主协商的积极性，使得社区基层协商民主有效运转起来，发挥其化解矛盾纠纷、应对社会风险事件、塑造责任公民的积极作用。2021年初，海口市政法委在海口部分社区试点建立"议事堂"，出台相关方案促进社区以"议事堂"为平台建设协商民主机制，以党建引领业委会、网格员、人民调解员和物业公司等，共商共议预防和化解社区内部矛盾，初步取得了良好效果，相关经验值得进一步总结和推广。

（五）积极创新城市小区物业管理模式

当前海南各市县的小区物业管理模式基本属于"包干制"，这一物业管理模式使得物业公司大包大揽、自负盈亏，也使得业主和物业公司之间的矛盾始终难以有效解决。近年来，在有识人士的推动下，海口市一些小区试点推进"信酬制"物业服务模式改革。"信酬制"是一种建立在酬金制计费方式基础上的创新型物业服务模式，即将业主们所缴纳物业费和小区共有部分经营收益归集为"业主共有资金"，委托给专业的物业服务人按照公开透明、约定比例、全民监督的原则进行管理。"信酬制"以"三信"（诚信、信任、信用）体系建设为目标，推动小区公共事务由党组织把关、业主大会（或业委会）决策、物业服务人执行、全体业主监督的运行模式，构建党建引领下各尽其职、公开透明、和谐互信的小区治理机制。"信酬制"的相关经验值得进一步总结和推广，以丰富社区治理实践。

（六）积极引进科技手段建设"智慧型小区"

随着大数据、人工智能、区块链和物联网等技术在国家治理中的广泛运用，建设"智慧型小区"已成为当前社区治理的发展趋势。《关于加强基层治理体系和治理能力现代化建设的意见》提出，"市、县级政府要将乡镇（街道）、村（社区）纳入信息化建设规划，统筹推进智慧城市、智慧社区基础设施、系统平台和应用终端建设，强化系统集成、数据融合和网络安全保障。健全基层智慧治理标准体系，推广智能感知等技术"。

海南各市县政府应当制定智慧社区建设标准，督促新建小区以"智慧小区"的标准进行建设，老旧小区逐步进行改造达到"智慧小区"的要求，使得小区治理的各环节实现智能化治理。例如，海口市美兰区蓝岛康城小区作为"智慧小区"的试点，依靠物联网，通过各种智能设备与"绘管家"软件开展小区基础设施智能化改造，建立健全日常物业信息化工作机制。同时，通过党政光纤打通小区的数据链路，将小区人口数据、监控数据、消防数据、报警信息推送到公安、应急、各级综治指挥中心等部门，打造智慧小区共治圈，取得了良好的治理效果。

五、结语：海南自贸港城市社区治理未来图景

2018年4月，党中央提出建设海南自由贸易港的宏伟蓝图，近年来，海南自由贸易港建设蓬勃开展，取得了显著的成就。例如，自由贸易港政策体

系逐步构建、全岛封关运作全面启动、制度集成创新能级持续提升、经济转型升级成效明显、营商环境持续优化等。然而在基层治理领域，海南自贸港的城市社区治理仍然存在诸多短板，加强社区治理创新之路仍任重而道远。

在未来的发展中，海南应当在习近平总书记"以人民为中心"重要思想的指引下，以海南自由贸易港建设的经济社会发展需求和重大问题为导向，持续推进城市社区治理领域的制度集成创新，发挥社区党组织的党建引领功能，积极吸纳社区居民、业委会、社区社会组织和物业公司等多元治理主体有效参与到社区治理过程中，积极引入科技力量建设"智慧型小区"，打造共建共治共享的社区治理格局，最终构建具有海南地域特色的党建引领下的社区治理共同体，为海南自由贸易港的高质量发展奠定坚实的社区治理基础。

参考文献

[1] 中共中央、国务院关于加强和完善城乡社区治理的意见[EB/OL].（2017-06-12）. https://www.gov.cn/gongbao/content/2017/content_5204888.htm.

[2] 中共中央、国务院关于加强基层治理体系和治理能力现代化建设的意见[EB/OL].（2021-04-28）. https://www.gov.cn/zhengce/2021-07/11/content_5624201.htm.

[3] 习近平. 决胜全面建成小康社会 夺取新时代中国特色社会主义伟大胜利[EB/OL].（2017-10-18）. http://www.gov.cn/zhuanti/2017-10/27/content_5234876.htm.

[4] 海南自由贸易港建设总体方案[EB/OL].（2020-06-01）. https://www.gov.cn/zhengce/2020-06/01/content_5516608.htm.

[5] 中指物业研究. 2022年中国典型30城物业服务满意度[EB/OL].（2022-07-13）. https://baijiahao.baidu.com/s?id=1738187544804255717&wfr=spider&for=pc.

[6] 习近平总书记来福建考察引起广大干群热烈反响[EB/OL].（2014-11-06）. 央广网. http://news.cnr.cn/native/city/201411/t20141106_516741776.shtml.

[7] 何海兵. 我国城市基层社会管理体制的变迁：单位制、街居制到社区制[J]. 管理世界，2003（6）：52-62.

[8] 郑杭生,黄家亮. 论我国社区治理的双重困境与创新之维:基于北京市社区管理体制改革实践的分析[J]. 东岳论丛, 2012 (1): 23-29.

[9] 张开元,叶涴儿,徐玉霞. 多元联动治理:逻辑、困境及其消解[J]. 中国行政管理, 2017 (6): 24-29.

[10] 徐宏宇. 城市社区合作治理的现实困境[J]. 城市问题, 2017 (6): 75-82.

[11] 俞祖成,黄佳陈. 城市社区治理的困境:居民权利与义务的失衡[J]. 上海大学学报(社会科学版), 2021 (5): 56-67.

[12] 黄建. 城市社区治理体制的运行困境与创新之道[J]. 探索, 2018 (6): 102-108.

[13] 陈秀红. 城市社区治理的制度演进、实践困境及破解之道[J]. 天津社会科学, 2021 (2): 75-79.

[14] 迟福林. 加快建立海南自由贸易港开放型经济新体制[J]. 行政管理改革, 2020 (8): 4-9.

[15] 石建勋,徐玲. 新发展格局下海南自贸港建设与发展战略研究[J]. 海南大学学报(人文社会科学版), 2022 (2): 84-91.

[16] 彭真明,王少祥. 论中国特色自由贸易港建设的立法创新[J]. 海南大学学报(人文社会科学版), 2020 (3): 31-37.

[17] 吴方彦. 建设海南自由贸易港社会治理共同体的现实路径[J]. 南海学刊, 2021 (2): 56-66.

[18] 李宜钊,魏诗强. 海南自由贸易港高质量发展研究[J]. 公共管理学报, 2022 (4): 137-149+175.

[19] 杜力. 基层治理的圈层逻辑:基于海南省S市大社区改革的分析[J]. 地方治理研究, 2023 (1): 36-51.

[20] 唐小然,陈小华. 海南自贸港"时间银行"互助型社区治理模式研究[J]. 海南大学学报(人文社会科学版), 2022 (4): 65-73.

[21] 尹作涛,黄赛芳. 自贸港建设背景下海南社区协同治理实现路径:日本北九州市社区协同治理实践的启示[J]. 海南热带海洋学院学报, 2022 (6): 96-105.

[22] 杨敏. 作为国家治理单元的社区[J]. 社会学研究, 2007 (4): 137-164.

［23］中国共产党第十九届中央委员会第四次全体会议公报［EB/OL］．（2019－10－31）．https：//www.gov.cn/xinwen/2019－10/31/content_5447245.htm.

［24］吴方彦，吴丹丹．激活公共性：社会治理共同体何以可能？［J］．海南大学学报（人文社会科学版），2023（1）：87-98.

［25］王汉生，吴莹．基层社会中"看得见"与"看不见"的国家［J］．社会学研究，2011（1）：63-95.

［26］陈鹏．城市社区治理：基本模式及其治理绩效［J］．社会学研究，2016（3）：125-151.

［27］陈鹏．社区行政化：主要模式及其运作逻辑：基于全国的经验观察与分析［J］．学习与实践，2018（2）：89-97.

［28］杨敏．作为国家治理单元的社区［J］．社会学研究，2007（4）：137-164.

［29］关爽，郁建兴．国家主导的社会治理：当代中国社会治理的发展模式［J］．上海行政学院学报，2016（2）：4-12.

［30］汪民安．现代性［M］．南京：南京大学出版社，2020：27.

［31］吴晓林．当前市域社会治理的问题短板与政策建议［J］．国家治理，2021（1）：11-14.

［32］陈家喜．中国城市社区治理的新变化：基于政党功能的视角［J］．政治学研究，2023（1）：122-132.

［33］习近平在天津考察［EB/OL］．（2019-01-18）．新华网．http：//www.xinhuanet.com/politics/2019-01/18/c_1124009647.htm.

［34］回首五年，海南自贸港发展"成绩单"［EB/OL］．（2023-04-13）．澎湃网．https：//m.thepaper.cn/baijiahao_22681623.

海南自由贸易港仲裁问题审视及机制创新

王 琦 黄恒林

摘 要：将海南自由贸易港打造为中国对外开放新高地，需要完善符合中国特色自由贸易港的营商环境制度。仲裁本应成为优化营商环境的重要保障，但在内部治理机制、仲裁规则和司法监督保障等方面所出现的竞争力、吸引力、公信力问题依然存在，实践中并未成为当事人解决商事纠纷的最佳选择。在自由贸易港建设背景下，仲裁机制创新面临着新机遇与新要求，为服务自由贸易港高水平贸易投资自由化便利化的营商环境，海南需要发挥立法权优势以制定自由贸易港仲裁条例来提升仲裁公信力，优化治理机制和仲裁规则以凸显仲裁的国际化与特色化，完善司法保障仲裁事业发展以打造自由贸易港一流营商环境。

关键词：自由贸易港；营商环境；仲裁公信力；自由贸易港立法权；司法审查

一、研究背景与问题提出

海南自由贸易港将打造成为引领我国新时代对外开放的鲜明旗帜和重要开放门户。2020年，中共中央和国务院印发《海南自由贸易港建设总体方案》（以下简称《总体方案》），2021年，全国人大常委会通过并施行《中华人民共和国海南自由贸易港法》（以下简称《自由贸易港法》）。仲裁制度[①]可以作为营造国际一流自由贸易港法治化、国际化、便利化营商环境的重

作者简介：王琦，海南大学法学院院长、教授、博士生导师，研究方向为民事诉讼法学、仲裁法学；黄恒林，海南大学法学院博士研究生。

① 本文所述"仲裁"仅指现行《仲裁法》第二条规定的涉及平等主体之间财产权益纠纷处理的私法领域的仲裁，一般认为对应广义的商事仲裁（commercial arbitration）。

要保障，解放思想、大胆创新，把制度集成创新放在海南自由贸易港建设的突出位置。这一重大战略部署使仲裁活动面临新的形势，亦给仲裁机制带来新的挑战，仲裁机制的改革创新势在必行。

仲裁有着悠久的历史，是一种古老的争议解决制度，是长期的商业实践中形成的解纷方式，具备许多特别适合解决跨境商事纠纷的特性与优势，已经成为解决国际商事争议普遍适用的方法。近年来，随着海南自由贸易港建设加速推进，相关的贸易、投资、金融、税收等问题日益成为学界研究的热点，为进一步深入理解自由贸易港的建设背景、现实逻辑以及路径演化提供了较为翔实的资料，但是法治制度研究并未必然包含仲裁问题[①]。目前，专门针对海南自由贸易港仲裁机制的研究成果很少且集中于临时仲裁程序，探讨内容也不够系统和深入[②]。为此，本文通过分析海南自由贸易港建设背景下仲裁面临的困境和带来的机遇，进而在此基础上吸收我国自贸区的实践经验以及国际先进的仲裁理念和制度，提出海南自由贸易港仲裁机制创新之路径选择，努力开创新时代中国特色社会主义仲裁事业新局面。

二、自由贸易港仲裁机制的现状分析与困境解析

海南建设自由贸易港全面支持仲裁事业发展，并着力提高仲裁公信力[③]。但总体而言，仲裁并没有在实践中发挥应有优势，进而成为当事人首选的解纷方式。海南自由贸易港自由开放之内核需要仲裁机制同步加以适应，在此过程中，仲裁机制不可避免地面临着新形势和新挑战。

[①] 近年来这类代表性成果主要探讨自由贸易港法制框架配套、立法权创新、营商法治环境、司法保障、商事调解等，参见：张丽娜，王崇敏. 海南自由贸易港法制建设研究 [M]. 北京：法律出版社，2021：1-323.
陈利强. 中国特色自贸区（港）法治建构论 [M]. 北京：人民出版社，2019：1-324.

[②] 此类研究主要从仲裁在《自由贸易港法》中的实施以及临时仲裁具体制度方面进行技术性探讨。参见：曹晓路，王崇敏. 海南建设自由贸易港的临时仲裁机制创新研究 [J]. 海南大学学报（人文社会科学版），2018，36（3）：1-7.
何悦涵. 中国建设自由贸易港临时仲裁制度问题研究 [J]. 上海对外经贸大学学报，2018，25（6）：59-71.
邓和军. 《海南自由贸易港法》纠纷解决相关规定探讨 [J]. 海南大学学报（人文社会科学版），2021，39（4）：93-99.
李晓珊. 海南自由贸易港临时仲裁制度的建设研究 [J]. 河北法学，2022，40（1）：124-143.

[③] 海南省司法厅2019年12月20日印发《海南省贯彻落实〈关于完善仲裁制度提高仲裁公信力的若干意见〉的具体措施》。

（一）仲裁前：仲裁内部治理结构不完善与发展秩序不规范

仲裁作为一种法律服务商品，其自身质量与同质替代性商品相比的优势，在法律服务市场中成为当事人选择的重要考量因素。我国大多数仲裁机构至今仍是"参照事业单位"管理，但在"去行政化"的道路也作出了艰难的探索。以当前海南规模最大的仲裁机构为例，海南国际仲裁院（HIAC）率先进行了彻底改制，不再保留事业单位性质，而采用非营利性法人模式，建立理事会主导的法人治理结构，实行决策、执行、监督相互制衡的治理机制。但海南仍面临着仲裁机构内部监督制度不健全、仲裁机构的管理权与仲裁庭独立裁决权未能有机结合、仲裁裁决的核阅制度仍不足以协调案件质量管理和内部监督制约的关系等问题，信息披露制度和回避制度仍需进一步严格、规范、透明。

随着市场经济的深入和对外开放的发展，目前自由贸易港关于仲裁机构设立、变更、注销的登记和备案事项依然执行 1995 年实施的《仲裁委员会登记暂行办法》。该办法在仲裁事业建设初期曾为规范和维护仲裁事业作出重要贡献，但该办法仅有十条规定，笼统地规定不符合设立条件的不予登记，没有分支机构的登记备案程序，未规定变更登记的具体提交材料和程序事项，也缺乏仲裁机构的监督管理和违法违规开展仲裁活动的法律责任。同时，商务部 2021 年印发的《海南省服务业扩大开放综合试点总体方案》，支持推动仲裁服务行业领域深化改革扩大开放，允许境外知名仲裁机构在自由贸易港设立业务机构。而至今海南仍缺乏明确和具体的仲裁机构登记和备案规范，在自由贸易港建设中可能会加剧仲裁机构登记审查不规范、乱设分支机构无序竞争、监督管理不到位等问题，也不利于为境外仲裁机构在自由贸易港设立业务机构提供友好、便利、规范、透明的制度环境。

仲裁是实现诉讼分流的理想选择，但在实践中，仲裁并未成为当事人首选的纠纷解决方式。数据显示，2020 年全国共受理案件 400 711 件，其中传统商事仲裁案件为 261 047 件[①]。HIAC 在 2020 年仅受理案件 3 300 件。而同年全国各级法院审结一审商事案件 453.7 万件，审结一审涉外民商事案件 1.7 万件[②]。海南省法院 2020 年受理各类案件 248 324 件，诉前调解 29 835 件，

---

① 《中国国际商事仲裁年度报告（2020—2021）》。
② 2021 年《最高人民法院工作报告》。

诉中调解 27 804 件①。仲裁案源被诉讼、调解等方式分流，制约了仲裁在自由贸易港纠纷化解中的推广和应用。究其原因在于：一是社会公众受传统观念的影响，诉讼外仲裁解决纠纷意识不强，凸显出对仲裁不了解、不熟悉、不掌握的现实；二是仲裁机制本身在解纷时没有贯彻好尊重当事人意思自治的基本原则，没有把握好效率优先、兼顾公平的价值目标；三是仲裁与司法审查的衔接不够畅通。

（二）仲裁中：仲裁特色弱化与国际竞争力不强

海南自由贸易港仲裁制度是在我国仲裁制度整体法律框架内设立的。现行《仲裁法》确定了仲裁机构为常设专门机构，但没有明确仲裁委员会的法律定位。立法资料作为解释法律文本的重要依据，最终审议中删除了草案"仲裁机构是非营利性的事业单位法人"，认为"把仲裁委员会的性质规定为事业单位法人，不够准确、清楚"。然而，国务院随后出台的组建仲裁机构的文件，要求参照事业单位以解决编制、经费和用房问题②。由于特定历史原因，我国有相当多的仲裁机构存在明显的行政化色彩，有81%的仲裁机构属于事业单位。虽然 HIAC 已改制为非营利法人，但是海南仲裁规范层面仍缺乏顶层设计，也没有形成有自由贸易港特色的海南自由贸易港仲裁规则，不利于境内外仲裁机构设立业务机构，进而提升海南自由贸易港在争议解决领域的竞争力和影响力。

制度特色化是仲裁法律服务市场竞争制胜的重要法宝。海南虽然在借鉴境内外仲裁经验上对 HIAC 改制，但并未形成自由贸易港特色的仲裁规则，相比于我国其他仲裁机构的特色化创新，还有不足。上海国际仲裁中心发布了中国首部《自贸区仲裁规则》并创设多项制度；《深圳国际仲裁院条例》作为全国首次以仲裁机构为特定对象的地方人大立法，创设"法人治理"模式，引入了投资仲裁及选择性复裁程序等。我国仲裁机构一方面正加速仲裁规则趋同化，另一方面日渐落入冗长复杂的程序桎梏，趋于诉讼程序，出现仲裁诉讼化倾向。仲裁规则参照适用诉讼证据规则或证据开示制度等，在程序设计和操作上与诉讼程序类似，弱化了仲裁灵活、自治的天性。仲裁机制的适应性改革，虽然在服务和保障海南自由贸易港建设中发挥了重要作用，但与

---

① 2021 年《海南省高级人民法院工作报告》。
② 国务院关于贯彻实施《仲裁法》的文件有：国办发〔1994〕99 号文、国办发〔1995〕38 号文、国办发〔1995〕44 号文和国办发〔1996〕22 号文。

在国际上广受认可的四个国际商事仲裁机构——国际商会仲裁院（ICC）、伦敦国际仲裁院（LCIA）、斯德哥尔摩商会仲裁院（SCC）、新加坡国际仲裁中心（SIAC）相比，在受案总量、受案标的总额、案件类型多元化、案件当事人国际化等方面均存在较大距离，国际竞争力不强。这就造成当事人不愿意选择以仲裁方式解决纠纷或者不选择海南作为仲裁地，限制了仲裁功能的发挥，归根结底是在仲裁业务的专业性、仲裁裁决的权威性、仲裁事务的国际化和仲裁机构的公信力上仍然存在较大差距。

（三）仲裁后：监督制约机制不健全与司法支持保障不到位

意思自治是仲裁制度的灵魂，但相对于诉讼的严格程序，仲裁有必要借助国家支持与监督获取强制的执行力。监督形式在仲裁裁决上表现为对申请撤销仲裁裁决和申请不予执行的司法审查。低撤裁率和高公信力一直是 HIAC 努力的目标，且建设已初具成效。这便为司法干预仲裁实施监督提供了重要支持，保证仲裁合法、公正的呼声愈加强烈。

司法审查仲裁裁决属于事后被动监督。

第一，申请撤销仲裁裁决是当事人司法救济的方式。其中，对于重复仲裁的认定以及是否属于撤销仲裁裁决的审查范围长期存在争议。有法院以案由和主体均不一致，仅裁决部分内容重合为由认定不属于重复仲裁，其隐含的裁判逻辑是重复仲裁属于撤销仲裁裁决的审查范围，但该案因当事人不适格而被撤销[1]。对此意见又有反复，开始认为重复仲裁属于撤销仲裁裁决审查范围，构成撤销仲裁裁决的情形，审查不涉及实体审理[2]；后面又认为重复仲裁违反一裁终局，实质是实体审查，有违仲裁司法审查的程序审查原则[3]。也有仲裁庭私自变更申请人的仲裁请求，出现超裁问题而被撤销[4]。还有仲裁庭对专门性问题，既不主动鉴定又不理会当事人申请，违反法定程序而被撤销[5]。

第二，仲裁裁决的执行问题。有仲裁庭因网络借贷合同的弃权条款未履

---

[1] 海南省海口市中级人民法院（2019）琼01民特68号民事裁定书。
[2] 《最高人民法院关于江智锋申请撤销仲裁裁决一案的请示的复函》（〔2005〕民四他字第23号）。
[3] 《最高人民法院关于北京康卫医药咨询服务中心有限公司申请撤销中国国际经济贸易仲裁委员会仲裁裁决案件的请示的复函》（〔2012〕民四他字第57号）。
[4] 海南省海口市中级人民法院（2015）海中法仲字第72号民事裁定书。
[5] 海南省海口市中级人民法院（2018）琼01民特25号民事裁定书。

行通知义务而采取网络书面审理方式,剥夺当事人的仲裁程序利益而导致裁决不予执行①。也有双方当事人在《补充协议》中采取格式电子签章仍不能认定被执行人同意变更②。但也有法院认为电子签名并未违反《仲裁法》和仲裁规则,不属于违反法定程序的情形,且仲裁员信息披露声明书并非仲裁庭必须送达的文书③。还有仲裁庭因无法送达后未公告送达,致送达无效而驳回执行申请④。

第三,公共利益作为法律秩序的安全阀,海南自由贸易港将面临更为复杂且大量的涉外仲裁裁决的承认与执行案件,司法审查有待进一步规范和统一。对于国外仲裁裁决,最高院认为违反行政法规和部门规章的强制性规定,并不当然构成对我国公共政策的违反⑤。对于我国仲裁裁决,有支付未经审计的市政工程款⑥、未缴纳全部土地出让金便交付土地⑦、未获批资格而开展金融借贷业务⑧等导致公共利益受损而撤销或不予执行仲裁裁决。总之,由于我国现代仲裁制度发展较晚,海南自由贸易港仲裁制度运行机制存在掣肘和供给不足,未能充分匹配和满足自由贸易港日益增长的高效、公正、便捷的纠纷化解需要。

三、自由贸易港建设对仲裁机制创新的要求

海南自由贸易港是新型"港+产+岛+网+制"模式,正是这些特征使得海南经济社会发展存在不少差异,也为仲裁活动带来更趋复杂的管理与服务新问题。但在海南自由贸易港加快推进建设背景下,仲裁机制同样面临着新形势新机遇。

(一)自由贸易港授权立法为仲裁机制创新赋能

制定法都有意地寻求推进重建社会生活的某些经济的或社会的政策。海

---

① 海南省第二中级人民法院(2019)琼97执263号、273号、280号、282号、285号执行裁定书;海南省海口市中级人民法院(2020)琼01执449号执行裁定书。
② 海南省第二中级人民法院(2020)琼97执30号执行裁定书。
③ 海南省第一中级人民法院(2020)琼96民特12号民事裁定书。
④ 海南省海口市中级人民法院(2020)琼01执121号执行裁定书。
⑤ 《最高人民法院关于对海口中院不予承认和执行瑞典斯德哥尔摩商会仲裁院仲裁裁决请示的复函》(〔2001〕民四他字第12号)。
⑥ 海南省海口市中级人民法院(2015)海中法仲字第10号民事裁定书。
⑦ 海南省海口市中级人民法院(2017)琼01民特35号民事裁定书。
⑧ 海南省海口市中级人民法院(2020)琼01执446号、449号、453号、454号执行裁定书。

南自由贸易港建设需要从政策部署转化为法律规范，《自由贸易港法》则体现法治先行的理念，从国家立法层面为自由贸易港建设提供"框架法"，赋予海南新的更大立法权限和更大改革自主权。当前，海南拥有省级一般地方立法权、经济特区立法权和自由贸易港立法权，要用足用好这三种地方立法权优势，推动仲裁理念创新、仲裁机构改革和仲裁程序优化，以内外部的制度优化释放海南自由贸易港仲裁更大的市场活力。

在逆全球化背景下，设立海南自由贸易港并强调制度创新+优惠政策+法治保障，主要承担"示范"任务而不仅是"试验"，其立法创新助力我国打造对外开放的最高水平，以充分激发和释放商事仲裁市场活力，这也是自由贸易区无法企及的新优势。

第一，从仲裁内部创新看，自由贸易港立法权属于授权立法性质，既是一次国家集成授权，也是一次全新的立法权制度设计。《自由贸易港法》授权省人大及其常委会为贸易、投资及相关管理活动制定海南自由贸易港法规，其立法权限和范围可以触及《立法法》的国家立法保留事项。其中，仲裁制度属于法律保留事项，海南自由贸易港应当充分利用独特的立法优势，探索仲裁法律制度创新，扫除当前仲裁制度上的障碍与限制，以高水平对接国际仲裁规则，面向全球建设国际仲裁新高地，提供仲裁及法律服务的优质仲裁生态圈。

第二，从仲裁外部环境看，海南运用自由贸易港立法权已相继制定《公平竞争条例》《优化营商环境条例》《知识产权保护条例》《市场主体注销条例》等自由贸易港法规，对接国际市场。以高标准实现贸易投资、跨境资金流动、人员进出、运输来往的自由便利，"虹吸效应"可能引发纠纷数量上升，市场主体的需求和法治环境的要求将为自由贸易港商事仲裁的发展提供天然土壤。

（二）"双循环"发展格局对自由贸易港仲裁机制的创新需求

党的十九届五中全会提出"要加快构建以国内大循环为主体、国内国际双循环相互促进的新发展格局"，这是把握未来发展主动权的战略性布局和先手棋。海南建设自由贸易港要积极融入我国构建"双循环"发展格局的重大战略决策，并努力将其打造成重要枢纽和战略交汇点。自由贸易港作为我国新时代对外开放的重要门户，背靠超大规模的国内市场参与国际竞争、合作，以制度集成创新促进各生产要素跨境自由流动，需要培育新形势下自由贸港仲裁机制，解决国内超大规模市场的商事纠纷和国际经贸摩擦，在连接和畅通国内国际双循环中起引领示范和辐射带动作用。

自由贸易港建设需要在与内地货物等各要素往来上实现自由、高效、便捷流动，充分释放重要区位优势，以紧密对接西部陆海新通道，强化与粤港澳大湾区联动发展。要创新和完善多元化纠纷解决机制以缓解法院案多人少状况，畅通当事人选择仲裁解决商事纠纷通道，彰显自由贸易港仲裁制度的独特优势和非凡前景。自由贸易港以高水平外部循环带动高质量国内循环，推动生产、分配、流通、消费等各要素从流动型开放向制度型开放升级，建设与国际高标准贸易和投资通行规则相互衔接的市场规则制度体系。法治既是优质营商环境的应有之义，也是推进优质营商环境建设的重要抓手，仲裁又是优化营商环境的重要方式和有力保障。因此，海南自由贸易港仲裁机制在深度融入全球经济体系的前沿地带中，要加快仲裁机构体制机制改革，借鉴国内外仲裁先进经验，提升仲裁服务水平和管理能力。既要使国内市场主体"走出去"参与国际竞争，又要化解好境外资本人才"引进来"共享发展机遇所产生的贸易投资摩擦。通过对仲裁的体制机制、内部管理、人才配备、硬件条件、仲裁规则、仲裁服务等方面进行创新完善，发挥海南自由贸易港仲裁机制的独特优势，在我国"双循环"发展格局的重大战略下营造良好的商事争端解决环境。

（三）《仲裁法》修订为自由贸易港仲裁机制创新迎来契机

2021年7月30日，司法部公布《中华人民共和国仲裁法（修订）（征求意见稿）》（以下简称《仲裁法修订稿》）。这是《仲裁法》实施26年后的首次修订，相比前两次修正增加了19条，既有大范围的实质性修改和突破性规定，也保留了部分有效条款。海南自由贸易港仲裁机制应以《仲裁法》修订为契机，充分发挥立法优势和"双循环"发展格局的战略定位，坚持现实性和前瞻性相统一，实现中国特色自由贸易港仲裁机制与国际上先进成熟的仲裁规则和实践相接轨。

《仲裁法修订稿》秉持完善仲裁制度、提高仲裁公信力的精神，将开创新时代中国特色社会主义仲裁事业新局面，也为自由贸易港仲裁机制创新迎来新的契机。本次修订中的几个亮点如下。

一是在总则中删除了"平等主体"的仲裁适用范围。这能为自由贸易港现阶段国际上普遍认可的投资仲裁、医疗仲裁等领域纠纷提供合法性依据，将扩大境内外当事人选择在海南进行仲裁解纷的业务范围，提高我国仲裁的公信力和竞争力。

二是建立仲裁机构统一登记制度，明确仲裁机构的法律性质是公益性非营利法人，建立法人治理结构和信息公开机制。这有利于放开境外仲裁机构在海南设业务机构和开展仲裁业务。

三是确立以仲裁意思表示为核心的仲裁协议效力制度，明确了"仲裁地"标准，区分仲裁机构与仲裁庭不同职能并赋予仲裁庭自主审查权，趋向于与国际仲裁惯例接轨，尊重当事人意思自治。这可增加我国仲裁的友好度和吸引力。

四是仲裁程序规范上增加了程序自主约定、临时措施、仲裁规则的放弃异议权、网络仲裁、创新仲裁与调解相结合的中国特色制度等。这将提高仲裁解决纠纷的效率，增强海南作为仲裁地的竞争力。

五是涉外仲裁中承认临时仲裁制度，作为仲裁的"原初"形式和国际通行惯例，不但充分尊重当事人意思自治和自主选择权，而且吸收我国自由贸易区先试先行的创设试验，还贯彻和内化了《纽约公约》内容。

以上修订亮点符合我国仲裁高质量发展需要，与国际仲裁实践态势相适应，摆脱了渐进式改革路径下法律转轨的行政仲裁痕迹，应当予以坚持。创新海南自由贸易港仲裁机制，需要谋划好自由贸易港仲裁立法实施路径，探索建立面向东南亚、辐射太平洋、服务自由贸易港的国际仲裁中心，创造自由贸易港良好的仲裁服务生态圈。

四、自由贸易港仲裁机制创新的路径选择

（一）发挥自由贸易港立法权优势，制定自由贸易港仲裁条例

自由贸易港建设本身就是一个改革创新的过程，打破原有仲裁制度也必须坚持法治轨道，在改革中"先立后破、不立不破"，做到重大改革于法有据，积极服务和建设中国特色自由贸易港的国家战略与"双循环"发展格局的重大战略部署。

1. 三种地方立法权的优势比较

自由贸易港法规体系的完善是营商环境的有效支撑，立法权又是促成营商环境各项政策和制度体系的总抓手。尽管三种地方立法权均属海南省人大及其常委会，但不同属性存在差异，须结合仲裁事项的具体情况和实际需要

妥善制定。

首先，在空间适用范围上，省级一般地方立法权适用范围是《立法法》第七十二条"本行政区域"，即海南全省；经济特区立法权和自由贸易港立法权适用范围是海南岛全岛。比如《海南省多元化解纠纷条例》、《海南经济特区律师条例》和《海南自由贸易港优化营商环境条例》，三种立法的区别到底是适用空间范围的差异还是分别立法的必要性使然，需要考虑立法所规范的制度实践及管理体制上的因素。

其次，在立法权限范围上，《立法法》第七十三条规定了省级一般地方立法权限包括执行上位法具体规定的"执行性立法"、根据本行政区事务需要的"自主性立法"和不属于法律保留且上位法尚未规定的"先行性立法"；经济特区立法权是根据全国人大的概括性授权制定法规，不能制定或创设涉及中央事权的法律；自由贸易港立法权则是为贸易、投资及相关管理活动制定自由贸易港法规。

最后，在变通机制上，省级一般地方立法权遵循"不抵触上位法"原则；经济特区立法权是在遵循法律、全国人大及其常委会的决定和行政法规的原则下，可以对法律、行政法规、地方性法规作变通；自由贸易港立法权则是在遵循宪法、法律、行政法规的基本原则下，可以对法律或行政法规的规定作变通，而无论地方性法规还是经济特区法规都不能涉及法定立法事项。

2. 制定自由贸易港仲裁条例的必要性与立法选择

失去地方特色，地方立法便没有存在的价值。根据海南自由贸易港建设发展的实际需要，仲裁事业既需要把仲裁实践中成熟的经验上升为法规，又需要细化衔接《仲裁法》以及相关司法文件，还要及时修订、暂停使用与《自由贸易港法》以及开放政策不相符的有关仲裁司法解释和司法政策。比较三种地方立法权的空间适用范围、立法权限和变通机制可知，自由贸易港立法权能够通过地方立法渠道解决需要由全国人大及常委会解决的难题，对建设中国特色自由贸易港的立法权创设是一种立法权力体系的合理下放。同时，自由贸易区"逐级申请、一事一议"的审批模式和《立法法》第十三条的"暂时调整或暂时停止适用"的临时模式，注定无法长效满足自由贸易港对标世界最高水平开放形态，以"零关税"为基本特征的贸易、投资自由化便利化的制度安排。自由贸易港立法权可以针对"贸易、投资及相关管理活动"的权限范围制定法规，既突破了省级一般立法权的"不抵触上位法"原则，又超过了经济特区立法权的变通范围，还跳出了一事一议和临时适用的低效控制。"贸易、投资及相关管理活动"涉及面广，"相关管理活动"又是一个开放式概念，而仲裁作为解决商事争议的有效方式源远流长，必然要服务于国际商事、投资等领域发生的商事争议，并作为贸易、投资自由化便利化的配套制度。同时，《总体方案》要求建立以商事纠纷解决机制为重要组成部分的自由贸易港法治体系。因此，海南自由贸易港仲裁机制创新需要用足、用好中央赋予海南的立法权优势，以《仲裁法》修订为契机，运用自由贸易港立法权制定"海南自由贸易港仲裁条例"（以下简称"海南仲裁条例"），为建立自由贸易港仲裁特色规则提供法规保障。此条例涉及应当由全国人大及其常委会制定的《仲裁法》，根据《自由贸易港法》第十条报全国人大常委会批准后生效。

3. 自由贸易港仲裁条例的重要制度革新

海南自由贸易港法规是中国特色社会主义制度的重要组成部分。"海南仲裁条例"的仲裁制度改革创新，既要立足于自由贸易港基本制度，又要对标国际主流规则的协调与融合，显现自由贸易港仲裁机制的开放架构和市场包容，紧扣《总体方案》促成自由贸易港法规体系的科学完整性，凸显自由贸易港法规体系的中国特色和海南定位。"海南仲裁条例"需要对仲裁制度进行更大的改革创新，提升仲裁公信力，确立与细化简易程序、第三方资助仲裁、临时仲裁、扩大仲裁庭权力、案外人救济、检察监督等制度。下面着重分析两项制度创新。

一是确立"仲裁地"的籍属标准，允许境内外仲裁机构在自由贸易港仲裁。"仲裁地"已成为国际主流判断标准，该标准也有利于统一司法实践，是提升自由贸易港仲裁国际化的一条捷径。同时，"海南仲裁条例"本着开放的姿态，也应允许中国香港、澳门和台湾的仲裁机构在自由贸易港设立业务机构、办理仲裁业务，并停止《仲裁法修订稿》第九十五条关于"仲裁规则应当依照本法制定"而采取仲裁规则备案制。开放仲裁是自由贸易港仲裁市场公平竞争的应有之义，要发挥自由贸易港主场优势，把海南逐步建成具有国际竞争力和吸引力的仲裁地。

二是细化仲裁取证制度。《仲裁法修订稿》第六十一条仅增加了仲裁庭认为"必要时可以请求人民法院协助"的规定，对标国际律师协会（IBA）的《国际仲裁取证规则》（2020版），应完善自由贸易港仲裁取证的法院协助制度，明确仲裁庭更大范围的申请调查取证权，细化和增加诸如通过法院传唤证人出庭、强制拒绝出庭提供证人证言、书证提出命令、远程庭审的举证质证、排除非法获取证据等，实现取证程序的高效、经济和公平。"海南仲裁条例"将为海南自由贸易港国际仲裁中心的建设发展提供重要法规保障，助力其打造成为国际仲裁中心和仲裁新高地。

（二）优化治理机制和仲裁规则，凸显仲裁的国际化与特色化

海南自由贸易港仲裁事业坚持国际化与特色化的发展战略，根据《仲裁法》和"海南仲裁条例"组建海南自由贸易港国际仲裁中心，酝酿制定"海南自由贸易港仲裁规则"（以下简称"海南仲裁规则"），对接国际主流仲裁规则，打造与高水平自由贸易港相匹配的更加专业化、高端化、国际化的仲裁品牌。

1. 仲裁机构治理结构的定位

海南自由贸易港为完善仲裁制度、提高仲裁公信力，应细化、补充、完善并尽快出台"仲裁机构登记管理办法"，规范自由贸易港境内外仲裁机构登记管理，推动仲裁事业有序发展。海南自由贸易港国际仲裁中心可以 HIAC 主体优势，努力建设成为与自由贸易港相匹配的商事争议解决机制的国际仲裁中心。在机构体制和管理上，治理结构定位为公益性的非营利法人，按照决策权、执行权、监督权分立制衡原则建立治理机制，强化案件质量管理和内部监督制约的"内控机制"。在国内仲裁机构纷纷进行改革创新之际，海南自由贸易港国际仲裁中心要发挥独立、公正与专业特色优势，提升其国际仲裁声誉，尤其是着重论证完善仲裁裁决书核阅程序，以实现仲裁机构的内部监督。仲裁机构基于法律法规、案件管理及声誉维护的考虑，有权在仲裁庭签署裁决书之前对裁决书草案的格式、实体内容进行检查核阅。如何平衡仲裁机构与仲裁庭的权限范围是各仲裁机构无法回避的问题，ICC、SIAC、DIS 和 CIETAC 也各有差异。考虑到海南自由贸易港国际仲裁中心还无法像 ICC 那样拥有近百年积累的充沛人力资源作为保障，可设置三层核阅模式：第一层是案件管理处初步核阅，第二层是秘书处秘书长、副秘书长核阅，第三层是仲裁员有不同意见时由专家咨询委员会核阅。核阅范围包括：裁决书草案的笔误、误算、签字、送达等格式错误；程序性缺陷，如评议中仲裁员遗漏；实体内容仅裁决内容的前后一致性、充分性以及遗漏，但应尊重仲裁庭的自主裁定权，如前文提到的不予执行在于电子签章问题的裁决便减损了当事人的

期待。完善仲裁裁决书核阅程序是为了确保仲裁不被法院撤销或避免不予执行的风险，最大化保证所作出的仲裁裁决书的说服力、准确性和完整性，以提高仲裁业务品质和国际声誉。

2. 仲裁规则的特色化构建

各仲裁机构相互借鉴，仲裁规则呈现趋同化、现代化和国际化的特征，但仲裁员职业队伍建设始终是海南自由贸易港提高仲裁公信力的核心和关键。其中，信息披露制度的完善是保持仲裁程序公正的重要因素，也是易忽视的问题。对此，海南自由贸易港可从两方面进行规制。

一方面，关于仲裁员利益冲突事实的披露义务，无论是联合国国际贸易法委员会《国际商事仲裁示范法》还是各国仲裁法，抑或各仲裁规则，对"可能对其公正性或独立性引起正当怀疑的情况或事实"没有明确的规定。目前《仲裁法修订稿》以及 HIAC 仲裁规则仅规定披露义务，但对披露范围和标准并未明确，甚至因仲裁员的国际化导致法律文化的差异、认定标准的不同，对披露事实的范围和标准把握不一。而作为国际程序软法的 IBA《国际仲裁利益冲突指引》对"公正、独立和披露的一般标准及实际适用"作了详细规定。关于仲裁员独立性和公正性的"红色清单、橙色清单和绿色清单"能够为海南自由贸易港提供规范指引，加强仲裁员的规范管理，避免因披露问题导致裁决被撤销。

另一方面，第三方资助风靡于国际仲裁领域，备受国内 HIAC 等机构推崇，但发展初期的制度自洽性需要合理规制。由于第三方资助仲裁的高度隐蔽性，其利益冲突可能影响仲裁员的独立性、公正性以及仲裁的保密性等。如果当事人不披露，仲裁机构或仲裁庭未必知晓资助者的存在，如在 South American Silver v. Bolivia 案中，仲裁庭以提高透明度为由，要求申请人对第三方资助者进行披露[①]。由于利益的驱使，第三方干预仲裁，利害关系会对仲裁的实体性平衡造成干扰，为实现裁决公正性及与一裁终局良性互补，披露第三方资助仲裁是个关键的基本性问题。但为了自由贸易港第三方资助仲裁业务的长远健康发展，须锤炼打磨出最契合自由贸易港仲裁事业发展的披露制度。"海南仲裁规则"应对仲裁员的公正性与独立性作出细化规定，由于仲裁员权利来源于当事人，宜采取"当事人视角"即主观标准，逾期未申请回避

---

① South American Silver Ltd. v. Bolivia, PCA Case No. 2013-15, Procedural Order No. 10, para. 79.

的失权来限制低标准带来的拖延。在仲裁员信息披露和回避的规则中，可借鉴《国际仲裁利益冲突指引》的"红色清单、橙色清单和绿色清单"，采用"概括+列举"方式，明确披露主体、披露事由、披露标准和披露责任。

（三）司法保障仲裁事业发展，打造自由贸易港一流营商环境

1. 审判组织机构的建设

机构是司法服务保障的组织保证，为契合《总体方案》和《自由贸易港法》的司法保障服务要求，应通过专业化的审判组织建设，集中审查申请撤销仲裁裁决、承认与执行仲裁裁决，确保自由贸易港仲裁案件的审查效率和质量。海南针对自由贸易港营商环境建设的要求，已在全国率先设立了"立审执"一体化、跨区域集中审理涉外民商事案件的法庭。考虑到海南省第一中级人民法院指导海南第一涉外民商事法庭，且拥有管辖 HIAC 案件的经验基础，更适合集中管理涉外、涉港澳台以及海南自由贸易港国际仲裁中心的仲裁司法审查案件。为了根据自由贸易港的特点进行组织机构的特色创新，海南省第一中级人民法院作为指定管辖自由贸易港国际仲裁中心所仲裁案件的司法审查单位，应与其共建多元化纠纷解决机制，形成"诉调对接、诉裁对接"等机制合力，为国内外商事主体提供高效、便捷、高标准、高质量的商事纠纷解决服务。同时，要集中优质司法资源，遴选理论基础扎实、民商事审判经验丰富、具有国际视野的涉外法治人才，形成定位清晰、职能完善的自由贸易港仲裁事业司法服务保障机构体系。审判组织机构的特色创新应充分发挥仲裁在调解纠纷中的重要作用，成为司法主动服务保障自由贸易港仲裁事业建设的前沿阵地。

2. 司法审查程序的创新

司法程序规则的创新是自由贸易港仲裁司法服务保障中的重头戏。海南法院要在遵循司法裁判规律的基础上，科学地总结经济特区、自由贸易区及自由贸易港建设中仲裁司法审查的经验，充分发挥自由贸易港法律法规制度和司法支持政策的优势，围绕提升自由贸易港仲裁案件的审查质效，探索与海南自由贸易港仲裁解纷相匹配的司法审查制度，研究制定"适用海南自由贸易港仲裁规则仲裁案件司法审查工作的若干意见"（以下简称"司法审查若干意见"），明确法院受理、审查、裁决案件的程序规则，秉持司法有限监督原则，尊重当事人意思自治及仲裁庭自由裁量权，加大支持司法保障仲裁力度，增加对虚假仲裁损害案外第三人利益等非诚信仲裁行为的打击力度，确保同类仲裁案件司法审查思路及裁判尺度的统一，努力营造支持仲裁的司法环境，保障和促进仲裁公信力的提升。

1) 仲裁裁决司法审查方面

仲裁裁决撤销程序有明显的利益对立当事人，不是简单的非诉程序判断事实，更不是充分开展处分主义、辩论主义的普通程序运动机理。仲裁裁决撤销程序在本质上是无效裁判撤销程序。启动标准可按《仲裁法修订稿》规定，申请要达到"证明"程度，审查标准宜按"高度可能性"一般标准，说服法官达到内心确信程度。审理形式以开庭审理为主、书面审理为补充，而有明显的仲裁协议无效或虚假诉讼裁判书等无效事由的可采取书面形式，无需开庭审理和开展言辞辩论。撤销仲裁裁决的标的是裁决的有效性，不属于当事人自由处分事项，裁判前可听取当事人意见，但不以辩论原则为基础，这也符合仲裁高效便捷的要求。同时，涉及社会公共利益的，法院可依职权撤销或不予执行，并允许作为法律监督机关的检察院介入，形成公私协同打击虚假仲裁的合力。对于《仲裁法修订稿》基于审执分离原则，删除了"当事人申请不予执行"的条款，学界争议较大，如有学者给出"限制适用案外人申请不予执行仲裁裁决"的提议，地方司法保障可待仲裁执行制度确定后再作进一步细化规范。

2) 法院协助仲裁庭调查取证方面

仲裁作为一种民间组织，没有国家强制力保障，法院协助调查取证是支持仲裁理念和政策的体现。为提升海南法院在协助仲裁庭调查取证的规范性与可预期性，避免法院审查仲裁案件的差异化，"司法审查若干意见"还需要细化规范调查取证，支持仲裁庭传唤证人出庭、强制拒绝出庭的提供证人证言、书证提出命令、域外取证等，并以仲裁庭认为有必要或经仲裁庭同意的当事人申请为前提，按照法院调查取证规则赋予其适当裁量权。不违反法律强制性规定的，法院认可仲裁庭自行调查收集证据、举行庭前会议以及要求专家证人出庭做证等。

3) 司法保障临时仲裁方面

临时仲裁作为机构仲裁出现前主要的商事纠纷解决方式，如今依然是诸多国家和地区承认的纠纷解决形式，并成为衡量国际商事争端解决机制健全与否的基本指标。《仲裁法修订稿》开创性地认可临时仲裁但仅限于涉外，不能满足自由贸易港自由化便利化的需求。海南需要以更开放的姿态建设仲裁事业，坚持全球化与本土化、尊重仲裁自治与强化司法监督、公正与效率三重维度的理念平衡，允许在自由贸易港区域内注册的企业约定由专设仲裁庭仲裁，充分尊重当事人的程序选择权，法院仅对临时仲裁裁决中程序性事项和禁止性规定作出审查，推动海南自由贸易港临时仲裁在新时代下焕发出更加蓬勃的生机。

参考文献

［1］谭启平．论我国仲裁机构的法律地位及其改革之路［J］．东方法学，2021（5）：150-164．

［2］罗嘉威．仲裁与诉讼的分流机制研究：以司法文明建设为视角［J］．政法论坛，2019，37（3）：134-142．

［3］黄艺．海南自贸港创新制度化解涉外民商事纠纷显成效［EB/OL］．(2021-11-16)［2022-04-19］．https：//www.chinanews.com.cn/gn/2021/11-16/9610315.shtml．

［4］陈福勇．我国仲裁机构现状实证分析［J］．法学研究，2009，31（2）：81-97．

［5］姜丽丽．论我国仲裁机构的法律属性及其改革方向［J］．比较法研究，2019（3）：142-156．

［6］袁杜娟．上海自贸区仲裁纠纷解决机制的探索与创新［J］．法学，2014（9）：28-34．

［7］张卫平．仲裁裁决撤销程序的法理分析［J］．比较法研究，2018（6）：10-25．

［8］茨威格特，克茨．比较法总论［M］．潘汉典，米健，高鸿钧，等译．北京：法律出版社，2003：428-429．

［9］臧昊，梁亚荣．论海南自由贸易港立法权的创设［J］．海南大学学报（人文社会科学版），2021，39（5）：159-168．

［10］习近平．论把握新发展阶段、贯彻新发展理念、构建新发展格局［M］．北京：中央文献出版社，2021：483．

［11］石佑启，陈可翔．法治化营商环境建设的司法进路［J］．中外法学，2020，32（3）：697-719．

［12］毛晓飞．法律实证研究视角下的仲裁法修订：共识与差异［J］．国

际法研究, 2021 (6): 110-126.

[13] 俞祺. 论与上位法相抵触 [J]. 法学家, 2021 (5): 57-69.

[14] 谭波. 海南自由贸易港法规的体系定位与衔接分析 [J]. 重庆理工大学学报 (社会科学), 2021, 35 (5): 138-145.

[15] 王瑞贺. 中华人民共和国海南自由贸易港法释义 [M]. 北京: 法律出版社, 2021: 44.

[16] 周旺生. 立法学 [M]. 北京: 法律出版社, 2004: 220.

[17] 刘云亮. 中国特色自贸港法规体系构建论 [J]. 政法论丛, 2021 (6): 16-27.

[18] 张晓萍. 论国际仲裁第三方资助费用担保中的资金困难 [J]. 国际商务研究, 2021, 42 (2): 99-108.

[19] 刘敬东, 李青原. 论第三方资助国际投资仲裁及其规制 [J]. 学术交流, 2020 (12): 68-78.

[20] JONAS V G. Third – Party funding in international arbitration and its impact on procedure [M]. Kluwer law international, 2016: 125.

[21] 吴英姿. 论仲裁救济制度之修正: 针对《仲裁法 (修订) (征求意见稿)》的讨论 [J]. 上海政法学院学报 (法治论丛), 2021, 36 (6): 127-141.

[22] 谷佳杰, 张健祯. 仲裁案外人准入制度之质疑 [J]. 海南大学学报 (人文社会科学版), 2022, 40 (4): 123-130.

[23] GARY B. International commercial arbitration [M]. 2nd ed. Kluwer law international, 2014: 170.

[24] 刘晓红, 冯硕. 改革开放 40 年来中国涉外仲裁法律制度发展的历程、理念与方向 [J]. 国际法研究, 2019 (6): 103-126.

文化产业集聚引领广东、海南相向发展：
理论逻辑、路径选择与政策措施[①]

黄光于 裴广一

摘　要：推动跨区域文化产业集聚是引领广东、海南相向发展的有效路径之一。文化产业集聚可构筑粤琼相向发展的共同生产条件，有助于提升粤琼综合价值与整体竞争优势、助推欠发达地区实现跨越式发展，这也符合文化产业集聚引领粤琼相向发展的理论逻辑。以数字化赋能构造粤琼文化全产业生态链，共建文化产业园区，打造文化超级IP、文化消费试点以及共建对外文化贸易先行示范区，是推动粤琼跨区域文化产业集聚并引领两地相向发展的现实路径。在政策设计上，要求粤琼两地政府共同搭建推动跨区域文化产业集聚的机制平台和宏观协调规划，探索建立基于"双向飞地"模式的粤琼文化产业园区，推动对外文化贸易政策集成创新，完善文化产业园区金融服务体系。

关键词：广东；海南；文化产业集聚；相向发展

习近平总书记高度重视广东与海南相向而行、相向发展，2018年10月、2023年4月两次视察广东时均对此问题作出重要指示。粤琼相向发展是实现粤港澳大湾区与海南自贸港建设两大国家重大战略叠加放大效应、建立难以被取代的国家整体竞争优势的关键途径。文化产业链具有网状、辐射范围广的特征，促使文化资源、要素、企业及关联机构高度集聚，而文化产业集聚

[①] 基金项目：国家自然科学基金青年项目"数字制造业集聚对供应链中断的缓冲机制研究"（项目编号：72303034），国家社会科学基金西部项目"海南自贸港与粤港澳大湾区联动发展机制体系与模式路径研究"（项目编号：23XJL003）。
作者简介：黄光于，佛山科学技术学院经济管理学院讲师；裴广一（通讯作者），海南师范大学经济与管理学院教授、海南省中国特色社会主义理论体系研究中心特约研究员。

已经成为推动区域协调发展的重要路径之一。广东和海南同属岭南文化，同根同源，并形成各自鲜明文化特征与风格，具备实现区域优势互补、协同创新、产业集聚的天然优势与坚实基础。因此，推动粤琼跨区域文化产业集聚，发挥其引领带动作用，对于促进粤琼相向发展具有重要意义。目前，学界对于粤琼相向发展的研究集中在理念意识、体制机制创新、模式方案与路径选择等宏观层面的探索。而针对文化产业这一具体产业形式及其集聚发展在促进粤琼相向发展中的理论逻辑、路径选择与政策措施，尚缺乏系统分析。这一命题是对粤琼相向发展具有长远影响的关键问题，因此有必要进行专门的讨论。

一、文化产业集聚引领粤琼相向发展的理论逻辑

（一）跨区域文化产业集聚可构筑促进粤琼相向发展的共同生产条件

马克思"共同生产条件"原理为解释跨区域文化产业集聚引领粤琼相向发展提供了理论依据。共同生产条件是指处于直接生产过程之外的生产过程的条件。其中，直接生产过程是指企业的直接生产经营过程，表现为单个资本的生产过程；而共同生产条件是为企业直接物质生产提供外部条件的生产部门，表现为公共资本的生产过程，其使单个生产过程紧密相连，具有广泛的外部经济效应。自古以来，粤琼两地便文化同根、人文相亲，而历史文化的联结融合把两地人民紧密联系在了一起。不同区域共有的文化，不仅是连接不同区域、城市和人群的精神纽带，还是引领带动实体经济发展、增加社会福利总量并释放价值溢出效应的重要驱动力，是促进区域协同发展的基础性资源，构成区域协同融合的共同生产条件。基于文化的同根同源性，推动粤琼文化产业跨区域集聚化发展，有助于强化两地相同的文化基因，增强两地人民的文化认同和凝聚力，进而充分释放外部经济效应，为两地相向发展提供坚实的共同生产条件。

（二）跨区域文化产业集聚与粤琼相向发展的价值耦合

粤琼相向发展有助于推动粤港澳大湾区与海南自贸港建设两大区域重大战略间有机衔接、协调融合、相向发展，实现国家重大战略更高水平叠加放大效应，逐渐形成难以被取代的国家整体竞争优势。根据波特国家竞争优势理论，形成具有国际竞争力的产业集群是获取国际竞争优势的关键途径。尽管粤琼两地在产业方面有着长期紧密的合作，但已有合作主要是基于各自资

源禀赋优势的产业分工，未能形成具有国际竞争力的跨区域产业集群。文化产业具有附加值高、渗透性强以及辐射范围广等特点，充分发挥文化资源禀赋的优势，不仅能够对区域产生直接的经济贡献，还能促进区域产业结构优化，形成具有竞争力的产业集群。粤琼两地通过挖掘、开发共有的文化资源并赋予其时代价值，有助于促进文化资源转变为文化产业价值，进而吸引文化企业及其相关机构的集聚，释放其渗透和辐射效应，带动两地在旅游业、现代服务业、文化科技、生态保护等产业的发展，最终形成基于跨区域文化产业协同融合发展的综合价值和整体竞争优势。由此可见，粤琼跨区域文化产业集聚与两地相向发展存在价值耦合。

（三）跨区域文化产业集聚助推粤琼欠发达区域跨越式增长

根据后发优势理论的观点，经济上的后发地区可通过调整产业政策使之逐步与发达地区处于同样的发展起点上。后发地区在技术、资本上处于弱势地位，但往往具有独特的民族和传统文化优势。比如，广东雷州半岛自古是中原文化向海南传播的重要通道，这也使雷琼两地存在诸多相似的文化元素、文化丛和文化群，可以归为同一文化区。同时，雷州半岛与海南岛在经济发展上也存在一定相似性，如工业基础相对薄弱、经济发展潜力大、存在许多欠发达地区。推动欠发达地区跨越式发展、消除区域经济发展不平衡问题是实现粤琼相向发展的关键。而对于这些欠发达地区而言，因工业基础较为薄弱，走传统的由工业化到现代化的发展道路面临很大挑战，通过发展文化产业等现代新兴产业为欠发达地区实现跨越式发展提供了重要机遇。雷琼两地有着丰富的生态文化资源，这为它们发展新兴文化产业提供了坚实基础，通过发挥文化产业的溢出效应，能够突破以工业化为基础的传统现代化的局限，探索出新的实现跨越式增长的区域发展道路。充分利用后发优势，粤琼尤其是雷琼两地共同探索新型文化业态、文化消费模式，推动数字出版、数字娱乐、数字创意等新兴文化产业协同创新与集群化发展，有助于在文化领域发挥后发优势，最终实现粤琼两地相向、平衡发展。

二、文化产业集聚引领粤琼相向发展的路径选择

（一）以数字化赋能跨区域产业融合打造粤琼文化全产业生态链

尽管粤琼两地文化同根同源，但相互间贯穿文化产业链各环节协同发展的生态体系尚未建立，且存在同质化恶性竞争、资源错配等问题。近年来，

广东信息科技和数字文化技术得到快速发展，为粤琼两地通过数字化赋能打造突破地理空间限制、实现区域优势互补和协同创新的文化全产业生态链提供了技术支撑。针对粤琼两地的文化消费需求，充分发挥区块链、5G、VR、人工智能与大数据等数字技术赋予的连接能力、智能能力以及分析能力，推动粤琼两地文化产业与旅游、休闲娱乐、酒店、演艺等产业相互渗透、相互交叉，实现文化产业的跨区域融合，共同打造一个信息互通、资源共享、价值与收益分享的跨区域文化全产业生态链，是推动形成跨区域产业集群，进而实现粤琼相向发展的关键路径。基于数字化赋能的跨区域文化全产业生态链，不再是空间上简单交汇的关系，而是借助新兴数字技术实现跨区域协同运作，并以数字化方式对文化全产业链进行管理，进而推动传统文化产品生产、传播、消费以及交流模式的根本性变革，实现文化产业的转型升级。

（二）以共建文化产业园区打造粤琼跨区域文化产业集群

在畅通文化全产业链的前提下，粤琼两地应根植于两地文化资源基础、产业基础以及技术基础，共同建设集科技、文化创意、休闲娱乐、生态环境于一体的数字文化产业园区，整合产业链内部资源，共同打造数字化、智能化的跨区域文化产业集群。粤琼两地应共同制定并实施文化产业园区建设的政策、规划，强化跨区域文化产业集聚的顶层设计，从而推动两地围绕园区文化属性、科技赋能园区发展、园区文化要素集聚以及园区文化品牌建设等领域展开深入合作。粤琼两地可协同引进一批文化产业链上具有较强核心竞争力的企业，包括文化企业、上下游关联企业、数字技术企业以及与之相关联的中介、金融、研发机构等；同时，可协同培育一些龙头企业，通过发挥龙头企业的引领带动作用，吸引上下游关联企业入驻园区，以此形成产业生态和链条完整的跨区域文化产业园区。此外，积极推动文化产业园区建设与城市社区和居民融合、互动，推动企业集聚的物理空间向文化生产、展览、消费、体验的文化空间转变，从而使文化产业园区成为粤琼两地居民进行文化交流融合、提升地区文化认同的重要平台，将进一步提升粤琼跨区域文化产业集群的集聚效应。

（三）以共建公共文化服务体系为粤琼跨区域文化产业集群提供基础保障

充分发挥公共文化服务在扩大文化市场规模、塑造文化空间以及刺激文化消费等方面的溢出效应，优化公共文化服务体系也有助于释放其溢出效应，促进区域协调发展，为粤琼跨区域文化产业集群形成提供基础保障。为此，粤琼两地可从以下几个方面共建公共文化服务体系：一是共同推动文化基础设施建设，具体可以岭南文化为纽带，共同建设粤琼非物质文化遗产展览中心、博物馆、图书馆、文学馆等。二是依托数字技术打造数字化公共文化服务平台，以此突破行政边界，创新文化资源配置方式，进一步强化公共文化服务在粤琼两地的开放共享，具体包括粤琼文化数据库、粤琼文化数字化展示设施、文化产品保税展示交易平台、对外文化交流中心以及知识产权、人才交流等公共服务平台。三是协同开展各类共同文化活动，比如两地博物馆可协同开展非物质文化遗产申报、评审以及系列图书的出版工作，共同举办粤琼文化创意大赛、国际影视展、从化文昌赛马节、国际旅游博览会等，共同构建粤琼两地开放共享的公共文化服务体系。

（四）以打造文化超级 IP 提升粤琼文化产业集群整体竞争优势

文化超级 IP 是强化社会共识的文化符号系统，不仅反映了一个国家（地区）的整体形象，还承载着当地人民的情感与精神，有着强大的号召力和影响力。粤琼两地文化同根同源，尤其岭南文化作为中华优秀传统文化是两地共有的历史文化基础，在两地具有深厚的凝聚力和影响力。这种共有文化在粤琼两地拥有良好的受众基础、优秀的故事性以及丰富的产业开发潜质，使其具备了较好的 IP 转化潜力。因此，在广泛了解粤琼两地人民日常生活和文化特色的基础上，可以粤琼特色文化主题公园建设为抓手，共同挖掘包括岭南文化在内的优秀文化资源、文化遗产以及特色文化等，创造关于粤琼文化的主体作品，打造具有粤琼特色的文化平台形象，逐渐形成粤琼文化超级 IP。在此基础上，发挥粤琼文化超级 IP 的号召力和凝聚力，将粤琼两地零散的文化资源整合起来形成合力，进而打破两地行政边界，促进文化全产业链的融合，提升粤琼文化产业集聚区的品牌形象和吸引力，也使两地居民在体验粤琼文化的过程中构建共同文化认同。待时机成熟，粤琼两地政府可共同申报国家文化公园建设，利用国家政策强化粤琼文化超级 IP 的影响力。

（五）以文化消费试点激发粤琼文化产业集聚发展的动力

跨区域文化产业集群是供给侧创新、实现产业转型升级的一种重要手段，但要真正释放其集聚效应，往往要将需求侧改革视为战略突破口，通过结构性减税、政府补贴等刺激政策充分释放文化产品需求潜力，为粤琼文化产业跨区域集聚提供持续的驱动力。文化消费兼具经济效益和社会效益，文化消费试点有助于拓宽消费群体、培养居民消费意识，通过供需协同效应促进产业转型升级。目前，粤琼两地多个城市被列为国家文化和旅游消费试点城市，已经在文化消费试点方面取得一定成功经验。为此，粤琼两地可交流共享成功经验，协同开展文化消费试点，综合运用文化消费优惠券、文化消费专属信用卡、积分兑换等文化消费政策组合工具，发挥两地政策优势，合力引导和激发两地居民对高端文化产品的消费需求。粤琼两地可共建跨区域数字文化消费促进平台，发挥数字技术连接能力，实现两地政府、文化企业与关联企业以及居民文化消费的互联互通，帮助政府实现消费券、惠民补贴等的精准发放；同时，借助数字平台在消费促进工作中沉淀数据和回溯分析，形成完善文化消费体制机制的"组合拳"，充分释放文化消费潜力，为粤琼文化产业跨区域融合提供持续的动力。

（六）以共建对外文化贸易先行示范区提升粤琼文化产业集聚国际影响力

广东深圳与海南都是国家批准设立的对外文化贸易基地，承担着推动中华文化走出去和对外文化贸易繁荣发展的重要历史使命。而使命的趋同以及地理的邻近使得深圳与海南在对外文化贸易基地建设过程中迫切需要互学互鉴、优势互补，避免同质化恶性竞争。为此，深圳与海南应把握这一历史机遇，共建"对外文化贸易先行示范区"，并以此为载体开展文化贸易领域的深度合作。深圳与海南可协同打造文化进出口高端服务平台，辐射东南亚乃至全球市场，带动粤琼、泛珠三角文化产品和文化服务出口，将先行示范区作为粤琼两地文化产业深度融合的重要平台。充分利用粤港澳大湾区、海南自贸港以及中国特色社会主义先行示范区建设带来的综合政策优势以及国际营销渠道和交流平台，共同打造高度融合的文化贸易服务链，提升文化产品与服务在国际市场的溢价能力。深圳与海南可设立共同的专项扶持基金或在税收、金融等方面提供支持，共同打造一批富有粤琼文化特色和国际影响力的文化作品，先行先试推动文化对外开放，将对外文化贸易与中外文化交流相结合起来，进而逐步增强粤琼文化产业集群的国际影响力。

三、文化产业集聚引领粤琼相向发展的政策选择

（一）搭建推动粤琼跨区域文化产业集聚的机制平台

在机制构建方面，应积极建立粤琼文化产业联席会议制度，畅通各地区、各级政府之间的对话交流，为两地政府共同谋划文化产业区域布局规划、签订合作协议、保护文化遗产、推动对外文化贸易以及共同开发文化项目、举

办文化活动等提供必要的对话交流机制。通过建立常态化的对话交流机制，打破粤琼两地体制机制障碍和行政壁垒，强化双方重点城市间的制度性合作与开放性对接，率先在雷州半岛与海南岛城市群之间形成更加紧密的常态化区域合作联动机制，为文化企业、项目以及要素的空间集聚提供机制保障，促进粤琼两地文化产业的深入对接融合。与此同时，粤琼两地政府应引导建设跨区域文化创意行业协会、联盟等，鼓励社会组织两地文化融合发展中提供公益性的服务，从而构建多中心协同治理的机制体系。在平台建设方面，应共同搭建文化消费服务、文化项目服务以及文化人才培养等公共服务平台，打通粤琼跨区域文化全产业链的关键环节，在为文化企业项目展示推介、人才培养交流以及文化资源整合共享提供必要平台支撑的同时，也能够帮助两地政府掌握文化消费需求、评估政策实施效果、文化人才需求动态等，为政府进一步优化相关政策提供决策依据。

（二）建立健全粤琼跨区域文化产业集聚的宏观协调规划

在搭建互动机制平台的基础上，粤琼两地政府要联合设计并不断完善跨区域文化产业融合集聚的顶层架构和协调规划。具体而言，一是要明确粤琼跨区域文化产业集聚的战略宏观布局，如明确其引领地位、发展目标、规划步骤、评估效果等，以及强化跨地区、跨部门以及跨行业之间政策协调等宏观层面的举措。二是要遵循市场规律，结合粤琼两地文化产业基础及文化消费特点，协同制定粤琼统一的文化产业发展政策和制度安排，特别是要制定文化消费领域的专项政策和具体细则，形成文化消费的管理制度体系。将消费券发放、积分兑换、专属信用卡、消费税优惠等政策工具聚合在政策工具箱中，加强多种政策工具的组合应用，以发挥不同政策工具的综合效益。三是要强化粤琼在推动文化产业市场标准体系建设、文化市场规则制定、加强知识产权保护以及优化文化企业营商环境等领域的合作对接，通过顶层设计为粤琼文化产业集聚、一体化发展提供坚实的保障。四是共同制定文化继承保护政策，两地统筹规划开展非物质文化遗产传承保护、历史文化名城名镇、历史建筑修缮保护、文物保护等工作。这是推动粤琼文化产业集聚发展的源头活水，需要两地政府从宏观层面进行统筹安排。

（三）探索构建基于"双向飞地"模式的粤琼文化产业园区

发挥海南自然资源禀赋和政策优势，在海南设立粤琼文化产业合作区；同时，发挥广东尤其是深圳在资本与技术方面的优势，在广东建立粤琼文化创新实验室，探索构建基于"双向飞地"模式的文化产业园区。具体而言，广东利用人才技术优势，推动文化与科技深度融合，创新文化产品、文化产业的业态与发展模式，研发、孵化和培养一批重点粤琼文化创新成果；而海南则充分发挥自然资源、生态环境、政策体制优势，推动文化创新成果的转化应用，带动优质的文化产业项目在海南落地实施，从而实现区域间的互利共赢。为此，粤琼两地政府应积极引导多元化的文化企业主体以及相关人才入驻粤琼文化产业合作区和创新实验室，通过政策倾斜、税收优惠、奖励补贴等措施吸引文化企业及金融、科技等相关领域的龙头企业建立总部；通过明确产业合作区与创新实验室的服务范畴、重点内容以及运营体系，加强公共服务体系建设，利用数字技术促进创意知识、信息、技术在园区内企业间的快速流动，进而构建"研发创新—转化应用—服务保障"的跨区域文化产业生态。与此同时，粤琼两地要探讨建立合理的利益分配与补偿机制，如通过双方协商或依据出资比例、招商引资贡献度等标准进行收益分配，同时建立相应的利益补偿机制，最终实现粤琼两地资源共享、互利共赢。

（四）粤琼共同探索文化对外贸易政策集成创新

近年来，广东聚焦于同港澳之间的规则衔接，市场化、法治化、国际化的营商环境处于全国前列。海南对标贸易自由化便利化，实施"一线放开、二线管住"是连通国内国际两大循环的开放平台，将放大粤港澳大湾区的经济效益。可以广东深圳与海南建设国家对外文化贸易基地为重要契机，充分利用两地政策体制优势，将粤琼文化产业集聚区打造成文化对外贸易政策"试验田"，共同推动文化对外贸易政策集成创新，形成政策合力，推动区域文化走出去和对外文化贸易繁荣发展。粤琼两地可协同探索市场化、产业化、国际化的运作方式，加快培育一批有实力、有竞争力的外向型文化企业，壮大文化市场主体，创新文化企业"走出去"的路径模式，对有发展基础和潜力的文化出口企业给予政策、资金等方面的支持。比如，共同设立文化对外贸易基金，发挥财税杠杆作用，加大对文化出口企业的支持力度。将文化服务行业更多纳入相关优惠政策，对纳入增值税增收范围的文化服务出口实行增值税零税率或免税，推进文化对外贸易与投资的外汇管理及海关便利化措施。积极研究和引导海外文化贸易与投资环境，降低海外投资风险。最终，通过政策集成创新，推动粤琼文化产业集群的国际影响力。

（五）探索构建粤琼文化产业园区金融服务体系

跨区域文化产业集群的形成少不了有针对性、持续和有力的金融服务支持，粤琼两地政府应加大资金支持力度，共同探索设立文化特色金融机构，引导资金向具有明显集聚效应的文化产业园区倾斜，为园区文化企业及关联机构提供精准化、个性化的金融服务，促进园区内文化金融专业化、集聚化发展。充分利用广东数字技术发展的优势，共同探索数字化赋能园区内文化全产业链信贷担保体系，通过多元化的金融服务模式，解决文化全产业链发展中的金融供给不足问题，构建文化产业链金融新生态。共同探索建立适应文化产业集群的多元化融资模式和风险分担机制，推动适合文化企业需求特点的服务创新模式，鼓励商业银行、保险司等各类金融机构发行与文化产业相关的理财产品，创新开发和完善专利权质押贷款、融资租赁贷款等新型信贷产品。加强金融科技创新，加大数字化技术和管理技术的应用力度，降低文化产业领域金融交易成本，提高文化企业的金融交易效率，全方位破解园区内文化企业发展的资金瓶颈问题。与此同时，粤琼两地应共同开发具有消费应用场景的文化消费信贷产品，通过技术赋能提高文化消费金融服务的效率和便利性，建立完善的文化消费金融监管和保障体系，进而充分释放文化消费需求潜力。

四、结语

粤琼相向发展蕴含着习近平总书记和党中央构建高质量发展动力源的战略考量，两地具备加强对接合作的社会需要、坚实基础和广阔前景。党的十八大以来，推动文化产业区域协同与统筹协调，形成区域优势互补、协同创新与产业集聚的新格局，已经成为我国文化产业发展的重要战略，成为推动区域协调发展的重要路径之一。广东文化与海南文化同根同源，立足于双方文化资源禀赋，以及生态、技术、资本等资源优势，构建高度融合、集聚的文化产业全产业链，激发产业活力，并不断提升产业整体竞争优势和国际影响力，是粤琼两地政府的重要战略选择，也是两地实现相向发展、加快构建新发展格局、助推区域经济高质量发展的重要举措。为此，粤琼两地政府应充分发挥我国制度优势，共同制定两地文化产业协同集聚发展的政策体系，搭建合作机制平台，强化宏观协调规划，探索"双向飞地"合作模式，推动对外贸易政策集成创新，完善金融服务体系，通过政策引领粤琼文化产业跨区域集群化发展，助力两地相向发展、相向而行。

参考文献

[1] 顾江. 党的十八大以来我国文化产业发展的成就、经验与展望 [J]. 管理世界, 2022, 38 (7): 49-60.

[2] 张苏缘, 顾江. 文化产业集聚如何赋能区域产业结构升级: 基于城市品牌的中介效应分析 [J]. 江苏社会科学, 2022 (5): 172-181.

[3] 王朝科, 吴家莉, 刘泮. 习近平总书记关于促进区域协调发展的若干重要论断 [J]. 上海经济研究, 2023 (2): 5-23.

[4] 黎泽国. 岭南文化在粤港澳大湾区建设中的重要作用研究 [J]. 特区实践与理论, 2021 (1): 101-109.

[5] 孟广文, 杨开忠, 朱福林, 等. 中国海南: 从经济特区到综合复合型自由贸易港的嬗变 [J]. 地理研究, 2018, 37 (12): 2363-2382.

[6] 裴广一, 黄光于. 海南自贸港对接粤港澳大湾区: 协调机制创新与实施路径 [J]. 经济体制改革, 2020 (5): 52-58.

[7] 李国平, 徐祯. 粤琼区域协同与海南自由贸易港建设 [J]. 资源科学, 2021, 43 (2): 241-255.

[8] 裴广一, 黄光于. 海南自贸港对接粤港澳大湾区: 理论基础、战略构想与合作方向 [J]. 学术研究, 2020 (12): 98-104.

[9] 陆剑宝, 符正平. 海南自由贸易港与粤港澳大湾区联动发展的路径研究 [J]. 区域经济评论, 2020 (6): 130-135.

[10] 傅才武. 论文化产业对区域经济社会发展方式转型的作用: 以湖北省为例 [J]. 华中师范大学学报 (人文社会科学版), 2012, 51 (4): 69-76.

[11] 刘守英, 赖德胜, 都阳, 等. 学习领会文化传承发展座谈会精神笔谈 [J]. 中国工业经济, 2023 (7): 5-25.

[12] 傅守祥. 文化经济时代: 中国文化产业的发展与管理 [J]. 深圳大学学报 (人文社会科学版), 2007 (2): 134-141.

[13] LENKA S, PARIDA V, WINCENT J. Digitalization capabilities as enablers of value co-creation in servitizing firms: digitalization capabilities [J]. Psychology & marketing, 2017, 34: 92-100.

[14] 傅才武, 明琰. 数字信息技术赋能当代文化产业新型生态圈 [J].

华中师范大学学报（人文社会科学版），2023，62（1）：78-86.

[15] 蒋昕，傅才武. 公共文化服务促进乡村文旅融合内生发展的动力机制研究：以宁波"一人一艺"乡村计划为例［J］. 江汉论坛，2020（2）：43-50.

[16] 胡慧源，李叶. 长三角文化产业集群一体化发展：现实瓶颈、动力机制与推进路径［J］. 现代经济探讨，2022（9）：117-123.

[17] 傅才武，程玉梅. "文化长江"超级IP的文化旅游建构逻辑：基于长江国家文化公园的视角［J］. 福建论坛（人文社会科学版），2022（8）：13-25.

[18] 李万，常静，王敏杰，等. 创新3.0与创新生态系统［J］. 科学学研究，2014，32（12）：1761-1770.

[19] 傅才武，曹余阳. 中英政府有关促进文化消费政策的比较研究：以英国"青年苏格兰卡"与中国"武昌文化消费试点"为中心［J］. 江汉论坛，2017（10）：34-43.

[20] 张苏缘，顾江. 文化消费试点政策对城市产业结构升级的影响研究［J］. 当代经济科学，2022，44（3）：111-122.

打造"三极一带一区"区域协调发展新格局推动海南自贸港高质量发展①

裴广一　林小钰　王　菲

摘　要：习近平总书记强调，贯彻新发展理念、推动高质量发展是海南自贸港建设的根本出路。中共海南省第八次代表大会提出：把构建现代产业体系和推动区域协调发展作为完整准确全面贯彻新发展理念、推动海南高质量发展的"两大引擎"，强调打造"三极一带一区"区域协调发展新格局。为此，梳理海南建省以来区域协调发展的演进历程，探讨打造"三极一带一区"区域协调发展新格局的深刻内涵和意义，探寻加快形成城乡一体、陆海统筹、山海联动、资源融通的"三极一带一区"区域协调发展新格局的路径，对于推动海南自贸港高质量发展具有重要意义。

关键词："三极一带一区"；区域协调发展；海南自贸港

一、引言

建设海南自贸港是习近平总书记亲自谋划、亲自部署、亲自推动的重大国家战略。在习近平总书记2022年再次来海南考察和省第八次党代会胜利召开的背景下，海南自贸港的建设踏上了新征程，并向着高质量发展之路迈出了坚实步伐。随着自贸港建设和全岛封关运作准备工作加快推进，旧的区域发展格局无法适应新的发展需要。为此，海南省第八次党代会提出打造"三

---

① 基金项目：国家社会科学基金西部项目"海南自贸港与粤港澳大湾区联动发展机制体系与模式路径研究"（23XJL003）；海南省马克思主义理论研究和建设工程专项课题重点项目"习近平经济思想引领海南自由贸易港高质量发展的生动实践研究"（2022HNMGC01）。

作者简介：裴广一，博士，海南师范大学经济与管理学院教授，海南省中国特色社会主义理论体系研究中心研究员；林小钰、王菲，海南师范大学经济与管理学院研究生。

极一带一区"区域协调发展新格局,这具有重要的理论和实践意义,是推动海南自贸港高质量发展的重要引擎。因此,本文从海南省区域发展格局演进历程来看"三极一带一区"的形成,深刻理解和正确把握其科学内涵及意义,探寻"三极一带一区"区域协调发展新格局的实践路径,推动海南自贸港高质量发展取得更为明显的实质性进展。

二、从海南建省以来区域发展演进历程来看"三极一带一区"

海南自1988年办经济特区以来,全省经济不断向前发展,海南省区域发展格局也不断演进。打造"三极一带一区"区域发展新格局并非空中楼阁,在海南全省不断谋划合理的经济布局以及寻求协调发展中,其已有良好的基础。从建省初期的"规划一片、开发一片"的开发格局,到逐步形成五大功能经济区,再到新时代海南自由贸易港建设的"三极一带一区"区域协调发展新格局,海南省的区域发展格局的演进历程也是国家探寻区域协调发展过程一个生动缩影,这一新格局的提出标志着海南省区域协调发展产生了质变,进入了一个新的发展阶段。

(一)改革开放后,建省之初的艰难探索

海南岛作为我国的第二大岛,面积达到3.4万平方公里,资源丰富,海域广阔。然而由于地理位置特殊,再加上历史原因,海南省最初并没有得到很好的开发,建省之初有1/6的人口处于贫困线以下,80%是农村人口。改革开放以后,国家对于海南的发展尤为重视。改革开放的总设计师邓小平在1984年2月24日谈道:"我们还要开发海南岛,如果能把海南岛的经济迅速发展起来,那就是很大的胜利。"1988年4月13日,撤销广东省海南行政区,设立海南省,划定海南岛为经济特区。

建省之初,并未采取全省规划的政策,而是采取"规划一片,开发一片"的路子,在省内构建了多个"小"的经济特区,如洋浦经济开发区、金盘工业开发区以及桂林洋经济开发区等。其中,影响最大且最重要的洋浦开发区,1988年将洋浦30平方公里的土地使用权一次性转让给熊谷组(香港)有限公司成片开发。但随之而来的"房地产泡沫"等,使经济发生了过山车式的跌宕起伏。政府从中吸取了教训,明白海南的发展必须结合自身优势,寻求一条科学健康的区域发展之路。尽管探寻之路艰难,但大规模的基础设施建设给后来海南省板块协调发展奠定了良好的基础。1988—1991年大规模港口

岸线的建设，建立了"四方七港"，这为20多年后"四方五港"的形成无疑起到了重大作用。此外，1999年提出建立"生态省"的政策，不破坏资源、不污染环境、不搞低水平的经济增长，先后投入120多亿元用于退耕还林，水土流失和土地沙漠化治理等。2007年海南省森林覆盖率达到57.1%，是全国平均水平的3倍。虽然建省之初"成片开发"的区域发展模式并没有在海南生根发芽，但海南省的经济发展取得了较大的突破，成为后续区域协调发展的现实基础和逻辑起点。

（二）社会主义现代化建设时期，全省区域协调实现跨越发展

海南不同区域板块之间的发展存在着不平衡性，建省之初"规划一片，开发一片"的发展模式成效不明显。图1清晰地反映了1997—2001年海南省各市县人均GDP的差距，从省内各区域板块来看，沿海与中部、琼北与其他三区以及市县之间经济发展差距仍然较大。例如，海口2001年人均GDP远远领先其他市县，南部城市发展也较快，但中部一些市县较为落后。2002年4月，海南省第四次党代会中明确提出"南北带动、两翼推进、发展周边、扶持中间"布局思路。2006年，海南省"十一五"规划中提出要按照此思路把海南岛作为一个整体来规划，根据各大功能区现有的资源，将海南岛划分

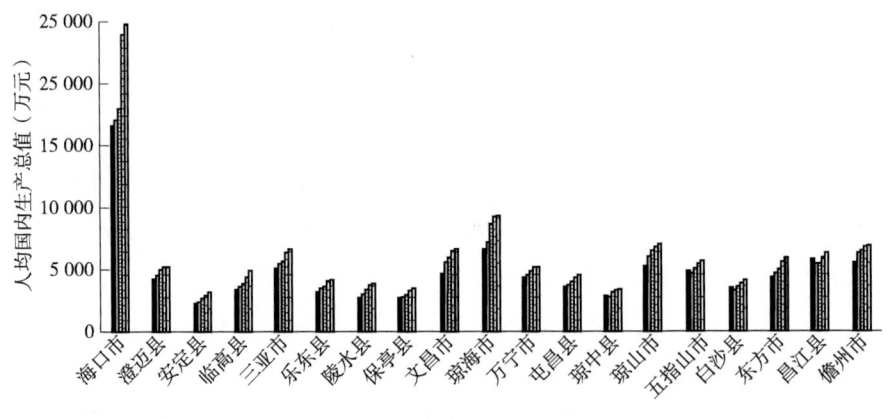

图1 1997—2001年海南省各市县国内生产总值

资料来源：根据1998—2002年《海南统计年鉴》整理得出，由于缺少相关数据，图中没有包括洋浦开发区。其次，通什市2001年更名为五指山市，图中统一使用五指山市。

为五个区域"琼北综合经济区、琼南旅游经济圈、西北工业走廊、东部沿海经济带、中部生态经济区",五个功能经济圈的形成是海南省协调发展的最初探索。随着海南岛旅游业的蓬勃发展,2009年12月31日国务院正式发布《关于支持海南国际旅游岛建设的若干意见》,根据海南省的统计年鉴的数据,2009年海南省接待过夜旅游人数由2005年的1 516.47万增长至2 587.35万人次,旅游收入在2009年突破200亿元大关,国际旅游岛建设更是上升为国家战略。2009年海南省政府工作报告中指出,未来要坚持全省统一规划,统筹发展,例如海口率先提出打造"琼北一小时经济圈",积极培育以海口市为辐射中心,带动周边城市发展。2006—2010年是海南发展的"黄金五年",根据图2的数据,海南省GDP从2006年的1 027.5亿元发展到2010年的2 020.5亿元,经济活力进一步增强。其间,海南区域发展格局渐趋明朗,区域协调实现了跨越发展,但要实现区域协调突破无疑仍是一项艰巨且紧迫的任务。

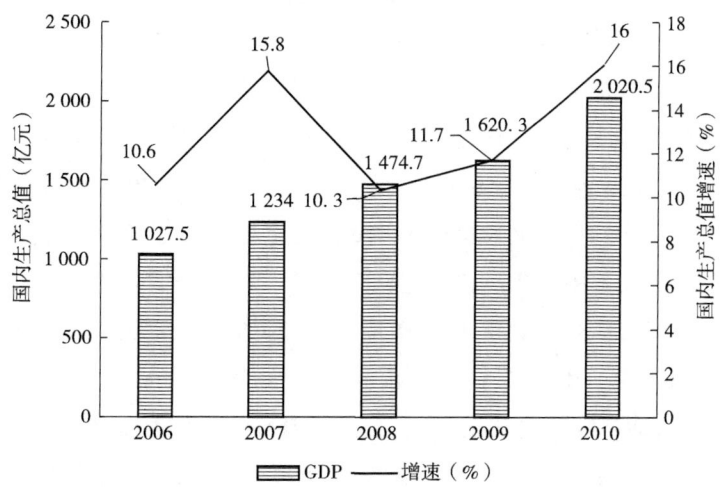

图2 2006—2010年海南省国内生产总值和增速

资料来源:根据2007—2011年《海南省统计年鉴》和海南省人民政府网发布的数据整理得出。

(三)进入新时代,探索五大功能经济区

进入新时代,我国区域协调发展理论取得了重大进步,认识到区域发展过程中存在差异是客观现实,要按照自然规律和经济发展规律解决区域发展中的不均衡问题。海南省根据理论指导，继续调整和优化空间布局，将区域协调发展提升至更加显著的战略地位。"十二五"期间，明确坚持落实"南北带动，两翼推进，发展周边，扶持中间"的思路。从政府公布的数据来看，基础设施投资 2 824.7 亿元，是"十一五"期间的 2.4 倍，基础设施方面有了重大突破，"田"字形高速主框架和"四方五港"格局基本形成，城市和行政光纤宽带网络覆盖率分别达到 89.2%、71.0%；生态文明建设依旧保持良好，持续开展的"绿化宝岛大行动"成效显著，森林覆盖率从 2007 年的 57.1%提高到了 62%，同时不再考核重点生态区域内的 GDP，这使得中部生态核心区的生态得到了有效保护。2015 年以后，海南率先开展了"多规合一"省域改革。这些重要举措为促进全省统一空间体系规划和促进区域整体协调发展奠定了良好基础。2016 年，海南更是将"五大功能经济区"提升为"南北两极带动、东西两翼加快发展、中部生态保育"的全省空间结构布局。

（四）开启建设中国特色自贸港新征程，打造"三极一带一区"新格局

2018 年 4 月 13 日，习近平总书记在庆祝海南建省办经济特区 30 周年大会上郑重宣布，支持海南建设中国特色自由贸易港。海南省经过"十二五"和"十三五"的发展，经济稳定增长，图 3 反映了 2012—2021 年海南固定资产非房地产投资的情况，非房地产投资额稳步上升，从 2012 年的 1 258.73 亿元快速增长至 2021 年的 4 759.07 亿元，尽管 2019—2020 年受疫情影响有所下降，但 2021 年迅速回升，非房地产投资占比也突破了 60%；旅游业发展取得重大成就，从表 1 中 2012—2021 年的数据来看，疫情发生前，接待游客的总人数从 2012 年的 3 320.37 万人次增长至 2019 年的 8 311.2 万人次，旅游收入在 2019 年跨越千亿。具体到各市县上（如表 2 所示），三亚在 2018 年就突破了 2 000 万人次，遥遥领先其他市县；中部建设国家生态文明试验区、加快建设热带雨林国家公园，森林覆盖率保持在 62%以上，空气质量优良天数比例保持 98%以上，生态文明建设走在全省前列。在对东西南北中五大空间格局的不断完善中，五大区域功能定位也日渐明确。但随着自贸港建设的加快推进，原先的区域发展格局逐渐不能适应新的发展需求，迫切需要打开发展格局。2022 年 1 月，儋州市第十三次党代会提出推进儋州、洋浦一体化发展，打造海南高质量发展第三极，海南省打造"三极一带一区"的发展格局迈出了实质性一步。同年 4 月，中共海南省第八次党代会明确提出，要积极打造"三极一带一区"的区域协调发展新格局。4 月 28 日，海南省委省政府

印发了《关于海南自由贸易港统筹区域协调发展的若干意见》，对构建"三极一带一区"的新格局进行了系统谋划。为推进该《若干意见》的实施，2023年9月海南省制定印发了《海南自由贸易港统筹区域协调发展三年行动方案（2023—2025年）》，立足海南省建设自由贸易港的优势，在打造"三极"上明确了区域协调和发展的目标和路径。至此，海南省进入了"三极一带一区"区域协调发展的新阶段。

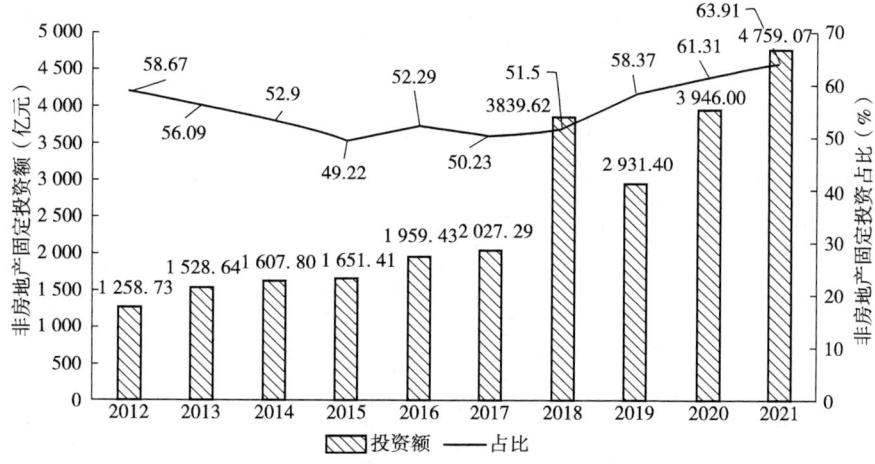

图 3　2012—2021 年海南省固定资产投资非房地产投资额和占比

资料来源：根据 2013—2022 年《海南省统计年鉴》固定资产投资相关数据整理得出。

表 1　2012—2021 年海南省接待游客人数和旅游收入

年份	2012	2013	2014	2015	2016	2017	2018	2019	2020	2021
接待游客总人数（万人次）	3 320.37	3 672.51	4 789.13	5 336.52	6 023.59	6 745.01	7 627.4	8 311.2	6 455.08	8 100.43
入境游客	81.56	75.64	66.14	60.84	74.89	111.94	126.36	143.59	22.4	19.72
国内游客	3 238.8	3 596.87	4 722.99	5 275.68	5 948.7	6 633.07	7 501.04	8 167.61	6 432.68	8 080.71
旅游收入（亿元）	379.12	428.56	506.53	572.49	672.1	811.99	950.16	1 057.8	876.86	1 384.34
国内旅游收入（亿元）	356.79	408.05	490.2	528.08	610.27	766.77	898.14	991.81	865.24	1 379.29

续表

年份	2012	2013	2014	2015	2016	2017	2018	2019	2020	2021
国际旅游收入（亿美元）	3.48	3.31	2.66	2.48	3.5	6.81	7.71	9.72	1.12	0.77

资料来源：根据2013—2022年《海南省统计年鉴》旅游相关数据整理得出。

表2 2012—2021年海南各市县接待过夜游客人数 单位：万人次

年份	2012	2013	2014	2015	2016	2017	2018	2019	2020	2021
海口市	952.90	1 044.31	1 130.68	1 225.20	1 329.19	1 488.08	1 665.34	1 717.60	1 340.49	1 685.19
三亚市	1 100.38	1 228.40	1 352.77	1 495.73	1 651.58	1 830.83	2 099.70	2 286.59	17 555.2	2 162.04
儋州市	103.89	118.58	135.02	158.18	181.28	213.73	252.76	275.81	265.5	440.44
五指山市	44.86	52.56	56.19	62.45	69.79	77.91	92.00	87.14	67.99	86.37
文昌市	125.53	137.26	151.75	173.84	199.14	218.28	239.15	269.78	259.87	437.06
琼海市	185.20	208.11	242.97	279.60	316.62	334.94	346.46	350.31	300.92	483.19
万宁市	347.56	332.14	362.71	387.02	395.60	423.40	468.55	513.68	251.9	351.84
安定县	47.94	57.36	67.08	77.21	88.68	95.44	106.11	75.32	49.68	64.50
屯昌县	19.33	29.45	32.42	35.89	41.78	47.33	50.98	48.32	40.66	53.58
澄迈县	54.33	66.14	70.82	81.39	114.33	127.51	137.45	142.98	131.16	199.64
临高县	24.01	27.49	28.66	34.07	39.64	46.52	66.00	70.07	61.77	87.00
东方市	43.61	51.73	59.46	65.23	71.63	89.51	106.16	110.01	106.57	190.27
乐东县	29.24	33.18	10.31	45.68	55.83	84.10	95.90	107.66	107.94	143.78
琼中县	22.07	28.98	37.82	47.19	57.46	65.52	70.64	73.10	54.59	60.24
保亭县	29.58	36.08	48.80	61.22	70.27	92.72	111.74	107.72	67.49	99.54
陵水县	124.99	139.13	151.46	164.32	175.22	224.00	280.01	299.96	250.11	425.31
白沙县	21.49	27.82	25.27	27.39	33.20	40.23	44.25	46.61	43.83	56.78
昌江县	41.60	54.01	66.04	71.35	85.96	91.40	96.45	100.90	65.63	101.05

资料来源：根据2013—2022年《海南省统计年鉴》旅游相关数据整理得出。

三、海南省打造"三极一带一区"的深刻内涵和意义

海南自贸港是新形势、新要求下中国改革开放的新高地，构建新发展格局是海南自贸港建设的应有之义。海南省提出打造"三极一带一区"的区域

协调发展新格局是发挥比较优势、按照经济发展规律，调整完善区域发展格局；是从地区均衡到人的均衡的区域协调发展的重要探索，以优化全省经济和空间布局；是围绕共同富裕，提升基本公共服务均等化水平，有利于发展成果由人民共享。这有助于海南省融入和服务"双循环"新格局，在对外开放中扮演更重要角色。

（一）发挥比较优势，有利于解决不平衡不充分问题

新时代，要促进区域协调并非各区域发展要达到同一水平或实现绝对平等，而是要因地制宜，根据各地区的资源禀赋条件、产业基础和历史文化等发展特色，发挥各地的比较优势，在发展中达到动态的相对平衡。由于省域各地资源要素的禀赋差异，促进区域协调发展的政策应当加以区别。海南打造的第一极是由海口、澄迈、文昌、定安、屯昌等市县组成的海口经济圈，以海口为核心引领区，依托大城市的各类资源要素，发展信息技术产业、数字产业、教育科技、文化体育和医药等重点产业；第二极是由三亚、陵水、乐东、保亭等市县组成的三亚经济圈，打造海南自贸港的科技创新高地和国际旅游胜地，重点发展旅游、科技以及康养医疗等产业；由儋州、洋浦一体化融合发展组成的儋洋经济圈作为打造经济高质量发展的第三极，依托洋浦的政策、区位和产业优势，与儋州城市功能融合，促进两地一体化发展，重点建设国际枢纽和物流中心以及大宗商品交易中心等，实现港产城融合发展；而由海口、文昌、琼海、万宁、陵水、三亚、乐东、东方、昌江、儋州、临高、澄迈等临海市县组成的滨海城市带，依托公路和铁路来带动沿海大中小城镇的发展；由五指山、保亭、琼中、白沙等中部市县组成的中部生态保育区，是海南探索区域协调发展对人与自然和谐共生方针策略的坚持。各地区发展战略不同，而差异化的发展战略在一定程度上也减轻了同质化竞争带来的成本负担，促进区域发展形成差异化和特色化。

（二）促进海南经济布局和空间规划高质量协同，夯实经济基础

区域经济布局和国土空间规划的核心目标相辅相成，前者为了实现区域经济可持续协调发展，而后者的目标则是创造更优的居住环境。两者相互交融和相互渗透，以高效率的经济布局赋能国土空间规划布局，实现区域均衡发展。海南省打造"三极一带一区"区域协调发展的新格局，不仅是对海南省空间体系的规划，更是对经济布局的优化。海南省地理上相对独立，各县区规模较小、实力一般又距离较近，因此在建省之初，市和县之间就联系密切，采取了省直接管理县的发展模式。体制保障使地区间的管理和协作更有效率，各区域必须聚在一起形成合力、迸发潜力，实现资源优化。例如，支持儋州、洋浦打造高质量发展第三极，以儋州和洋浦的区域特色发展为一体化发展的总体方向，并为空间规划提供依据，从而使儋洋的空间规划更加饱满。海口经济圈和三亚经济圈的规划亦是如此，海口、三亚以及儋洋三个经济增长极是各要素合理流动和聚集的重要载体，有利于提高经济效率，夯实经济基础。总的来说，将区域经济布局和区域空间规划深度融合，有利于促进海南省区域协调发展和经济增长。

（三）提升基本公共服务均等化水平，实现共同富裕

基本公共服务均等化是蕴含着人民性的价值理念。虽然在不同的时代和背景下内涵有所区别，但最终的落脚点都是人民。海南省立足省情，促进基本公共服务均等化，有利于发展成果由人民共享，实现共同富裕。打造"三极一带一区"，建设高效联结的基础设施网络，推进跨区域联系。海口经济圈打造的"半小时生活圈"率先在岛内以公共基础设施互联共享，推动实现公共服务均等化；三亚经济圈则建设"区域一小时"交通圈，联合周边县区布局医疗、教育、文化等资源，依托跨区域的交通联系，打造公共资源共享的主平台。完善的交通体系促使省内市县间加快同城化，使区域间的联系更加密切。海口经济圈打造"共饮一网水"，实现居民安全用水；三亚经济圈实现旅游资源共享，"共吃旅游饭"，在旅游资源上互帮互助；儋洋经济圈"共享新能源"，在儋洋经济圈一体化发展中，建设海南省最大的清洁能源项目以及中部生态保育区。共建共享一直是海南省区域协调发展的基本准则，构建"三极一带一区"有利于实现这一准则，推动人口、资源、环境实现可持续发展。在促进公共服务均等化的基础上，兼顾效率与公平，有利于满足人民对美好生活的向往，进而推动国家在实现共同富裕上更进一步。

（四）统筹区域协调发展，助力"双循环"新发展格局的构建

进入新的发展阶段和面对错综复杂的国际环境，2020年中共中央首次提出要构建以国内大循环为主体、国内国际双循环相互促进的新发展格局，党的二十大报告中再次提到这点，同时强调增强国内大循环内生动力和可靠性，加紧提升国际循环质量和水平。而构建新发展格局的关键就在于实现经济循环流转和产业关联畅通，促进各要素在生产、分配、流通和消费各环节有机衔接。新时代下，融入和服务新发展格局是促进区域协调发展的内在要求，

两者之间不仅同根同源,而且相互促进。区域发展不协调,实现国内大循环就步履维艰,想进一步摆脱国际资本的干扰,形成国内国际双循环的发展格局就面临重重障碍。因此,在构建新发展格局和促进国内国际双循环的背景下,海南打造的"三极一带一区"可以扮演重要角色。具体而言,海南省充分挖掘各区域板块的优势,根据各地区的资源禀赋等多种因素激发各区域的潜力,立足海口的大城市和中心城市功能,联动周边县区打造海口经济圈,高度整合和集聚人才、技术和资金等要素,加强了与其他区域产业有效衔接;三亚立足既有的旅游和科技创新资源,培育特色产业新支柱和锻造特色产业链,打造了新的创新动力。五大区域在发挥主体优势的基础上协同联动,促进了各类要素高效流通和聚集,提升了海南省发展的整体性和联动性。海南省积极构建"三极一带一区"的新发展格局,统筹海南内部区域板块间协调发展,促进海南内部的大循环,可助力形成国内国际双循环的格局。

四、海南打造"三极一带一区"区域协调发展新格局的有效路径

海南省坚持"全省一盘棋、全岛同城化",通过建设核心引领区、打造国际旅游胜地和科创高地、协调推进新型城镇化以及建立健全生态产品实现机制等路径,对全岛统一进行规划和管理,加快形成城乡一体、陆海统筹、山海联动、资源融通的"三极一带一区"区域协调发展新格局,助推海南自贸港高质量发展。

(一)做大做强海口经济圈,建设自贸港核心引领区

海口经济圈主要发挥海口作为"大城市"的辐射带动作用,联动澄迈、文昌、安定、屯昌等周边县,发挥比较优势,立足新的产业和功能定位,促进有效协同发展,全面提升海口经济圈的发展能级。根据城市发展理论,中心城市和城市群作为主要的空间形式,承载了经济的发展要素,更是促进区域协调发展的主要阵地。两者一体化发展对促进空间要素的流动和聚集的作用愈加明显。海南省根据自身发展的特点着力打造的海口经济圈就是利用中心城市的辐射作用带动周边城市群发展。一是优先试点布局海南自贸港新型产业,加强产业链供应链协同。二是建设跨区域基础设施网络建设,基础设施互联共享,实现基本公共服务均等化。三是构筑区域经济协同发展新模式,因地制宜,强化周边县区支撑和融入。打造自贸港核心引领区,促进资源高效流通和聚集,缩小地区间差距,有助于琼北地区协同发展,形成货物贸易

畅通、人员流通便利、基础设施互联以及产业布局有序的统一经济群，促进整体经济的增长。

（二）做优做精三亚经济圈，打造国际旅游胜地、自贸港、科创高地

三亚经济圈主要是围绕国际消费旅游、创新型城市、特色产业和公共服务四大主题，打造促进海南自贸港高质量发展的第二极。一方面，对内强化分工和合作，利用好国际旅游和创新资源，带动周边陵水、乐东、保亭等实现发展。另一方面，对外发挥特色、塑造整体优势，加快与粤港澳大湾区和长三角地区的对接。一是推动三亚经济圈旅游消费提质升级，缩小与周边地区差距。二是依托国际地位和科技资源，突出创新主体地位，培育发展未来产业和新一代信息技术产业，将三亚打造为全省发展的创新型城市，推动科学技术创新成为推动自贸港高质量发展的关键和核心动力。三是聚焦经济圈内各地产业优势，锻造强大有韧性的现代特色产业链。四是要素的流动和聚集是区域一体化和区域经济高质量发展的关键，要推进公共资源共建共享，科学高效整合协调教育、医疗、文化、交通等要素资源，打造促进区域协调发展的主平台。

（三）促进儋洋经济圈一体化融合发展，打造自贸港港产城融合发展示范区

面对自贸港建设的新形势，儋州和洋浦的发展模式难以适应新的需要。儋州缺乏项目、人力资源等资源，产业结构发展不合理，民生保障和生态资源的保护也不完善；而洋浦发展空间受限，城市功能不全。要促进儋州和洋浦的一体化融合发展，须发挥现代化产业体系和区域协调发展"两大引擎"作用，打造海南自贸港高质量发展的第三极。两者一体化发展是将洋浦的政策、区位和产业优势与儋州城市功能相结合。一方面，对内优化两个城市发展空间和布局，完善基础设施等"硬"实力，打造新环湾快速交通网络，提升教育、医疗、文体等"软实力"，进一步挖掘历史文化名城的潜力，优势互补，互利共赢；另一方面，加快建设西部陆海新通道国际航运枢纽，整合港口、航运、产业、物流、金融等供应链全要素资源，加快推进"中国洋浦港"的建设。进一步优化关税政策，打造海南自由贸易港国际贸易先行区，建设具有国际水平的航运和物流供应服务中心，带动临港产业发展，打造自贸港建设的"样板"，为全岛封关运作做好压力测试。

（四）突出滨海城市带功能，协调推进新型城镇化

滨海城市带以环岛旅游公路为主轴，以环岛高速铁路、高速公路等交通

廊道为纽带，加快形成"2+3"滨海中心城市格局，加快推动以琼海、东方为载体的滨海城城镇化试点，推动滨海城镇统筹协调发展。一是优化省内国土空间格局，依靠交通基础设施体系，做好沿线城市的规划和布局，在打造同城交通三网的基础上，构建一体化交通运输系统。二是高标准建设开发环岛旅游公路及驿站，打造琼海和东方成为滨海城市带节点和亮点城市，实现"一体两翼"港产城融合发展。三是引导沿海市县向海拓展城市功能，引导基础设施和公共服务向滨海布局，推动临港产业的发展，高水平改造滨海片区。四是优化滨海城市带资源要素配置，以中心城市为引领，突出城市功能，联动沿线大中小城镇协调发展，推进新型城镇一体化发展。

（五）中部生态保育区协同保护，建立健全生态产品价值实现机制

海南省探索区域协调发展的过程也是自觉探索人与自然和谐共生的历程，并取得了显著成就，生态环境成为海南发展的优势之一。在区域协调发展的新格局下，建设中部生态保育区仍然坚持贯彻"绿水青山就是金山银山"的理念，加快完善区域生态环境协同保护。以海南热带雨林国家公园建设为抓手，大力发展热带旅游产业，推动形成山海互动、蓝绿互补的局面。一方面，在推进政府转移支付工作过程中，完善生态保护的体制机制，健全监督和问责机制，强化"三线一单"、项目环境评价、排污许可等约束机制；另一方面，加快推进生态产业化和产业生态化，发挥生态的经济效应，建立健全生态产品价值实现机制，把资源要素变成发展优势。这些举措可促使海南不断构建完善的生态格局，在区域资源环境承载力基础上，进一步在生态保护中让守护者获得更多实惠。政府和市场两只手协同发力，形成更加高效和科学的跨区域的生态机制，有助于协调经济效益和生态效应。海南在建设生态环境上一直保持着强大优势和领先水平，现在要更加积极地探索一条促进经济高质量发展的新路子。

参考文献

[1] 沈晓明. 解放思想 开拓创新 团结奋斗 攻坚克难 加快建设具有世界影响力的中国特色自由贸易港：在中国共产党海南省第八次代表大会上的报告 [N]. 海南日报，2022-05-02（02）.

[2] 邓小平文选（第三卷）[M]. 北京：人民出版社，1993：239.

[3] 阳明勇，黎艳. 从海南省区域发展格局的演进看中国式现代化 [J].

南海学刊,2023(4).

[4] 海南省国民经济和社会发展"十一五"规划纲要[EB/OL].[2006-01-20].https://www.hainan.gov.cn/data/hnzb/2006/03/388/.

[5] 廖祖君,侯宏凯.新中国成立以来我国推动区域协调发展的历程、模式与展望[J].企业经济,2021(6).

[6] 习近平.推动形成优势互补高质量发展的区域经济布局[J].求是,2019(24).

[7] 孙久文,邢晓旭.国土空间体系和区域经济布局的协同路径和优化方向[J].经济学家,2023(4).

[8] 范逢春.基本公共服务均等化如何推动共同富裕?[J].理论与改革,2023(2).

[9] 陈艺丹,周慧.基本公共服务均等化推进城乡共同富裕的内在逻辑与实现路径[J].北方经济,2023(7).

[10] "奋进自贸港 建功新时代"系列专题新闻发布会(第八场)[EB/OL].[2022-05-10].https://www.hainan.gov.cn/hainan/zcjdzc/list_sljrdscjzfbh.shtml.

[11] 习近平.高举中国特色社会主义伟大旗帜 为全面建设社会主义现代化国家而团结奋斗:在中国共产党第二十次全国代表大会上的报告[M].北京:人民出版社,2022:22.

[12] 李彬,金梦迪,段雨晨.新发展阶段、新发展理念与新发展格局研究[J].政治经济学评论,2023(2).

[13] 刘治彦,程皓,冯海珊,等.国家中心城市带动城市群发展成效与机制研究[EB/OL].[2023-10-11].https://link.cnki.net/urlid/11.1010.F.20231009.1100.002.

[14] 朱继任,王智勇.区域要素流动与国土空间规划响应:战略引领与治理路径[J].规划师,2022(6).

区域协调发展战略下西部陆海新通道建设路径研究

曲亚囡 刘 静

摘 要：跨越山海、连通世界，区域协调发展战略包括开发西部、振兴东北、中部崛起和鼓励东部。西部陆海新通道位于我国西部地区腹地，北接丝绸之路经济带，南连21世纪海上丝绸之路，衔接长江经济带，在区域协调发展格局中具有重要战略地位。本文梳理了西部陆海新通道建设由探索到逐步上升为国家战略的过程，以及西部陆海新通道建设的必要性；并基于现状分析新通道建设的困境，以及它显示出的强大竞争优势和良好发展前景。我国将致力于把西部陆海新通道建设成物流集散大通道、陆海联动经济大走廊、交通运输大枢纽、国际合作大平台。

关键词：区域协调发展；陆海新通道；贸易

一、区域协调发展战略下西部陆海新通道建设的提出

（一）西部陆海新通道建设的发展历程

1. 探索阶段

从20世纪90年代开始，党中央就为广西制定了发展战略，并投入大量人力、物力和财力进行基础设施建设，以期充分发挥其作为西南地区出海通道的作用。经过多年努力，西南出海大通道的骨干交通线基本建成。2000年1月，国务院西部地区开发领导小组开会研究部署实施西部大开发战略，西部大开发对西部地区的发展发挥了有力推动作用，为新通道建设打下了坚实基础。2001年，中国加入世界贸易组织（WTO），融入了全球供应链；2003年，

作者简介：曲亚囡，大连海洋大学副教授，博士，从事国际法和海洋法的研究；刘静，大连海洋大学在读法律硕士。

与东盟建立战略伙伴关系并加入《东南亚友好合作条约》,中国的国际化发展为西部陆海新通道提供了真正"出海"的条件。2013 年,总书记提出的"一带一路"(丝绸之路经济带和 21 世纪海上丝绸之路)倡议,为西部陆海新通道的实施提供了重大发展机遇。

2. 破题阶段

为了加快广西面向东盟的国际通道建设,需要建立一个新的战略重心,推动中国西南和中南地区的开放,打造连接丝绸之路经济带和 21 世纪海上丝绸之路的重要门户,并在此基础上为"通道"建设提供指导。2015 年 11 月,中国和新加坡政府签署框架协议,共同建立中国-新加坡(重庆)战略互联互通示范项目,在"南向走廊"区域内展开合作。2018 年 11 月,时任新加坡总理李显龙签署了两国政府的谅解备忘录,就构建"国际陆海贸易新通道"进行合作,并将其由"南向走廊"重新定位为"国际陆海贸易新通道"。2019 年 3 月,在全国人民代表大会及政协会议(即两会)期间,所有重庆代表团成员提出将"陆海新通道"列为国家级项目。

3. 上升阶段

2019 年 8 月,《西部陆海新通道总体规划》出台,标志着这条通道正式上升为国家战略,国际陆海贸易新通道更名为西部陆海新通道。2021 年 2 月和 4 月,习近平在贵州和广西考察时强调"要积极参与西部陆海新通道建设""高水平共建西部陆海新通道"。2021 年 8 月,以"十四五"实施方案印发为标志,西部陆海新通道建设进入高质量发展阶段。在上升至国家战略和高质量发展阶段,西部陆海新通道的定位不仅是交通物流通道,其在国际经贸合作方面有重要经济价值,在连接"一带一路"和推进西部大开发的国内国际双循环的国家新发展格局中也有战略价值。

(二)区域协调发展战略下西部陆海新通道建设的必要性

1. 基于区域协调发展战略

"十四五"规划纲要为推动区域协调发展指明了方向,提出在"十四五"时期西部大开发要推动形成大保护、大开放、高质量发展的新格局,其中强调要大力推进西部陆海新通道建设。党的二十大报告中专设"促进区域协调发展"一章,西部陆海新通道建设作为区域协调发展战略的重要部署,关乎我国的发展全局,有助于区域协调发展。

2. 基于西部城市区位优势

西部地区地域辽阔，具有得天独厚的资源优势。重庆地处长江上游，拥有丰富的水资源和水能资源，又处在世界上最大的石油气田"鄂尔多斯盆地"附近，拥有巨大的石油、天然气等能源资源储备；云贵地区磷矿资源丰富，钻石品位高；钾盐资源也集中于西部。

西部地区 11 个省区中，有五个省区与周边国家接壤，边境线长达 2 万公里，沿边优势显著；青海、西藏、四川、云南处于长江流域，可以充分利用沿江发展战略；广西地处沿海，是整个大西南重要的出海通道。

西部地区文化优势独一无二，多个朝代在西安建都，甘肃的敦煌莫高窟被联合国教科文组织列为世界文化遗产。

西部地区民族优势明显，是我国多个少数民族聚居地。其中一些民族跨国界而居，拥有相近的文化和信仰，为发展中外交往提供了便利。

3. 基于地缘政治博弈考量

从全球地缘政治的层面看，建设西部陆海新通道符合当代需求。西部陆海新通道的建设顺应了世界多极化、经济全球化的潮流，目的地覆盖新加坡、日本、澳大利亚、德国等全球六大洲 71 个国家和地区的 155 个港口，推动沿线各国建立互联互通伙伴关系，使各国都能在独立多元的基础上实现平衡且持久的发展。

从亚太区域地缘政治层面看，中国的崛起改变了亚太地区乃至全球的地缘政治格局，中国提出"一带一路"倡议，这既是对美国再平衡战略的巧妙破解和有效反制，又为区域国际体系的转型提供了中国方案。西部陆海新通道成为服务于"一带一路"的重要部署。

从国内区域发展的地缘政治层面看，"西部陆海新通道"的建设是平衡地区发展的需要。改革开放以来，西部地区由于种种因素制约，发展较为缓慢，东、西部发展水平差距明显。西部陆海新通道建设着眼于西北和西南地区发展，有利于实现区域开放，发挥地区拉动作用，消弭发展鸿沟，推动各区域齐头并进。

二、区域协调发展战略下西部陆海新通道建设的现状

（一）区域协调发展战略下西部陆海新通道建设的政策基础

国家层面出台了许多政策。2019 年 8 月，经国务院批准，国家发展和改

革委员会印发《西部陆海新通道总体规划》（以下简称《总体规划》），同时建立了省部际联席会议制度，统筹推进西部陆海新通道建设。2021年3月发布的《中华人民共和国国民经济和社会发展第十四个五年规划和2035远景目标纲要》将大通道建设列入；同年，《"十四五"推进西部陆海新通道高质量建设实施方案》公布，为西部陆海新通道提供明确指导，规划了良好发展前景。

各地区各部门也制定了各自的行动方案和行动计划，如《重庆市推进西部陆海新通道建设实施方案》《金融服务西部陆海新通道建设方案》等。

（二）区域协调发展战略下西部陆海新通道建设的实践成效

1. 西部陆海新通道作为物流通道的建设

目前，西部陆海新通道已形成铁海联运班列、国际铁路、公路班车三种主要物流运输组织方式，截至2023年9月底，重庆通过三种主要方式经由西部陆海新通道累计运输54.6万标箱，货值906.5亿元。同时，西部陆海新通道与中欧班列累计联运1.8万标箱，与长江黄金水道累计联运14万标箱。

2023年上半年数据显示，北部湾港集装箱吞吐量增长14%，海铁联运班列增长9%，南宁机场国际航空货邮吞吐量增长4.5%，通道物流规模继续保持快速增长态势。2023年上半年，广西货物贸易进出口总值3 390.7亿元，同比增长43.2%。其中，对东盟进出口1 613.8亿元，同比增长92.6%。

2. 西部陆海新通道作为经济走廊的建设

西部陆海新通道已经发展成为连通国内市场与国际市场的经济走廊，使西部地区深度参与国内大循环，并加入国内国际双循环体系。得益于重庆物流通道的优势，世界知名特殊玻璃和陶瓷材料厂商康宁将后段玻璃基板加工、玻璃基板西部物流分拨中心、前段熔炉成型生产线先后布局重庆两江新区，最终实现旗下大猩猩玻璃生产基地全系列产品落户重庆，助力重庆打造新型显示产业全产业链布局。2022年，成渝地区双城经济圈实现地区生产总值7.8万亿元，2023年上半年地区生产总值同比增长5.2%。

3. 西部陆海新通道作为交通枢纽的建设

重庆的战略定位是国际性综合交通枢纽城市。目前，川渝两地通过跨省公交的建设，基本实现了交通同城化。在"十四五"交通规划中，成都被确定为国际性综合交通枢纽城市，是我国继北京和上海之后又一个拥有双国际机场的城市，机场的旅客吞吐量也排在前列。

西部陆海新通道运输网络覆盖近 120 个国家和地区，中欧班列持续高水平运行。截至 2022 年 8 月底，陆海新通道铁海联运班列开行 2 万列。公海联运、公铁联运也取得新进展，西南地区通往印度洋的公海联运跨境班列已由重庆开行。国际铁路班列线路加密优化，班列开通数量增加；国际跨境公路班车运输格局辐射整个中南半岛。

4. 西部陆海新通道作为合作平台的建设

国家层面为新通道建设提供了政策支持。以西部陆海新通道为基础，我国与周边国家签订了多项合作机制，国际交流进一步深化，与通道沿线国家建立了友好关系。2021 年 5 月，印度尼西亚、越南、老挝等国与共建省区市联合发布《陆海新通道国际合作（重庆）倡议》，呼吁陆海新通道沿线国家凝聚各方力量，促进高水平的区域经济一体化。此外，人才和文化交往逐步增多，合作路径也不断扩展。

三、区域协调发展战略下西部陆海新通道建设的阻碍

（一）物流体系运行不够顺畅

基础设施薄弱制约着当前的西部陆海新通道建设。西南铁路大动脉如川黔、南（宁）昆（明）、钦（州）北（海）等多为单线铁路，运能较小，改造后仍无法满足需求。广西钦州港是目前陆海新通道铁海联运的主要港口，但口岸服务不完善、港口物流水平不足、信息化程度偏低，2020 年广西钦州港货物吞吐量为 395 万标准箱。行政壁垒仍然存在，地区间连通不畅。外贸航线无法满足当前需要，货物直达欧美国家存在困难。中国西部地区港口、机场等衔接还不够充分，多式联运发展水平不高。

（二）经贸产业融合效率不高

由于地理区位的限制，以及支撑产业发展的基础尚未成熟，产业基础、市场化机制下的多式联运体系较为薄弱，最终导致沿线物流组织成本高，这也是最大的障碍和痛点。西部陆海新通道腹地省份中，资源型、高耗能、低附加值行业占比偏大，外向型高端产业发展滞后，现代化产业建设不足，产业链不健全，智能化要素利用不足。西部缺少特色支柱产业，战略性新兴产业处于起步阶段，从发展现状来看，单一通道型经济特征明显，产业协同联动不足。西部陆海新通道与产业、贸易等融合发展需要进一步加强。

（三）交通枢纽联动能力受限

首先，基础设施不完善是制约西部发展的短板，山川河湖成为交通建设的难点。其次，西部交通资源分散，各省区市枢纽缺乏整体布局规划，没有形成交通运输网。重庆市是西部唯一的集齐公路、铁路、水路、空路四种交通资源的城市。再次，国际航线不足，与吉隆坡等城市的直飞较少。最后，虽然我国西部省区市的机场客流量在全国排名靠前，但是在数量上与北京、上海等城市相差悬殊。西部与周边地区和国家的铁路客运需求和能力都有限，而修建中的泛亚铁路，由于技术、投资等因素制约，部分路段尚未修建完成。

（四）合作平台机制不够完善

1. 高位统筹推进有待发力

目前，我国与周边国家建立了许多多边机制，但对于西部陆海新通道的研究不够深入，如何统筹推进区域协调机制的完善，让更多国家参与到西部陆海新通道建设中来，还需要国家层面的推动。

2. 国际交往有待扩大

西部陆海新通道的国际影响力有待扩展，对沿线国家的吸引力有待加强，与其他区域的国际交往尚缺少常态化机制。

3. 合作空间有待拓展

国际合作机制与平台建设仍须加强，在 RCEP 已正式生效的背景下，通道沿线省区市应把握 RCEP 正式生效这一契机，拓宽国际合作机制，与 RCEP 成员国建立多元协作机制。

4. 人才和保障要素不足

虽然国家层面上已经对西部陆海新通道的建设制定了许多政策支持，但政策的落地实施是关键。西部存在培养人才难、留住人才更难的困境，地区开放发展整体上处于不完善阶段，高素质人才的缺失会影响新通道的建设。另外，政策保障也存在不足之处，资金支持、组织支持等均有不足。

四、区域协调发展战略下西部陆海新通道建设的对策

（一）建设物流集散大通道

西部地区应完善基础设施建设，基于地理区位和优势劣势，扬长避短，将现有要素进行有机整合，优化物流枢纽布局，打造现代化、信息化物流枢纽。完善北部湾港口建设，打造成熟的国际物流集散枢纽港，与海洋产业配

套发展。提高沿线铁路运输等级，能修尽修，同时新建。发挥长江黄金水道优势，促进陆、海、空、铁有机结合，减少直至消除港口、机场、车站之间的联运障碍。打破行政壁垒，与东、中部协同发展。增加外贸航线，构建物流直达网络。

（二）繁荣陆海联动经济大走廊

完善基础设施建设，改善营商环境。发挥通道对沿线经济发展的带动作用，推进多式联运发展，降低物流成本。充分发挥西部地区文化和民族优势，以旅游业发展带动文化产业影响力提高。建设区域特色产业，促进通道与区域产业经济融合发展，以信息技术推动传统产业发展。充分利用大数据等智能要素，促进产业链供应链转型升级。

（三）打造交通运输大枢纽

增强枢纽综合承载效能，推进既有货运站改扩建，实现不同运输方式间的高效连通。统筹铁、公、水、空四种运输方式，提高交通枢纽联动能力。鼓励重庆、成都、西安等加快建设国际门户枢纽城市。增加国际航线，尤其是与越南胡志明市、柬埔寨金边市、泰国曼谷市等国际城市的航线，构筑通道沿线节点城市伙伴网。依托路桥对接东、中部省份，构建更加密集的交通运输网络，提高客运服务能力。持续实施铁路建设规划，推进泛亚铁路修建。对北部湾港口进行统筹规划，完善功能布局，借助海南自贸区的辐射优势，以北部湾区位内的钦州港、防城港、北海港及海南洋浦港作为枢纽港。

（四）共建国际合作大平台

1. 获取国家层面更多助力

推动完善中国与东南亚国家联盟合作机制，加强与澜湄六国进行国家间区域合作，深入推进 RCEP 落地实施。办好 2023 年川渝地区－湄公河国家地方合作论坛。

2. 持续扩大国际通道的朋友圈

加大宣传力度，向重点国家开展专项推介，让通道沿线国家再带动周边国家，持续提升通道的国际影响力。将西部陆海新通道建设作为国际议题进行研究，使其成果惠及更多国家。

3. 扎实推进国际交往

建设高层次的陆海新通道国际交流合作中心，用好陆海新通道沿线国家的驻华使领馆资源，推动陆海新通道在区域内发挥更大效能。搭建沟通协调和会晤机制以及各领域交流平台，深挖资源、加强对接。

4. 充分发挥智库作用

发挥西部陆海新通道智库联盟作用，围绕西部陆海新通道建设的相关政策解读、战略研判、科技交流、国际合作等开展课题研究，为西部陆海新通道的高质量发展搭建国际交流平台。

参考文献

[1] 郑嘉禹，沈蕾．新时代推进西部大开发形成新格局的三个维度：历史成就、时代意义和实践理路 [J]．石河子大学学报（哲学社会科学版），2021，35（4）：37-46．

[2] 纪念中国-东盟建立战略伙伴关系10周年联合声明 [N]．人民日报，2013-10-10（03）．

[3] 国家发展改革委 外交部 商务部．推动共建丝绸之路经济带和21世纪海上丝绸之路的愿景与行动 [N]．人民日报，2015-03-29（04）．

[4] 广西对"三大定位"新使命交出不俗答卷 [EB/OL]．（2016-03-06）[2021-10-10]．广西新闻网．http：//opinion.gxnews.com.cn/staticpages/20160306/newgx56dc1479-14539465.shtml．

[5] 刘贤．中新（重庆）战略性互联互通示范项目进入实质启动阶段 [EB/OL]．（2016-01-08）[2021-10-10]．https：//www.chinanews.com.cn/gn/2016/01-08/7708241.shtml．

[6] 中华人民共和国和新加坡共和国政府联合声明 [EB/OL]．（2018-11-15）[2021-10-10]．http：//www.gov.cn/xinwen/2018-11/15/content_5340507.htm．

[7] 颜若雯．重庆代表团提出全团建议将"陆海新通道"明确为国家战略性项目 [N/OL]．（2019-03-05）[2021-10-10]．https：//epaper.cqrb.cn/html/cqrb/2019-03/05/001/content_226473.htm．

[8] 刘文波．"一带一路"战略构想的地缘政治分析 [J]．天津师范大学学报（社会科学版），2016（1）：46-50．

[9] 于祥明．国家发展改革委：到2025年基本建成西部陆海新通道 [N]．上海证券报，2021-09-03．

[10] 杨骏．重庆实施西部陆海新通道5年行动方案 [N]．重庆日报，

2023-10-11 (04).

[11] 打开发展"新空间" 共筑开放"新高地" [N]. 新华每日电讯, 2023-10-10.

[12] 陈国栋, 卞立成. 晒成绩谈打算谋创新 推动高质量发展再上新台阶 [N]. 重庆日报, 2023-10-10 (03).

[13] 商务部国际贸易经济合作研究院课题组, 祁欣, 刘玮, 等. 国际陆海贸易新通道发展成效与建议 [J]. 国际经济合作, 2022 (6): 14-22, 86.

[14] 2020年12月全国港口货物、集装箱吞吐量 [EB/OL]. (2021-01-21) [2021-01-25]. https://xxgk.mot.gov.cn/2020/jigou/zhghs/202101/t20210121_3517383.html.

[15] 侯政, 黄永辉. 新发展格局下推进西部陆海新通道高质量发展的对策研究 [J]. 南宁师范大学学报 (哲学社会科学版), 2021, 42 (6): 29-47.

[16] 张奕辉. 供应链协同管理视角下西部陆海新通道路径选择 [J]. 广西社会科学, 2021 (7): 66-72.

[17] 中华人民共和国《关于新时代推进西部大开发形成新格局的指导意见》[EB/OL]. (2023-09-16). http://www.xinhuanet.com/politics/zywj/2020-05/17/c_1125996720.htm.

[18] 任保平. 西部大开发新格局"新"在何处 [J]. 中国发展观察, 2020, (11): 27-30.

[19] 蔡昕. 西部陆海新通道布局规划和战略地位思考: 基于"双循环"新发展格局的视角 [J]. 广东农工商职业技术学院学报, 2022, 38 (4): 45-48.

[20] 重庆市政府外办: 持续扩大西部陆海新通道国际"朋友圈" [N]. 重庆与世界, 2023-04-10.

加大自贸区制度创新力度　打造对外开放新优势

董微微　单　晨　李晓欣

摘　要：自由贸易试验区建设的核心任务是制度创新。2023年是中国自由贸易试验区建设十周年，也是贯彻落实党的二十大报告提出"实施自贸区提升战略"的开局之年，各自贸试验区开启了新一轮制度创新。本文总结梳理了自贸区制度创新的学术研究，对比分析了代表性省份自贸区制度的创新情况。在此基础上，为加大天津自贸区制度创新力度，从加快探索首创性、颠覆性创新举措，增强制度创新的内驱力，打造多层级联动创新发展格局，增强高端要素集聚能力等方面，提出相关对策建议。

关键词：自贸区；制度创新；对策建议

建设自由贸易试验区是党中央、国务院在新形势下全面深化改革和扩大开放的战略举措，是构建开放型经济新体制的重要探索，承担着为改革开放探索新途径、积累新经验的任务。2023年是中国自由贸易试验区建设十周年，也是贯彻落实党的二十大报告提出"实施自贸区提升战略"的开局之年。习近平总书记强调，"要在全面总结十年建设经验基础上，深入实施自贸试验区提升战略""坚持以高水平开放为引领、以制度创新为核心，统筹发展和安全，高标准对接国际经贸规则，深入推进制度型开放，加强改革整体谋划和系统集成，推动全产业链创新发展，让自贸试验区更好发挥示范作用"。2023年6月，国务院印发《关于在有条件的自由贸易试验区和自由贸易港试点对接国际高标准推进制度型开放的若干措施》，率先在上海、广东、天津、福建、北京五个具备条件的自贸试验区和海南自由贸易港，试点对接相关国际

作者简介：董微微，天津社会科学院经济分析与预测研究所研究员；单晨，天津社会科学院经济分析与预测研究所副研究员；李晓欣，天津社会科学院经济分析与预测研究所副研究员。

高标准经贸规则,稳步扩大制度型开放。在新的起点上,如何以制度创新为核心,进一步推动规则、规制、管理、标准等制度型开放,已经成为深入实施自贸区提升战略的首要任务。本文首先总结和梳理了自贸区制度创新的相关研究,在对代表性省份制度创新进行横向对比分析的基础上,提出了推进天津自贸区制度创新的对策建议,以进一步提升天津制度型开放水平,支撑经济实现高质量发展。

一、文献综述

近年来,学术界对自贸区制度创新的研究热度逐渐升温,涌现出了大量优秀成果,为推进自贸区制度创新提供了重要的理论支撑。按照研究视角的不同,本文将自贸区(港)制度创新的学术研究分成三种类型。

(一)关于制度创新现实特征、机理与趋势的研究

在自贸区建设十周年之际,桑百川和王殿杰(2003)回顾了制度创新的成效与实现路径,系统梳理了当前面临的问题与挑战,为实施自贸试验区提升战略提供了政策建议。新一轮自贸试验区面临着全球化形势发生深刻变化、自贸区探索进入深水区、改革创新力度放缓等困难和障碍,新一轮自贸试验区的制度创新应该更加注重便利化与自由化并重、贸易促进与产业发展并重、创新驱动和开放合作并重、区内发展与区外联动并重以及顶层设计和基层创新并重(丁宏,2020)。自贸区制度创新存在着认识误区和体制性困境,应营造社会氛围、聚焦制度创新功能、理顺管理体制机制、科学设计下放省级经济管理权限(郑展鹏等,2019)。黄建洪(2021)将"注意力分配的政治"范式引入解释制度创新的过程和机理的研究中,发现注意力集中强化的"主体自主—行动试错—制度创造"再生产模式对制度创新质量会产生直接而持续的影响。

(二)制度创新对经济发展的影响研究

张红霞等(2023)实证检验发现,设立自贸区可以直接促进地区经济高质量增长,且经济高质量增长效应与自由贸易试验区设立时间正相关,制度创新间接促进地区经济高质量增长,沿海型自贸区制度创新提高了产品市场发育水平,而内陆型自贸区的制度创新提高了要素市场发育水平。戴翔和张铨稳(2023)量化了制度创新指数,发现自贸区制度创新可以通过提升区域生产效率以及提高区域市场发展程度,在总体和细分维度上促进经济高质量

发展。自贸试验区制度创新有助于提升城市创新能力（戴翔、华笑烨，2023），显著促进城市创业活力提升，加快城市的市场制度变迁（张柳钦等，2023），促使区内产业的协同集聚（李世杰等，2023），对出口稳增长具有积极作用（戴翔等，2023）。

（三）对不同类型的制度创新的专门研究

学者们围绕数据跨境流动试点、公平竞争审查（陈灿祁，2023）、知识产权（李蕊、沈坤荣，2022）、离岸金融（王勇，2018）、"跨境私募通"制度集成创新（陈经伟、吕东锴，2023）、通关便利化（朱京安、王海龙，2021）、投资便利化（牛文杰，2020）等方面的制度创新进行了专门研究。例如，周念利等（2023）建议自贸区（港）数据跨境流动制度创新可围绕协助数据出境安全评估机制平稳落地、先行探索个人信息保护认证机制等五个核心抓手展开。

二、国内代表性自贸区制度创新的比较研究

十年来，我国不断完善自贸区布局，形成了"陆海内外联动、东西双向互济"的全方位对外开放新格局，系统推进制度创新，截至 2022 年底，累计推出了改革举措 3 400 多项；复制推广改革试点经验，总结提炼了七批改革试点经验、四批最佳实践案例，共向全国复制推广 302 项制度创新成果。自由贸易试验区在推进供给侧结构性改革、构建开放型经济新体制和实施区域发展新战略等方面发挥了重要支撑作用。中山大学自贸区综合研究院发布的《2022—2023 年度中国自由贸易试验区制度创新指数》显示，上海、广东自贸试验区整体创新发展态势处于领先地位。从省级总体排名情况来看，21 个省份排名前五位的依次是上海、广东、天津、北京、重庆。对制度创新地方实践的总结与思考，可以为全国自贸区高质量发展提供具有较高借鉴价值的系列样本（见表1）。

表 1 部分自贸试验区首创性制度创新情况

名称	成立时间	首创性创新成果
上海自贸试验区	2013 年 7 月	在国家层面复制推广的 302 项自贸试验区制度创新成果中，近一半源于上海首创或同步先行先试。率先建立健全与国际通行规则相衔接的制度体系，发布首张外商投资准入负面清单，率先试行"证照分离"，建立国际贸易"单一窗口"，自由贸易账户体系等一批基础性和核心制度创新成果在全国分层次、分领域复制推广

续表

名称	成立时间	首创性创新成果
广东自贸试验区	2015年4月	截至2023年6月，已累计形成696项制度创新成果，在全省复制推广216项改革创新经验，发布301个制度创新案例，"对接港澳跨境专业服务规则新探索"等7项创新案例入选全国"最佳实践案例"
福建自贸试验区	2015年4月	截至2023年8月，已累计推出20批622项创新举措，其中全国首创275项，对台特色120项。有35项制度创新成果在全国复制推广，"对接港澳跨境专业服务规则新探索"等7项入选全国"最佳实践案例"
天津自贸试验区	2015年4月	截至2023年，天津自贸试验区已累计实施581项制度创新措施，向全国复制推广38项试点经验和实践案例，助推融资租赁、商业保理、平行进口汽车等形成全国领跑优势，"保税租赁海关监管新模式"等6项创新案例入选全国"最佳实践案例"
浙江自贸试验区	2017年4月	截至2022年4月，累计形成制度创新成果335项，其中全国首创113项，31项复制推广到全国，"'海上枫桥'海上综合治理与服务创新试点"等5项创新案例入选全国"最佳实践案例"
山东自贸试验区	2019年9月	截至2023年9月，形成304项制度创新成果，144项在全省复制推广。探索建立海洋牧场平台确权机制和融资风险评断标准体系，创新推出"深海网箱箱体及设备抵押""海水养殖天气指数保险"等创新举措
北京自贸试验区	2020年9月	推出跨国公司本外币一体化资金池试点、本外币账户合一试点在京"破冰"，在全国率先建立期货、证券等境外专业人才过往资历认可机制，设立全球首个网联云控式高级别自动驾驶示范区，适度超前构建支持智能网联汽车道路测试、示范应用、商业运营服务的政策体系等一批首创性改革措施

三、提高制度型开放水平，打造对外开放新优势

天津市委十二次党代会报告提出"突出制度集成创新，赋予自贸试验区更大自主改革权限"。天津自贸区作为天津市高水平开放平台，强化制度创新的系统性、集成性、协同性，加强与区域战略、产业发展的融合，肩负着加快探索首创性、颠覆性创新举措，进一步激发市场活力，不断释放制度创新红利的重要使命。天津自贸区挂牌以来，不断拓展制度创新的广度和深度，开展跨区域、跨部门、跨领域的协同创新，有力地发挥了国家制度创新"试验田"作用。但与上海、广东等先进地区相比，天津自贸试验区制度创新的

力度还不够大，缺乏首创性、颠覆性创新举措。按照打造"扩大开放新高地"的要求，结合服务国家重大战略，瞄准服务业开放、数字经济发展、科技创新、新兴产业发展等重点领域，推进贸易、投资、金融等领域自由化便利化政策，是未来自贸区制度创新的核心任务。建议突出制度创新的系统性、集成性、协同性，以推进制度型开放为重点，加强与区域战略、产业发展的融合，对标更高标准的国际经贸规则，加快探索首创性、颠覆性创新举措，进一步激发市场活力、释放制度创新红利。

（一）对标国际一流，加快探索首创性、颠覆性创新举措

1. 加强与国际投资贸易通行规则的衔接

深化面向日本、韩国的开放合作，积极探索中、日、韩地方经贸合作新机制，试点对标CPTPP等高标准国际经贸规则，研究基于三国经济功能区之间跨境贸易和双向投资的便利化试点措施，推进RCEP相关条款落地。重点开展投资准入、服务贸易、金融开放、数字经济、竞争政策、政府采购、知识产权保护、劳工与环境标准、争端解决机制等关键领域的制度创新和政策突破，探索跨境金融、增值电信、数据跨境流动、教育培训、医疗健康、文化创意等领域的创新举措。

2. 打造和完善国内大循环北方枢纽的先行先试体制机制

建设北方地区运营结算中心、集采中心、物流中心、进出口管理中心、大数据分析中心、新产品研发中心等，积极打造北方枢纽平台。加快发展平台经济等新业态新经济，构成产业生态链条。吸引头部企业落户，培育要素市场，实现提质增效。

3. 探索服务建设北方国际消费中心城市的创新举措

在海关监管、税收制度、外汇收支便利化等方面进行创新突破，推广FT账户分公司模式。发展跨境融资租赁、离岸租赁，创新大宗商品现货市场保税交易制度，加强大宗商品交易平台和产业链合作，构建覆盖东北亚、中亚国家的资源集散中心、分拨配送中心、展示展销中心、定价中心，加快建设对外贸易创新示范区。

4. 探索搭建向自由贸易港转型的基本制度体系和体制框架

建设跨境贸易大数据平台，完善港口国际合作机制，促进物流信息共享和标准互通。加强国际运输管理，探索沿海捎带、国际船舶登记等，推动水路、公路、铁路运输信息共享。建立健全新型监管机制，提升市场监管质效。

（二）注重系统集成，增强制度创新的内驱力

1. 立足优势领域，积极争取中央精准授权

围绕将天津自贸试验区建设成为国内国际经济双向循环的重要资源要素配置枢纽、京津冀现代产业集聚区、中日韩自贸区战略先导区三大功能定位，加快融资租赁、跨境投资贸易、新经济发展等领域制度创新。争取细胞治疗等生物医药先行先试政策试点，以清单式精准授权方式获得更多自主权，提升按需授权的精准度。加大对信创产业、生物医药、新能源新材料、高端装备制造企业优惠税率探索力度。

2. 赋予自贸试验区更大的自主改革权限，为创造制度创新创造充足空间和政策便利

在法规制度层面上进一步拓展自贸试验区改革探索的边界，通过法律法规暂停实施、综合赋权等方式赋予自贸试验区更大的改革自主权。遵循实际需要、务实有效原则，科学设计下放权限，对于已经下放的经济管理权限，同时向自贸试验区开放审批端口。

3. 加强协同创新，降低制度创新的协调成本

建立制度创新工作系统和促进机制，形成创新指引、专家辅导、会商协同、领导协调、容错免责、考核激励六大机制，通过筛选、会商等程序，加强改革创新系统集成，形成多部门协同推进制度创新合力。

（三）强化区域联动，打造多层级联动创新发展格局

1. 巩固自贸试验区联动创新区建设成果，进一步放大示范效应

借鉴浙江省"自贸区+联动创新区+辐射带动区"联动创新区全覆盖经验，在全市范围内布局更多联动创新区，探索我市自贸试验区与中心城区在高端服务业、智慧医疗等领域开展联动创新试点，实现促进自贸试验区与联动创新区改革联动、创新协同，加快形成"自贸区+联动创新区"整体开放平台协调发展格局。

2. 深化京津冀三地自贸试验区协同开放创新

吸引集聚京津冀重大科研成果在天津自贸试验区转化落地，形成与北京和河北之间产业互补共兴、跨区域集群化的发展格局。推进要素市场互联互通、监管数据共享复用。加强股权、碳排放权等专业交易市场互联互通，支持企业生产经营资质互认。推动建立人才跨区域资质互认、双向聘任等制度。推进京津冀三地自贸试验区政策协同，推进城市规划、招商引资、项目审批

等政策协同，推动政务服务"同事同标"、政务系统区域通办及标准互认，构建合作共赢的政策支持体系。

（四）优化营商环境，增强高端要素集聚能力

1. 深化"放管服"改革，提升政务服务效能

深化"互联网+政务"改革，推动政务及公共信息资源跨地区、跨部门、跨层级互通共享，深化商事制度改革，探索建立便利企业设立、经营、注销、破产全周期的制度体系。深化工程建设项目审批分类改革，在自贸试验区率先推行电子证照全覆盖，全面优化工程建设项目审批，提升企业准入准营便利度。探索新经济监管服务模式，对新产业、新业态、新模式实施包容期管理，对依托互联网开展经营活动的，适当放宽实体经营场所准入等条件。

2. 打造创新要素高质量集聚平台

实施更加自由便利的人才出入境和停居留政策，对境外高端人才给予出入境便利，探索"推荐制"人才引进模式，为人才创业提供外汇、住房、教育、医疗等便捷的配套服务。丰富数字人民币应用场景，推动跨境投融资自由，争取在跨境融资制度创新上有新突破，探索更加便利化的跨境结算政策。深化自由贸易账户应用，支持外资金融机构依法合规新设机构或增资扩股。推进人民币国际化先行先试，争取开展本外币合一账户体系试点。

3. 构建具有国际公信力的法治环境

高标准建设融资租赁、金融、知识产权、环境资源等专业审判法庭，推动设立天津国际商事法庭。健全多元化商事争议解决机制，探索"互联网+仲裁"模式，实现网络远程仲裁和仲裁案件信息化管理。加快打造面向东北亚、服务"一带一路"的仲裁中心。鼓励国内外优质法律服务机构进驻自贸试验区，打造国际一流法律服务高地。

参考文献

[1] 桑百川，王殿杰. 自贸试验区制度创新：成效、路径与发展思路 [J]. 国际贸易，2023（9）：3-12.

[2] 郑展鹏，曹玉平，刘志彪. 我国自由贸易试验区制度创新的认识误区及现实困境 [J]. 经济体制改革，2019（6）：53-59.

[3] 黄建洪. 注意力分配视域下自贸区制度创新机理研究：基于自贸区

苏州片区若干典型案例的分析［J］.苏州大学学报（哲学社会科学版），2021，42（6）：46-55.

［4］丁宏.新一轮自贸试验区制度创新的趋势与路径研究［J］.江苏社会科学，2020（4）：121-127，243-244.

［5］李蕊，沈坤荣.特惠需求与普惠视野下的自贸区知识产权制度创新［J］.科技管理研究，2022，42（4）：140-146.

［6］王勇，王亮，余升国.自贸区离岸金融制度创新理论分析框架［J］.上海经济研究，2018（5）：93-104.

［7］陈经伟，吕东锴.海南自贸港背景下开展"跨境私募通"制度集成创新的一些思考［J］.清华金融评论，2023（5）：104-106.

［8］朱京安，王海龙.海南自贸港通关便利化制度创新初探［J］.国际商务研究，2021，42（2）：15-27.

［9］牛文杰.海南自贸区（港）投资便利化制度探析［J］.对外经贸实务，2020（2）：93-96.

［10］周念利，于美月，柳春苗.我国自贸区（港）数据跨境流动试点制度创新研究［J］.国际商务研究，2023，44（4）：86-97.

［11］陈灿祁.我国自贸区（港）公平竞争审查制度创新探索及路径优化［J］.湘潭大学学报（哲学社会科学版），2023，47（3）：89-95.

［12］尹晨，周思力，王祎馨.论制度型开放视野下的上海自贸区制度创新［J］.复旦学报（社会科学版），2019，61（5）：175-180.

［13］张红霞，葛倩倩，卢超.自由贸易试验区、制度创新与地区经济高质量增长［J］.统计与决策，2022，38（1）：90-94.

［14］戴翔，张铨稳.自贸试验区制度创新促进经济高质量发展了吗［J］.山西财经大学学报，2023，45（7）：30-42.

［15］戴翔，华笑烨.自贸试验区制度创新有助于提升城市创新能力吗［J］.当代经济研究，2023（9）：85-98.

［16］张柳钦，李建生，孙伟增.制度创新、营商环境与城市创业活力：来自中国自由贸易试验区的证据［J］.数量经济技术经济研究，2023，40（10）：93-114.

［17］李世杰，崇菲菲，黄锦程.自贸试验区设立对产业协同集聚的影响效应：基于制度创新的维度［J］.南京财经大学学报，2023（3）：77-88.

［18］戴翔，曾令涵，徐海峰．自贸试验区推动出口稳增长和优化升级了吗：基于制度创新作用的量化评估［J］．国际经贸探索，2023，39（7）：21-34．

基于自贸区保税区视角的全面推动内外贸一体化研究

李泽众

摘　要：进入新时代，中国正面临百年未有之大变局。在这一时代背景下，中国负责任的大国形象日益确立，需适应角色转变，用好国际国内两种资源谋发展；随着国际贸易投资格局的巨变，中国要提升连通性，以加快构建新优势、抢占新市场、扩展新发展空间；同时，随着国内需求对经济增长贡献度的提升，国内大市场优势与资源亟待进一步挖掘；加之"双循环"发展格局基础条件与底气已经具备，强化连通性塑造新优势成为必然路径选择。经过调研发现，目前在重点领域的内外贸一体化融合发展中，存在自贸区保税区域功能建设不足的问题。时尚消费品、医疗器械和汽车零部件等重点领域的企业面临制度约束过紧以及审批制度与贸易需求错位等瓶颈问题。建议以时尚消费品、医疗器械和汽车零部件区域为重点领域，基于自贸区保税区制度创新，在内外贸一体化方面先行先试。

关键词：自贸区；保税区；内外贸一体化

一、内外贸一体化的内涵

内外贸一体化是针对我国长期发展外向型经济形成的内外贸分割而提出的有关内外贸经营方式、中介协调架构和政府管理体制等方面的调整和转变。其核心内涵主要包含三个层次。

（一）贸易主体层次

市场主体能够不受内外贸界限约束，进而自主选择经营内容和经营方式。

作者简介：李泽众，江苏扬州人，博士，上海社会科学院经济研究所助理研究员，研究方向：环境规制政策与绿色发展。

根据贸易方式可以将市场主体进一步分为供给侧市场主体与需求侧市场主体。

1. 供给侧市场主体

供给侧市场主体即面向终端消费市场（无论 B 端或 C 端）进行产品销售和开展贸易活动的市场主体，该类市场主体的内外贸一体化能力主要体现在以下三个方面：

（1）生产的国内外市场适应能力：自身产品的生产技术、生产标准能够在国内市场与国际市场需求之间快速转换，顺利适应国际市场与国内市场需求差异所带来的一系列挑战，实现"走出去"扩展国际市场与深挖国内大市场需求潜力的双赢格局。

（2）销售网络构建与国内外市场开拓能力：根据国内外市场的销售需求，建立起科学合理、高效实用的销售网络，开拓属于自己的国内市场空间。

（3）内贸与外贸的平滑转换能力：跟踪评估和实时知晓国内外市场需求的快速变化，利用自身贸易资源网络向国内外市场供给符合有效需求的产品和服务。首先，能够利用自身贸易资源网络为国内市场进口高质量的终端消费商品，进而满足国内消费者对美好生活的向往和追求；其次，能够利用自身贸易资源网络为国内生产性和服务性市场主体进口所需的各类中间产品，畅通国内生产-消费大循环。最后，能够同步根据海外市场需求的最新变化，快速调整自身生产-销售计划，同步组织国内相关厂商，针对海外最新市场需求机遇，开展相关产品生产并顺利实现对外出口。

2. 需求侧主体

需求侧主体包括对中间产品和最终消费品的采购商和销售商等，该类主体通过采购各类中间产品用于加工生产，并以加工贸易形式满足国内外市场需求，或从国内外直接采购终端消费品进行销售活动等。该类市场主体的内外贸一体化能力主要体现在以下几个方面：

（1）国内外自由采购能力：根据自身订单生产需求，在采购活动中实现国内采购与海外采购的自如切换和融合。

（2）国内外订单承接能力：通过动态优化调整自身采购网络和生产产线，同时承接海外订单和国内订单，具备满足国际和国内两个市场的能力。

（二）市场中介服务层次

搭建一批内外贸供需对接平台，培育一批服务于内外贸一体化的中介服务机构，构建起内外贸联通的现代物流网络，畅通贸易主体在内外贸切换过程中的市场通道，进而降低贸易主体在自主开展内贸与外贸活动过程中的交易成本。

（三）贸易管理体制层次

打造符合内外贸一体化发展需求的顶层制度设计，主要包括完善内外贸一体化调控体系，促进内外贸法律法规、监管体制、经营资质、质量标准、检验检疫、认证认可衔接等能够更加有利于市场主体同步开展内外贸活动，或者有助于推动市场主体提升自主开展内外贸活动和在内外贸中间自如切换的能力。

二、基于自贸试验区保税区功能建设视角的内外贸一体化制度政策堵点

（一）时尚消费品领域依然面临内外贸一体化制度政策堵点，单次交易限额制约阻碍其大规模进口与销售

化妆品如果走一般贸易清关，功能证明和检测的流程需要 1~2 年，而化妆品往往具有很强的应季性和时效性，一个新产品可能只在当季流行。例如，口红最大的卖点是"色彩"，而色彩具有明显的流行季，如果按照一般贸易进口，肯定会错过流行季，这就会造成国际化妆品公司在国内外同时首发新产品面临困难。尽管新产品能够通过跨境电商的方式进口，但是由于跨境电商零售进口商品单次交易不能超过 5 000 元，限制了化妆品的大规模进口和销售，而且即便进口的化妆品属于跨境电商正面清单，也需要证明化妆品成分中不含有濒危野生动植物，增加了进口合规成本。

（二）保税区产品流动展示与交易环节的双向打通亟待体制机制创新

由于保税区商品一般只能在保税区进行展示交易，限制了消费者的线下触及面，人气不足已经成为保税区商品展示销售的主要问题。虹桥品汇向课题组反映，保税物流中心和展示交易中心由其整体运营具有较好的效果。例如从冰岛进口的三文鱼加工设备，保税是在虹桥，设备展示是在莘庄工业园，以保税的形式把设备流水线搭建起来，为下游工厂作现场演示和培训，如果下游工厂有需求再进行清关，如果没有需求就退回。再如，位于马桥的养云安缦酒店，需要在其私人会所里举行海外画展，单幅画的价值往往上万美元，通过虹桥品汇这个平台将来自海外的艺术品以保税的形式进来，然后在酒店私人会所里面向行业头部人士作小范围展示，画展结束后再运回海外。但是除了虹桥品汇，保税区的其他公司尚不具备这样的能力。

（三）医疗器械领域在拼装进口与进口维修方面存在体制机制障碍

1. 在调研当中发现，医疗器械的进口仍然面临诸多问题和障碍

例如，尽管单一产品或者零配件获得了医疗器械注册证，但是将相关产品组装成实验室整体进口就存在阻碍。同样，原先进口的大型医疗设备在注册证过期后，需要进口相关零配件进行维修和重新组装，但是在自贸区内进行维修装配后，海关和原产地的认证上存在问题。此外，在医疗器械进口维修上面临两个问题。

1）海关特殊监管区域外企业获批跨境维修和再制造业务试点资质程序复杂

目前，上海综合保税区以外的企业无法开展跨境保税维修和再制造业务，不利于具有维修能力的企业进一步拓展经营业务，限制了企业向高质量总部功能提升，严重影响企业的经济效益，进而影响企业是否考虑将全球制造中心落户上海的战略决策。例如，锐珂（上海）医疗器材有限公司经浦东商务委与浦东海关授权，曾在2013—2016年作为试点企业进行跨境保税维修业务的运作。但在2016年底，企业应商务部及海关总署要求，暂停所有维修业务，重新提交开展此项业务的申请，至今仍在等待批复中。还有部分跨国公司的驻沪亚太区维修中心，因为申请不到商务部的跨境维修和再制造业务资质，无法开展业务，从而只能将业务转移到境外。

2）全球维修产业范围扩张受限于现有国家层面的旧机电进口法律法规

我国对旧件进口的管理办法没有对核心部件与不能再次使用的废品和废料进行区分，导致许多整机及零部件旧件因没有列入许可目录而无法进口，限制了维修产业范围的扩展。这些法律法规文件包括《旧机电产品禁止进口目录》《机电产品进口管理办法》《质检总局关于调整进口旧机电产品检验监管的公告》等。2020年5月，《关于支持综合保税区内企业开展维修业务的公告》（商务部、生态环境部、海关总署公告2020年第16号）正式发布，明确综合保税区内的企业可开展航空航天、船舶、轨道交通、工程机械、数控机床、通信设备、精密电子等产品的维修业务，并制订第一批维修产品目录，这为全国综合保税区开展全球维修业务提供了操作性的政策依据。2021年12月30日，《关于发布综合保税区维修产品增列目录的公告》（商务部、生态环境部、海关总署公告2021年第45号）发布，增列了数码相机等15个HS编码产品，区内企业可开展列入维修产品目录的禁止进口旧机电产品的保税维

修业务,但是医疗器械等需求较高的产品并没有进入目录。

2. 医疗器械进口需求方的原产地要求对医疗器械境内维修、组装和生产带来巨大挑战

国药(上海)医疗器械公司(下文简称"国药器械")向课题组反映,作为医疗器械产品最终使用者的国内各大医院,对医疗器械的原产地有明确的要求或者偏好。国药器械作为一家流通企业,负责众多国外知名医疗器械厂商(贝朗、通用等)不同产品线在国内的销售,发现国内医院的医生更愿意使用进口的医疗器械,也更希望接触到国际前沿的产品。国内医院在选择医疗器械产品时除了选择品牌,还要选择产地,即便国际品牌在国内产线使用与国外产线相同的设备并请国外的工程师进行产线调试和指导,国内产线生产出来的产品与国外产线一模一样,国内医院在使用时仍然希望选择国外产线生产的产品。这导致推动国内医院使用国内产线的产品需要进行大量反复的说明,阻力重重。

3. 医疗器械产品"展品变商品"注册审批流程漫长

医疗器械产品是进博会最为重要的展品之一,除了大型医疗影像设备、放疗设备,也有心脏起搏器等涉及心脏及血管、神经及脊柱手术、消化及肝脏等的微型医疗器械产品,但是很多微型医疗器械设备及耗材在"展品变商品"上存在一定的阻碍。如果医疗器械产品属于创新产品,国家局有绿色通道进行快速审批注册,最快一个月就可以完成;但如果不属于创新产品,那么注册过程往往在一年以上。医疗器械临床试验的过程会非常漫长。

三、提升自贸区保税区域功能建设,全面推动内外贸一体化的建议

(一)争取"正面清单"范围调整创新试点,积极探索内外贸融合发展的贸易新模式

一是促进网购保税进口业务发展,支持跨境电商新零售展示中心建设,复制推广"跨境电商网购保税进口+实体新零售"模式,创新探索"保税进口+零售加工"模式。实现保税、直邮、快件等多种模式运营,"进、出、转、存"一仓多用,探索在货物进仓时不区分贸易类别,在出仓时按照实际销售方式进行对应申报。

二是探索推进跨境账册和一般贸易账册互转、进口退货中心仓,推动进口示范区平台企业实现保税物流中心和展示交易中心一体化运营。灵活设置

展示交易地点，进一步扩大保税商品的消费者触及面。深化专业贸易服务平台和国别（地区）中心建设，实现保税展示、新品发布等功能落地。为进博会展品到保税区片区全年展示配套全流程服务，持续做好消费类展品的品牌宣介和供需对接。推动上海国际文物艺术品交易中心建设，集聚国际艺术品等文化要素国际艺术品，做强文化艺术品展示及分拨功能，探索全球高价值收藏品存储与评估鉴定、艺术品保护研究等新功能、新业务开展，为外资展示拍卖企业提供交易平台支持和专业配套服务。

（二）以时尚消费品、医疗器械、汽车零部件为重点领域推动内外贸一体化先行先试

1. 推动时尚消费品领域的进口便利化

进一步推进"全球消费品牌集聚计划"，依托全球消费中心城市建设，围绕内外贸一体化融合发展，引进国际国内知名商业主体和消费品牌，打造面向全球市场的新品首发地。推动进口化妆品个性化定制项目落地实施。对于化妆品跨境电商零售进口商品单次交易不能超过5 000元的限制等体制机制方面的障碍，加大调研力度，在进行政策分析和研判的基础上逐步放宽限制。

2. 培育医疗器械内外贸一体化主体，推动该领域的进口便利化

培育发展国药（上海）器械等专业化企业主体，实现国际医疗器械厂商新产品与国内医院需求的充分对接，推进国内医院对国内产线与国外产线的同质同标认可。加强外高桥与海关、国家药品监督管理局沟通协同，提升进博会医疗器械展品进入注册审批绿色通道的效率，实现医疗器械区内加工和区外委托生产，推动区内维修及装配的医疗器械实现海关和原产地的认可认证。

与此同时，推动以医疗器械为重点的跨境维修业务的制度创新。争取商务部、海关总署的支持，在上海自贸试验区内开展跨境维修业务资质试点审批权下放。建议在"商务部、生态环境部、海关总署公告2020年第16号"和"2021年第45号"文件的基础上，将医疗器械产品纳入维修产品进口目录。此外，考虑到大量存在跨境维修业务需求的企业位于综合保税区以外，建议探索在综合保税区之外对符合一定条件的企业适用综合保税区进口目录的试点。

3. 推动汽车整车及零部件进口分拨业态创新发展，加速培育全球市场的国际贸易分拨中心

鼓励国际车企在浦东设立整车及汽车零部件的亚太分拨中心。加强中欧

班列"上海号"与保税区内汽车零部件生产商的对接,进一步提升上海国际物流运输体系与汽车整车及零部件进口、转口的适配性。鼓励国产汽车芯片、材料进入主要汽车厂商零部件企业供应链,通过专业化认证及检测方式推动汽车零部件企业对国产物料认可度的提升。抓住现代物流企业向智能化转型的发展契机,学习和借鉴集成电路分拨中心建设经验,集聚信息化、智能化、专业化的空运分拨项目,推动物流分拨向供应链管理转型升级,鼓励分拨中心整合贸易、物流、结算等功能,加快形成以汽车整车及零部件分拨为核心的全球供应链枢纽节点。优化汽车国际分拨、进口保税存储等核心功能。扩大非报关货物系统的覆盖范围,提高非报关货物进出区效率。整合口岸资源与综保区政策优势,探索货物进口直通和出口预安检、预打板等物流模式,研究推动口岸区域与保税区片区功能叠加,真正形成区港通道的高效流通。深化全球营运管理、全球贸易结算、全球分拨配送、全球研发维修等功能发展,在持续深化"链接全球、服务全国"中,不断提升国际贸易中心发展能级。

(三)促进标准认证衔接,优化监管流程与措施,为全面推动内外贸一体化打造良好的制度环境

建议在无法扩展进口商品"双边互认"的前提下,进一步优化有机产品等入境后的检验检疫和市场监管流程,降低企业监管认证的资金成本和时间成本,提升进口贸易便利化水平,为平台企业强化内外贸一体化能力扫除障碍。推动海关、市场监管局、行业协会等在产品认证分类、检验检测及标准衔接方面的一体化协同。明确、推进标准化工作相关部门的职能,加强对国际标准的研究与跟踪。建议新设部门或在现有部门下设专门的服务中心负责内外贸质量标准、检验检疫衔接不畅案例的收集和沟通反馈工作。

此外,可由以上指定的部门发挥标准制定和实施的监督作用,以及负责对国际标准的研究与跟踪。建立联席会议工作机制,组织海关、市场监管局等部门与标准化研究机构协作,建议建立联席会议工作机制,由新设部门定期发起,也可由商务委、海关与市场监管局发起,多部门联动,共同研究内外贸质量标准、检验检疫衔接不畅案例的解决办法。

预算管理背景下的企业会计内部控制策略

周风涛

摘　要：在竞争激烈的商业环境中，企业需要确保其财务状况的准确性和可靠性，会计内部控制是企业保障财务信息的重要手段之一。本文通过研究预算管理和企业会计内部控制之间的关系，在预算管理的全流程上提出对应的会计内部控制策略，针对企业实施会计内部控制策略面临的挑战提出应对措施，有助于企业更好地管理财务风险，提高企业绩效。

关键词：预算管理；企业会计；内部控制

预算管理背景下的企业会计内部控制策略是指，企业在进行预算管理时，为了确保预算的有效实施和控制而采取的一系列内部控制措施和策略。预算管理和企业会计内部控制是现代企业管理中不可或缺的两个方面。预算管理旨在通过制定预算目标和指标，有效规划和控制企业资源的使用，以实现经营目标。而企业会计内部控制则是为了保护企业财务资产的安全性和可靠性，防范风险，确保财务报告的准确性和合规性。预算管理对企业会计内部控制具有重要影响，通过规范预算编制、执行和监控过程，可以提高财务数据的准确性和可靠性，防范风险，优化资源配置，促进企业的持续发展。在预算管理背景下，企业需要制定有效的会计内部控制策略，以确保预算的执行和目标的实现。

一、预算管理与企业会计内部控制的关系

（一）预算管理对企业会计内部控制的影响

1. 预算管理可以为企业会计内部控制提供重要的依据和支持

通过预算制定过程，企业可以设定财务目标和责任，明确各个部门和个

作者简介：周风涛，三亚学院财经学院。

人的预算责任和权限。这有助于建立起合理的企业会计内部控制体系，明确各个环节的职责和权限，从而提高财务信息的准确性和可靠性。

2. 预算管理可以加强对企业会计内部控制的监控和控制措施

预算管理过程中的预算执行、预算监控等环节可以帮助企业及时发现和纠正财务信息的错误或问题，从而提高企业会计内部控制的效果。采取预算管理的监控机制和控制措施的企业可以通过对预算执行情况的实时跟踪和分析，及时发现潜在的风险和问题，并采取相应的措施进行调整和纠正，确保企业会计内部控制的有效性。

（二）企业会计内部控制对预算管理全流程的作用

在预算编制过程中，企业需要明确预算目标和指标，并建立相应的内部控制机制来确保预算的合理性和准确性。这包括对预算编制过程进行审查和审批，确保各项预算数据的真实性和可靠性。

在预算执行过程中，内部控制策略需要确保预算的有效执行和资源的合理利用。这涉及对预算执行情况的监控和评估，包括对预算执行进度、费用支出、收入情况等方面进行跟踪和反馈，以便及时采取纠正措施，并保证预算目标的实现。

在预算监控和评估过程中，企业需要建立有效的内部控制机制来确保预算的监督和评估的准确性和全面性。这包括定期进行预算执行情况的审查和评估，及时发现问题并采取改进措施，以确保企业在预算管理下的财务状况和业务运营的稳定性。

总之，预算管理与企业会计内部控制的关系非常密切，两者相互促进和彼此协同。预算管理为企业会计内部控制提供了重要的支持和依据，同时预算管理的监控和控制措施也能够加强企业会计内部控制的效果。在预算管理背景下，企业需要制定并执行合理的内部控制策略，以确保财务信息的真实准确。

二、预算管理中企业会计内部控制策略

（一）预算编制阶段的内部控制策略

在预算编制阶段，企业需要采取一系列的内部控制策略来确保预算目标的设定和编制过程的准确性、合理性和可靠性。

1. 企业应当明确预算目标，并将其有效地传达到相关部门和员工

这样可以确保各部门在预算编制过程中有清晰的方向和目标，避免出现目标不明确或相互冲突的情况。同时，沟通也可以促进部门之间的合作与协调，确保预算整体的一致性和协同性。

2. 企业需要明确责任分工和流程控制

预算编制过程需要多个部门和员工的参与，必须明确责任和职责，并确保预算编制的流程可控可追溯。例如，可以设定预算编制的时间节点和审核环节，制定相应的审批流程和授权机制，确保预算编制的顺利进行。

3. 企业应确保预算数据的准确性和可靠性

预算是企业决策的重要依据，预算数据的准确性至关重要。企业可以通过建立健全数据收集和分析系统，加强对数据的核查和审查，确保预算数据的真实性和可信度。此外，企业还应采用合理的预算假设和模型，避免过于乐观或悲观的估计，提高预算的准确性和可靠性。

综上所述，在预算编制阶段，企业需要关注预算目标的设定和沟通、责任分工和流程控制，以及预算数据的准确性和可靠性保障。这些内部控制策略将有效地提高预算编制过程的质量和效率，为企业的决策和管理提供有力支持。

（二）预算执行阶段的内部控制策略

预算执行阶段的内部控制策略是确保企业按照预算计划进行运营和管理的关键环节，常用策略如下：

第一，建立预算执行流程和责任制。明确预算执行的流程和责任人，确保每个环节的责任清晰，并设立适当的授权和审批程序，有助于防止预算执行过程中的错误和滥用。

第二，监控预算执行情况。建立监控机制，包括进行财务报表分析、经营绩效指标监测等，通过及时监控预算执行情况，可以发现偏差并采取纠正措施，确保预算目标的实现。

第三，加强资金管理和支出控制。确保资金使用符合预算计划，加强对支出的控制和审批。例如，设立预算控制点，对超出预算的支出进行额外的审批和解释。

第四，加强对关键岗位的培训和监督。为负责预算执行的员工提供必要的培训，确保他们了解预算执行的要求和流程，同时，加强对关键岗位的监

督，避免操纵预算或违规行为的发生。

第五，利用信息技术工具提高预算执行效率和准确性。利用财务管理软件等信息技术工具，实现预算执行的自动化处理，可以提高执行效率、减少人为错误，并及时提供预算执行情况反馈。

第六，及时反馈和调整预算执行结果。建立有效的沟通渠道，确保预算执行情况能够及时传达给相关人员，根据实际情况进行必要的调整和优化，以保证预算目标的实现。定期进行预算执行结果的审查和评估，为下一期预算的编制提供参考和依据。

通过以上内部控制策略，企业可以更好地管理和控制预算执行过程中的风险，确保预算目标的实现，并提高预算执行的效率和准确性。

（三）预算审计阶段的内部控制策略

在预算审计阶段，企业可以采取以下内部控制策略来确保审计的有效性和准确性：

第一，设立独立的预算审计部门或委员会。建立专门的预算审计机构，负责对预算编制和执行情况进行独立的审计和评估，该部门或委员会应具备独立性和专业性，并与其他部门进行有效的协调和合作。

第二，制定明确的预算审计程序和方法。建立明确的预算审计程序和方法，包括数据采集、信息核对、风险评估等环节，确保审计的全面性和准确性。这些程序和方法应根据预算管理的特点和要求进行定制，并与相关的法规和准则保持一致。

第三，加强预算审计结果与建议的跟踪与落实。及时跟踪和反馈预算审计的结果和建议，并确保相关问题得到有效解决和改进，建立整改措施的追踪机制，监督和评估整改的进展和效果，确保审计结果能够产生实际的改善和价值。

第四，强化预算编制和执行的内部控制环节。加强对预算编制和执行过程中的风险管理和内部控制的监督和审查，确保预算的准确性和合规性，建立明确的授权和审批程序，加强对预算执行过程的监督和反馈机制，以及内部审计和风险管理。

第五，提供培训和指导。为预算编制和执行人员提供相关的培训和指导，使其了解和遵守预算审计的程序和要求，提高其对内部控制的意识和理解，以组织培训课程、工作坊等形式，提供实际案例和指导材料，帮助员工掌握审计技能和知识。

第六，加强信息系统和技术支持。建立和维护可靠的信息系统，确保预算数据的准确性和完整性，并采用适当的技术工具进行数据分析和风险评估，加强对信息系统的安全性和可靠性的管理，确保审计数据的保密性和完整性。

第七，审查和改进预算编制和执行的政策和流程。定期审查和评估预算编制和执行的政策和流程，发现和改进存在的问题和不足之处，提高预算审计的效率和质量，定期组织审计评估和自查活动，建立持续改进的机制。

通过以上内部控制策略，企业可以加强预算审计阶段的内部控制，确保审计工作的准确性、全面性和有效性，从而提高预算管理的质量和效率。

三、企业实施会计内部控制策略面临的挑战和应对措施

（一）企业实施会计内部控制策略面临的挑战

1. 预算限制对内部控制的影响

第一，资源分配的限制。预算限制可能导致企业在资源分配方面受到限制，无法充分满足内部控制的需求。企业可能需要在内部控制措施中进行优先级排序，确保关键领域得到适当的资源支持。

第二，内部控制流程存在薄弱环节。受预算限制，企业可能无法投入足够的资源来强化内部控制流程的各个环节，因而可能存在潜在的薄弱环节。这种情况下，企业需要识别和重点关注关键的内部控制环节，并采取相应的措施加强监督和改进。

2. 复杂的预算体系带来的挑战

第一，多个预算编制层级的协调与沟通问题。复杂的预算体系可能涉及多个部门和层级之间的协调和沟通问题。这可能导致信息流动不畅、责任界定不清等问题。企业可以通过建立明确的沟通渠道和流程，加强协调和合作，提高预算编制的准确性和效率。

第二，不同预算目标之间的冲突与权衡。企业可能面临不同预算目标之间的冲突和权衡。例如，财务目标与业务增长目标之间的平衡。这种情况下，企业需要进行综合考虑和权衡，确保各个预算目标的协调和一致性，并制定相应的内部控制策略来支持实现这些目标。

3. 技术发展对内部控制的冲击

第一，自动化和数字化带来的新风险。随着技术的发展，自动化和数字

化的应用在企业内部控制中变得越来越普遍,这也带来了新的风险,如数据安全性、系统漏洞等。企业需要加强对技术风险的识别和管理,采取适当的控制措施来防范和减轻这些风险。

第二,对员工技能与知识更新的需求。技术的快速发展要求员工具备相应的技能和知识,以适应新的内部控制环境。企业应该提供培训和教育机会,确保员工具备必要的技能和知识,能够有效应对技术发展对内部控制的冲击。

(二)应对实施会计内部控制策略面临挑战的措施

在面对预算管理背景下的企业会计内部控制策略的挑战时,企业可以采取以下应对措施:

1. 加强预算与内部控制的整合

为了应对预算约束对内部控制的影响,企业可以在预算编制过程中考虑内部控制需求。这意味着在制定预算目标和分配资源时,要充分考虑内部控制的要求和限制。此外,可在内部控制评估中纳入预算管理指标,以确保内部控制与预算目标的一致性和协调性。

2. 提高预算编制与执行的透明度和准确性

复杂的预算体系可能导致多个预算编制层级之间的协调与沟通问题,以及不同预算目标之间的冲突与权衡。为应对这些挑战,企业需要加强预算编制与执行的透明度和准确性,这可以通过应用数据收集与分析的自动化工具来实现,以提高预算数据的质量和精确度。此外,建立预算执行结果的实时监控与反馈机制,可以帮助企业及时发现并解决预算执行过程中的问题。

3. 培养员工技能与知识更新

首先,提供培训和教育资源,为员工提供与预算管理和内部控制相关的培训课程,课程内容可包括预算编制技巧、内部控制流程和审计要求等方面的知识。引入外部专家或顾问,组织专题讲座或研讨会,帮助员工了解最新的预算管理和内部控制趋势,并分享行业最佳实践。

其次,鼓励员工参与内部控制改进,设立内部控制改进小组,由员工代表参与,共同分析和评估现有的内部控制策略和流程,提出改进建议。建立奖励机制,鼓励员工积极参与内部控制改进,并将其纳入绩效评估体系,以激发员工的积极性和创造性。

四、结论

在预算管理背景下企业会计内部控制策略的实施具有重要意义。通过有效的内部控制策略，企业可以确保预算编制过程的透明度和准确性。确定预算编制的责任与权限可以避免预算数据的误导和滥用，同时确保参与者的责任意识和积极性。设立预算编制的审核与审批流程可以提高决策的合理性和准确性，避免预算编制中的偏差和错误。建立有效的预算数据收集与分析机制可以提供准确的数据基础，为预算编制提供可靠的依据。在预算执行过程中，企业会计内部控制策略的实施可以确保预算目标的有效达成。设立预算执行的监督与反馈机制可以及时发现和纠正预算执行中的偏差和问题，保持预算的稳定性和准确性。建立预算执行的风险评估与控制策略可以帮助企业识别和应对可能影响预算执行的风险，减少潜在的损失和浪费。加强预算执行的沟通与协调机制可以促进各部门之间的协作和信息共享，提高预算执行的效率和效果。在预算审计过程中，企业会计内部控制策略的实施可以保障预算合规性和有效性。设立独立的预算审计部门或委员会可以确保预算审计的客观性和独立性，避免利益冲突和操纵行为。建立预算审计的程序与方法可以提高审计的准确性和全面性，发现和纠正预算执行中的问题和漏洞。加强对预算审计的结果、建议的跟踪与落实可以确保审计结果得到有效的应用和改进，提升企业预算管理的质量和效益。

综上所述，在预算管理背景下企业会计内部控制策略的实施对于企业的持续发展和良好运营具有重要意义。通过合理的控制策略，企业可以确保预算的准确性、合规性和有效性，提高决策的科学性和决策者的责任意识。因此，企业应该重视并积极实施这些策略，以提升预算管理的效果和价值。

参考文献

[1] 薛春莹. 预算管理内部财务控制的探索思路 [J]. 财会学习，2022（16）：164-166.

[2] 方琳. 预算管理下的企业会计内部控制路径 [J]. 财经界，2022（10）：86-88.

[3] 黄健，葛广宇. 预算绩效管理服务高校治理能力提升研究 [J]. 会计之友，2023（4）：106-111.

[4] 闫宝琴, 张庆龙. 全面预算管理的正确释义 [J]. 商业会计, 2022 (19): 18-21.

[5] 袁月, 孙光国. 全面预算绩效管理的保障机制 [J]. 经济研究参考, 2019 (14): 119-122.

海南自由贸易港体旅产业融合及动态发展关系研究

吴晓亮

摘 要：体育产业与旅游产业融合发展是海南自由贸易港建设发展的创新力作之一，也是海南省体育产业和旅游产业发展的长期趋势。本文立足海南省体育和旅游产业的实际，对客观发展数据采用产业融合模型和灰色关联分析进行测度，研究显示：在2013—2021年，海南省体育与旅游产业融合度处于中等融合水平，融合协调度具有不断增长的发展趋势。同时，宏观经济发展环境、政府对产业融合的支持力度以及旅游市场需求和体育活动社会影响力是海南体育与旅游产业融合发展的强关联因素。

关键词：体育旅游；产业融合；影响因素关联；动态发展关系

产业融合是现代社会化大生产不断深化的重要特征之一。生产要素愈多元，生产手段愈多样，流通途径愈丰富，产业边界之间便具有越高的交叉融合概率。体育产业包括有形的体育产品，也包括无形的体育服务。旅游产业作为发展速度较快的行业之一，是典型的人力密集型服务行业。两者同属第三产业，在统计上都有单列的统计口径，在生产流通链条上具有较多的交叉组合模式，因而在理论上"体育+旅游"具有较显著的融合可能性。在现实中，业界已经出现了类型多样的"体育+旅游"产品组合，取得了可观的经济效益和社会效益。在学术界，学者们对"体育+旅游"的产业融合进行了多角度的研究。王婵（2021）运用熵值法、协调度模型以及空间相关性分析等模型与方法，对31个省（自治区、直辖市）2010—2019年两大产业的发展水平、协调等级、空间相关度进行了量化的测度与分析。李玥峰（2022）对四川省体育和旅游产业融合程度进行研究，从需求因素、经济环境、政策支持

作者简介：吴晓亮，海南经贸职业技术学院副教授，旅游经济师，研究方向：旅游产业经济。

和企业竞合四个方面共选取九个二级指标作为四川省两大产业融合的影响因素指标体系，并对四川省体育产业与旅游产业融合影响因素进行了回归分析。赖梦杨（2023）对福建省体育和旅游产业融合程度进行研究后认为："福建省两大产业的耦合度较高，耦合协调度也逐年提高，说明两产业融合的协调水平正在不断改善，但融合的协调水平仍不高，还有待进一步的优化。"本文立足"体育+旅游"产业融合的实际，在学者研究成果的基础之上，对海南省2013—2021年体育产业与旅游产业的融合程度进行测评，并对其影响因素关联进行实证分析。

一、研究理论

（一）体旅产业融合框架

无论从市场运行的实际还是从行业界定的范畴来看，体育和旅游都显示出天然的"产业融合基因"。按照国家统计部门颁布的《体育产业统计分类（2019）》中的界定，体育产业分类范围包括：体育管理活动，体育竞赛表演活动，体育健身休闲活动，体育场地和设施管理，体育经纪与代理、广告与会展、表演与设计服务，体育教育与培训，体育传媒与信息服务，其他体育服务，体育用品及相关产品制造，体育用品及相关产品销售、出租与贸易代理，体育场地设施建设等11个大类。其中，"其他体育服务"大类下第1小类即为"体育旅游服务"，具体包括：观赏性体育旅游活动（如观赏体育赛事、体育节、体育表演等内容的旅游活动），组织体验性体育旅游活动的旅行社服务，以体育运动为目的的旅游景区服务，以及露营地、水上运动码头、体育特色小镇、体育产业园区等的管理服务。可以看出，在全国范围内，体育旅游在产品形态、市场运转等方面已经具备了可以明确归类的属性以及较为显著的总量规模，其核心产品主要体现服务性、可观赏性、大众参与性等特点。这与旅游产业的"吃住行游购娱"六大要素有很大的交集。体育活动的参与性和体验感可对旅游者形成强烈吸引力和获得感，可以看作一种独特的旅游资源，有助于丰富旅游产品体系，提高旅游目的地的市场竞争力。旅游企业作为旅游资源和旅游消费者之间的桥梁，可以为体育活动开拓广阔的市场空间，带来稳定的客源，推动体育产业的创新和可持续发展。因此，在良好的外部环境下，两者趋向于互动融合。目前，海南省体育旅游产业融合的集中点主要体现在帆船、帆板、环岛自行车等几项传统的国际性赛事带来的旅游附加值，广泛开展的市县级群众赛事中不断衍生的休闲健身消费，以及在各个旅游景区中开设的滨海、山林、拓展等各种类型的泛体育旅游活动。其基础框架见图1。

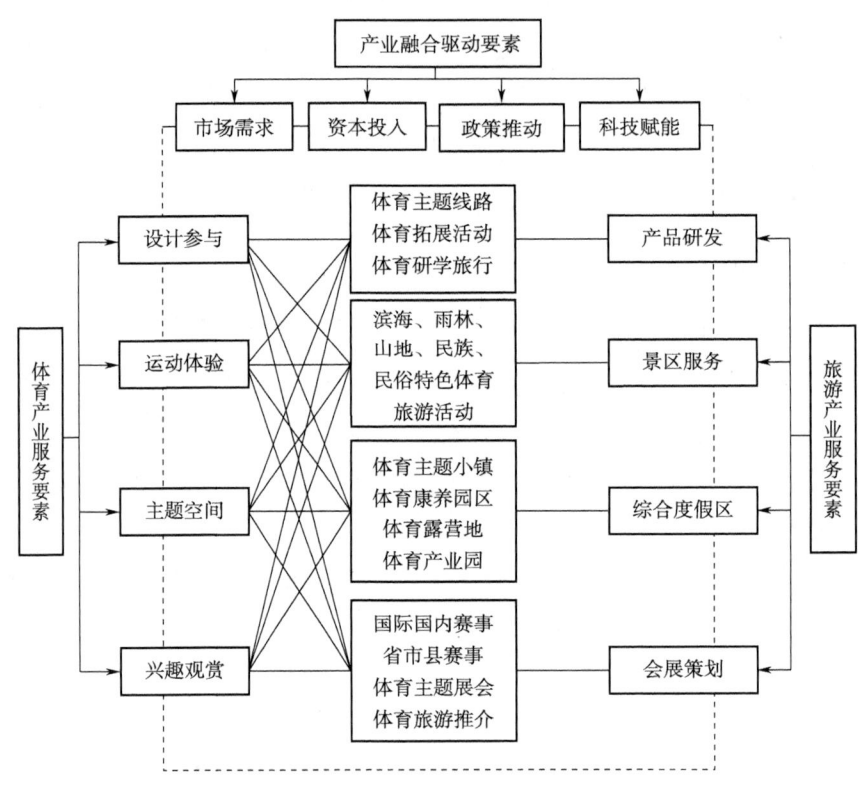

图1 海南体育旅游产业融合基础框架

图1中，海南体育旅游产业融合主要体现在服务性要素融合的层面，主要立足于设计参与、运动体验、主题空间和兴趣观赏四种特性的交叉组合，并与相应的旅游服务主体相对接，形成现有的体育旅游融合体系。与其他地区相比，产品的类型具有普遍性，具有地域特色或者国内国际标杆性质的体育旅游产品尚未凸显。

（二）测度指标和数据来源

1. 产业融合测度指标及数据来源

产业融合测度指标通常有两个出处：一是现有学者们对该主题的研究成果；二是官方发布的统计口径指标。本研究参考学者们提出的指标维度，本着客观、权威、可获得的原则，梳理海南省体育产业和旅游产业的发展评价框架，从而确定相应测度指标体系。具体见表1。

表1 海南省体育与旅游产业融合测度指标

行业属性	名称	编号	极性
体育	体育产业增加值（亿元）	P1	正向
	（体育产业）法人单位数（个）	P2	正向
	运动员（人）	P3	正向
	教练员（人）	P4	正向
旅游	旅游产业增加值（亿元）	L1	正向
	景区数量（个）	L2	正向
	饭店数量（个）	L3	正向
	旅行社数量（个）	L4	正向
	旅游接待总人次（万人次）	L5	正向

表1中的九个测度指标均为海南省统计局制定并公开颁布的行业统计指标，均包含行业绩效和总量规模两个维度。其中P1~P4为体育行业指标，L1~L5为旅游行业指标，这九个指标均为正向指标。其中每个指标所涉及的数据均来自2013—2021年《海南省统计年鉴》，数据均无缺失值。

2. 产业融合程度影响因素测度指标及数据来源

结合学者们前期的研究成果、关于经济运行的宏观动力机制理论以及海南省体育旅游发展的实际，本研究列出了以下影响因素（见表2）。

表2 海南省体育与旅游产业融合程度的影响因素

内容	名称
地区生产总值（亿元）	X1
居民人均可支配收入（元）	X2
文化旅游体育传媒政府财政支出（万元）	X3
旅游业总收入（亿元）	X4
社会体育指导员当年发展人数（人）	X5
举办国际国家重要赛事（项）	X6
历年获得赛事奖牌数（枚）	X7

表 2 中的八个影响因素可以分为四个维度，其中 X1 和 X2 表明体育与旅游产业融合所处的区域宏观经济环境，通常宏观经济环境与产业融合呈同向变化的趋势；X3 表明政府对体育与旅游产业融合的支持投入力度；X4 代表体育旅游产业融合所面对的市场总需求；X5~X7 则说明体育产业中对体育与旅游产业融合能够带来的社会影响力。其中，每个影响因素所涉及的数据均来自 2013—2021 年《海南省统计年鉴》以及 2013—2021 年海南省统计局年度发展公报，数据均无缺失值。

（三）研究方法

1. 熵值法

熵值法借鉴了信息熵思想，是一种基于社会经济发展实际数据的客观赋权算法，通过计算指标数据的信息熵，根据各个指标标志值的差异程度来进行赋权，从而得出各个指标相应的权重。通常，指标中包含的信息量越大，不确定性就越小，熵也就越小，相反熵会越大。在产业融合领域中，熵的大小与产业融合程度成反方向变化，熵值越大产业融合程度越低，熵值越小则产业融合度越高。本研究中，运用该方法对表 1 中九个指标的年度数据进行测算，所得熵值即为产业融合模型中的熵指数。本研究采用 SPSSPRO 统计工具进行整合计算（由于篇幅所限，该方法计算原理略）。

2. 产业融合模型

对产业融合程度的测量通常从两个角度开展：一是产业融合度，二是产业融合协调度。两者的公式如下：

$$C = \sqrt{\frac{\prod_{i=1}^{n} U_i}{\left(\sum_{i=1}^{n} U_i\right)^n}} \tag{1}$$

式中，C 为产业融合度，U 为通过熵值法计算出来的各产业熵指数，n 为产业个数，（$n \geq 2$），本研究涉及体育和旅游两个产业，因此 n 的取值为 2。

$$D = (C \times T)^{\gamma} \tag{2}$$

式中，D 为产业融合协调度，主要体现的是在产业融合的过程中各产业之间融合的具体表现是否协调，C 为产业融合度，γ 是调节系数，本研究取值为 0.5，T 为产业协同调和指数。

一般来说，$T = \sum_{i=1}^{n} \beta_i U_i$，其中 $\sum_{i=1}^{n} \beta_i = 1$，$\beta$ 为产业融合过程中的贡献系数，

本研究涉及体育和旅游两个产业，重要程度相等，因此两个产业的 β 均为 0.5。对产业融合度（C）和产业融合协调度（D）的评价分类，一般有以下标准，见表 3 和表 4。

表 3　产业融合度（C）评价标准

范围	$C=0$	$0<C\leqslant0.4$	$0.4<C\leqslant0.8$	$0.8<C<1.0$	$C=1.0$
程度	无关联	较低水平融合	中等水平融合	较高水平融合	绝对融合

表 4　产业融合协调度（D）评价标准

范围	0.00~0.09	0.10~0.19	0.20~0.29	0.30~0.39	0.40~0.49
程度	极度失调	严重失调	中度失调	轻度失调	濒临失调
范围	0.50~0.59	0.60~0.69	0.70~0.79	0.80~0.89	0.90~1.00
程度	勉强协调	初级协调	中级协调	良好协调	优质协调

3. 灰色关联度

灰色关联分析法是指根据因素之间发展趋势的相似或相异程度，亦即"灰色关联度"，来衡量因素之间的关联程度，并对因素之间关联程度进行排序。关键的步骤之一是要确定参考数据序列和比较数据序列，并对各数据序列进行无量纲化处理，主要的方法有初值化和均值化。本研究中，参考数据序列定义为海南省 2013—2021 年的体育和旅游产业融合度（C）序列以及产业融合协调度（D）序列，比较数据序列为表 2 中涉及的七个影响因素分别形成的数据序列。本研究采用 SPSSPRO 统计工具进行整合计算（由于篇幅所限，对灰色关联度的具体算法不再赘述，读者可自行查阅相关书籍）。

4. 向量误差修正模型与协整分析

对于时间序列数据，传统的方法是对时间序列进行差分至平稳，然后回归，找到相应的协整关系，并分析变量间的互动情况。但是时间序列中的变量在进行差分后去掉了长期趋势，往往很难解释其内在的经济意义，因而在满足相应的检验基础上，可以使用向量误差修正模型对原时间序列进行建模，并分析其内在的协整关系。本研究使用海南省 1998—2021 年的体育产业增加值和旅游业总收入作为两个时间序列变量，通过对其建立向量误差修正模型，探究体育和旅游产业融合的长期动态发展关系。本研究采用 Stata 软件进行整合计算(由于篇幅所限,对向量误差修正模型的具体原理不再赘述,读者可自行查阅相关书籍)。

二、体旅产业融合水平测度分析

根据表1中确定的指标,参考2013—2021年《海南省统计年鉴》数据,整理出海南省体育和旅游两个产业的指标具体值,见表5(各指标数值单位参见表1)。

表5　海南省体育和旅游两个产业的具体指标值

	年份	2013	2014	2015	2016	2017	2018	2019	2020	2021
体育	P1	7.93	8.46	9.72	8.27	12.58	16.97	19.1	16.8	17.81
	P2	155	180	222	263	351	391	555	671	920
	P3	376	59	54	164	142	139	189	484	480
	P4	120	151	157	146	157	151	163	152	146
旅游	L1	244.67	269.56	279.31	309.75	347.74	392.82	448.92	402.31	587.45
	L2	80	82	62	52	54	54	55	70	82
	L3	722	868	841	876	946	966	953	860	778
	L4	373	393	389	365	352	389	387	601	723
	L5	3 672.51	4 789.13	5 336.52	6 023.59	6 745.01	7 627.4	8 311.2	6 455.08	8 100.43

将表5中的数据输入SPSSPRO,分别计算出2013—2021年海南省体育和旅游两个产业的熵指数U_P和U_L(见表6)。

表6　海南省体育与旅游两个产业的熵指数

年份	2013	2014	2015	2016	2017	2018	2019	2020	2021
U_P	0.493	0.628	0.631	20.628	0.628	0.620	0.606	0.631	0.614
U_L	0.461	0.446	0.477	0.500	0.510	0.532	0.560	0.553	0.619

将表6中的熵指数值代入式(1)和式(2),得出2013—2021年海南省体育和旅游两个产业的融合度(C)和融合协调度(D)。具体见表7。

表7　海南省体育与旅游产业融合度和融合协调度

年份	2013	2014	2015	2016	2017	2018	2019	2020	2021
C	0.499 718 6	0.492 768 5	0.495 147	0.496 77	0.497 305	0.498 539	0.499 611	0.498 914	0.499 996
D	0.488 227 1	0.514 409 0	0.523 747	0.529 319	0.531 946	0.535 872	0.539 697	0.543 468	0.555 2

根据表7中测算出的 C 值和 D 值，参照表3和表4的评价标准，可以得出海南省2013—2021年两个产业的融合度和融合协调度分类。具体见表8。

表8　海南省体育与旅游产业融合度和融合协调度分类

年份	2013	2014	2015	2016	2017	2018	2019	2020	2021
C	中等水平融合	中等水平融合	中等水平融合	中等水平融合	中等水平融合	中等水平融合	中等水平融合	中等水平融合	中等水平融合
D	濒临失调	勉强协调	勉强协调	勉强协调	勉强协调	勉强协调	勉强协调	勉强协调	勉强协调

从表8中可以看出，2013—2021年海南省体育和旅游产业的融合程度均属于中等水平，两个产业的融合协调程度则有勉强协调、濒临失调两种类型，其发展变化趋势见图2。

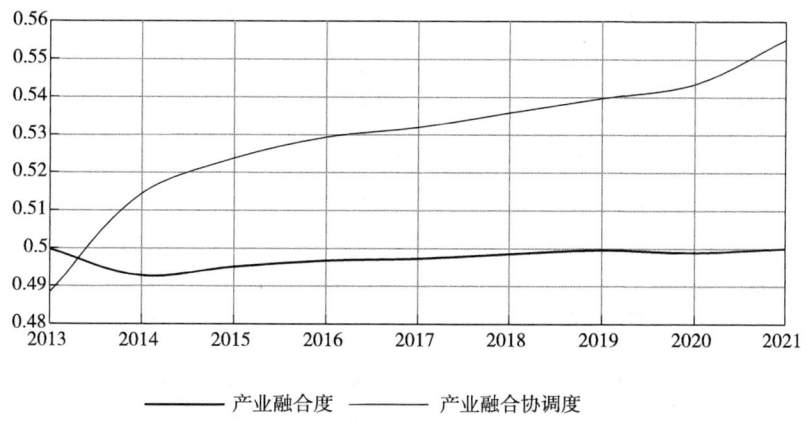

图2　2013—2021年海南省体育和旅游产业融合及融合协调变化趋势

从图2中可以看出，2013—2021年，海南省体育和旅游产业融合程度一直处于中等偏下的水平，一直非常接近0.5，且变化也相对平稳。一直处于该水平的原因是多样的。从宏观来看，海南省体育产业增加值在全省的GDP总值中占比不到1%，产业比重偏低。虽然是海洋大省，但是涉及海洋体育旅游的高标准硬件设施及休闲体育专业人才明显不足;虽然民间体育健身活动数量众多,但是与旅游产业结合的交叉点缺乏特色,体育旅游市场需求以及国际影响力还有待提升。产业融合协调程度虽然绝大部分年份处在勉强协调的区间,但是有较为明显的上升趋势,2013—2014年及2020年之后出现一个较为明显的上升。这与海南省推动体育旅游发展的大环境有关,特别是2020年4月海南省人民政府印发了《海南省国家体育旅游示范区发展规划(2020—2025)》,提出"统筹推进体育和旅游的融合发展,'以产业的创新融合'促进旅游产业的'转型升级',同时全面推进国家体育旅游示范区建设"。结合自贸港建设的大背景,体育旅游的概念和发展步伐在不断加快。

三、体旅产业融合程度影响因素分析

表7中 C 值数列和 D 值数列分别作为参考数据序列,表2中的X1~X7因素作为比较数据序列,初值化作为数据无量纲化处理方式,分辨率系数 ρ 设定为0.5。将以上参数和数据输入SPSSPRO,首先得到以 C 值数列为参考数据序列的分析结果,详见表9、表10。

表9 体育与旅游产业融合度(C)影响因素关联系数

年份	X1	X2	X3	X4	X5	X6	X7
2013	1	1	1	1	1	1	1
2014	0.964 7	0.963 6	0.974 2	0.944 0	0.775 4	0.962 4	0.646 5
2015	0.940 9	0.938 8	0.950 3	0.905 4	0.573 1	0.792 3	0.894 8
2016	0.912 0	0.912 0	0.933 8	0.852 0	0.333 3	0.590 5	0.614 3
2017	0.880 5	0.882 9	0.899 7	0.786 0	0.486 7	0.959 9	0.821 2
2018	0.851 0	0.854 1	0.739 3	0.730 5	0.837 2	0.767 3	0.793 6
2019	0.822 9	0.826 0	0.677 5	0.692 4	0.705 5	0.576 4	0.989 6
2020	0.807 5	0.810 0	0.697 7	0.760 9	0.775 9	0.698 0	0.680 3
2021	0.754 1	0.779 2	0.820 5	0.597 1	0.586 1	0.576 5	0.849 2

表10 体育与旅游产业融合度(C)影响因素关联度排序

因素	X2	X1	X3	X7	X4	X6	X5
关联度	0.885	0.882	0.855	0.81	0.808	0.769	0.675
排序	1	2	3	4	5	6	7

然后，以 D 值数列为参考数据序列进行分析，结果见表 11、表 12。

表 11 体育与旅游产业融合协调度（D）影响因素关联系数

年份	X1	X2	X3	X4	X5	X6	X7
2013	1	1	1	1	1	1	1
2014	0.983 9	0.982 7	0.993 9	0.962 1	0.785 6	0.943 1	0.652 1
2015	0.962 8	0.960 6	0.972 9	0.925 3	0.578 0	0.806 0	0.914 0
2016	0.934 4	0.934 4	0.957 6	0.870 7	0.333 3	0.596 9	0.621 6
2017	0.902 0	0.904 5	0.922 4	0.801 9	0.490 1	0.933 4	0.800 2
2018	0.872 0	0.875 2	0.753 7	0.744 4	0.857 2	0.783 2	0.772 6
2019	0.843 3	0.846 7	0.689 6	0.705 2	0.719 0	0.583 9	0.978 7
2020	0.828 8	0.831 0	0.712 3	0.779 0	0.795 1	0.712 5	0.693 8
2021	0.776 0	0.803 2	0.847 6	0.609 2	0.597 4	0.587 2	0.818 4

表 12 体育与旅游产业融合协调度（D）影响因素关联度排序

因素	X2	X1	X3	X7	X4	X6	X5
关联度	0.904	0.9	0.872	0.822	0.806	0.772	0.684
排序	1	2	3	4	5	6	7

从表 9~表 12 可以看出，海南省体育与旅游产业，无论是融合程度，还是融合协调程度，七个因素的关联度排序都是一致且正向的，均为 X2>X1>X3>X7>X4>X6>X5。

首先，居于前三位的因素所代表的是海南省的宏观经济环境和政府对体育旅游产业发展的投入力度。这三个因素与体育旅游产业融合度及融合协调度的关联度均达到了 0.85 以上，属于强关联区间。可以看出，现阶段体育旅游产业融合非常依赖宏观经济环境的发展和政府的推进力度，并与目前海南省经济发展的实际和结构相吻合。

其次，体育旅游的社会影响力和旅游市场的总需求与体育旅游产业的融合也有着较明显的关联。其中，海南省历年来获得的国际国内重大体育赛事成绩（奖牌数）和旅游总收入的关联度均达到了 0.8 以上，属于较强关联区间。这说明重大赛事获得良好成绩产生的传播效应引起社会的广泛关注和对体育活动的兴趣，激发了社会群体的体育参与性。同时，对于体育旅游活动的开展，旅游需求是一个重要的市场基础。

最后,举办国际国内重大赛事和社会体育指导员发展水平这两个因素位于中等关联区间。这说明海南在体育旅游产业融合发展过程中,需要进一步提升组织举办高水平国际赛事的能力,加大对体育旅游专业人才的培养。

四、体旅产业融合长期动态发展关系分析

上述体育和旅游产业融合的水平测度和影响因素关联度分析,主要考量了最近九年的各项数据指标。但作为两个对当地社会经济有着重要影响作用的产业体系来说,应在更长期的视角下观察两者的动态发展关系。因此,这里在对海南省年鉴数据进行了筛选,并结合其他学者的研究论点,选用1998—2021年海南省体育增加值和旅游业总收入为开展测度的时间序列指标,对其进行建模分析。

(一)单位根和格兰杰因果关系检验

DF单位根检验中,默认的零假设是原变量存在单位根,只要 p 值小于0.1,则拒绝原假设,即变量序列中不存在单位根;相反,p 值大于0.1,则接受原假设,说明变量序列存在单位根。对体育增加值和旅游总收入两个时间序列变量取对数值后(lnlyzsr:旅游总收入对数值,lntyzjz:体育增加值)进行单位根检验,结果见图3、图4。

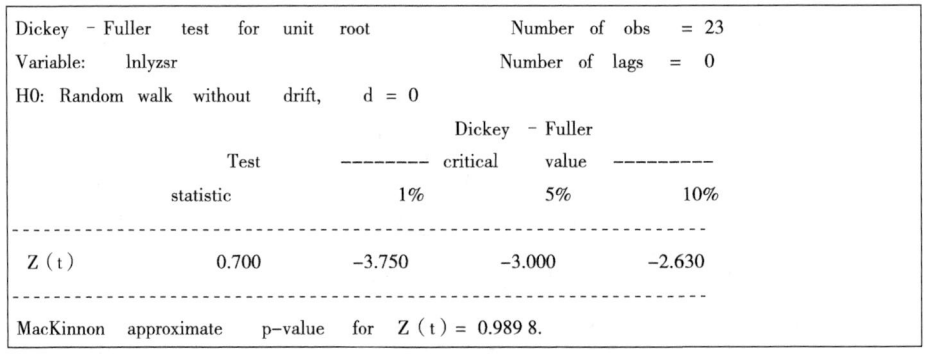

图3 旅游总收入对数化(Lnlyzsr)时间序列单位根检验

从图3和图4中可以看出,两者的单位根检验 p 值均大于0.1,接受原假设,两者均存在单位根。对两者分别进行一阶差分后,再次进行检验,发现一阶差分后的旅游总收入对数值时间序列的单位根检验 $p=0.0000$,一阶差分后的体育增加值对数值时间序列的单位根检验 $p=0.0005$,拒绝原假设,成为

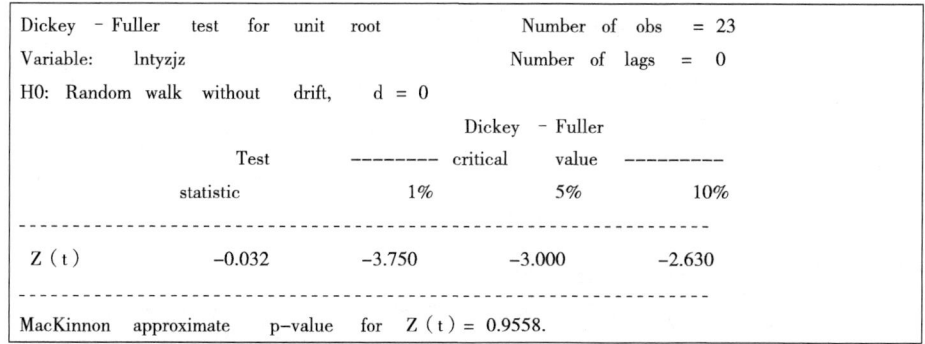

图 4　体育增加值对数化（Lntyzjz）时间序列单位根检验

平稳序列，可初步推断两者均为一阶单整时间序列。为进一步了解两者之间的变化形态，对两者进行趋势图观察，见图 5。

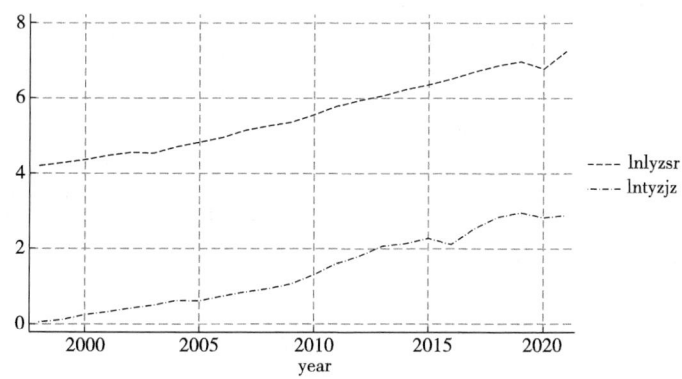

图 5　旅游总收入和体育增加值时间序列发展趋势

图 5 中的趋势线走向表明，在 1998—2021 年，海南省旅游总收入（lnlyzsr）和体育增加值（lntyzjz）两者之间存在着一定的长期均衡关系，但两者之间是否存在长期相互影响的因果关系，需要进行格兰杰因果关系检验，检验结果见表 13。

表 13　格兰杰因果关系检验

Equation	Excluded	chi2	df	Prob>chi2
lnlyzsr	lntyzjz	3.455 5	2	0.178
lntyzjz	lnlyzsr	18.489	2	0.000

表 13 显示，海南省旅游总收入（lnlyzsr）和体育增加值（lntyzjz）两者之间存在着单项格兰杰因果关系，即在统计学意义上，海南省旅游总收入对体育增加值的发展预测具有明显的帮助，相反，体育增加值对海南省旅游总收入的发展预测则不显著。结合海南自由贸易港经济发展的实际，可以认为，海南省旅游总收入对体育产业的发展长期以来起到了明显的推进作用，而体育产业对旅游总收入的推进作用并不明显。

（二）建立向量误差修正模型及协整方程

基于上述旅游总收入和体育增加值时间序列的检验，对两者建立向量误差修正模型并进行协整分析。具体参数见图 6。

```
Vector   error-correction   model
Sample:   2000 thru 2021                      Number of obs   =        22
                                              AIC             =  -3.131 856
Log likelihood       =  43.450 41             HQIC            =  -3.026 712
Det(Sigma_ml)        =  0.000 066             SBIC            =  -2.685 52
Equation           Parms     RMSE     R-sq      chi2     P>chi2

D_lntyzjz            4     0.104 816   0.722 4   46.835 91   0.000 0
D_lnlyzsr            4     0.103 263   0.711 5   44.388 41   0.000 0

                 |  Coefficient   Std. err.     z      p>|z|    [95% conf.  interval]
D_lntyzjz        |
   _ce1          |
     L1.         |    -0.988       0.282      -3.51    0.000    -1.540     -0.436
   lntyzjz       |
     LD.         |     0.332       0.248       1.34    0.180    -0.154      0.819
   lnlyzsr       |
     LD.         |    -0.472       0.426      -1.11    0.267    -1.307      0.362
   _cons         |    -0.061       0.056      -1.10    0.272    -0.171      0.048

D_lnlyzsr        |
   _ce1          |
     L1.         |    -0.480       0.278      -1.73    0.084    -1.024      0.064
   lntyzjz       |
     LD.         |     0.260       0.244       1.06    0.287    -0.219      0.739
   lnlyzsr       |
     LD.         |    -1.049       0.419      -2.50    0.012    -1.871     -0.227
   _cons         |     0.127       0.055       2.30    0.022     0.018      0.235

Cointegrating   equations
Equation         parms     chi2     p>chi2

_ce1               1     1 584.384   0.000 0

Identification:      beta is exactly identified
                 Johansen normalization restriction imposed

         beta  |  Coefficient   Std. err.     z      p>|z|    [95% conf.  interval]
_ce1             |
   lntyzjz       |     1.000         .          .        .         .          .
   lnlyzsr       |    -1.032       0.026     -39.80    0.000    -1.083     -0.981
```

图 6　向量误差修正模型及协整方程参数

图 6 中，_ce1 意为协整方程，它反映时间序列变量之间的长期关系，是研究关注的要点。根据图 6 中的参数，协整方程可写为：

$$lntyzjz - 1.032\ lnlyzsr + 4.122 = 0$$

整理后得： $\qquad lntyzjz = -4.122 + 1.032\ lnlyzsr \qquad (3)$

为进一步验证图 6 中模型估计的有效性和平稳性，先对模型残差项进行自相关检验，结果见表 14。

表 14　模型残差自相关检验

lag	chi2	df	Prob>chi2
1	1.573 5	4	0.813 55
2	0.800 2	4	0.938 4

注：Lagrange-multiplier test；

H0：no autocorrelation at lag order。

表 14 说明，模型残差自相关检验 p 值不显著，接受原假设，即模型残差不存在自相关。然后，对模型进行平稳性检验。具体见表 15 和图 7。

表 15　模型平稳性检验（1）

Eigenvalue	Modulus
1	1
-0.824 577 9	0.824 578
0.307 351 9+0.423 276 2i	0.523 095
0.307 351 9-0.423 276 2i	0.523 095

注：The VECM specification imposes a unit modulus。

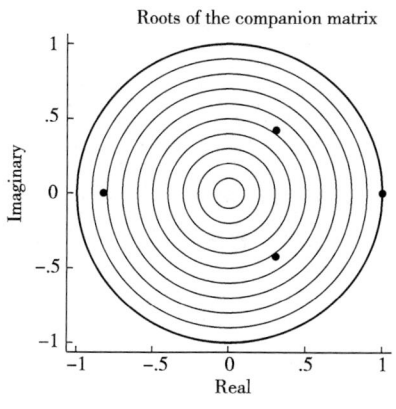

图 7　模型平稳性检验（2）

表15和图7表明，模型除了自身假设的一个单位根之外，伴随矩阵的所有特征值都落在单位圆之内，可以认为图6中的模型是稳定的。从式（3）中可以看出，海南自由贸易港旅游总收入每增加1%，可拉动体育增加值上升1.032%。

（三）正交脉冲响应分析

考察上述模型的正交脉冲响应函数，对模型中旅游总收入和体育增加值两个时间序列变量的短期冲击效应进行分析（见图8）。

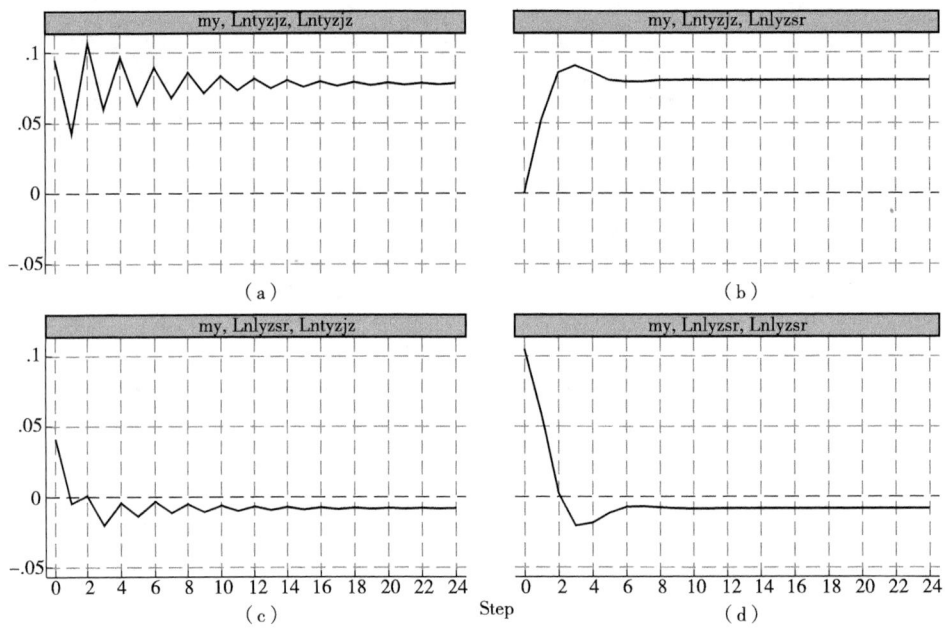

注：Graphs by irfname, impulse variable, and response variable。

图8

图8中：（b）表明，旅游总收入带来的短期冲击将促使体育增加值在原有基础上出现较大幅度的上升并保持在高位，表明旅游总收入对体育产业有短期提升效应。（c）表明，体育增加值带来的短期冲击也会给旅游总收入带来影响，但是变化幅度相对不大，经过震荡后趋于0。（a）（b）代表的是变量对自身的冲击影响。

五、结语

通过以上对海南自由贸易港体育旅游产业融合的实证分析，从数据层面可以较为清晰地看到两产业融合发展的基本脉络。总体上，两个产业之间的融合水平还有待提升，但是两者的融合协调存在稳中有升的趋势。从两者的关系看，旅游产业是海南的重点发展产业，对自由贸易港经济发展的拉动相对明显，因此旅游产业对两者的产业融合具有更为可观的促进效应；从理论方法上看，本研究采用的实证方法具有一定的客观性，当然也存在不足，如熵值赋权依赖于客观发展数据，并没有考虑发展过程中主观因素的权重。关联系数的取得基于具体数值之间的计算比较，因而在指标不够全面或者统计数据存在缺失的情况下，其灵敏程度会受到影响。协整关系基于在数据统计里产生的数理逻辑关系，还需要结合经济发展实际进行解释。总体来看，海南省体育旅游产业发展和融合是一个长期、系统的工程，提升两者之间的融合发展水平，要从政策制度、市场结构、科技引入、产品创新等方面着手，通过"体育旅游化"和"融体于旅"两大路径，使"体育+旅游"成为海南自由贸易港建设的创新力作。

参考文献

［1］王婵. 我国体育产业与旅游产业融合测度与评价［D］. 太原：山西财经大学，2021.

［2］李玥峰. 四川省体育产业与旅游产业融合发展研究［D］. 成都：成都体育学院，2022.

［3］赖梦杨. 福建省体育产业与旅游产业融合发展研究［D］. 济南：山东财经大学，2023.

双循环新发展格局下我国高技术企业联合研发能力提升研究

王 欣 庞玉兰

摘 要：高技术产业如何在双循环新发展格局下，促进企业间的联合研发是当前亟待解决的问题。本文从联合研发的现状分析入手，对存在的问题和困难进行系统剖析，对如何提升企业联合研发能力提出了建议。

关键词：联合研发；研发矩阵；融合机制；底层生态；未来学；双循环

一、引言

高技术产业对于推动新兴经济体产业结构升级和增强国家综合国力具有重要作用。由于高技术产业的产业壁垒高，后发国家往往难以跨过门槛，即使进入也可能因人力资本缺乏和技术储备不足而被长期锁定在低端制造环节。高技术产业复杂的产品和集成服务需要众多技术与知识，仅凭单个企业力量难以协调供应链各方，无法有效组织产品软硬件、工艺技能、内外部人力资源等各种输入要素。对此，人们普遍认为联合研发可以助力高技术企业缩短产品开发周期、降低产品研发风险、提升产品价值创造，如何联合研发以及何种程度的联合研发一直是学术界和实业界热议的话题。在当前以内循环为主的双循环战略实施背景下，企业对于联合研发与自主创新的处理，直接影响产业突围目标能否实现。对于高技术产业，企业如何与双循环中的合作企业建立研发领域的联系与互动，并从中获取所需的资源，形成本地经验，知识技术至关重要。

作者简介：王欣，江西南昌人，西南财经大学产业经济学博士，三亚学院财经学院、海南丝路商业文明研究基地，副教授，研究领域包括旅游文化建设、企业创新与研发；庞玉兰，山东潍坊人，国际经济与贸易硕士，三亚学院管理学院副教授，研究方向为旅游资源开发、商业调查研究。

二、高技术企业联合研发能力发展现状

（一）数据来源及指标说明

本文数据的主要来源是《中国高技术产业统计年鉴2020》，对于我国高技术企业的研究与试验发展经费支出统计包括：①R&D经费内部支出，指调查单位用于内部开展R&D活动（基础研究、应用研究和试验发展）的实际支出，既包含用于R&D项目（课题）活动的直接支出，也包含间接产生的管理费、服务费等；②R&D经费外部支出，指企业与外单位合作或委托外单位进行R&D活动而划拨给对方的经费支出，这是本文的关注点，也是反映企业之间联合研发能力情况的关键指标；③企业的其他技术活动经费支出，包括国内外技术购买支出、消化吸收支出和技术改造支出等。

依据《中国高技术产业统计年鉴2020》给出的数据，本文将从行业、企业性质、企业规模、区域等不同维度，对比高技术企业在R&D活动中的联合研发能力。如果直接对R&D经费外部支出的绝对数进行比较，将只能看到规模的差异而看不到能力的强弱。因此，本文主要计算了R&D经费外部支出的相对数，通过R&D经费外部支出的占比情况进行不同维度之间的对比。按研究惯例，本文选择营业收入作为分母，计算了企业R&D经费外部支出占营业收入的比重（应千伟、何思怡，2022；王昱等，2022）。这个指标比较了企业营业收入中用于企业之间联合研发比重的高低。为验证结果的稳健性，本文还选择了企业的研究与试验发展经费支出总和作为分母，即前文列举的R&D经费内部支出、R&D经费外部支出与其他技术活动经费支出三者之和，这个指标也反映了R&D活动总支出中的联合研发投入强度。本文主要利用上述两个指标进行不同维度之间高技术企业联合研发能力的比较分析。

（二）指标特征分析

从全国层面来看，2019年高技术企业的R&D经费总支出中，内部支出为3 803.96亿元，外部支出为474.48亿元，技术引进等其他支出为405.55亿元。可以看出，我国的高技术企业已经走上了自主创新、自主研发为主，联合研发、技术引进为辅的企业技术发展战略道路。2019年，全国高技术企业的营业收入总和是158 849亿元，R&D经费总支出是4 683.99亿元。

1. 分行业性质看，医药制造业联合研发投入最强

从高技术产业中的不同行业细分来看，医药制造业的联合研发能力最强，

其 R&D 经费外部支出占营业收入的比例可以达到 0.41%，高于全行业水平。电子及通信设备制造业的数据也略高于全行业水平，其余的子行业数据都偏低，特别是信息化学品制造业 R&D 经费外部支出占营业收入比例为 0.03%。具体数据见图 1。这里还计算了 R&D 经费外部支出占 R&D 经费总支出的比例，其结果排序与 R&D 经费外部支出占营业收入的比例大体相同，只有两点不同：第一，医药制造业高于全行业水平；第二，计算机及办公设备制造业高于医疗仪器设备及仪器仪表制造业。由于篇幅有限，下面只展示 R&D 经费外部支出占营业收入的比例，不展示 R&D 经费外部支出占 R&D 经费总支出的比例。

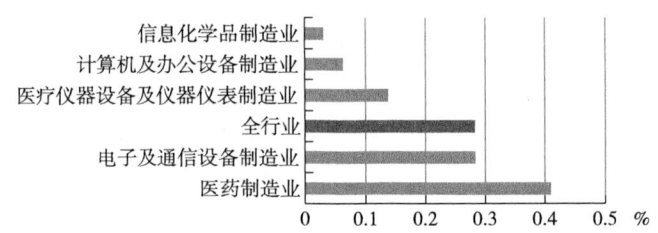

图 1　分行业联合研发占营业收入比例

资料来源：《中国高技术产业统计年鉴 2020》。

上海张江"药谷"已经成为名副其实的中国生物医药产业研发高地，拥有 600 余家生物技术和医药产业领域创新企业，以及具备比较完整的"技术链"和"价值链"的生物医药技术创新公共服务平台。同时，积极整合园区企业的研发资源，构建了面向新药研发和产业化的公共服务平台，形成了从药物发现、药物筛选、临床前研究、临床研究到中试生产等各环节的核心技术服务链。通过科技研发公共服务平台，一方面可以解决中小企业在实验室设备和技术支持等方面的短板问题；另一方面也能促使领军企业将中间环节委托给中小企业进行联合研发，降低行业综合研发成本，提高医药产品或服务的产业化速度。

2. 分企业规模看，大型企业联合研发投入最强

从不同企业规模来看，大型企业的 R&D 经费外部支出占营业收入的比例可以达到 0.33%，高于全行业水平，中型企业的比例为 0.24%（见图 2）。这样的差距水平还是相对较小的。高技术产业中的大型企业普遍重视技术研发，具有强大的开放式创新和持续创新能力，不但能够高效地整合企业内部的研

发资源，也可通过联合研发活动利用外部研发资源，打造开放式的研发体系和研发团队，创新成果具有强大的辐射效应和溢出效应。

据专业的数据分析机构 Counterpoint 公布，小米手机 2021 年全球销量高达 1.90 亿部，成为全球第三大智能手机厂商。小米手机在芯片研发领域不断加强与其他专业厂商的研发合作，联合研发的芯片天玑 820 5G SoC，无论是双模 5G 体验还是性能表现都要优于高通骁龙 765G，而搭载这一芯片的 Redmi 10X 也成为一款性价比高、体验佳的中端 5G 产品。事实上，在手机产业中类似的联合研发是司空见惯的。小米和高通共同研发骁龙芯片；VIVO 也宣布联合三星研发猎户座处理器，首款产品三星 980 就用在了 VIVO X30 系列上；而华为也宣称与索尼联合研发传感器，研发成果是独家首发的定制传感器。

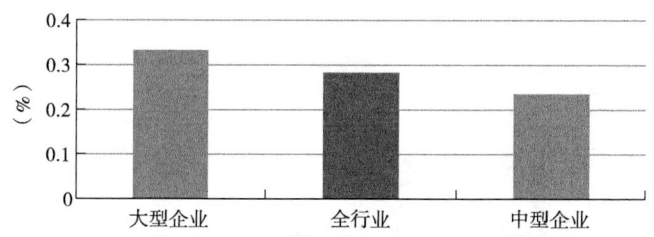

图 2　分企业规模联合研发占营业收入比例

3. 分企业性质看，民营企业联合研发投入最强

从不同的企业性质来看，只有民营企业的联合研发能力高于全行业水平，其 R&D 经费外部支出占营业收入的比例可以达到 0.42%。民营企业在高技术产业中已经占据半壁江山，其营业收入达到全行业的 57.26%，R&D 总支出甚至超过了全行业的 3/4，为 76.80%。可以看出，在高技术产业中民营企业已经成为研发投入的主力。由于体制机制灵活，民营企业非常注重企业之间的技术联合开发或委托开发等合作战略的实施。2022 年，中国民营企业 500 强排名中，华为依然是研发投入最高的企业，连续多年蝉联冠军，在全球范围内全年科研投入也位居世界第二。华为坚持每年将 10% 以上的销售收入投入研发，2021 年 R&D 总支出 1 417 亿元，基本相当于研发投入排名第 2~5 位企业的总和。华为的研发经费投入强度高达 22.41%，近十年来累计投入 R&D 总支出 8 450 亿元，从事研究与开发的人员约 10.7 万名，约占公司总人数的 54.8%。华为意识到理论突破和技术发明的不确定性高，不能采用封闭式的

创新方法，提出了华为创新 2.0 的思想理念，将大学、研究机构、其他相关企业联合起来，共同推动全球科研资源和人才合作创新。华为创新研究计划已与全球 900 多家企业开展创新合作。

如图 3 所示，港澳台和外资企业 R&D 经费外部支出占营业收入的比例分别为 0.13% 和 0.07%。这部分企业的技术可能更多源自母公司，因此与其他企业之间联合研发的意愿较弱。国有企业的 R&D 经费外部支出占营业收入的比例仅为 0.12%，不到全行业水平的一半，且只有民营企业的 2/7。在高技术产业中，国有企业的 R&D 总支出占营业收入比例也远远不如民营企业，二者的数据分别是 2.60% 和 4.23%。国有企业在高技术产业中的地位不高，其营业收入占全行业的 0.6%。高技术产业的市场化程度非常高，国有企业的研发行为选择对于整个产业的影响有限。

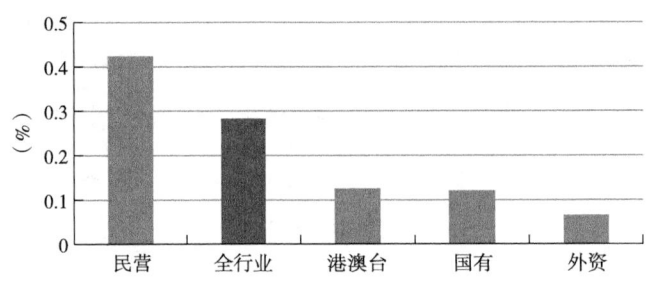

图 3　分企业性质联合研发占营业收入比例

4. 分区域看，东部企业联合研发投入最强

从统计年鉴报告的四大区域情况来看，东部地区和东北地区的 R&D 经费外部支出占营业收入的比例大体相同，均高于全国整体水平，分别为 0.34% 和 0.33%（见图 4）。东部地区整体经济实力雄厚，在高技术产业方面占据了全国主要的份额，其营业收入达到全国的 70.43%；高技术企业聚集度高，人员流动，技术外溢容易实现，因此企业的联合研发能力强于全国其他地区。东北地区虽然 R&D 经费外部支出的比例较高，但是该区域内的高技术产业规模很小，其营业收入仅占全国的 1.84%，东北地区的当务之急在于促进产业规模的扩大。中部地区和西部地区的 R&D 经费外部支出占营业收入的比例分别为 0.16% 和 0.12%，仅为全国水平的一半左右。中西部地区的高技术企业要积极顺应高铁网络、5G 网络、工业互联网等新基建的浪潮，强化技术研发内循环的效率，解决生产要素流动困难的问题，不断提升技术联合研发能力。

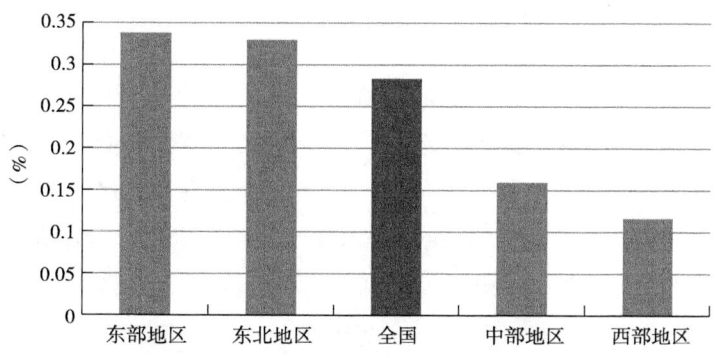

图4 分区域联合研发占营业收入比例

如果观察31个省（自治区、直辖市）的R&D经费外部支出占营业收入的比例，会有意料之外的结果。海南省和青海省的数据排名前两位，但是两省的高技术产业营业收入仅排倒数第六位、第二位。上述两省现有的企业实力较弱，缺乏自主研发实力，更多地采取联合研发的策略。其余高于全国水平的省（自治区、直辖市）都位于东部地区和东北地区，中部地区仅有湖北省高于全国水平。福建省和江苏省的排名较为靠后，甚至落后于很多中西部省（自治区、直辖市）。特别是江苏省，作为全国高技术产业营业收入排名全国第二的省份，其企业联合研发的投入和能力如此之弱，其背后的原因需要进一步研究（见图5）。

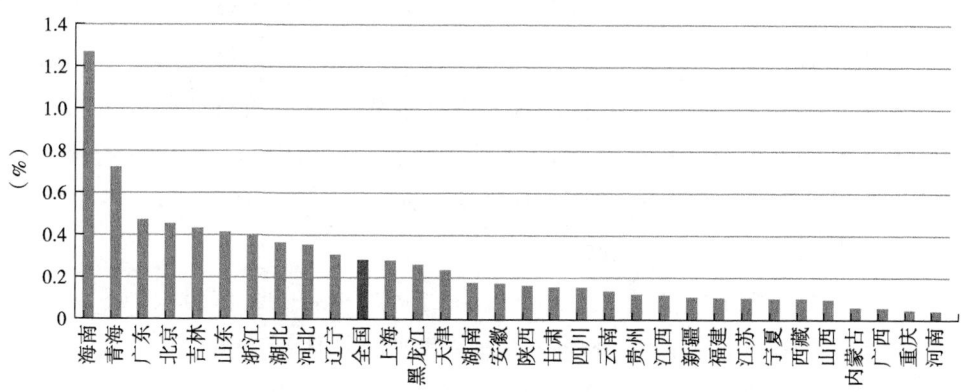

图5 分省区市联合研发占营业收入比例

三、高技术企业联合研发存在的问题

以国内循环为主的双循环战略，既是我国主动的战略调整，也是对于不断变化的国际国内环境的积极应对。虽然我国高技术产业已经取得较大的发展，但在不少产业中尚处在追赶阶段，一定时期内还将处于一些产业价值链的低端（即加工组装环节）。因此，技术发展的自主研发已经不是可选项，而是必选项，单个企业单打独斗将面临产出效率低、失败风险大等问题。企业之间联合研发能力的培养，在如今内循环为主的战略背景下尤为突出。但是，现实中高技术企业间的联合研发仍然存在一些问题和困难亟待解决。

（一）产业联合创新缺乏领军企业

传统的产业组织理论认为，产业中最具有创新基因的应该是中小企业，中小企业积极求变求新，在产品、市场、技术方面可以产生颠覆性创新。反之，大企业思维保守，谋求维护垄断地位，甚至存在打压创新的现象，不是创新主力。但在当下，创新主力已经发生了很大变化，全球市场竞争愈加激烈，研发的投入巨大，科技创新型大企业成为引领产业技术创新的领导者。这些企业不但在产品、技术上投入大量研究，甚至在相关学科的基础性研究方面也投入巨大。在世界前沿高技术领域有很多这样的领军企业，如计算机软件产业的微软公司、网络搜索产业的谷歌公司、新能源汽车产业的特斯拉公司、芯片制造产业的高通公司等。这些企业不但自身有重视技术研发的驱动力，还能够高效地整合企业外部的产业链资源，打造贯穿产业链的研发体系和研发团队，保持整个产业体系强大的开放式创新和持续创新能力，以高效地适应市场变化。目前，我国的高技术产业中比较缺乏有如此作用的世界级科技创新型大企业，只有5G通信产业的华为公司可以达标。前面的统计数据分析结果也验证了这一点，大企业的联合研发投入高于中小型企业。

（二）产学研深度融合体制存在障碍

高校和科研院所一直是企业联合研发过程中重要的合作对象。改革开放以来，如何更好地推进产学研合作一直是我国科技体制改革的关注点。据统计，目前企业经费已经超过高校科研经费的三成，规模已达十年前的三倍，科研院所来自企业的经费更是十年前的四倍。但随着产学研合作广度和深度的不断扩展，一些深层次的体制机制问题也在高技术产业与高校科研机构的联合研发中日益凸显。例如，在计算机制造业中的"芯片"应用基础研究领域，体制机制问题严重影响了产学研合作的质量、效率、动力。长期以来，由于企业、高校、科研院所的不同隶属关系，产学研合作普遍采用"点对点"方式的技术转让、委托研究和联合开发，合作项目倾向于"短平快"，合作方式呈局部性或阶段性特点，主要是一般性或临时性技术研发，各方合作稳定性差，难以对重点技术领域进行长期、持久的联合攻关研发，无法有效解决高技术产业发展的共性问题和重大技术难题。

（三）亟待破除联合研发空间限制和产业局限

受到产业聚集理论影响，联合研发合作主要还是强调地理接近的企业之间开展合作。但是，随着互联网、大数据、云计算等技术的发展，创新的生态空间已经开始发生变化。过去硅谷式的创新要素在同一地理空间上的聚集式合作方式，开始转变为创新主体、创新要素在互联网的网络空间中以平台聚集的新方式。高技术企业之间的联合研发方式也将从原来的单个主体单个中心为主转变为多个创新主体多中心，且将进一步发展为去中心化，未来还可能向完全开放式创新主体的合作方式转变。各个创新要素可以在网络平台自由组合研发创新，甚至可以引入消费者作为创新研发的参与者。这种变化对创新组织、创新制度、创新服务都提出了更新更高的要求，需要对高技术产业现有的科技联合创新管理组织不断地进行改革调整，对应创新图谱中不同的阶段。现有的联合研发多发生在制造业内部，是在整个制造环节的产业链上进行研发资源的整合。目前，制造业与生产性服务业已经高度融合，工业互联网、智慧供应链、大数据通信等生产性服务业已逐渐与智能制造、先进制造融为一体，形成新型的"工业4.0"产业生态与研发模式。

（四）产业技术研发方向缺乏科学的预见性能力

现有的联合研发合作形式大多是"订单式"的短期行为。产业技术创新是对未来的一种探索，一旦成功，联合研发也就成功了。例如，诺基亚与微软死守塞班手机操作系统的联合研发，最终惨败于苹果的iOS系统和谷歌的安卓系统。高技术产业的未来发展方向往往存在很大的不确定性，通常有多种技术路线需要抉择。在许多领域，我们对未来的预见能力较为欠缺，对于科学方法的掌握和应用不够理想，在学科设置上也缺乏对未来学的关注。高技术产业的联合研发，如果缺乏预见研究的科学工具，将极大限制创新研发的发展，增加联合研发的风险。很多高技术企业之所以能够成为产业之所以创新的领军者，既得益于企业与企业家对未来的准确判断，也受惠于美国领先的未来学研究提供的理论支撑。

四、提升高技术企业联合研发能力的策略研究

面对百年未有之大变局,未来充满巨大的不确定性,产业技术研发的每一条路线都可能面临风险。为此,更需要发挥我国举国体制的优势,加强企业之间的联合攻关、经验分享,在不同企业中尝试不同的技术路线。这样一来,就算有的路线失败了,但只要有企业能够成功,通过合理的制度安排,最后赢的仍然是中国企业、中国产业链。2020年疫情防控期间,五条疫苗研发路线齐头并进,就显示出我国疫苗企业联合研发攻关团队的整体作战优势。

(一)构建以领军企业为龙头的联合研发矩阵

在全面落实以国内大循环为主体、国内国际双循环为统领的新发展格局中,打造产业链供应链的自主可控能力是关键所在。企业作为构成产业链供应链的构件,不同类型的企业应发挥不同的作用,其中领军企业尤其重要。作为整条产业链供应链的"链主",领军企业在生产要素组合能力、新技术研发能力、品牌全流程影响力等方面均具有突出的竞争力;并且能把这种竞争力延伸到整个产业链之中,能够对整个产业链条大部分企业发挥直接或间接的影响力。领军企业要具有全局性、系统性思维,能够引领一个产业链供应链共同发展,提升产业链参与世界经济大循环的综合竞争力。在现代产业链共生共荣的生态圈中,领军企业对其他企业不是简单的支配控制管理,应该提供技术支撑、联合研发平台、合理利润,组织协同产业链供应链上下游企业共同攻关相关技术。领军企业的脱颖而出离不开良好的市场环境,产业政策应突出强化竞争政策基础地位,推动产业政策向普惠化和功能性转型。不但要引导领军企业加强自主创新,还要结合内循环为主的大背景,鼓励和支持其带动产业链上下游企业联合研发,带领众多"专精特新"中小企业实践"长尾理论",实现整个产业链价值链的扩链、补链和强链的效果,以联合研发矩阵优势提升我国高技术产业整体价值。

(二)打造以产业需求为核心的政产研学深度融合机制

在高技术企业的联合研发中,政产研学的深度融合不可或缺。针对"芯片"等产业卡脖子的情况,反映出一些深层次的体制机制问题影响着政产研学合作的质量、效率和动力。党的十九大明确要深化科技体制政策改革,建立起以企业为主体,市场为导向,政产研学深度融合的联合研发创新融合机

制。一方面，要促进企业与大学、研究院所等构建开放创新的联合研发平台。企业应该充分认识到大学在深耕基础技术研究，探索从0到1原发创新上的重要作用，积极拓展企业与大学的横向联系，加大对大学研究的资助力度，改变大学科研经费单一来自政府财政渠道的现状。企业可发挥自身优势，通过提出各种场景下的工程化和产业化难题，围绕基础理论、先进技术、交叉领域开展联合研究，引领大学科研课题选择方向。另一方面，企业可与大学通过优化专业设置和课程设计、共建产业学院和重点实验室、组织或赞助高质量学术竞赛等方式，建立创新合伙人计划和创新社群模式，识别和培养产业急需的研发型人才，加强产业界与学术界人才的交流，推动理论与技术间的快速转化。对于联合研发的成果，可以采用专利交叉授权方式，促进知识在高校和企业之间双向流动，进而更快速地将创新成果商业化。

（三）建立虚实结合、产业衍射、全球共享的联合研发底层生态系统

通过新基建为高技术企业联合研发提供底层保障。企业联合研发的深度推进离不开新基础设施的布局与发展。与传统基础设施建设作用类似，新基建可为企业之间的研发提供更为便捷的互联互通保障。新基建大体分为三个方面：一是以5G移动通信、高铁路网等为代表的硬件产业；二是以大数据、云计算、区块链、人工智能为代表的软件产业；三是以工业互联网、智能物联网、智慧电网为代表的互联性产业。这三大新基建可为高技术企业之间打破空间局限、产业局限提供重要的基础性支撑作用，新基建将在一定程度上决定未来高技术产业联合研发的外部环境。新基建先行要求我们对上述三大新基建加大投资力度，加快建设速度，形成切实可行的联合研发底层生态环境，构建跨区域跨产业的高技术企业联合研发生态系统。通过新基建，打造一批开放式创新平台企业，构建资源共享网络、价值共享平台，不断推进产业和企业发展提升，形成基于特定研发目标的动态虚拟型组织，从而有效保障颠覆性创新成果的不断涌现。

（四）探索未来学研究，降低路线选择失误的系统性风险

未来学是一门专门研究不确定性未来的综合学科，1943年德国政治学教授奥·弗莱希泰提出未来学这一学科，倡导要像研究历史那样研究未来。美国曾有600多个专门机构研究未来学。学者孙建光（2021）统计，全球已有11所高校开设未来学博士学位项目，23所高校有硕士学位项目。过去，未来学发展较为迟缓的原因主要是未来学的研究对象模糊，不能像传统科学一样

进行观察、归纳、验证。但随着虚拟科学的出现，数字孪生、虚拟仿真、3D打印、元宇宙等技术的逐步成熟，这种局面正在发生转变。通过未来学的研究，企业和社会有望超越仅仅依靠经验和试错，先发展后治理，先创新后伦理的传统发展道路，在科技研发方面走出"预演-试错"的新模式。单一企业难以从单一视角看清纷繁复杂的未来，而通过与外部组织联合研发，可以较好地弥补这一缺陷。中国高技术企业要强化以内循环为主、双循环协调发展的总体战略方针，利用我国超大市场规模的优势，改变线性思维模式，加强产业链上的纵向和横向联合研发，采用分布式的联合研发体系结构，预测和卡位技术发展的多种可能性。

参考文献

[1] 应千伟, 何思怡. 政府研发补贴下的企业创新策略: "滥竽充数"还是"精益求精"[J]. 南开管理评论, 2022, 25 (2): 57-67.

[2] 王昱, 夏君诺, 刘思钰. 产融结合对企业研发投入的影响研究[J]. 管理评论, 2022, 34 (5): 56-68.

[3] 孙建光. 国外未来学研究的历史、现状与趋势[J]. 未来与发展, 2022, 45 (11): 52-56.

[4] 沈小滨. 创新, 从领导力开始[J]. 企业管理, 2022 (10): 14-19.

[5] 揭应平. 七维度破解企业创新困境[J]. 企业管理, 2022 (10): 20-25.

充分发挥海南自贸港优势　高质量建设西部陆海新通道重要门户枢纽

尹　响

摘　要：建设西部陆海新通道，是党中央作出的重大战略部署。党的二十大报告提出"加快建设西部陆海新通道"，把在新征程上推进西部陆海新通道建设提升到了新高度。西部陆海新通道以重庆、四川、广西、海南等地为主要枢纽节点，北接丝绸之路经济带，南连21世纪海上丝绸之路，实现了"带"与"路"的无缝衔接。而推进海南全面深化改革开放和中国特色自由贸易港建设是习近平总书记亲自谋划、亲自部署、亲自推动的重大国家战略。党中央明确了海南打造全面深化改革开放试验区、国家生态文明试验区、国际旅游消费中心、国家重大战略服务保障区的战略定位，由此西部陆海新通道建设与中国特色自由贸易港建设两大国家战略叠加，赋予了海南在新征程上新的使命。本文在理论上厘清"双循环"新发展格局、西部陆海新通道建设与中国特色自由贸易港三者之间的逻辑关联与互动关系基础上，提出海南更好融入西部陆海新通道建设，建设推动西部地区更高质量融入"双循环"新发展格局重要门户和枢纽的路径和政策建议。

关键词：海南自贸港；西部陆海新通道；"双循环"新发展格局

一、引言

世界正处于百年未有之大变局，科技进步日新月异、大国竞争持续加剧、全球价值链更趋区域化、地缘政治环境更趋复杂化，全球治理体系加速重构。

作者简介：尹响，江苏连云港人，经济学博士，四川大学商学院副研究员，四川省经济学会理事，四川省学术带头人后备人选，硕士生导师。

在这一大背景下,《区域全面经济伙伴关系协定》（RCEP）的全面签署生效,以及西部陆海新通道的规划建设,既符合全球价值链区域化发展的大趋势,也为处于重构之中的国际经贸治理体系提供了一种更加包容和开放的新路径,同时为我国广袤的西部地区深度融入全球产业链和供应链、加速构建高质量的"双循环"新格局提供了新契机（王一鸣,2020）。"加快构建以国内大循环为主体、国内国际双循环相互促进的新发展格局"是"十四五"乃至更长时期提升我国经济发展水平的战略抉择和主动谋划。就经济双循环的一般内涵而言,在当今世界经济发展大格局中,任何一个国家和地区的经济都处于国内国际双循环格局之中,只不过不同国家和地区的经济在不同时期和阶段,有的以国内循环为主,有的以国际循环为主。当前我国所强调的"双循环"是具有特殊内涵的"双循环"新发展格局。具有特殊内涵的"双循环"是指在新时代的新发展阶段践行新发展理念,我国已经由国际循环为主、国际国内相互促进的"双循环"旧发展格局转变为国内大循环为主体、国内国际双循环相互促进的新发展格局。"双循环"新发展格局强调国内国际双循环间的联系与互动,国内国际双循环相互促进,不是闭关锁国,也不是"出口转内销"。其中,"双循环"新发展格局中的"内循环",一方面是以国内分工体系和产业体系为支撑,以国际循环为补充,以生产、分配、流通、消费为载体的动态发展体系,另一方面要利用外资、外企、人才和技术在国内生产。从"双循环"新发展格局中的"外循环"层面解析,我国必须提升进出口商品与服务的质量、效率和动能,提高单位外贸依存度的"含金量"和科技含量,"外循环"和"内循环"相辅相成,目的是不断提升我国经济发展质量（黄慧群,2021;沈坤荣等,2020）。必须要注意的是,"双循环"在我国东、中、西不同区域呈现出一定的异质性。长期以来,我国西部内陆地区处于全球产业链、供应链和价值链的低端,并落后于沿海先发展地区,相较于东部存在融入全球经济的程度较浅、要素成本高、要素交换效率较低的实际情况。新时期,西部地区要"跳跃摸高",通过进一步扩大对外开放,在更广泛的领域深度融入全球产业链、供应链、价值链和创新链,让人才、技术、资金等高水平要素在国际国内两个层面加快流动,促进经济高质量发展。

在此背景下,推动共建"一带一路"、西部陆海新通道建设和自由贸易港建设的战略联动,是海南发展的重要契机和职责使命。海南建设成为西部陆海新通道国际航运枢纽和面向太平洋、印度洋的航空区域门户枢纽,将为广大西部地区扩大对外开放规模，提升对外开放水平带来重大机遇和门户便利。习近平总书记2022年4月在海南考察时强调，"要推动港口发展同洋浦经济开发区、自由贸易港建设相得益彰、互促共进，更好服务建设西部陆海新通道、共建'一带一路'"。此外，海南自贸港建设对西部地区更好融入"双循环"新发展格局提供了独特的契机。海南自贸港创新开展实施的一系列制度性开放新举措给我国西部地区在创新对外开放新举措、优化营商环境等方面提供了可借鉴的路径和经验，同时为西部地区产品"走出去"和关键发展要素"引进来"提供了重要的政策便利和制度红利。因此，更有必要从理论和实践层面厘清海南自贸港和西部陆海新通道建设二者之间的逻辑关系，并提出海南更好融入并助力西部陆海新通道建设的路径和政策建议。

二、西部陆海新通道与海南自贸港"两大战略"相互"赋能"

（一）海南自贸港是西部陆海新通道的重要国际门户枢纽

从地理经济的视角分析，海南自贸港既是目前中国广袤西部地区"走出去"的重要门户和跳板，也是西部内陆腹地面向跨国企业"引进来"的重要窗口。海南独特的区位位置和政策优势使之具备了整合"一带一路"建设、西部陆海新通道、国际自贸港和粤港澳大湾区四大战略部署的能力。海南地处我国南端，直面广袤南海，是中国西部面向东盟开放的"海上桥头堡"。海南自贸港与东盟隔海相望，与东盟各国地缘相近、人缘相亲、文化相通，海南和东盟经济文化交流非常密切，一直以来都是中国面向东盟扩大开放合作的桥头堡之一。当前，海南正在构建与东盟国家的陆、海、空跨境运输通道，基本形成了布局优化、设施完善、便捷高效、安全通畅、区域联动的互联互通体系。下一步，海南将进一步发挥洋浦港的港口优势和航运能力，成为西部陆海新通道链接"21世纪海上丝绸之路"的国际航运交通枢纽。

海南自贸港还有助于西部各地整合、融入RCEP。RCEP有14个成员国，中国和东盟共占11个，而RCEP作为亚太区域内经贸规则的"整合器"，通过采用区域累积的原产地规则，深化了域内产业链价值链；利用新技术推动海关便利化，促进了新型跨境物流发展；采用负面清单推进投资自由化，提升了投资政策透明度。这些都将促进区域内经贸规则的优化和整合。

此外，RCEP实现了高质量和包容性的统一，货物贸易最终零关税产品数整体上将超过90%，服务贸易和投资总体开放水平显著高于原有的中国-东盟

"10+1"自贸协定。同时，RCEP 还纳入了高水平的知识产权、电子商务、竞争政策、政府采购等现代化议题。海南自贸港在开放制度领域先行先试，在融入 RCEP 规则和机制方面具有先天优势。下一步，西部各地可进一步运用海南自贸港的制度和政策优势，以海南自贸港为枢纽，增强国际国内两个市场、两种资源的耦合程度，实现区域内市场各种资源的紧密互动，推动关键要素、产品、服务更高效率、更高质量地流通、融合，共同打造开放、多元、多层次的区域经济共同体，助力我国西部地区高质量发展，形成新的增长极。

（二）充分发挥海南自贸港优势，打造中国西部地区"双循环"重要交汇点

在中国西部地区融入"双循环"新发展格局过程当中，海南自贸港具备独特的区位优势和制度优势（赵伟，2023）。作为联通国内国际两个市场的开放平台，海南自贸港将有助于西部地区加快构建更高水平开放型经济体制，充分发挥畅通国内国际双循环的重要枢纽功能（裴广一，2021）。海南充分利用自贸港企业境外投资税收政策优势，支持企业加大对新加坡、印度尼西亚、马来西亚、越南、柬埔寨等"一带一路"合作伙伴境外投资，投资领域涵盖制造业、农业、教育等多个行业，有效增强了国内国际两个市场两种资源的联动效应。当前，海南正全面推动落实"零关税、低税率、简税制"和"五个自由便利、一个安全有序流动"为主要特征的自由贸易港政策制度体系，积极营造更加公平开放的营商环境，吸引全球投资者将海南作为进入广袤中国西部市场的门户和跳板。海南自由贸易港政策中，最主要的是准入和税收。准入就是对外商投资实施准入前国民待遇加负面清单管理制度，外商投资准入负面清单目前已减至 27 项，制造业条目已经归零。税收就是"零关税、低税率、简税制"原则，比如"两个 15%"所得税[①]。海南自贸港的制度红利正受到全球投资者的青睐。2023 年 1—8 月，"一带一路"合作伙伴在海南新设外商投资企业同比增长 24.12%，海南新增对"一带一路"合作伙伴的境外投资备案项目 49 个，海南与"一带一路"合作伙伴的贸易进出口额 711.9 亿元，同比增长 23.3%。

---

① 对注册在海南自由贸易港并实质性运营的鼓励类产业企业减按 15%的税率征收企业所得税，高端人才和紧缺人才个人所得税实际税负超 15%的部分予以免征。

三、推动海南自贸港更好融入西部陆海新通道，建设重要门户枢纽的路径与政策建议

（一）加大基础设施投入，进一步提高通道能力

第一，要进一步开通、优化、加密海南（洋浦、海口）—北部湾（钦州、北海）—粤港澳大湾区（香港、深圳、广州、澳门、珠海）—粤西地区（湛江、茂名、江门）的国内客货运航线和海南（三亚、洋浦、海口）—越南—泰国—柬埔寨—马来西亚—新加坡—印度尼西亚—菲律宾的国际客货运航线，使海南与南海周边国内外主要港口实现"硬联通"。

第二，要加强通道多式联运衔接，在洋浦港、海口港、钦州港、湛江港等西部陆海新通道重要港口加快推广运输"一单制"和海关监管"一单制"试点经验，促进上述港口规则、标准互认，监管效率一致，提高通道软联通水平。

第三，要推动广东徐闻—海南海口跨琼州海峡大桥建设的可行性研究，提升海南与广东的交通连通能力。

第四，海南要不断扩大与"一带一路"合作伙伴，特别是东南亚国家的合作，努力把海南打造成为中国企业走向国际市场的总部基地和境外企业进入中国市场的总部基地"两个基地"，西部陆海新通道国际航运枢纽和面向太平洋、印度洋的区域性国际航空枢纽"两个枢纽"，空海国际交通网络和国际经贸合作网络"两个网络"。

（二）抓住RCEP、CPTPP、DEPA机遇，对接国际经贸规则，加强贸易投资与产业链、供应链合作，打造陆海联动经济走廊

RCEP与CPTPP整合了亚太地区签署的大部分自贸协定，尤其是CPTPP生效后将与现有各类自贸协定叠加，进一步提高区域贸易投资自由化便利化水平。西部陆海新通道沿线地区应抓住成员国相互降低货物贸易关税和扩大服务投资市场准入的新机遇，利用通道带动中国西部的电子信息、智能设备等企业"走出去"，促进东盟国家的电子、轻工和特色农产品经由通道走向中国市场。结合通道可承载的产品、服务特点，加强装备制造、电子信息、石油化工、绿色食品和金融等领域的协同合作，积极构建优势互补、协同联动的跨区域重点产业集群，打造具有竞争优势与发展活力的陆海联动经济走廊。此外，西部陆海新通道沿线地区应逐步对标海南自贸港的先进经验和做法，

动态跟踪国家战略和省级部署实施动向，主动申领改革任务和开放试验，尤其是要创新突破现行制度政策，在双向投资促进、通关便利化、海关监管创新等领域主动谋划原创改革，突出深层次性、集成性，避免浅层化、同质化、重复化，真正达到压力测试的目的，确保可复制可推广。

（三）加快数字化建设，促进海南融入西部陆海新通道的"数据流"，加强数字贸易，缩小数字鸿沟

第一，要积极对接 DEPA 相关标准，在海南自贸港建设相关平台，推动西部陆海新通道沿线各地区加强与大湾区、东盟以及其他地区在数字经济、人工智能、纳米技术、量子计算机等前沿领域合作，推动大数据、云计算、智慧城市的建设，构建 21 世纪的"数字丝绸之路"，着力弥补沿线国家之间的数字鸿沟和技术鸿沟。

第二，要促进科技同产业、同金融深度融合，优化创新环境，集聚创新资源。以跨境、边境等国际合作区以及跨境企业项目质检合作为突破口，推动标准互认和新标准制定，"以点带面"推进国家间标准合作。经济走廊建设标准的基本原则既要适应国际标准发展大方向，又要符合走廊发展的现实需要，即兼顾先进性和务实性。

第三，在海南自贸港积极搭建西部陆海新通道的相关物流公共信息和供应链综合服务等功能性平台，为沿线地区提供快速、优质、安全、稳定的数据传输服务，促进国际物流、供应链以及贸易投资信息的交互共享，提高通道沿线的数字经济合作水平，使西部内陆更多的中小企业和偏远地区能够在信息和数据上融入西部陆海新通道和"双循环"新发展格局，推动实现共同富裕和高质量发展。

（四）着力推动中国西部与"一带一路"经济走廊沿线国家和地区间的民心相通

"一带一路"建设要以文明交流超越文明隔阂、文明互鉴超越文明冲突、文明共存超越文明优越，推动各国相互理解、相互尊重、相互信任：一要建立多层次人文合作机制，搭建更多合作平台，开辟更多合作渠道。二要推动教育合作，扩大互派留学生规模，提升合作办学水平。发挥智库作用，建设好智库联盟和合作网络。在文化、体育、卫生领域创新合作模式，推动务实项目。三要用好历史文化遗产，联合打造具有丝绸之路特色的旅游产品，开展遗产保护。深化同各国政党、政治组织、民间组织的往来，密切同各国民众的交流，促进文化包容发展。

参考文献

［1］王一鸣．百年大变局、高质量发展与构建新发展格局［J］．管理世界，2020（12）：1-13.

［2］黄慧群．新发展格局的理论逻辑、战略内涵与政策体系：基于经济现代化的视角［J］．经济研究，2021（4）：4-23.

［3］沈坤荣，赵倩．以双循环新发展格局推动"十四五"时期经济高质量发展［J］．经济纵横，2020（10）：18-25.

［4］习近平在海南考察：解放思想开拓创新团结奋斗攻坚克难 加快建设具有世界影响力的中国特色自由贸易港［EB/OL］．[2022-04-13]. https://www.gov.cn/xinwen/2022-04/13/content_5685109.htm.

［5］赵伟．国家战略视阈的自贸港、自贸区着力点与地方政府选择［J］．云南社会科学，2023（5）：74-82.

［6］裴广一．海南自贸港打造双循环重要交汇点的比较优势［N］．海南日报，2021-06-25.

我国自由贸易试验区金融监管创新研究

——以广东自贸区为例

刘佳宁　黎　超

摘　要：金融监管是促进金融稳定发展与防范化解风险的重要制度安排。自贸区金融改革创新对金融监管提出了新要求，自贸区金融监管体系亟待进一步完善。广东自贸区的特色是"粤港澳合作"，随着粤港澳大湾区金融合作向纵深推进，如何弥合粤港澳三地金融监管制度、法律差异，建立与金融融合发展相适应的跨境金融监管制度，助力自贸区高质量发展，成为亟待解决的重要问题。本文梳理了国际与国内自贸区跨境金融监管经验，以期为探索粤港澳三地金融规则衔接、机制对接、融合发展的金融监管模式，筑牢自贸区金融风险防火墙，维护区域金融安全与金融市场稳定提供政策参考。

关键词：广东自由贸易试验区；跨境金融监管；单一通行证；离岸金融监管

建设自由贸易试验区是以习近平同志为核心的党中央在新时代推进改革开放的重要战略举措。作为2015年第二批设立的自贸试验区之一，广东自由贸易试验区（以下简称"广东自贸区"）的战略定位是"依托港澳、服务内地、面向世界，将自贸试验区建设成为粤港澳深度合作示范区、21世纪海上丝绸之路重要枢纽和全国新一轮改革开放先行地"。八年来，广东高度重视自贸试验区建设，固定资产投资累计超过1万亿元，税收由2015年的574亿元增长到2022年的950亿元，带动横琴、前海、南沙三大平台生产总值由2015

作者简介：刘佳宁，广东省社会科学院财政金融研究所所长、研究员、博士，广东省习近平新时代中国特色社会主义思想研究中心特邀研究员，研究方向为金融政策研究；黎超，广东省社会科学院财政金融研究所、助理研究员、博士，研究方向为金融监管。

年的2 244亿元增长到2022年的4 663亿元。2022年，通过设立13个自贸区联动发展区，推动自贸区与省内各经济功能区开展政策联动、产业联动和创新联动，首批62项改革创新举措在联动发展区落地实施。随着广东自贸区快速发展，跨境金融需求和金融创新也相伴而生，"跨境理财通""深港通""债券通"等各种"金融通"渠道的逐步打开，使得金融风险的交叉和传递变得更为复杂，传统的金融监管合作模式已无法适应自贸区建设的新需求。

当前，全球经济金融趋势和格局变化莫测，全球经济不确定性及国际金融市场震荡进一步加剧，金融机构跨境监管套利、跨境金融风险交叉传染、跨境资金异常流动等风险呈积聚势头，防范化解跨境金融风险挑战巨大。相较于其他自贸区，广东自贸区的特色是"粤港澳合作"，但粤港澳三地市场化程度、金融监管制度以及金融法律法规等方面存在较大差异，面临更为复杂的金融监管格局，对跨境金融监管制度融合和合作需求日益迫切①，跨境监管模式亟待创新与完善。

党的二十大报告提出，"实施自由贸易试验区提升战略""稳步扩大规则、规制、管理、标准等制度型开放"。为深入实施自贸试验区提升战略，在自贸区建设过程中，应把握好金融监管与改革创新的平衡，统筹协调跨境金融安全与效率间的矛盾，积极稳妥推进各项改革。基于此，本文在借鉴欧盟"单一通行证"、北美自由贸易协定、新加坡和我国香港离岸金融监管、上海跨境金融监管改革创新实践以及海南自由贸易港金融制度集成创新经验的基础上，提出符合广东自贸区发展实际及诉求的跨境金融监管合作模式的思路与发展建议。

一、国内外跨境金融监管合作实践经验及启示

（一）经验借鉴

1. 欧盟"单一通行证"

欧盟委员会通过构建职责独立、协作机制清晰的欧洲金融监管体系，实现了宏观审慎管理和微观审慎监管的有机结合。由欧洲监管机构负责在欧盟内制定统一的监管标准，协调成员国间的监管规则，并促进和深化跨境监管

---

① 本文研究的跨境金融监管既包含跨境监管体制机制的建立健全，监管标准、原则和规则的协调统一，也包括具体监管权限的统筹和配置。

合作，如图 1 所示。为加速推进欧洲经济一体化，欧盟以实行"单一通行证"机制为突破，即基于单一注册地批准，允许金融机构在母国监管下，在欧盟其他成员国自由展业，其他成员国原则上不能施加额外监管要求。"单一通行证"机制在运行过程中遵循设立自由、服务自由、最低限度协调、相互承认和母国控制五大基本原则，大幅推动了欧盟国家金融服务的一体化，有利于改善跨境风险管理的分割状态并降低监管成本（李文浩，2013）。

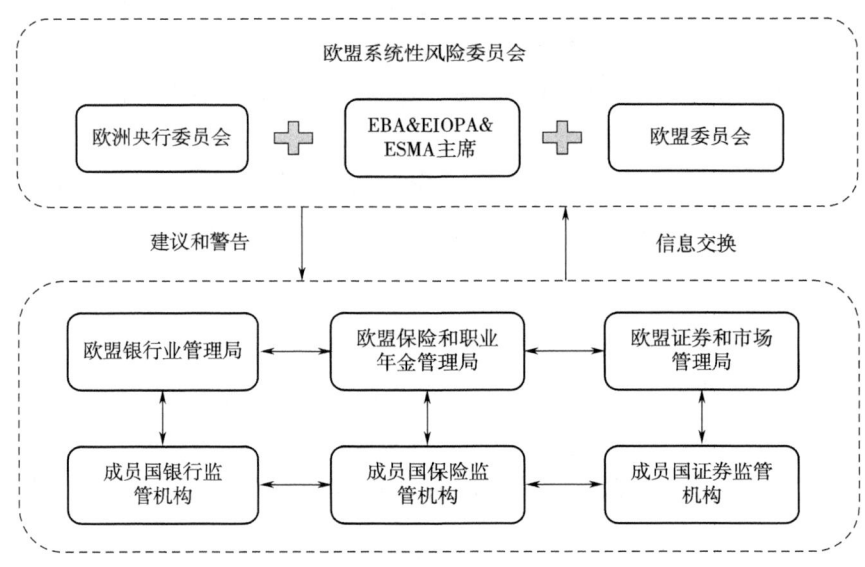

图 1　欧盟监管体系架构

欧盟"单一通行证"具体有以下主要特点。

1）监管法律超越主权

为保障"单一通行证"的高效推行，欧盟建立了超越主权的金融法律法规体系，要求在金融监管上遵循母国控制原则，即各成员国金融机构跨境展业相应的监管责任主要由母国监管部门承担，东道国监管机构只起补充作用。2001 年，欧盟以立法形式确立了"莱姆法路西框架"，实行从欧盟层面立法机构到成员国金融监管机构纵向四个层级的金融监管体制。

2）市场准入自由化管理

欧盟在金融机构跨境设立机构、提供跨境服务方面坚持设立自由与服务自由原则。设立自由主要体现在取消成员国金融机构在其他成员国境内设立代表机构、分支机构和附属机构的限制；同时取消对企业总部机构派往分支机构从事管理或者监督工作的相关人员的准入限制。服务自由主要体现在成员国对其他成员国提供服务不设限,针对来自成员国的跨境金融服务提供者给予无差别待遇。

3) 监管遵循最低限度协调和相互承认原则

欧盟"单一通行证"对金融机构的准入、审慎监管、重组措施和清算程序以及消费者补偿责任等方面进行了最低限度协调①,并遵循相互承认原则。在最低限度协调过程中,部分情况完全遵循母国控制原则,如在信贷机构、保险公司的重组方面,一概适用母国监管法规并由母国实施排他性监管;而不完全遵循母国控制原则的情况,则包括相关规则中列明的不适用母国控制的监管事项以及通过援引"共同利益规则"的方式规定不适用母国控制原则②。

2.《北美自由贸易协定》下的金融融合发展

与自由贸易试验区(Free Trade Zone,FTZ)在小范围单个关税区的法律立法不同,自由贸易协定(Free Trade Agreement,FTA)是独立关税主体之间以自愿结合方式,就贸易自由化及其相关问题达成的协定。1992年8月12日,美国、加拿大、墨西哥三国签署了《北美自由贸易协定》(以下简称《协定》),旨在围绕"国民待遇、最惠国待遇和透明度"三大原则,逐步消除贸易壁垒,创造公平竞争机会,实现商品和劳务的自由流通,最终促进三边经贸合作。作为第一个由发达国家和发展中国家组成的自由贸易区,北美自由贸易区在世界各大区域贸易组织中具有重要的地位。

1) 具体模式

《北美自由贸易协定》下的北美金融服务规则,历经《北美自由贸易协定》(NAFTA)和《美加墨协定》(USMCA)两代。作为美国金融规则重要的试验区,无论是 NAFTA 还是 USMCA,北美自贸区在金融数据转移、金融人员管理、市场准入、跨境金融服务贸易等方面,处处体现了美国"一国主导下的金融服务自由化"的价值取向。美国在北美自由贸易区占据主导和支

---

① 未经欧盟立法协调的领域,监管主要采用"国民待遇原则",并由东道国行使监管权力。

② 在欧盟已经协调的领域中,两种情况不适用相互承认原则及母国控制原则:其一,某些指令就特定监管事项不适用相互承认原则作出的例外规定。例如,银行跨境分支机构的流动性监管,且银行业金融机构的市场风险监管职责由母国和东道国共同承担。其二,现行指令普遍存在的"共同利益例外规则",该规则仍然属于各国"监管自治"范围,由东道国根据共同利益标准自行制定和实施。

配地位，也是金融规则的制定者。加拿大和墨西哥对于美国金融市场的依赖程度很高，需要与美国的政策选择保持一定的联系，以减少市场和相关政策摩擦。在此模式下，NAFTA 金融服务规则框架围绕自律组织、设立金融机构、跨境贸易、国民待遇、最惠国待遇、新的金融服务和数据处理、例外、透明度、金融服务委员会、协商、争端解决等 16 个条款，以及市场准入审查、磋商、负责金融服务的当局、部分权力保留和除外条款等六条附录，针对金融服务自由贸易进行了细致的规定。USMCA 金融规则延续了 NAFTA 的模式和体例，在数据转移、跨境金融服务贸易、审慎监管的标准、透明度和措施管理等方面突破或发展了 NAFTA 金融规则，成为最新的北美金融服务标准。《北美自由贸易协定》的金融规则框架梗概如表 1 所示。

表 1 《北美自由贸易协定》的金融规则框架梗概

序号	金融主题	核心内容
1	金融准入	某一成员国的金融服务提供者可在另一缔约国开业，从事银行、保险、证券交易和提供其他金融服务。各国应允许本国居民在另一国境内获取金融服务，不对任何金融部门的跨境交易规定限制条件，也不对已有限制增加补充规定
2	金融合作	各国对金融服务合作作出具体承诺。放宽了对墨西哥金融服务的限制，规定"渐进自由化"的步骤，即逐步允许美、加的银行、证券公司、投资公司和保险公司自由进入墨西哥执业。美国与墨西哥联合建立北美开发银行
3	非歧视待遇	各国应给予在其境内的金融服务提供者以国民待遇，不得将其他国家金融服务提供者置于较本国提供者不利地位
4	透明度原则	明确规定金融市场开业的条件、有关人员要求、申请程序、磋商程序等
5	除外条款	针对第三国尤其是拉美国家银行业进入北美市场的可能性，规定了一些"除外条款"
6	部分权力保留	各国当局仍可以保留合理调整的权利，以保护金融体系的稳定和完整。特殊情况下，还可采取旨在保护收支平衡的措施

资料来源：根据相关资料梳理汇总。

2）主要特点

（1）柔性约束性。与欧盟完整的系统化安排、"单一通行证"的立法模式不同,北美自由贸易区金融框架具有鲜明的"自由贸易法"特征,以柔性的约束机制规范金融主体行为,以此保证金融行业的有序运转,并防控金融风险。美加墨三国以自由贸易协定为立法模式,以类似条约的"软法机制"为支撑,围绕一揽子双边和多边合作协议和制度框架,管理国与国之间的贸易和投资关系。三国金融主体主要通过平等、协商、合作的方式交换信息、交叉管理,所有权利义务规定及纷争调节都经过平等磋商达成一致。

(2)监管功能有限性。北美自由贸易区构建了职权清晰的金融组织架构"金融服务委员会",由加拿大金融部,美国财政部、商务部以及墨西哥金融和公共信贷部的代表组成,主要负责监督《北美自由贸易协定》中关于金融服务协议的实施状况。但《北美自由贸易协定》没有赋予金融服务委员会决策权,因此委员会的作用发挥较为有限,只有监督、提醒和协调功能,没有实际权限开展跨境监管。北美自贸区内金融监管执法权具有排他性,仍属于各国国内监管机构,较少涉及三国监管法律的协同。

(3)东道国主导性。东道国和母国管理权力的划分始终是北美自贸区金融服务贸易规则的重点内容。USMCA给予东道国更大的管理权限,主要通过"要求跨境金融服务提供者和金融工具应进行登记或取得许可"等举措,保障东道国的监管权力;在争端的解决方面也设置了缔约方金融主管机构共同作出决定的前置程序,很少将金融纠纷提交金融服务委员会解决,确保了东道国法院解决争端的管辖权;此外,USMCA禁止数据本地化,并明确了数据转移的约束纪律,以保障东道国监管的有效实施。

(4)市场准入自由性。北美自贸区金融市场准入高度自由化,金融机构的准入享受设立法定形式自由、设立地域自由、合并设立自由,即各缔约方允许任何缔约方在其境内根据国内法设立金融机构,也可以施加与国民待遇要求一致的设立条件,对于已经存在的他国金融机构,应允许其扩展服务地域,对外国金融机构所有权不得施加任何限制。至于跨边界分支机构的设立,协定规定只有当美国允许在墨西哥和加拿大境内的美国银行设立分支机构时,缔约方才开始研究和协调跨边界设立分支机构的问题。任何缔约方不得采取任何措施,限制另一缔约方从事任何形式的跨境金融服务贸易,各缔约方应允许位于其境内的法人、自然人或其国民向另一缔约方的跨境金融服务提供者购买金融服务,但要对金融服务的跨境贸易按照本国金融监管规则进行审慎监管。

(5)争端解决专业性。北美自贸区金融规则中的争端解决机制参考了世界贸易组织（WTO）争端解决机制框架，对于金融服务章节引发的争议，体现了北美自贸区区域规则中重视争端解决机制的专业性特征。各国争端解决方式主要根据《北美自由贸易协定》规定，由金融服务委员会负责组织处理，委员会主要针对当事方援引例外是否有效作出决定，以及是否违反与转移、征收等有关规则作出报告等。按照"磋商—专家组程序—发布报告—仲裁庭处理—中止福利"争端解决程序解决分歧和矛盾，并予以权责约束。

3. 新加坡和我国香港的离岸金融监管

根据市场管理模式的不同，世界离岸金融市场主要分为内外一体型、内外分离型、渗透型和避税港型。香港作为全球第一大离岸人民币结算中心，其离岸金融市场是典型的内外一体型，即允许非居民经营在岸业务和国内业务，只在离岸市场准入、金融业务监管等方面进行实质性把关。新加坡作为典型的离岸、在岸业务一体化的国际金融中心，则主要实行"内外适度渗透型"跨境金融监管制度，即随着金融管制的逐步放松，金融监管部门开始实施内外业务相互渗透的市场监管。同时，通过设置离岸市场业务和主体限制隔离风险，在严格防范风险的基础上促进离岸金融及本国经济的发展。

新加坡为防范国际金融风险跨境传染，维护离岸市场秩序的稳定，采取了一系列有针对性的举措。一是在推行离岸制度及业务创新的同时，不断完善与之相适应的事中事后监管制度，如限制离岸交易对象、管控离岸账户的资金流向、规范离岸账户资金用途等。二是允许特定的金融机构通过分离管控本币与外币账户，分割离岸和在岸业务，防止国际投机资本流动借由离岸金融市场冲击国内金融市场。三是通过在税收、外汇管制、汇率管理方面推出优惠措施，大力吸引境外金融机构和国际资本，在加速推进离岸金融市场发展的同时，切实维护国内经济金融秩序。新加坡现行金融监管框架如图2所示。

香港为维持离岸金融市场的繁荣稳定，实行严格的市场准入制度。一是根据申请人的展业诉求、资信状况以及业务规模等要素的差异，分别颁布权限不同的牌照，针对不同持牌离岸银行的具体业务实施有区别的监管。二是为最大限度地降低离岸银行倒闭对当地金融市场的冲击，规定所有离岸银行均须以分行的形式建立。三是意向展业的外资银行，香港金管局主要以其总行的资本、信誉、风险控制等是否满足作为最后偿债人的要求为准入标准。同时，在离岸金融业务监管方面，香港金融监管机构主要根据巴塞尔新资本

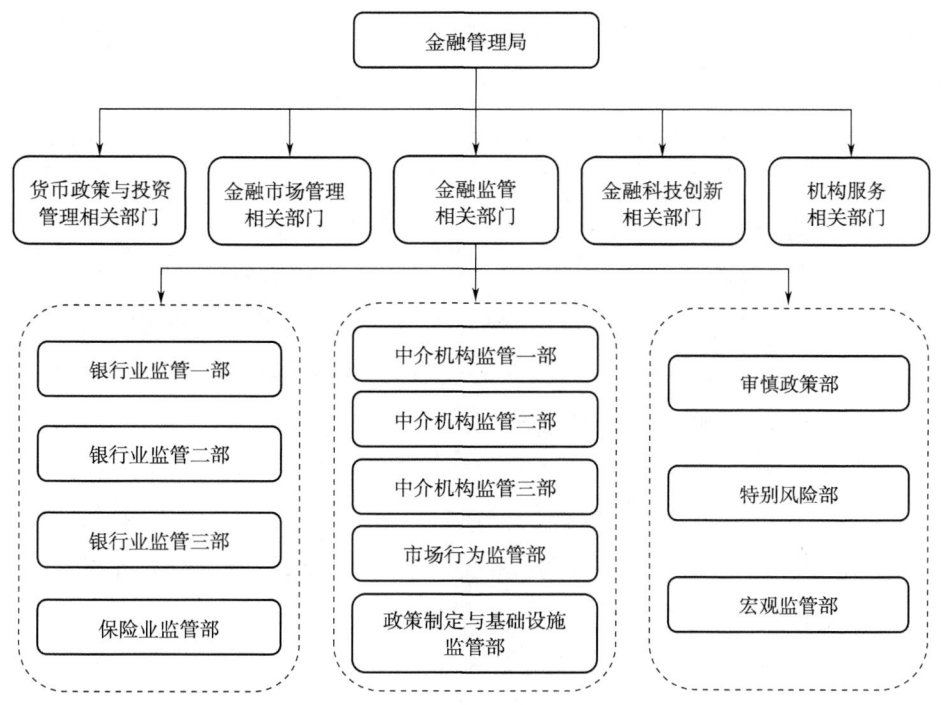

图2 新加坡现行金融监管框架

协议的要求实施监管，尤其重视金融机构的资本充足率以及流动性。在实际运作中，外资离岸分行的清偿能力监管责任分属其母国监管当局，合资离岸金融机构则分属合资方的监管当局；通过量化考核离岸金融机构的风险资产管理和资产负债管理能力来完善其内部风险控制制度。此外，为加强离岸金融机构的国际监管合作，香港金融管理局与众多境外监管机构订立了一系列《谅解备忘录》等合作安排①。

4. 上海自贸区跨境金融监管创新

不同于香港、新加坡等国际离岸金融中心，上海自贸区是以服务自贸区为目标的本地离岸金融中心，致力于为区内企业走出去提供高效的离岸金融服务。在多重利好政策加持下，上海自贸区在国内率先提出"离岸+自贸+海外分行"的金融服务模式，形成离岸账户、境外分行账户和自由贸易账户"三位一体"的跨境金融服务体系，实现本外币一体化管理和跨境资金流动、

---

① 我国香港分别与英国、美国、澳大利亚、加拿大、柬埔寨、丹麦、德国、印度、马来西亚、韩国、瑞士等国家的监管机构签订了《谅解备忘录》等合作协议。

汇兑业务；在金融组织准入、跨境资金流通和金融监管制度改革等方面先行先试，并取得显著成效。

1）金融组织准入制度积极创新

一方面，自贸区大力降低金融组织的准入门槛，简化金融机构准入程序，将部分业务由事前审批改为事后报备，并取消证券、期货及人身险等领域的外资股比限制。另一方面，自贸区对负面清单进行大幅精简，2021 年版外商投资准入负面清单由 30 条减至 27 条；同时，为更大程度地吸引外资投入，上海发布全国首张按照国际惯例编制的金融服务业对外开放负面清单指引。

2）跨境资金流通渠道不断拓宽

通过设立自由贸易账户（FT 账户），打通与境外市场的资金流通渠道，实现跨境人民币的自由结算。同时，通过研究探索 FT 账户支持资本市场开放，进一步创新 FT 账户的金融服务功能，率先实现区内资本项目可兑换。

3）跨境金融市场监督制度逐步健全

在监管理念方面，自贸区由传统的事前审批转为注重事中、事后监管，加强事中、事后分析评估和事后备案管理。在跨境风险防范方面，宏观审慎管理制度贯穿始终；如通过建立"三反"监测管理体系，实现对本外币一体化的统计和监测；针对 FT 账户建立"长臂"管理系统，以监测相关境外投融资活动等。

5. 海南自由贸易港金融制度集成创新

作为开放程度最高的特殊经济区域，海南自由贸易港是我国金融开放的前沿阵地。随着自贸港政策扶持、体制创新和基础设施优化等多项制度红利持续释放，新型离岸国际贸易取得突破性进展，跨境人民币业务规模不断增长，自贸港金融功能持续强化。制度集成创新作为海南自贸港政策制度体系的鲜明特点，金融领域制度集成创新主要以深入推进外汇管理改革、构建多功能自由贸易账户体系、建立健全金融风险防控体系等领域为重点突破方向（卢孔标，2020），通过保障跨境资金自由流动，为自贸港建设提供金融支撑。另外，《海南自由贸易港法（草案）》从顶层设计上减少上位法的体制障碍，赋予自贸港更大的改革自主权，充分保障贸易投资的自由、安全、便利，也让跨境金融监管有法可依①。

---

① 2021 年 1 月 3 日公布的《海南自由贸易港法（草案）》规定：海南自由贸易港内经批准的金融机构可以通过指定账户或者在特定区域经营离岸金融业务。

1) 深入推进外汇管理改革

加大外汇管理改革力度，推进跨境贸易、跨境投融资便利化，逐步探索资本项目可兑换，是实现资金跨境流动自由便利的重要路径。在跨境贸易领域，自贸港进一步推动跨境贸易、服务贸易和新型国际贸易结算便利化，重点提升经常项目收支便利化水平；在跨境直接投资领域，自贸港按照准入前国民待遇加负面清单模式简化管理，进一步提高兑换环节登记和兑换的便利性，拓宽利用外资渠道和方式；在跨境融资领域，试点合并交易环节外债管理框架，全面实施全口径跨境融资宏观审慎管理，稳步扩大跨境资产转让范围，提升外债资金汇兑便利化水平（曹协和，2020）。

2) 积极构建多功能自由贸易账户体系

自贸港通过构建改进型多功能自由贸易账户体系，在继续保持海南居民账户与内地账户资金正常往来的基础上，既为自贸港与境外实现跨境资金自由便利流动提供渠道，又通过建立资金"电子围网"实现账户隔离保障在岸与离岸跨境资金的有序安全流动。自贸港账户体系内不设立本外币两个封闭的运行体系，而是实行本外币一体化；中央政府和中国人民银行对海南自由贸易账户的管控原则是"规模+本岛使用"（裴长洪，2021）。

3) 建立健全跨境金融风险防控体系

《关于金融支持海南全面深化改革开放的意见》要求：完善与金融开放创新相适应的跨境资金流动风险防控体系，在确保有效监管和风险可控的前提下，稳妥有序推进各项金融开放创新举措，统筹安排好开放节奏和进度，成熟一项推进一项，牢牢守住不发生系统性金融风险的底线。在跨境资本流动监管方面，加强对自贸港跨境资本流动的统计监测和风险预警，对于异常的大规模资本流入或流出，及时予以关注或采取必要的临时性限制措施。在完善全口径跨境融资宏观审慎管理政策方面，适当提高海南自由贸易港内注册的非金融企业（不含房地产企业和地方政府融资平台）跨境融资上限，实现更高额度的跨境资金融入规模。

（二）总结与启示

欧盟、北美自贸区、新加坡和中国香港、上海和海南等地的跨境金融监管实践为广东自贸区跨境金融监管创新提供了一套方法论和管理经验，具有一定的启发意义和借鉴价值。从国内外经验来看，通过顶层设计，明确金融监管合作路径，固化各方权利和义务，对于推动跨区域金融合作至关重要。

1. 建立高效协同的金融合作制度是跨境金融监管的前提条件

高效协同的金融合作制度有利于打造透明、可预期的金融法律环境，提高金融运转效率，增强国际投资者信心，是广东自贸区金融融合发展的基本保障。

1）法律法规协同

从国际经验来看，欧盟的金融法律法规体系具有超越主权的特征，监管上遵循母国控制原则，这是欧盟经济高度协同的需要，也是欧盟"单一通行证"高效推行的保障。北美自由贸易区以《自由贸易协定》"软法"为立法模式，执行成本低、沟通效率高、不涉及法律制度调整且具备高度的灵活性，保障了区域金融合作的顺利开展。

2）政策机制协同

实现金融市场的互联互通、深度融合乃至单一市场，规则趋同是必要条件。国际上，成熟的多边金融合作框架都有统筹全局、运行顺畅的多边政策协调以及合作机制为其保驾护航。例如，欧盟通过顶层设计成立欧洲监管机构以及欧洲系统性风险委员会；北美自由贸易区协定成立了自由贸易委员会以及纠纷国际仲裁体系；还有多边框架下的非正式国家集团联席会议机制和跨政府网络模式等。良好的多边政策协调以及合作机制，能够确保参与各方之间关系的透明及可信。

2. 创新完善监管体系是跨境金融合作的关键抓手

根据国际金融融合发展经验，推进跨境金融监管合作机制化、数字化、常态化是必由路径。如何构建统一协同的监管制度是推进广东自贸区金融合作深度发展的根本保障，当前需进一步解决粤港澳三地在金融监管体制、协调机制及信息共享方面的主要问题。一是在监管理念方面，借鉴新加坡金融"由实施合规性监管向注重风险监管和间接监管转变"的监管理念，从"规制导向"转向"从旁监管"，提倡监管与被监管之间的"磋商式"监管方式。二是在监管技术方面，围绕我国香港、新加坡等高度重视金融科技在金融监管中应用的经验，探索建设全面的风险防控制度体系及数字监管体系，推进跨区域金融基础设施及信息共享平台建设。三是在监管机制方面，建立完善的跨区域的金融监管协调机制，探索建设自贸区金融风险监测及预警体系，不断完善风险监测、预警、排查、研判和应急演练预案等机制，及时提示金融风险，早识别、早预警、早处置，实现前瞻性、穿透式、无缝隙、多维度风险监测和防控。

3. 探索内外分离、有限渗透的离岸金融发展模式是重要方向

我国香港是著名的国际金融中心和离岸人民币中心，我国澳门作为全球知名的自贸港，离岸中心是其主要的经济特色，横琴、前海、南沙自贸片区创新开展离岸金融业务，均可为建设离岸金融枢纽提供有利的经济基础和制度环境。一方面，借鉴新加坡和我国香港、上海自贸区等地的发展经验，探索在广东自贸区建立内外分离、有限渗透的金融服务模式，既有利于引入外资促进区内经济发展，又避免了境外金融风险无限制地传导至区内市场，可在严格防范风险的基础上极大地促进离岸金融的发展。为打通离岸和在岸两种模式的界限，通过畅通跨境通类产品、扩大居民非居民主体范围、出台优惠政策等政策法规以及完善风险监管等途径可实现离岸和在岸联动发展。例如，采取"管道式"渗透方法，通过开设"深港通""沪港通"以及QFII、QDII、QFLP、QDLP打通境内外金融市场。另一方面，在我国资本项目尚未实现完全开放的背景下，通过在广东自贸区建设在岸与离岸深度融合、高效渗透的金融市场，既为离岸人民币提供丰富多元的投资渠道，建立更加便捷的人民币回流渠道，又提升了离岸人民币的吸引力，为国家资本项目开放和人民币国际化探索可行路径并积累经验。通过不断完善自贸区金融监管体系，将资本项目开放和人民币国际化过程中可能产生的风险控制在离岸金融市场，以有效隔离和缓释国际资本对境内金融市场的冲击。例如，为形成与上海国际金融中心相匹配的离岸金融体系，上海率先提出发展人民币离岸交易、搭建"人民币在岸-离岸循环机制"。

二、广东自贸区跨境金融合作与监管亟待突破的瓶颈

（一）跨境金融监管法律规则协同合作须纵深推进

金融监管法律协同是跨境金融合作的基本保障。粤港澳三地法域不同、涉及立法主体多元、权限不同，跨境协同立法尚未实现。香港和澳门分别延续英式普通法系和大陆法系，司法制度独立，享有高度的自治权和立法权；广东省地方性法规与国家法律法规秉持下位法和上位法关系。香港作为重要的国际金融中心，金融监管法治较为健全和完善，金融监管法律国际化程度高。相较而言，内地金融法律起步较晚，现有金融监管法律法规尚未与国际接轨。《中华人民共和国宪法》和《中华人民共和国地方各级人民代表大会和

地方各级人民委员会组织法》并未明确规定地方政府缔结跨行政区域合作协定的权限和程序等内容,《中华人民共和国澳门特别行政区基本法》和《中华人民共和国香港特别行政区基本法》也尚未对特别行政区与内地其他地区政府签订协议作出规定。这导致粤港澳三地长期以来的金融合作主要以行政协议（CEPA）及谅解备忘录（协议内容主要包括定期磋商机制、定期信息交流机制等）为主导，开展的是"软约束关系"基础上的监管合作，容易导致金融制度创新受阻、合同条款协调困难等问题，亟待通过协同立法消弭法律冲突阻碍，推动区域跨境金融合作。

（二）金融监管制度协同亟待突破

统一的监管标准是广东自贸区金融业可持续发展的重要前提。鉴于在金融发展程度、市场成熟度和制度完备性等方面的差距，粤港澳三地在金融机构准入、业务及人才等方面的监管标准均有所不同。一是监管体制差异明显。内地遵循规则性金融监管，实行以中央为主、地方为辅的双层金融监管体制；而港澳金融监管部门对于本地区金融活动的监管规则具有最终决定权。香港遵循由政府监管和行业自律监管形成的二级监管体制；其中，政府部门在金融监管中担当"协调者"和"服务者"的角色，行业自律机构则重在内部风险的控制和审查。澳门遵循原则性金融监管，即将监管从依赖于详细、具体的规则转向更多地依赖于一种更高层级、更加宽泛的规则或原则来设定监管对象开展业务的标准。二是监管规则差异明显。内地和港澳关于机构准入、业务监管及高管监管等标准的规定有所不同。例如，针对外资金融机构的市场准入，内地的注册资本要求明显高于港澳，港澳为本地银行和外资银行的准入条件作了明确区分；三地在跨境资本流动和银行贷款期限用途、跨境资产转让等方面的规定差别较大。三是金融监管协调机制有待完善。粤港澳三地尚未建立常态化、紧密的金融监管协调机制，相互沟通和协调的成本较高，效率有待提升。此外，三地金融争议机制有待细化，目前只是在机构安排中指出双方共同成立的联合指导委员会拥有解决CEPA（内地与港澳关于建立更紧密经贸关系的安排）执行过程中可能产生的争议的权利，尚未具体规定争端解决过程中的规则及程序，有待建立完善、健全的冲突解决机制和体系。

（三）跨境金融合作支撑不足

广东自贸区是金融机构跨境展业的主阵地，在互联互通的重大金融基础设施、金融要素交易平台搭建方面拥有巨大的潜力空间。一方面，互联互通渠道载体有待丰富拓展。目前自贸区内已逐步实施更自由的金融要素跨境流动，2022 年末"跨境理财通"澳门投资户数达到 1.2 万户，澳门居民投资境内理财产品余额同比增长 61.86%，但可投资的产品类型不够丰富，主要集中在风险等级较低且相对简单的资金类产品，而资本类产品基本没有涉及；虽已初步构建包括 QFLP 和 QDLP 在内的跨境双向投资制度，但在准入门槛、外汇和业务管制以及投资范围方面亟待深入拓展。另一方面，一体化金融基础设施有待完善。粤港澳三地征信技术标准尚未统一、征信数据未实现开放共享，对于跨境金融科技创新的监管标准和容忍度也不尽相同，"信息孤岛"问题导致跨境联合执法行动缺乏有效支撑，一定程度上降低了金融合作效率。

三、广东自贸区跨境金融监管创新的路径设计

广东自贸区基于"一个国家、两种制度、三个法域、三种货币"的特殊环境，一方面要以充分保护粤港澳三地金融消费者权益、严防跨境金融风险外溢为底线，参照世界高水平的开放形态和国际通行规则，在坚持"一国两制"方针不变、行政区划不变、司法体系不变的前提下，先易后难，求同存异，围绕法律法规和政策机制协同、监管合作、信息交流、离岸金融风险防范等主题，创建缩小版的真实市场和宽松版的监管环境，以金融监管政策创新推动三地金融政策标准、细则的衔接与协同及体制机制的贯通、变通和融通。另一方面要进一步加强与上海自贸区、海南自贸港等国内其他自贸区的金融监管协作，携手推进我国自贸区高质量发展。

（一）深化自贸区金融监管法律政策体系协同

粤港澳三地金融监管法律法规的有效衔接是自贸区健全资金融通机制与金融风险管控机制的重要保障。在法律协同层面，一方面可建立健全法律协调对接机制，以立法协同推进金融监管协同共进。可适度借鉴欧盟"莱姆法路西"金融立法程序，从框架原则、立法程序、监管标准以及执行细则四个层面分别推动更加灵活、快速的金融立法程序，并根据粤港澳三地金融融合发展的实际情况进行适时的动态调整，以满足监管要求。同时，充分借鉴港澳金融法律方面的先进经验，通过三地协同立法的方式，实现金融立法协调和法律衔接。另一方面可探索建立跨境金融监管"软标准"。鉴于短期内三地无法实现法律统一，可充分利用"软法"的金融监管协调优势，在确保港澳金融独立地位的前提下，推动出台自贸区金融监管"软标准"，发挥地方政府

与社会中间组织的非正式监督机制作用，规范金融运行秩序。在政策协同层面，可在坚持"全国一盘棋"和金融中央事权原则的前提下，积极向中央争取政策权限，以提高三地金融之间的协同度，争取在跨境业务创新方面实现更多突破。在争端解决创新方面，科学设置符合"一国两制"原则的争端解决机制，以前海自贸片区为试点，研究解决大湾区和"一带一路"建设在贸易、投资、金融等领域的跨境及国际商事争议，探索与国际接轨的商事调解新机制，建立自贸区金融纠纷调解机构和金融投资者权益保护机制。

（二）拓宽自贸区监管科技应用领域

围绕我国香港、新加坡等高度重视金融科技在金融监管中应用的实践经验，从监管"沙盒"、跨境风险识别和预警机制及信息共享平台入手，搭建多层次、系统化、与金融创新发展相配套的数字监管体系，运用监管科技建立透明化的信息分享机制，进一步消除风险盲点、灰点，做好交叉点管控，共同维护广东自贸区金融稳定。

1. 试行跨境监管"沙盒"

在充分保证金融系统稳定运行的基础上，制定三地共同的金融监管"沙盒"规则，规范金融主体行为，实现跨境金融监管制度突破。

2. 完善跨境金融风险监测和预警机制

这包括探索建立自贸区金融风险研判及预案体系，加强区域内反洗钱风险管理的体系化、制度化、信息化建设，将防控洗钱风险提升至区域战略发展的层面；建立健全金融业综合统计体系，探索建设具有自动化智能化风险捕捉能力的风险防控体系，推进跨区域支付、托管、清算、统计等金融基础设施建设，形成自贸区风险数据监管仓库。

3. 建立自贸区金融监管数据信息交流平台

监管"沙盒"制度与跨境风险监测和预警机制的有效运行，依赖于三地跨部门、跨行业、跨市场金融监管数据的互联互通。这需要进一步加强粤港澳三地的金融监管合作，打造金融监管数据信息互通平台，破除数据孤岛和信息壁垒，加强三地金融业务监管协作与信息共享，不断完善事前、事中、事后监管体系，增强金融监管合力和效能。

（三）探索内外分离、有限渗透的离岸金融监管模式

积极探索在广东自贸区建立内外分离、有限渗透的离岸金融服务模式，协调解决三地金融机构在自贸区开展离岸业务及实现在岸和离岸金融服务对

接等问题。

1. 推动自贸区实现在岸和离岸金融服务对接

借鉴欧盟经验，在自贸区推动开展单向的金融"单一通行证"试点，允许认可的金融机构经过简易备案直接在自贸区开展金融业务，从而逐步形成与港澳高度融合的离岸金融单一市场。进一步降低合格境外有限合伙人（QFLP）的准入门槛、减少投资人限制、扩大投资范围等，为自贸区引进更多高质量产业项目。同步探索建立新的外债管理体制，鼓励内地企业在港澳发行债券，推进企业发行外债备案登记制管理改革，提升外债资金汇兑便利化水平。

2. 便利港澳金融机构在自贸区开展离岸业务

借鉴欧盟"单一通行证"中的母国控制原则，探索推进港澳金融机构的金融服务分阶段拓展至自贸区非居民。鼓励港澳金融机构进一步提供跨境金融服务，加大跨境联络交流、中后台服务、产品技术的研发力度，积极推动建设离岸金融要素交易平台、探索跨境金融服务数字化、纵深推进 FT 和 OSA 账户体系建设，并强化离岸金融市场智能联动，不断扩展电子围网系统在离岸金融市场的应用。

3. 鼓励内地金融机构在自贸区开展离岸业务

可进一步扩大 FT 账户试点银行的范围，支持内地金融机构在自贸区开立同业账户（FTU），促进离岸与在岸金融机构联动；通过在自贸区范围内提供跨境贸易、融资担保等数字化金融服务，推动跨境人民币结算业务发展。

参考文献

[1] 程钰舒，徐世长."软法"视角下的粤港澳大湾区跨境金融监管 [J]. 学术论坛，2020（6）：19-27.

[2] 韩钰，苏庆义，白洁，等. 上海自贸区金融改革与开放的规则研究：阶段性评估与政策建议 [J]. 国际金融研究，2020（8）：46-55.

[3] 李猛. 建设中国自由贸易港的思路：以发展离岸贸易、离岸金融业务为主要方向 [J]. 国际贸易，2018（4）：20-26.

[4] 李文浩. 国际金融危机背景下的欧盟金融监管改革及启示 [J]. 金融与经济，2013（1）：58-61.

[5] 邵学峰，赵志琦，姜莉莉，等. 数字经济时代粤港澳大湾区金融监管

创新研究[M].北京:经济科学出版社,2020.

[6] 司艳丽.粤港澳大湾区法律规则衔接疑难问题研究:以多元化纠纷解决机制为切入点[J].中国法律评论,2022(1):215-226.

[7] 王俊勇,李心丹,林良才,等.新时代防控金融风险跨市场交叉网络传染机制研究[J].中国管理科学,2021(6):23-35.

[8] 王淑敏,王若男.中国建设自由贸易港的离岸金融创新制度研究[J].河南财经政法大学学报,2019(6):94-101.

[9] 吴燕妮.跨境金融监管的创新机制研究:以粤港澳大湾区建设为视角[J].深圳社会科学,2020(6):60-71.

[10] 尹哲,张晓艳.次贷危机后美国、英国和欧盟金融监管体制改革研究[J].南方金融,2014(6):35-38,81.

[11] 林欣.北美自由贸易区二十年发展的回顾与展望[J].理论月刊,2015(9):182-188.

[12] 白洁,苏庆义.《美墨加协定》:特征、影响及中国应对[J].国际经济评论,2020(6):7,123-138.

[13] 卢孔标.海南自由贸易港金融领域制度集成创新展望[J].海南金融,2020(8):71-76.

[14] 曹协和.着力推进海南自由贸易港金融政策落地见效[J].海南金融,2020(6):3-5.

[15] 裴长洪.海南建设中国特色自由贸易港"特"在哪里?[J].财经问题研究,2021(10):3-13.

[16] 冯辉,靳岩岩.论我国自贸区金融监管法制的完善与创新[J].大连理工大学学报(社会科学版),2022,43(1):69-77.

[17] 金鹏辉.以自贸区金融改革推动高质量发展[J].中国金融,2019(20):30-32.

[18] 刘慧悦.广东自贸区金融监管机制考察[J].开放导报,2016(2):89-92.